파산법연구 3

林 治 龍 著

博 英 社

I dedicate this book to Mr. Arnold M. Quittner who fought for freedom during the Korean War.

머 리 말

법관직을 사직한 2007년부터 2009년까지 발표한 논문을 묶어서 파산법연구 3권을 발간하게 되었다. 논문의 편수는 14편이지만 면수는 3백여면에 불과하여 파산법연구 1권과 비교하면 절반에 불과하다. 논문의 질도 책의 두께와 마찬가지로 감소한 것은 아닌가 하는 자괴감도 있다. 편수를 더 채우지 않고 책을 발간하는 이유는 저자의 업무 사정상 앞으로 발표할 논문을 기다리다가는 당분간 제 3 권을 발간할 수 없을 것이라는 걱정이 앞서 일단 상재하기로 정하였다.

파산법은 채권자와 채무자의 이해관계가 충돌하는 법이므로 각자의 입장에 따라 해석이 다를 수 있다. 그런데 변호사가 되고 보니 파산법의 공부 대상도 판사 시절과 다르다는 점을 배웠다. 판사로 근무할 때에는 파산사건의 주관자로서 파산절차의 세밀한 쟁점까지 생각하였지만 변호사가 되고 보니 절차를 이용하는 국민의 입장에서 파산법을 바라보게 되었다. 파산제도 전반에 대한 개선 논의와 입법론에 관한 글의 비중이 전보다 높아진 것은 이러한 연유에서 비롯되었다.

저자가 처음 회사정리사건을 다루던 1990년과 지금을 비교하면 우리나라 파산실무의 수준은 괄목상대할 만큼 발전하였다. 당시만 해도 파산법이 법과대학의 강좌도 아니고 사법시험의 과목도 아니었음에도 불구하고 지금의 수준까지 올라간 데에는 실무가들의 공이 크다고 생각한다. 앞으로 법학전문대학원에서 파산법에 관한 강좌개설이 이루어지고 파산법이 변호사시험법의 과목이 된다면 실무의 수준이 지금보다 한 단계 도약할 것이다.

저자가 변호사가 된 이후에도 논문을 쓸 수 있는 기회를 가질 수 있도록 물심양면으로 도와주신 법무법인 태평양의 동료변호사님들께 감사드린다. 또한 파산법연구 제 3 권이 발간될 수 있도록 계속하여 격려하여 주신 박영사의 안종만 회장님과 세밀하게 교정작업을 하여 준 편집부의 강상회 님께 감사의 말씀을 드린다. 끝으로 주말에 집에서 글쓰는 동안 인내하여 준 아내 심정원과 두 아들 준석, 정석에게도 고맙다는 말을 전하고 싶다.

2010. 6.

저 자　林治龍

차 례

파산법원 설치 및 파산업무의 감독

변호사가 본 도산실무의 개선책

판례를 통하여 본 부인권의 효과

채권조사절차를 둘러싼 실무상의 문제점

資産流動化와 破産(Asset Backed Securitization and Bankruptcy)

도산기업과 경영자 책임

整理節次와 保證債務에 대한 消滅時效의 再進行

判例를 통하여 본 回生節次와 租稅債權

DIP Financing—한국과 미국의 비교

GM의 파산보호 신청 '챕터 11'이란?

회생회사의 인수합병(M&A)

判例를 통하여 본 國際倒産法의 爭點

Cross—Border Insolvency

파산법원 설치 및 파산업무의 감독

Ⅰ. 논의의 경과

1997년 아시아 경제위기가 발발하여 한국이 IMF로부터 구제금융을 받으면서 파산[1]관련법의 개정과 파산사건만을 전문적으로 처리하는 파산법원을 설립하는 문제가 정책논의 사항이 되었다. 1998년 IBRD는 제2차 구조조정차관을 제공하면서 요구사항으로 파산법원의 설립을 명시적으로 요구하였다. 이러한 요구를 배경으로 행정부는 적극적으로 파산법원의 설립을 권유하고 협조를 약속하였고 사법부도 긍정적으로 검토한 바가 있다. 당시 재정경제부의 용역에 따라 한국개발연구원이 발간한 「기업퇴출관련 제도개선방안」이라는 보고서 역시 서울지역을 관할하는 파산법원의 설립을 제안하였다.[2] 그러나 최종단계에서 재정경제부가 입장을 바꾸어 파산법원의 설립은 없던 일이 되었다. 학자와 실무가들 사이에도 파산법원의 설립을 둘러싸고 견해의 대립이 있었다.

그리하여 법원은 이러한 사정을 고려하여 독립된 파산법원을 설치하는 대신에 1999년 2월 서울지방법원에 파산부라는 전문재판부를 설치하고[3] 파산사건의 전문성을 보완하기 위하여 경영, 금융, 회계 등의 전문경력을 갖춘 인사들을 구성

1) 이 글에서 파산이라 함은 개인파산, 개인회생, 회사정리 등을 총칭한다.

2) 기업퇴출관련 제도개선방안, 한국개발연구원(1997.12), 33면.

3) 1997년 당시 서울지방법원의 1개부(판사 4인)가 회사정리사건을 담당하고 화의사건은 단독판사가 담당하였으나 2010.2.22. 기준으로 수석부장판사 1인, 부장판사 2인, 판사 20명 총 23명이 파산부에서 근무하고 있다.

원으로 하여 관리위원회를 설치하였다.[4] 2001년 관리위원회를 수원, 인천, 대구에도 추가로 신설하였다.

그러나 국제기구는 서울지방법원의 파산부 설치를 긍정적으로 평가하면서도 법관 인사시스템에서 필연적으로 부수되는 전문성의 부족을 지적하고 이를 강화할 것을 계속하여 요구하였다.[5] 이처럼 국제기구가 한국에 파산법원의 설립을 요구한 것은 외국투자가들이 법적으로 안전하게 투자하고, 만일 투자대상 기업이 파산하게 되면 국제적인 기준에 따라 공평하게 채권채무관계가 정리될 수 있는 파산법제를 원하였기 때문이다.

국내에서도 법원에 대한 국정감사마다 국회의원은 파산법원의 설립문제에 대한 법원의 입장을 연례적으로 물었으며 그 후에는 더 나아가 법원으로 하여금 파산법원의 설치를 긍정적으로 검토하도록 촉구하였다. 2000년에 이르러 국내의 주요 경제연구소나 도산법제개선실무위원회 등도 파산법원의 설립을 적극적으로 주장하기에 이르렀다. 이상의 경과를 종합하면 파산법원의 설립을 주장하는 견해가 다수라고 할 수 있다. 그러나 법원은 이러한 주장에 대하여 다음과 같은 공식적인 입장을 밝혔다.

「파산법원을 설치함에 있어서는 그에 따른 경제적·인적 부담, 관할집중에 따른 당사자의 불편, 적정 사건수의 미달로 인한 비효율적 요소의 발생 가능성, 사건 수에 따른 적정 재판부 유지의 탄력성 결여 등 문제점이 지적되고 있으므로, 파산법원 설립에는 이 문제점을 해소할 수 있는 충분한 연구가 선행되어야 할 것으로 사료되나, 향후 지속적으로 여건의 변화를 관찰하년서 여건이 성숙하였다고 판단될 때에 파산법원의 설치를 보다 적극적으로 고려할 수 있을 것임.」[6]

Ⅱ. 파산사건의 처리를 둘러싼 법원에 대한 종전의 비판

1999년 말 기준으로 회사정리절차가 개시된 기업의 수는 182개로 총자산규모가 50조 원을 웃도는 것으로 추정되었다. 특히 서울지법 파산부가 관리하는 기업

4) 2010년 현재 서울중앙지방법원의 관리위원회의 관리위원은 4명이다. 그 이전에는 3인이었다.

5) 2000.7.12. IMF 제11차 회의는 정부로 하여금 서울지방법원 파산부의 역량의 한계를 검토하여 이를 확대할 것을 요구하였다. 2001.8.2. OECD 한국경제보고서는 사법부의 파산제도에 관한 역량을 향상시키는 것이 우선적이어야 한다고 지적하였다.

6) 2004년 서울중앙지방법원에 대한 국정감사에 대한 답변자료.

이 80개로 자산규모가 40조 원에 육박하는 것으로 재계서열 4위의 규모에 해당하였다.[7] 그러나 이러한 재벌기업을 관리하는 파산사건 담당재판부가 파산사건을 전문적으로 처리할 전문적인 능력을 갖추지 못하고 있다는 점이 자주 지적되었다. 관리인 선임 및 감독의 권한이 법원에 집중되어 있음에도 불구하고 법원이 업무과다와 전문성의 부족으로 정리회사에 대한 감독을 제대로 하지 못하여 법정관리기업을 둘러싼 비리가 끊이지 않았다.[8]

가장 큰 비난은 경제적으로 마땅히 파산시켜야 할 기업을 정치적·사회적 파장을 고려해 법원이 개시결정을 하여주는 점에 맞추어졌다.[9] 또한 채무변제율이 너무 낮다보니 정리계획의 내용이 비현실적이고 장기간에 걸쳐 변제하는 것으로 수립되어 수행가능성이 낮다. 그리하여 정리절차 종결률이 42%(종결사건수/처리사건수)로서 일본의 91%에 비하여 낮고 변제기한이 10년이 넘는 기업이 적지 않았다. 또한 법원이 회사정리절차의 개시결정 기준으로 경제적인 판단을 뒤로 한 채 공익성을 강조하다보니 투명성과 예측가능성이 결여되었다는 비난을 받았다.

그동안 파산법원의 설치에 대해서는 긍정적인 견해가 우세하였다. 1995년에 이미 회사정리와 관련된 모든 행정적·사법적 기능을 원스톱으로 처리할 수 있는 기구의 설치가 주장되었다.[10] 경제학자도 역시 충분한 수의 도산사건 전담 법관을 확보하고, 이들이 전문성을 확보할 수 있도록 하는 구체적인 방안의 하나로서 파산법원을 설치하는 것을 적극적으로 검토할 필요가 있다고 주장하고 있다.[11]

---

7) 매일경제신문, 2000.2.14.자.

8) 법정관리 비리실태, 경실련(2001), 8-11면. 2009년 대한통운의 관리인이 재직 중 대규모 비자금을 조성하여 국무총리에게 정치자금을 교부하였다는 혐의로 구속되고 전직 국무총리가 기소되는 지경에 이르렀다.

9) 南逸聰, 도산제도의 경제적 분석, 한국개발연구원(2001), 169면.

10) 공병호, 한국기업의 퇴출장벽, 한국경제연구원(1995), 80면. "종래처럼 전담부서 없이 본점 소재 민사법원이 처리하는 방식을 일원화하여 가능한 법정관리결정의 신속성, 공정성, 전문성을 높여야 한다."

11) 南逸聰, 앞의 책(주 9), 170면 참조. 그 외 언론에서 파산법원의 설치를 주장하는 글로는 박주일, "도산법원의 설립을 촉구하며," 매일경제신문 2001.9.15.자.

Ⅲ. 각국의 파산법원 제도

1. 전문법원을 설치한 국가

미국은 연방법인 연방파산법이 금융기관 등을 제외한 파산사건을 규율하고 있으며 연방지방법원의 한 부서(unit)로 파산법원이 설치되어 있다.[12] 따라서 독립된 파산법원이 존재하는 것은 아니지만 파산법원을 구성하는 파산법관을 배치하여 사실상 독립한 법원과 같이 운영하고 있다. 파산법관은 연방헌법 제3장의 법관과 다른 지위이다. 연방지방법원의 판사는 종신이고 대통령이 임명하지만 파산법관은 연방사법회의의 추천을 거쳐 연방항소법원이 임명하고 임기는 14년이다.[13] 항소법원마다 편차가 있으나 본인이 원하면 재임명이 될 가능성이 높다고 한다. 파산법관의 보수는 연방지방법원 법관의 92% 수준이다.

프랑스는 별도의 파산법이 존재하지 않고 상인파산주의를 채택한 상법[14]에 따라 상사법원에서 상사법관이 파산사건을 담당하고 있다. 상사법원은 중세부터 존재한 가장 오래된 법원으로 상사법관은 상인들이 선임한다. 파산사건이 개시되면 상사법원의 판사가 파산법관을 선임한다. 파산법관은 상설직은 아니며 사건이 종료되면 그 권한이 소멸한다.[15]

1997년 한국과 같이 경제위기를 겪은 태국은 1999년 12명의 법관으로 구성된 파산전문법원을 설치하였다. 인도네시아는 1998. 8. 파산사건에 관하여 배타적인 관할을 갖는 상사법원을 수도 자카르타에 설립한 이래 1999년 4개의 상사법원의 설치를 확대하였다.[16]

---

12) 28 U.S.C.A. § 151.

13) 28 U.S.C.A. § 152(a)(1).

14) Articles L 620-1 to l 628-3 of the Commercial Code.

15) Christohpe Theron, Chapter 22 France, Collier Internaional Business Insolvency Guide, ¶22.03 [1][c].

16) Il Chong Nam and Soogeun Oh, "Asian Insolvency Regimes From a Comparative Perspective : Problems and Issues for Reform," Insolvency Systems in Asia, OECD, 2001, 51.

2. 일반 법관이 담당하는 국가

영국과 독일은 일반법관이 파산사건을 담당하고 있다. 일본 역시 일반법관이 파산사건을 담당하고 있으며 동경지방재판소의 경우 민사제8부와 민사제20부의 2개의 전담재판부를 구성하여 회사갱생사건은 제20부가, 민사재생과 파산사건은 제8부가 담당하고 있다. 일본은 재판부가 서로 다르기 때문에 제도를 개선하여 회사갱생사건과 민사재생사건을 보다 신속하고 효율적으로 심리하기 위한 선의의 경쟁이 두 재판부간에 벌어지고 있어 제도개선이 이루어지고 있다고 한다.[17]

Ⅳ. 파산법원 설치의 장단점

1. 긍정적 효과

(1) 파산절차에 대한 전문성 확보를 통한 사법부의 신뢰회복

국제기구나 학자들이 가장 비판하는 부분은 법관의 전문성 부족이었다. 파산법원을 설치하면 전문성과 업무의 연속성을 확보하는 데 크게 기여할 것이다. 아무리 법관이 유능하다고 하더라도 현재의 법관인사 시스템하에서는 전문가를 양성하는 것이 불가능하다. 즉 사법부의 법관 인사제도에 의하면 서울과 지방간의 경향교류를 원칙으로 어느 법원에 2년에서 3년을 근무하지만 배석판사의 경우 1년마다 재판부를 변경한다. 따라서 파산부에서 1년 근무하는 것으로는 파산법에 관한 전문성을 쌓기에 부족하다. 전문법원의 설립이라는 사실 자체가 갖는 상징성을 무시할 수 없다. 비록 파산부의 판사들이 연찬과 노력을 통하여 실무기준을 확립하고 제도를 개선한다고 하더라도 전문법원이 존재하지 않는 한 전문성의 부족이라는 외부 비판을 누그러뜨리기에는 역부족이다.

현재 파산사건 전반에 대한 국민의 비판은 법원마다 들쭉날쭉한 실무기준을 향하고 있다. 제4편 개인회생사건은 회생위원마다 매월 변제하는 액수가 다르고, 법원마다 포괄적 금지명령의 허부가 다르고, 개인파산 및 개인회생 사건의 처리일수 등이 다르기 때문에 신속하게 처리하는 법원으로 주민등록을 옮기는 일마저

---

17) 이화여대 도산법센터가 2009. 4. 4. 주최한 Roundtable Discussion on Japanese and Korean Restructuring and Insolvency Practices에서 高木新二郎 변호사의 발언.

발생한다.

또한 파산법원을 설치하게 되면 파산법원에서 근무하게 되므로 지금과 같이 동일법원 다른 재판부 판사와의 균형을 의식하지 않고 장기 근무가 가능하게 된다. 현재의 시스템에서도 서울중앙지법 파산부에서 3년을 근무하는 것이 가능하지만 서울중앙지법 이외의 법원에서는 파산사건을 3년 동안 담당하지 못하고 있는 것이 현실이다. 그러다 보니 서울중앙지법 파산부의 전문성과 지방 파산부의 전문성이 현저하게 차이가 나게 되고 업무의 처리 속도, 기준에 편차가 심하게 되어 국민들의 불신의 원인이 되고 있다. 파산전문법원의 설립은 일반직의 전문성 강화에도 도움이 된다. 독립된 법원이 존재하므로 독자적으로 예산 및 인력을 배정받을 수 있다. 또한 일반직에 대하여도 법관과 같이 장기근무를 하게 함으로써 노하우의 습득 및 전수가 가능하다. 현재 서울중앙지방법원의 경우 일반직의 순환근무기간은 법관의 근무기간보다 짧다.

⑵ 파산절차에 대한 국민관심 증대

파산법원의 설립은 파산제도에 대한 국민의 관심을 증대시킬 것이고 자연히 재건 사건뿐 아니라 개인 또는 법인에 대한 청산사건 역시 증가할 것이다. 그럼으로써 경제주체의 경제적인 사망에 따른 복잡한 법률관계가 파산절차에 따라 이루어짐으로써 법치주의의 확립에 기여할 것이다.

21세기에 들어와 한국이 G20에 가입하고, 한국경제의 규모가 확대되고 전세계를 시장으로 하는 영업활동의 강화로 인하여 이제 어느 국내기업의 파산사건은 국제파산사건의 모습을 띄게 되었다. 이 점은 한국에서 파산사건이 발생한 경우 뿐 아니라 외국에서 한국기업과 거래하는 외국기업이 파산한 경우에도 마찬가지이다. 리만브라더스, 크라이슬러, General Motors의 파산신청은 한국 경제에 직접적인 영향을 미칠 뿐 아니라 그와 거래하는 국내의 대기업 뿐 아니라 중소기업에게 복잡한 법률문제를 야기하였다. 이러한 추세에 발맞추어 외국의 국제파산법의 동향을 살피고, 흐름에 동참하기 위하여는 전문적인 파산법원을 설치하여 법관으로 하여금 복잡한 국제파산사건을 효율적으로 심리할 수 있는 역량을 강화할 필요가 크다.

2. 파산법원 설립시 부정적인 요소

파산법원이 설립된다고 하더라도 적정수의 파산사건이 없다면 불필요한 인력과 예산의 낭비를 초래한다. 또한 파산법원의 관할을 넓게 잡으면 국민들이 지리적으로 먼 법원에까지 가야하는 불편함이 있다. 법관들이 파산법원에 장기근무를 하는 점에 대하여 법관들이 선호하면 법관들간에 위화감이 초래될 것이고 만일 근무를 기피하게 되면 파산법원의 근무를 꺼리게 되고 파산법원이 제공하는 사법서비스의 질이 악화될 가능성이 있다.

3. 소 결

파산사건이 경제에서 갖는 중요성, 현재의 파산사건의 접수건수, 파산사건에 대한 국민의 법의식 등을 감안하면 파산사건을 담당하는 법관의 전문성을 고양하고 신속한 처리를 도모한다는 점에서 2010년 2월 현재 파산법원을 설치할 시기가 도래한 것으로 평가된다. 법관들의 파산법원 선호도의 문제는 사법부의 정책결단의 문제이지 파산법원 설립 여부에 영향을 줄 수 있는 결정적인 요소는 아니다. 이미 사법부는 몇 년 전부터 가정법원의 장기근무를 전제로 가정법원판사를 전보하고 있다.

Ⅴ. 파산법원 설치의 필요성

1. 경제적 사회적인 변화

(1) 1997년 이전의 파산사건 건수

연 도	1987	1988	1989	1990	1991	1992	1993	1994	1995	1996	1997
회사정리	30	26	27	15	64	89	45	68	79	52	132
화 의	0	0	2	0	0	0	0	0	13	9	322
파 산	20	21	37	27	16	14	26	18	12	18	38
합 계	50	47	66	42	80	103	71	86	104	79	492

(2) 1997년 경제위기 이후의 파산사건의 접수현황

연도	1998	1999	2000	2001	2002	2003	2004	2005	2006	2007
회사정리	148	37	32	31	28	38	35	22		폐지
화의	728	140	78	51	29	48	81	53		폐지
회생	-	-	-	-	-	-	-	-	117	215
개인회생	-	-	-	-	-	-			56165	51416
개인파산	467	733	461	842	1443	4159	12479	87449	123691	154171
합계	1343	910	571	924	1500	4325	12579	87524	179973	205802

위의 표에서 알 수 있듯이 1997년 경제위기 이전의 파산사건의 총사건수는 약 100건 정도였다. 그러나 경제위기를 겪은 이후 파산사건은 매년 3배씩 증가하였고, 특히 개인파산 사건이 압도적으로 증가하였다. 개인파산 사건의 증가는 경제위기 당시 기업구조조정의 여파로 실직한 회사원들을 중심으로 하는 중산층의 몰락을 보여주고 있다. 또한 파산제도에 대한 사회적인 거부감보다는 면책을 통한 재건에 대한 욕망이 파산신청의 중요한 결정요소가 되었음을 알려준다. 이제 개인파산제도는 한국 사회에 뿌리를 내렸다고 평가할 수 있다. 특히 인구의 초고령화가 급속하게 진행되면서 미처 자신의 노후를 준비하지 못한 노년층의 파산도 머지않아 급증하여 사회문제가 될 것이다.

2. 제도적인 변화

개인파산과 개인회생 사건이 급증하면서 파산법관의 업무부담이 가중될 뿐 아니라 법관과 법원공무원의 전문성과 인식전환이라는 측면에서 심도 있게 고려할 때가 되었다. 개인파산의 경우 과거 실무에서는 파산관재인 선임 없이 동시폐지 사건이 대부분을 차지하였으나 최근 서울중앙지법을 중심으로 개인파산 사건의 경우에도 파산관재인을 선임하기도 하고 있으나 그 기준이 통일되어 있지 않다. 앞으로 개인파산과 법인파산 모두 파산관재인을 선임할 필요가 있다.

개인채무자 회생절차(제4편)의 회생위원을 법원공무원이 담당하고 있으나 회생위원의 임기가 변제계획안의 변제기간인 5년보다 짧아 잦은 인사이동이 있고, 업무숙지가 늦어 신속한 업무처리에 장애가 되고 있다. 회생위원을 파산관재인처럼 변호사에게 맡겨 위법이 있는 경우 징계처분함으로써 업무의 공정성과 전문성을 확보할 수 있다. 특히 2012년 배출되는 법학전문대학원의 인력을 국가가 활용하는 차원에서도 고려할만한 정책이다.

3. 소　　결

그동안 파산법원 설치에 있어 가장 걸림돌은 적정한 사건수의 확보였다. 즉 파산법원을 설립하고 이를 존속시키기 위하여는 어느 정도 충분한 사건이 계속적으로 법원의 문을 두드려야 한다. 그러나 1997년 이전의 파산사건으로는 독립한 법원을 설립하기에 너무 부족하였다. 따라서 경제위기 직후에 파산법원을 설치하자는 논의는 다소 성급하였다고 판단된다.

그러나 1997년부터 2007년까지는 그 이전에 파산사건을 주도하던 회사정리사건이 감소하고 개인파산사건이 급증하였다. 이러한 패턴의 변화는 외국의 파산법 역사에 비추어 보면 정상적인 모습이다. 즉 개인의 청산절차, 개인의 재건절차, 기업의 재건절차 순으로 파산사건의 건수가 구성되는 것이 전형적이다.

경제위기 후 10년 동안 경제가 어느 정도 회복단계에 들어섰음에도 불구하고 계속하여 파산사건이 증가하였다는 사실은 파산절차가 국민들의 일상적인 생활법률관계로 자리 잡았다는 점을 증명한다. 이제 국민들은 더 이상 파산자가 되는 것을 두려워하지 않고 있으며 파산자에 대한 법적인 낙인도 완화되었다. 게다가 2008년 9월 미국 리만브라더스사의 파산신청에서 비롯된 세계적인 금융위기의 발발은 한국에까지 영향을 미치고 그로 인하여 수출부진, 기업의 구조조정, 내수 소비위축, 부동산 가격하락으로 이어져 한국을 재차 경제위기에 빠뜨리고 있다. 파산제도에 대한 국민들의 법인식의 전환과 경제 불황의 그늘에서 파산사건은 계속하여 증가할 가능성이 높다. 따라서 현재의 사건 추세라면 독립한 파산법원을 설립하기에 충분하다.

Ⅵ. 파산법원의 전망

1. 아웃소싱과 법원의 슬림화

상고사건이 증가한다고 하여 대법관의 숫자를 무작정 늘릴 수 없듯이 파산사건이 증가한다고 하여 파산사건을 담당하는 법관의 숫자를 늘릴 수는 없다. 헌법상 법관의 지위에 비추어 사건이 감소한다고 하여 법관의 숫자를 인위적으로 축소할 수도 없고, 하여서도 아니 된다. 그러나 파산사건은 원래가 경기변동에 민감할 수밖에 없으므로 불경기에는 사건이 급증하였다가 호경기가 되면 사건이 급감하는 것이 상례이다. 결국 법원이 파산사건에 신축적으로 대응하기 위해서는 법관의 역할을 지금과 달리 대심적인 재판 업무에만 전념하고 채무자와 직접 대면하는 전형적으로 반복되는 작업은 외부 인력에 맡기는 것이 능률적이다.[18)]

미국의 경우에도 1978년 파산법 개정에 의하여 파산사건에서 중요한 감독 기능은 연방관리관(U.S. Trustee)[19)]이 담당하고 있다. 파산사건에서 관계인집회를 개최하거나 구체적인 사건을 담당하는 파산관재인단(panel of trustee)의 설치 및 파산관재인의 임명, 제11, 13장 계획안의 검토, 전문인력의 보수액의 적정성 검토, 채권자위원회의 임명 및 감독 등의 기능은 연방관리관이 담당하고 있다.[20)] 연방관리관은 임기가 5년으로서 연방법무부의 산하에 속한다.[21)] 2007년 현재 미국 전역(앨라배마와 노스캐롤라이나를 제외함)에 21개의 지구로 나누어 각 지구마다 1인의 연방관리관이 담당하고 있다.[22)] 그 아래에 95개의 지역사무소에 95명의 연방관리

---

18) 남성민, "개인파산사건에 대한 새로운 실무처리방식," 도산법분야연구회 2006년 세미나자료, 86면(미공간). 각 지방변호사회의 협조를 얻어 개인파산 단독재판부별로 적정한 수의 전속 개인파산관재인단의 구성을 제안하고 있다.

19) 28 U.S.C. §581. U.S. Trustee는 연방법무부장관이 임명하는 연방공무원이라는 점에서 사인인 private trustee와 다르다. 따라서 연방관리인이라는 표현보다는 연방관리관으로 표기하는 것이 정확하다. private trustee에는 관재인단의 구성원, 제12장 및 제13장의 standing trustee, 제11장의 관리인을 포함한다.

20) 28 U.S.C.A. §586.

21) 28 U.S.C.A. §581(b).

22) 처음 U.S. Trustee제도가 도입된 1979.10.1. 한시적으로 총 18개 연방지방법원에만 적용되었으나 1986년 전국으로 확대되고 연방파산법의 내용이 됨으로써 영구화된 제도가 되었다. 28 U.S.C.A. §§581-589. Martin A. Frey, et al., Introduction to Bankruptcy Law, 5th Ed. Thomson, 2007, 58.

관보(Assistant U.S. Trustee)가 있다. 제12장 및 제13장 사건의 관재인을 standing trustee라고 한다. 제13장 사건은 DIP가 진행하지만 관재인은 자산의 평가, 계획안의 수립 및 변경을 위한 기일에 출석하는 등의 방법으로 제13장 사건에 관한 감독과 조언을 하고 채무자가 채권자에게 일정시점이후 변제일마다 변제할 수 있도록 감독한다.[23] standing trustee는 연방지방법원의 관할 구역의 모든 제13장 사건에 대하여 감독을 한다. 제 7 장 사건의 관재인은 case trustee라고 한다.

개별적인 파산사건에서도 대체적 분쟁해결절차인 조정을 시도하고 있으며 그 업무를 변호사에게 맡기고 있다.[24] 또한 델라웨어주의 경우 파산법관이 부족하면 다른 법원의 파산법관으로부터 정기적인 출장업무의 보조를 받고 있다. 따라서 이러한 아웃소싱을 가능하도록 하기 위하여는 일반법원과 인적구성을 달리하는 독립된 법원을 설립하는 것만이 가능하다.

2. 일반직원의 전문성 강화

파산법원이 설립되면 사무국을 별도로 구성하여 파산사건을 관리하는 전문인력을 배치할 수 있게 된다. 일반직에 대한 인사 역시 매년 직급에 따라 수시로 이루어지는 대신에 파산법원 독자의 인력계획에 따라 일반직원을 배치할 수 있다. 파산법원에서 근무하는 연한을 장기화하게 되면 자연히 일반직원을 위한 노하우가 적립되어 전문성이 고양될 것이다. 계속적인 파산사건의 증가는 일반직원들 사이에서도 파산법원의 근무를 선호하는 경향으로 나타날 것이다. 미국 북부캘리포니아 연방파산법원에서는 판사 3인에 일반직원 24명이 제 7 장 사건 4,912건, 제11장 사건 71건, 제13장 사건 2,157건을 담당하고 있다고 한다.[25]

3. 관　　할

토지관할에 관하여 살펴보면, 파산법원의 전문성을 확보함과 동시에 국민들

---

23) Bankruptcy Code § 1302.

24) 파산과 ADR에 관하여 일본의 논의에 대하여 박재완, "일본의 특정조정절차에 관하여 : 도산과 ADR," 도산법분야연구회 2007년 세미나자료 참조. 미국 파산법원의 ADR에 대하여는 David B. Young, Alternative Dispute Resolution in Bankruptcy, 27th Annual Current Developments in Bankruptcy & Reorganization, Vol. 1(2005), 1025 이하 참조.

25) 정준영, "미국 북부캘리포니아 연방지방법원 견문기(2003. 2~2003. 3)," 미공간.

의 사법서비스에 대한 접근성을 고려할 필요가 있다. 이러한 점을 고려하면 고등법원관할을 기준으로 각 고등법원에 1개의 파산법원을 설치하는 것이 바람직하다. 전국에 파산법원을 설치하는 것에 대한 부담이 있으면 적어도 서울고등법원의 관할구역을 담당하는 파산법원을 설치하게 되면 적정사건수나 지리적인 문제는 해결될 수 있다.

사물관할에 관하여 살펴보면, 지금과 같이 파산부가 전담하는 파산신청사건 외에 이사의 책임에 관한 사정에 관한 소송, 부인의 소송, 채권확정의 소송 역시 파산법원이 관할하는 것으로 한다. 이는 미국 파산법원의 경우도 마찬가지이다. 부인의 청구, 채권확정재판, 책임사정에 관한 소송을 파산법원이 관할하게 함으로써 전문성에 기초하여 신속한 분쟁해결을 도모할 수 있다. 파산부를 확대하여 부인의 청구, 파산채권조사확정재판에 대한 이의의 소송은 파산법원의 다른 재판부에서 심리하면 족하고 파산법에 생소한 일반 민사재판부가 심리할 필요가 없다.

심급관할에 관하여 살펴보면 고등법원에서도 파산전담부를 설치하는 것이 바람직하다. 미국의 일부 법원은 파산전문법원의 항소사건을 연방지방법원이 관할하는 대신에 BAP(Bankruptcy Appellate Panel)라 하여 파산전문법원에 항소부를 설치하고 있다.[26] 파산사건의 요체는 신속과 형평인데 기껏 파산법원에서 신속하게 재판하였다고 하더라도 항소심에서 전문성을 갖추지 못하여 심리가 늦어지게 되면 전문법원을 설치한 의미가 반감된다. 따라서 적어도 고등법원에 파산사건에 관한 상소사건을 담당하는 전문재판부를 두는 것도 고려할 필요가 있다.

4. 법관인사

파산법원의 근무는 원칙적으로 3년 이상의 장기 근무를 정한다. 이는 현재 가정법원의 근무연수를 고려한 것이다. 경험에 의하면 파산법에 대한 숙지에 처음 1년이 걸리고 2년차에 파산법을 올바로 적용하게 되고 3년차가 되면 제도개선의 단계에 이르게 된다. 따라서 적어도 3년을 근무하여야 실무 및 입법의 개선책을 제안하게 된다. 파산법은 일반 실체법과 절차법이 착종하는 복잡한 법률문제를 수

---

26) 1994년 파산법개정으로 각 연방항소법원은 원칙적으로 Bankruptcy Apellate Pannel System을 설치하여야 한다. BAPS가 설치된 지역에서는 연방지방법원 법관의 과반수가 파산법관이 항소사건을 담당하는 것을 허락하고 양 당사자가 BAPS에 항소를 제기하기로 합의한 경우에는 파산법관 3인으로 구성된 BAPS가 항소사건을 심리한다(28 U.S.C. § 158(b). 그 이후의 상소절차는 연방항소법원과 대법원이 담당한다.

반하고 국가경제와 지역사회 등에 미치는 파장이 크다는 점을 고려하면 적어도 단독판사의 경력을 갖는 판사들로 보하는 것이 바람직하다. 법관 인사가 있은 후 얼마 되지 아니하여 새로운 수석부장의 부임이후 그 동안의 실무를 변경하는 경우가 있다. 그러나 아직 파산법에 관한 충분한 전문지식이나 과거의 실무를 체득하지 못한 상태에서 변경하는 것은 시기적으로 적절하지 않다. 3년의 근무를 마치고 그 동안에 느꼈던 실무의 개선 필요성이 축적된 시점에서 개선하는 것이 바람직하다.[27] 파산실무는 변화하는 경제상황에 맞추어 변동되어야 하고 경기 변동이 범지구화함에 따라 국제파산사건이 증가추세에 있고, 각국의 파산법제에 대한 동향에 계속하여 관심을 가져야 하므로 미국, 일본 등 외국 파산법제에 관한 식견이 풍부한 법관을 끊임없이 충원하여 글로벌 스탠다드에 뒤처지지 않도록 노력하여야 한다. 또한 다른 법원에서 파산실무를 경험한 법관 가운데에서 본인이 원하면 파산부에 근무할 수 있도록 하여 전문성의 신속한 확보와 전국적인 편차 해소에 도움이 되도록 할 필요가 있다.

5. 파산전문직

(1) 관리위원

현행 관리위원 제도는 법관의 전문성을 보완하는 취지에서 마련된 것으로 전직 은행원, 회계사, 대기업의 임원들이 임기 3년으로 관리위원의 직무를 수행하고 있다.[28] 관리위원은 회계에 관한 지식이나 기업경영에 관한 필수적인 지식을 법관에게 제공한다는 점에서 효율적이다. 또한 법관이 처리하여야 할 업무 중 경미한 업무에 관하여 위임을 받아 전결로 처리할 수 있으며, 법원이 하는 파산관재인의 선임 및 감독, 계획안에 대한 심사 등의 권한을 행사한다. 다만 화의법이 폐지되

---

27) 이러한 점에 비추어보면 서울중앙지방법원 파산부가 인사이동 직전인 2009.12.31. M&A에 관한 준칙을 개정한 것은 바람직하다.

28) 관리위원은 다음 각호의 어느 하나에 해당하는 자 중에서 지방법원장이 위촉한다.
1. 변호사 또는 공인회계사의 자격이 있는 자
2. 은행법에 의한 금융기관 그 밖에 대통령령이 정하는 법인에서 15년 이상 근무한 경력이 있는 자
3. 상장기업의 임원으로 재직한 자
4. 법률학·경영학·경제학 또는 이와 유사한 학문의 석사학위 이상을 취득한 자로서 이와 관련된 분야에서 7년 이상 종사한 자
5. 제1호 내지 제4호에 규정된 자에 준하는 자로서 학식과 경험을 갖춘 자(채무자 회생 및 파산에 관한 법률 제16조 제2항)

기 전에는 화의사건의 화의관재인 및 정리위원으로 임명되어 일정한 보수를 받았으나[29] 현재는 법원공무원의 신분에 준하여 월급만 받고 있다. 그러한 이유로 초창기보다 관리위원이 고령화되고 있다. 관리위원은 현재 공무원으로 취급되고 있으나 임기가 정하여진 점에서 일반직공무원과 차이가 있다. 관리위원이 파산법관을 위한 보조기관으로서 전문성을 보완하기 위해서는 전문가가 관리위원이 되어야 하는데 상응한 보수가 지급되지 않고서는 유능한 관리위원의 유치가 어렵다.[30] 따라서 관리위원을 법원의 일반직 공무원으로 하는 방안은 다른 일반직원의 보수문제나 순환인사와 충돌되므로 신중을 기하여야 한다. 지금까지의 관리위원 제도는 법관의 전문성을 보조한다는 순기능이 있으나, 파산부 소속 법관의 임기보다 관리위원의 임기가 장기화되는 점에서 자칫 회생사건이 관리위원에 의하여 영향을 받는 것이 아닌가 하는 우려가 시장에서 나타나고 있다. 장기적으로는 관리위원을 법원의 외부기관 소속으로 할 것을 검토할 필요가 있다.

(2) 파산관재인

현행 파산관재인은 변호사와 예금보험공사가 임명되고 있다. 서울중앙지방법원은 지방변호사회를 통하여 파산관재인 후보 명단을 제출받아 후보자 중에서 파산관재인을 임명하고 있다. 그러나 전문적인 파산보조인단이 마련되어 있지 아니하여 각 파산관재인이 수소문하여 보조인을 임명하고 있다. 파산관재인의 책임이 막중함에 비하여 파산관재인 보수가 높지 아니하여 경력 있는 변호사들이 파산관재인 후보신청을 꺼리고 있다.

앞으로 개인파산사건과 법인파산사건을 포함한 모든 파산사건에서 파산관재인을 선임하도록 실무를 개선하는 것이 바람직하다. 더 나아가 법률을 개정하여 개인파산과 법인파산 절차에서 동시폐지 제도를 폐지하는 대신에 파산신청비용에 1건당 명목상의 비용이라도 파산관재인보수비용으로 납입하게 할 것을 제안한다.[31]

미국에서는 너무 가난해서 파산신청금을 지불할 수가 없다고 주장하는 사람에게조차 파산보호를 구함에 있어 비용으로 50달러를 납부하게 하는 것이 적법절

29) 구 화의법 제53조의2.

30) 법무법인 세종, Orrick, Herrington & Sutcliffe LLP, 도산법 최종 권고안, 2000. 12. 30, 173면.

31) 미국의 연방대법원은 파산신청비용을 납입하지 아니한 경우에 파산신청을 기각하는 것이 합헌이라고 판시한 바 있다.

차나 평등한 보호를 보장하는 헌법조항을 침해하였는지 여부가 문제되었다. 이 점에 관하여 연방대법원은 합헌으로 판결하였다.[32] 미국은 한국처럼 동시폐지제도가 없으며 동시폐지제도에 상응하는 것을 무자산 사건(No Asset)이라고 하는데 이 경우에도 5만 원 정도의 비용을 법원에 납입할 것을 요구하고 있다. 파산신청시의 예납금을 과도하게 부과하지 않는 한 파산신청인이 파산법에 의한 보호를 받기 위하여는 최소한의 비용을 부담하는 것은 그가 얻는 면책 또는 면책의 기대와 교량하여 볼 때 합리적이다.[33] 2007년을 기준으로 파산신청비용으로 제 7 장 사건으로 245불, 제11장 사건으로 1,000불, 제13장 사건으로 235불, 기타 비용으로 39불을 내야하며, 제 7 장 사건의 경우에는 관재인보수로 15불을 추가로 납부하여야 한다.[34]

파산관재인에 대한 보수 역시 1건당 비용이 적다고 하더라도 파산관재인이 여러 건을 담당하도록 하여 파산관재인 1인당 적절한 보수를 얻도록 실무를 운영할 필요가 있다. 부인권을 통한 파산재단의 증가를 가져온 경우에는 인센티브를 지급할 필요가 있다. 그리하여 파산관재인이 부인권의 대상이 되는 행위가 있었는지, 면책불허가 사유가 있는지 여부를 자신의 책임하에 조사하여 이를 법원에 보고하고 판사는 이를 기초로 심리함으로써 절차를 신속하게 진행할 필요가 있다.

(3) 회생위원

현행 회생위원은 법원공무원이 임명되고 있고 법관을 보조하여 개인회생사건의 접수단계에서 채무자를 상대로 하여 계획안의 수립, 최저변제액의 설정, 월수입의 확정 등 중요한 역할을 하고 있다. 현재 제 4 편의 개인회생사건의 회생위원은 사무관급의 법원공무원이 담당하고 있다. 법원공무원 역시 사법부의 인사시스템에 따라 적어도 2~3년에 1회씩 전보인사에 의하여 다른 법원으로 전근가게 된다. 그런데 현재의 회생계획은 5년을 기준으로 하고 있으므로 회생신청시부터 회

---

32) United States v. Kras, 409 U.S. 434(1973). 파산신청인은 월 수입이 366달러였던 반면 부채는 6천 달러가 넘어 파산신청을 하였다. 뉴욕주 연방지방법원은 신청비용을 요구하는 연방법이 위헌이라고 판결하였다. 연방대법원은 5대4로 원심판결을 파기하였다. 블랙먼 대법관은 채권자와의 법적인 관계를 조정하는 방법에 있어서 파산은 채무자가 취할 수 있는 유일한 방법이 아니라는 이유로 50달러는 신청인이 감당할 수 있는 금액이라고 판시하였다(린다 그린하우스, 안경환 감수, 안기순 옮김, 블랙먼, 판사가 되다, 청림출판, 2005, 164면).

33) private trustee가 받는 보수는 건당 60불이라고 한다.

34) 福岡眞之介, アメリカ連邦倒産法概論, 商事法務(2008), 28면. 대신에 한국과 달리 예납금제도는 없다. 법원의 허가가 있으면 분납도 가능하다. 파산절차비용에 관한 규정은 Bankruptcy Rule §1006과 법원조직법에 관한 28 U.S.C. §1930에 규정되어 있다.

생계획안 종결까지 보통 3인 이상의 회생위원이 동일한 회생사건을 담당하게 마련이다. 자연히 업무의 연속성과 신속성을 떨어뜨리고 사법불신을 야기한다. 아직 개인채무자회생 사건에 관한 전국적인 기준이 마련되어 있지 않고 그렇다고 채무자에게 맞는 맞춤형 계획안을 수립하지도 못하고 있는 상황이다 보니 회생위원마다 계획안의 수립 및 월변제액의 결정에 관하여 편차가 심하다는 비판이 있다. 2007년 서울중앙지방법원의 회생위원이 적립환급금을 횡령하는 사건이 발생하였고, 회생신청인들이 여전히 회생위원에 대한 면담절차, 통일되지 않은 변제계획안의 수립 등을 이유로 불만을 토로하고 있다.[35] 이러한 사정을 고려하여 업무의 연속성과 전문성을 도모한다는 취지에서 미국과 마찬가지로 변호사가 담당할 것을 제안한다. 미국의 경우도 제13장을 담당하는 관재인을 standing trustee라 하여 법원공무원이 아닌 외부인사가 맡고 있다.

⑷ 감사위원

현행법은 제 3 편 파산절차에서 감사위원제도를 존치하고 있다. 그러나 감사위원제도는 사문화되어 실무상 활용되고 있지 않았다. 이러한 점을 고려하여 일본에서도 신 파산법 개정시 감사위원제도를 폐지하였다.[36] 감사위원 제도를 폐지할 것을 제안한다.

(도산법제의 선진화를 위한 비교법제 연구— 채무자회생 및 파산에 관한 법률 개정 방안을 중심으로, 이화여자대학교 도산법연구센터, 2008. 12. 17, 218-228면 소재)

---

35) 부산일보 2008. 1. 30.자 부산YMCA 황재문 간사는 "개인회생제도가 어려운 서류, 주눅들게 만드는 개인회생위원, '잿밥'에만 관심을 둔 짝퉁 대리인 등 경직된 제도운용과 잘못된 관행으로 본래 취지에서 벗어나고 있다"고 지적했다.

36) 일본에서 감사위원제도를 폐지한 자세한 사정에 관하여는 伊藤眞, 破産法, 有斐閣(2006), 169면, 주 3 참조.

변호사가 본 도산실무의 개선책*

Ⅰ. 회생절차

1. 회생신청을 위한 유인책의 확보

기업구조조정촉진법이 2007년 다시 부활하였다. 이러한 영향으로 대기업 뿐 아니라 중소기업에 대한 회생신청 사건이 급감하고 있다. 행정부는 워크아웃을 통한 회사재건절차가 효율성이 크고 성공률도 높다고 주장하고 있다. 법원이 주도하는 절차는 공평성이 장점이지만 신속성이 떨어지는 단점을 갖고 있다. 미국처럼 DIP Financing제도가 활성화되지 않은 우리나라의 법현실에서 회생회사에 대하여 새로운 자금을 조달하는 것은 어렵다. 이 점이 워크아웃에 뒤지는 치명적인 약점이다. 그러나 법원이 주도하는 M&A는 회사를 둘러싼 복잡한 권리관계를 해소하여 준다는 장점이 있다. 근자 대한통운, 대우건설 등의 거래에서 볼 수 있듯이 인수합병을 통한 시너지 효과를 노리는 거래가 활발하게 이루어지고 있다. 따라서 법원이 계획안 인가 전에 영업양도를 통한 인수합병을 권장하고, 채권자협의회 등을 통하여 인수합병의 제안이 들어오는 경우 신속한 의사결정을 하는 것만이 회생신청을 유인할 수 있는 방책이라 할 것이다. 현재 법원이 보전처분, 중지명령, 개시결정을 신속하게 내려주고 있다는 메시지는 시장에 충분히 전달된 상태이다.

---

* 이 글은 필자가 2008년 서울중앙지방법원 파산부가 주최한 워크숍에서 강연한 내용을 문어체로 바꾼 것이다.

2. 포괄적 금지명령에 대한 기준의 투명성

채무자들은 포괄적 중지명령을 선호하고 있다. 그런데 어느 사안에서는 재판부로부터 신청의 취하 권유를 듣기도 하고, 포괄적 중지명령을 신청하지 아니한 사안에서는 재판부로부터 포괄적 중지명령의 신청을 권유받기도 한다. 그리하여 전자를 경험한 변호사는 2007년에 법원이 포괄적 금지명령을 원칙적으로 해주지 않는 것으로 실무가 바뀌었다고 알고 있다. 법원에서는 포괄적 중지명령의 남용을 걱정하는 듯하나, 회생신청을 하는 기업들이 가진 자원을 다 쓰고 파산법원의 문을 두드리는 것이 현실인데 남용을 근심할 때는 아닌 듯하다. 이 점에 대한 법원의 기준을 명확히 할 필요가 있다. 포괄적 중지명령의 필요성에 대한 소명을 요구하는 것은 수긍되지만 신법에서 새로운 제도를 인정한 이상 원칙적으로 활용될 수 있도록 운용하는 것이 바람직하다.

3. 계획안의 서면결의

신법은 계획안의 서면결의와 관계인 집회결의 제도를 병행하고 있다. 개인인 회생채무자에 대하여 서면결의를 하고 있는 것으로 알고 있으나 회사에 대하여 어떠한 경우에 서면결의를 하고 있는지에 대하여 기준을 확립할 필요가 있다.

4. 회생절차 종료 이후

파산부에서 M&A를 통하여 회생절차를 종료하였으나 채권자 등의 이해관계인이 항고를 제기하는 경우가 늘어나고 있다. 재판부는 독립하여 재판하는 것이지만 국민들은 적어도 대형 인수합병의 경우 상급심과 어느 정도 의견조율이 있는 것으로 믿고 있다. 거액을 들여 주식을 인수하였는데 상급심에서 계획안 인가결정이 일부 취소되어 법률관계가 錯綜되면 인수합병의 시장에 적신호가 나타난다. 상급심으로부터 사건에 대한 설명문의가 오는 경우 성실하게 답변하여 파산부의 결정이 유지되도록 노력할 필요가 있다. 구 회사정리법하에서는 정리계획 인가결정에 대한 고등법원의 결정에 대한 불복을 특별항고로 취급하여 일단 정리절차를 종결할 수 있다. 그러나 신법은 고등법원의 결정에 대한 불복방법을 특별항고가 아닌 재항고로 변경하여 확정차단의 효력을 인정함으로써 회생절차의 종결시기가 대법원의 재항고기각시점으로 늦추어졌다. 그러므로 회생절차의 종결시기를 앞당기기 위하여는 대법원이 회생사건에 대한 처리를 다른 사건보다 신속히 처리하여야 할 인식의 전환이 필요하다.

5. 채권자협의회 비용의 공익채권

신법은 회생절차의 구조를 미국과 같이 대심구조로 변경하기 위한 시도의 하나로 법원이 정하는 채권자협의회의 비용을 공익채권으로 정하도록 규정하였다(신법 제21조 제3항, 제179조 제13호). 채권자협의회에게 이러한 사실을 주지시키고 법원이 비용결정을 활성화하여 과거와 같이 법원이 직권주의를 통하여 사실관계를 파악하거나 계획안의 공정 형평성 문제를 해결하는 데 있어 채권자협의회가 선임한 변호사의 도움을 받는 것이 필요하다.

Ⅱ. 법인파산

1. 파산관재인과의 의견교환

일본의 동경지법 민사제20부는 관재업무뉴스레터를 정기적으로 발행하고 있다.[1] 2001년 서울중앙지법 파산부는 파산관재인 간담회를 주최하였으며,[2] 2005, 2006년에는 파산관재인협의회가 결성되어 년 1회 파산부와 의견교환을 하였다.[3] 앞으로도 다양한 경로를 통하여 파산부와 파산관재인간의 의견교환을 통한 실무수준의 향상을 기할 수 있도록 파산부가 주도적인 역할을 하는 것이 바람직하다. 파산관재인이 실제 파산관재현장에서 벌어지는 여러 가지 법률문제를 제대로 알려주고 파산부에서 해결책을 제시하면 실무 수준이 일본보다 앞설 것이다.

---

1) 最高裁判所事務總局民事局 監修, 倒産法制改正關係資料, 法曹會, 1999, 184면에는 파산관재업무에 있어서 세무, 채무초과 부동산의 임의매각, 임대차보증금의 반환 등에 관하여 자세한 실무처리를 알려주고 있다.

2) 파산관재인들이 자신이 담당하고 있는 파산재단의 애로사항과 건의사항을 제시하고 법원의 실무례를 소개하여 필자가 파산부에 근무할 당시 매우 유용한 자료로 도움이 많이 되었다.

3) 파산부 법정에서 파산부 판사와 파산관재인이 연구논문을 발표하고 간담회의 형식으로 진행 하였다.

2. 일선 행정기관에 대한 법원의 지침

후순위 파산채권에 해당됨에도 일선 행정기관들이 압류를 해제하지 않는 사태를 어떻게 할 것인지 법원의 지침이 필요하다. 즉 경찰이나 구청이 파산자의 자동차 등에 과태료, 벌과금 등의 미납을 이유로 압류하여 놓고 있는데 환가를 위하여 공문, 전화 등으로 후순위 파산채권이라고 설명하여도 이해하지 못하여 환가 업무처리에 어려움이 많다.

또한 신법에 의하면 파산선고 후에는 새로이 체납처분을 할 수 없도록 규정하고 있음에도 조세기관이 파산선고 후에 발생한 조세채권에 기하여 파산관재인 명의의 예금통장에 대하여 압류하는 일이 자주 발생하고 있으므로 법원에서 공문을 발송하는 등 적절한 방법으로 주지시켜 줄 필요가 있다.

3. 파산관재인의 보수에 대하여

파산부는 파산관재인의 성공보수를 승소확정시에 1회분만 일괄지급하는 것으로 실무를 운영하고 있다. 그러나 파산관재인들은 일반 민사사건과 같이 파산부가 심급별로 변호사보수를 인정하여 주기를 바라고 있다. 다만 파산관재인이 제소하는 경우나 피소당하여 변호사를 선임하는 경우 법원의 허가를 얻고 있으므로 사안에 따라 변호사 보수를 감액하는 것은 별론으로 하고 원칙으로 심급별로 착수금과 성공보수금을 정하여 줄 필요가 있다. 예건대, 부인권 소송을 세기하여 승소 가능성이 크고 상대방이 금융기관이므로 소송비용을 상환 받는 것이 확실하다면 다액의 보수를 인정하여 주는 것이 바람직하다. 전체적으로 파산관재인의 보수가 현실에 비하여 턱 없이 낮다는 것이 중론이다.

Ⅲ. 소비자파산

1. 소비자파산에서 파산관재인 선임 문제

이제 소비자파산 제도가 일반화되는 상황에서 '동시폐지'를 지양하고 모든 파산 사건에서 파산관재인을 선임하는 쪽으로 개혁을 단행하는 것이 맞다는 견해가 있다. 그 근거로 다음을 들고 있다.

첫째, 재판부가 채무자를 심문하는 업무를 파산관재인이 대신 담당할 수 있다. 재판부는 보다 시급한 기업회생/기업파산에 전념할 필요가 있다.

둘째, 명목적인 금액이나마 파산재단을 형성하여 배당을 실시하는 것은 파산법원의 기능을 알리고, 채권자 단체의 이의를 차단하는 효과를 갖는다. 적어도 변호사가 파산관재인이 됨으로써 부인권의 성립 여부를 검토함으로써 편파변제를 방지할 수 있으며, 면책불허가 사유를 법원보다 자세히 심리함으로써 또한 채무자에게도 파산으로 가려면 현재 가진 것을 희생하여야 한다는 점을 명백히 하여 소비자파산신청의 남용을 억제하는 효과가 될 수 있다. 그리하여 소비자파산사건에 대하여 법원이 모랄해저드를 방치한다는 비난을 방어할 수 있다.

셋째, 파산관재인이 재량에 의하여 채권자에게 연락하고 의견을 청취하게 하면 법원의 송달, 기록관리 부담이 확실히 줄어든다. 물론 파산관재인의 선임비용이 많이 든다는 반대명분이 있을 것으로 예상된다. 그러나 이것은 현재의 비용이 많이 드는 실무를 변경함으로써 현저히 저감할 수 있습니다(현재는 극소수의 사건에 대하여만 파산관재인을 선임하고 있으나 관재인을 하려는 변호사들이 기피하지 않도록 어느 정도의 수입을 보장해주려고 300만 원~500만 원을 예납하게 하고 있다). 이것은 소비자 파산관재인을 전문으로 하는 변호사를 재판부별로 지정해 줌으로써 해결될 수 있는 문제이다.

(1) 모든 사건에 파산관재인을 선임하고, 이것을 한 달에 100건 이상 한 변호사에게 집중시킨다. 이렇게 하면 관재인의 보수를 20~30만원까지도 낮출 수 있다. 파산관재인은 이것으로 충분히 사무실을 유지하면서 전문성을 키울 수 있다(형사사건에서 국선변호인만을 전담하는 변호사들이 있고 이들이 사무실을 운영하고 있다). 오랜 기간 봉사하여 법원에서 전문성, 성실성을 인정받으면 그 다음에 파산한 대기업의 파산관재인이 되어 충분한 보상을 받을 가능성이 있다. 채무자로서는 다른 개인 파산사건은 파산관재인을 선임하지 않으면서 자기 사건만 파산관재인보수를 내야 되고 자신의 비용으로 선임한 파산관재인이 면책사유를 조사 후 법원이 면책을 기각하게 되면 불만을 갖게 마련이다.

(2) 이것은 지금 송달료로 예납하는 돈(현재 20~30만 원 정도이다)을 파산관재인의 보수로 돌리는 것으로 충분히 해결될 수 있다. 지금은 민사소송법에 의한 정식 송달을 실시하고 있는데, 사실 소비자 파산에서 주된 채권자는 은행, 카드회사, 제2금융권 기타 금융기관이다. 파산관재인 사무실이 정착되면 사실상 이들 기관

과 공식적인 의사소통 창구가 생긴다. 팩스, 이메일, 기타의 방법으로 채권담당자들과 교신을 할 수 있고, 또 개인 채권자를 면담하여 자세한 사실 조사를 할 수 있다.

(3) 파산관재인이 부인권을 행사하는 등 파산재단을 증대시키면 파산관재인에게 인센티브를 줄 수도 있다.

법률상 예외인 과거 동시폐지가 실무상 원칙처럼 된 데에는 구 파산법이 채무자가 신청하는 파산신청에서 절차비용을 국고가지급으로 규정한 데에서 발생하는 번거로움을 피하기 위한 것이 아니었나 추측한다(예납을 요구하는 근거가 없었으므로). 신법에서는 국고가지급의무규정을 철폐하였으므로 예납을 요구할 근거가 생겼다. 일본의 소액관재인 제도를 도입하는 문제에 대하여 심도 있는 검토를 할 때가 왔다.

넷째, 소비자 파산면책 사건에 관한 브로커의 발호를 방지하고 법원의 신뢰성을 높일 수 있다.

신청인의 대리인이 과거 소비자 파산사건에 관하여 연구나 실무를 담당한 바 없음에도 많은 사건을 수임하여 이를 수상히 여겨 수사기관이 수사한바, 법률사무소의 직원이나 외부인을 직원으로 가장하여 그들이 사무소를 운영하는 사례가 적발되어 형사처벌을 받은 사례가 있다. 브로커들은 채무자들에게 접근하여 재산을 빼돌리고 파산하여도 법원으로부터 면책받을 수 있다고 부추겨 소비자파산신청을 조장하는 측면이 적지 않다. 이로 인하여 정직하지만 불운한 채무자의 재기를 도와준다는 파산법원의 역할에 대하여 채권자들의 불만이 적지 않다. 현재의 법원 인력으로 소비자 파산을 감당하는 것에 한계가 왔다고 보인다. 미국은 파산사건에 관하여도 변호사를 통한 ADR을 이용하고 있으며, 일본도 특정조정제도를 활용하고 있다. 앞으로 소비자 파산사건에 관하여 법관의 부수 업무를 변호사에게 위임하고, 중요문제만 법관이 담당하는 방향으로 제도개선할 필요가 있다.

2. 신속한 결정

파산선고 후 면책에 대한 재판이 늦다는 지적이 계속하여 제기되고 있다. 법원 내부의 통계에 의하더라도 이러한 지적이 근거 있다고 밝혀졌으므로 면책 재판의 시기와 허부에 관한 전국 법원별 편차를 줄여야 한다.

Ⅳ. 개인회생에 대하여

1. 계획안 작성에 관한 전국적인 기준의 부재

당초 개인회생제도를 입안할 당시 법원행정처의 입장은 재판부가 각 채무자에 맞는 맞춤형 계획안을 작성하는 것이 바람직하다는 것이었다. 그런데 처음 시행하면서 어느 정도의 기준이 필요하다보니 최저변제율이나 변제금액에 관한 기준을 마련하였다. 신법은 최저변제율을 개인회생채권 금액 5천만 원을 기준으로 개인회생채권의 3% 또는 5%로 규정하고 있다. 그러나 아직 이 규정조차 전국 법원마다 지켜지지 않고 있다고 한다.[4)]

2. 개인회생 신청적격에 대한 검토

당초 개인회생제도는 미국 연방파산법 제13장을 본받아 정기적인 수입이 있는 채무자를 위한 것으로 봉급생활자, 임대수입업자 등이 전형적인 신청자이다. 그런데 시행초기 개인회생제도의 이용을 장려한다는 취지에서 아르바이트생, 비정규직에 대하여까지 문호를 확대하였다. 그러다 보니 채무자의 소득파악이 어렵게 되고 채무자가 일단 신청만 하면 법원이 일정한 기준을 정하여 계획안을 작성하고 회생위원이 현장에서 친절하게 지도하는 실무가 형성되었다. 그러나 이는 본말이 전도되어 개인채무자별로 현실에 들어맞지 않는 계획안이 작성되고 그 성공률이 떨어지게 되어 앞으로 개인회생제도 존재 자체에 대한 의문을 초래할 가능성이 있다.

3. 변제기간 5년의 단축

당초 입법은 변제기간을 8년으로 하였다가 신법을 제정하면서 5년으로 감축하였다. 그러나 5년 역시 장기간으로 미국, 일본과 같이 3년으로 감축함이 사건을 조기 종결하고 채무자에게도 신속히 재건할 수 있는 유인책을 주는 것이다.

---

4) 박용석, "개인회생사건의 실무상의 문제점과 개선방안," 도산법분야연구회 2007년 세미나 자료, 146면 이하는 구체적인 법원의 사례를 적시하고 있다.

Ⅴ. 입법으로 해결할 사항

1. 파산선고를 받은 주식회사에 대한 회생신청

신법 제241조는 파산선고를 받은 사단법인인 채무자에 대하여 회생절차가 개시되어 회생계획안이 가결된 때에는 사단법인은 정관의 변경에 관한 규정에 따라 법인을 존속하게 할 수 있다고 규정하고 있다. 동 조항은 일본의 민사재생법을 본받은 것이다. 일본의 신 회사갱생법은 제246조 제1항에서 파산관재인에게 회사갱생절차의 신청권을 부여하고 있다. 신법에 의하면 파산선고를 받은 파산법인의 파산관재인에게 회생절차 신청권이 있는지가 불분명하다.[5] 파산관재인에게도 신청권한을 부여하고 이 경우 정관변경의 절차를 거칠 필요가 없다는 점을 명시할 필요가 있다.[6]

2. 회생계획안 인가결정에 대한 항고

신법은 제2편 회생절차에서 회생계획안에 대한 항고심의 결정에 대한 대법원의 불복방법을 특별항고에서 통상항고로 개정하였다. 그러나 과거처럼 특별항고로 되돌려야 M&A를 통한 절차의 조기종결을 이룩할 수 있다. 미국 파산법에서도 계획인에 대한 불복절차가 확정되지 않고는 절차를 종료할 수 없다. 특별항고와 통상항고에 대한 차이점을 명확히 인식하지 못하여 특별항고 사건임에도 대법원에서 3년이 지나서 결정되는 경우가 적지 않다. M&A를 통한 정리절차 종결의 장점은 회사정리절차 개시후 2~4년 내에 이루어지므로 신속하고, 청산배당률(평균 54%)보다 4배 이상의 높은 채권회수율(평균 227%)을 보이고 있다.[7] 그런데 특별항고가 아니라 통상항고가 된다면 고등법원 결정 후 회생절차를 종결하지 못하게 되고 이는 M&A를 통한 절차의 조기종결에 심각한 장애물이 된다.

---

5) 파산자 동아건설의 경우 채권자가 회생신청을 하였다. 파산관재인, 신청인, 법원 3자 간의 의견 조율이 이루어져 성공적으로 회생계획안이 인가되었다. 앞으로 파산관재인에게 신청권한이 인정되면 보다 신속하게 절차가 진행될 것이다.

6) 파산회사는 채무초과이므로 주주에게 특별결의를 인정할 실익이 없다.

7) 홍성준, "회생절차상 부인권과 회생절차의 종결," 민사판례연구(29), 박영사(2007), 456면.

3. 부인권과 회생절차의 종료

확립된 대법원 판례는 부인권 소송 계속 중 회생절차가 종료되는 경우 부인권 소송도 당연히 종료되는 것으로 판단하고 있다. 이는 회생절차의 종료라는 우연한 사정으로 계속 중인 부인권의 상대방에게 망외의 이익을 방치하는 것이 된다. 미국 파산법은 계획안에 부인권 소송을 통하여 회수한 금액의 변제계획을 두고 있다. 법을 개정하든가 아니면 계획안에 그러한 조항을 두는 실무 운용이 기대된다.[8)]

4. 사건의 재개

인수합병시 인수하는 회사가 인수조건으로 약정한 내용—종업원에 대한 고용보장, 인수 후 유상감자 금지 등—을 법원이 감독할 수 있는 권한이 없다. 따라서 일단 빚을 얻어 다액의 인수금액을 기재하여 인수하고 정리절차 종결 후 유상감자하는 사례가 대부분이다. 미국 파산법은 사건을 재개(reopen the case)하는 조항을 두고 있다.[9)] 일단 종결한 후 인수인이 관리처분권을 획득하지만 법원에 약속한 내용을 지키지 아니하는 경우 사건을 재개할 수 있다는 조항을 두게 되면 법원과 사회에 대한 인수인의 약속이 신사협정이 아니라 법적인 구속력을 갖게 된다.

5. 면책결정을 무시하는 채권자의 행동규제

신법 제660조 제3항은 면책을 받은 개인인 채무자에 대하여 면책된 채권에 기하여 강제집행 등으로 추심행위를 한 자에 대하여 과태료의 제재를 가하고 있다. 당초 입법안은 이보다 강화된 내용으로 법원의 개시결정, 보전처분 이후에 이루어지거나, 최고서의 발송, 전화독촉 등의 추심행위도 형사처벌하자는 내용이다. 당시에 아직 시기상조라는 의견이 받아들여져 현재와 같은 내용으로 축소되었다. 2007년에 채무자에 대한 가혹한 추심행위를 제제하자는 법안이 국회에 제출된 바 있다. 이러한 점을 반영하여 과태료의 제재 대상범위를 확대하거나 처벌을 강화할 필요가 있다.

---

8) 홍성준, 앞의 글, 489면은 입법 없이 계획안에 넣는 것으로 가능하다는 입장이다.

9) 연방파산법 §350(b)에 의하면 파산재단에 속하는 재산을 관리하거나 채무자에게 구제를 부여하기 위하여 또는 다른 원인이 있는 경우에는 종료한 사건을 재개할 수 있도록 되어 있다.

Ⅵ. 입법개정작업과 논문발표

1. 신법 개정 작업 준비

최근 중소기업청에서는 청산절차의 간소화를 위하여 용역을 준비하는 등 중소기업을 위하여 신속하면서 이익이 되는 청산절차를 거칠 수 있도록 입법준비를 하고 있다. 이러한 노력은 사실 법원과 법무부가 해야 할 일이다. 행정부에서 기업구조조정촉진법을 부활하려는 움직임이 감지되었음에도 이미 위헌제청신청을 한 바 있는 법원이 제대로 대처하지 못하였다는 지적이 있었다. 2006.4.1. 신법이 시행되기까지 약 5년간의 노력이 있었다. 신법 시행 후의 문제점을 조사하고 파산부가 중심이 되어 개선된 실무를 입법에 반영하는 노력을 지금부터 경주할 필요가 있다.

2. 외부 논문 기고

과거 파산부에서는 파산부의 실무를 알리는 글들을 꾸준히 발표하여 변호사들과 기업의 법무팀에서 환영을 받았다. 신법이 시행된지 이제 2년이 경과하고 새로운 실무가 형성되고 있으며 지방의 일선법원들이 중앙지법 파산부의 실무를 본받으려 하고 있다. 특히 개인에 대한 제2편 회생절차에 대한 실무나 청산가치 보장 이후 계획안의 작성기준, 보조인의 수당 등이 변경되었다면 법원 내부의 법관연수자료 뿐 아니라 정기적으로 외부잡지에 파산부 법관들이 비록 개인의 견해라고 하더라도 글을 싣는 것이 긴요하다.

(2008년 서울중앙지방법원 파산부 실무법관연수(미공간) 소재)

판례를 통하여 본 부인권의 효과

Ⅰ. 의 의

채무자가 재정적으로 위기상태에 빠지게 되면 채무자나 채권자는 각자의 이익을 도모하기 위한 행위를 하게 마련이다. 그리하여 채권자들은 위기상황에 빠진 채무자로부터 담보를 설정받거나 기존의 담보물을 환가처분하거나, 변제받으려고 노력한다. 그러나 법은 일정한 사유에 해당하는 경우에 파산선고 이전에 이루어진 행위에 대하여 파산선고 이후에 파산관재인으로 하여금 파산재단을 해하는 사해행위나 특정 채권자를 유리하게 취급하는 편파행위로 판단하여 이를 무효로 할 수 있는 막강한 권한을 부여하고 있다. 따라서 채무자의 어떠한 행위가 후일 부인될 수 있는가 하는 점은 금융거래에서 항상 유념해야할 중요한 법적인 문제이다. 이 글에서는 어떠한 행위가 부인의 대상이 되는가 하는 점은 다루지 않는다.[1] 대신에 부인의 대상이 됨을 전제로 부인권이 행사되는 장면을 다루기로 한다.

부인권의 행사는 파산재단을 원상으로 회복시킨다(「채무자 회생 및 파산에 관한 법률[2]」 이하 신법이라 한다. 신법 제397조, 구 파산법 제69조). 따라서 파산관재인이 부인권을 행사하면 부인권 행사의 목적인 재산이 특정적인 형태로 부인권 행사의

1) 이에 관한 최근의 글로는 李鎭萬, "통합도산법상의 부인권," 민사판례연구(28), 박영사(2006), 863면 이하가 자세하다. 林采雄, "도산법상 부인권의 행사대상에 관한 연구," 서울대학교 박사학위논문(2007).

2) 구 회사정리법이 주식회사만을 대상으로 삼고 있었으나 신법은 2006. 4. 1.부터 시행되고 있으며 적용 대상을 법인과 개인을 포함한 모든 법인격체에게 확대하고 대신에 화의법을 폐지하였다.

상대방의 점유하에 있거나 그 상대방에게 권리가 귀속되어 있는 경우 그 재산권 자체를 반환하여야 하고, 파산채권자에게 금원을 지급하여 재산권의 목적이나 급부가 특정성을 상실한 경우에는 그 재산권 자체의 반환에 갈음하여 가액의 상환을 청구할 수 있다.[3] 그러나 부인권의 성질과 효과를 둘러싸고 견해가 대립되는 부분이 많아 아직 실무가 확립되지 못하고 있다. 또한 부인권이 거래의 안전을 해하게 된다는 점을 고려하여 미국과 일본에서는 부인의 유형을 객관화하려는 방향으로 입법을 하고 있다. 이 글에서는 부인권이 행사된 경우 파산관재인, 파산재단, 상대방, 전득자간에 발생하는 법률관계에 대하여 판례를 중심으로 고찰한다. 특히 부인 대상의 행위유형에 따라 구체적인 원상회복의 방법에 관하여 판례를 중심으로 살펴본다. 원칙적으로 파산절차에서의 법리를 설명하되 회생절차의 특칙에 대하여도 언급한다. 아울러 필요한 경우에는 일본과 미국의 논의를 소개한다.

Ⅱ. 부인소송의 소송물

1. 행사방법과 소송형태

구 파산법에서는 부인의 청구가 인정되지 아니하였다. 그러나 신법은 파산절차 및 회생절차를 일치시켜 부인권은 소, 부인의 청구 또는 항변에 의하여 행사하되 반드시 재판상 행사하여야 한다고 규정하였다(신법 제396조 제1항). 그 중 부인의 소의 법적 성질에 대하여는 오랫동안 다툼이 있었다.

가. 일　본

통설은 부인권의 행사를 전제로 하는 급부(이행)의 소 또는 확인의 소로 본다. 다만 항변에 의한 부인권 행사와의 균형상 그다지 구애할 필요는 없다는 견해도 있다.[4] 부인의 청구를 인용하는 판결은 주문에 '부인한다'라는 뜻을 선언하고 있고, 당해 법률관계를 拔本的으로 확정하여 둘 필요가 있는 경우가 아니라면 청구취지 중 굳이 부인한다는 부분에 대하여 부적법하다는 이유로 각하할 필요는 없다고 한

3) 서울고등법원 2004.5.4. 선고 2003나45092 판결(대법원 2004.9.3. 선고 2004다27686 판결의 원심판결).

4) 宮脇幸彦 외, 注解會社更生法, 青林書院(1986), 301면.

다. 유력설은 형성·급부·확인의 소 중 어느 것에 의하더라도 가능하다고 한다.[5)]

나. 우리나라

실무는 이행 또는 확인소송설을 따르고 있다.[6)] 이 견해에 의하면 부인소송의 소송물은 부인권 자체가 아니라 부인의 효과로서 발생한 권리관계에 기한 이행청구 또는 확인청구이고, 부인의 주장은 공격방어방법으로 변론종결일까지 소제기 당시의 부인주장을 변경 보완할 수 있으며 판결이유 중에서 판단된다.[7)]

2. 부인의 소의 특징

가. 채권자취소권

채권자취소권과 부인의 소는 모두 로마법상의 *actio pauliana*에서 유래한 것이다.[8)] 채권자취소권은 반드시 법원에 청구하여 행사한다고 규정되어 있으나 그 의미는 소송에 의하여 행사하여야 하고 소송내에서 항변으로 주장하는 것은 허용되지 않는다는 뜻이다.[9)] 그 효과에 관하여 악의의 수익자 또는 전득자에 대한 관계에서만 상대적으로 취소한다는 상대적무효설이 통설·판례이다.[10)] 상대적 무효설을 따르면 형성소송과 이행소송의 병합형태가 된다.[11)] 가액배상을 명하더라도 가집행의 선고는 할 수 없다.[12)] 채권자취소소송은 형성소송과 이행소송을 반드시 병합하여 제기하여야 하는 것은 아니고 형성소송만 제기할 수 있다.[13)] 채권자취

---

5) 三ヶ月章 외, 條解會社更生法(上), 有斐閣(1999), 123면; 林采洪·白昌勳, 會社整理法(上), 司法行政學會(2002), 465면은 이를 다수설이라고 한다.

6) 서울중앙지방법원, 법인파산실무, 박영사(2006), 233면.

7) 서울고등법원 2002.7.5. 선고 2001나72342 판결.

8) 양자의 차이에 관하여 예리한 분석을 한 글로는, 森田 修, 債權回收法講義, 有斐閣(2007), 56면 이하.

9) 통설과 판례이다. 곽윤직 편, 민법주해(9), 박영사(2001), 832면; 대법원 1978.6.13. 선고 78다404 판결.

10) 학설의 논의는 곽윤직, 채권총론, 박영사(1999), 187면; 윤경, "사해행위 취소와 가액배상," 저스티스(제34권 제5호), 2001, 122면. 대법원 1967.12.26. 선고 67다1839 판결(집15(3)민47)은 상대적 무효설임을 명시하였다.

11) 곽윤직 편, 앞의 책(주 9), 833면.

12) 이 점을 명시한 판결은 서울고등법원 1999.7.23. 선고 99나8782 판결. 형성소송인 재산분할에 관하여도 가집행을 선고할 수 없음을 명시한 것으로는 대법원 1998.11.13. 선고 98므1193 판결(공 1998, 2870) 참조.

13) 대법원 1997.10.10. 선고 97다8687 판결(공 1997, 3420). 사해행위로 근저당권이 설정되고

소권을 행사하기 위하여는 채무자의 재산처분행위에 의하여 채무초과이거나 그 정도가 심화되어야 한다.[14] 채권자취소권은 채무자의 일반재산의 유지·확보를 주된 목적으로 하는 것으로 사해행위만을 대상으로 하고 채무의 내용에 좇은 변제(이른바 本旨辨濟)와 같은 편파행위는 원칙적으로 대상이 아니다.[15] 채무자의 보증행위는 주채무자의 변제자력이 충분한 경우에는 사행행위가 성립하지 아니한다.[16]

나. 부 인 권

부인권의 행사는 소송 외에 청구 또는 항변의 방법이 허용되는 등 채권자취소권과 행사방법이 다르고, 부인판결에 대하여는 주문에 가집행을 붙일 수 있다.[17] 부인소송에서도 채권자취소소송과 같이 판결의 효과는 상대적 무효이다.[18] 구 파산법상의 부인권 제도에 있어서는 반드시 해당 행위 당시 부채의 총액이 자산의 총액을 초과하는 상태(이하 '부채초과상태'라고 한다)에 있어야만 행사할 수 있다고 볼 필요도 없고, 행위 당시 자산초과상태였다 하여도 장차 파산절차에서 배당재원이 재단채권과 파산채권을 전부 만족시킬 수 없는 이상, 그리고 그러한 개연성이 존재하는 이상, 일부 특정 채권자에게만 변제를 한다거나 담보를 제공하는 것은 다른 채권자들이 파산절차에서 배당받아야 할 배당액을 감소시키는 행위로서 부인권을 행사할 수 있다.[19] 즉 부인의 소는 지급정지, 파산신청 등을 요건으로 하고 채무초과는 요건으로 삼지 않고 있다. 또한 부인의 소는 확정되기 이전에도 부인의 효과가 발생하지만 채권자취소권은 실체법상 형성을 청구하는 소(이혼 등)와 마찬가지로 판결이 확정되어야 법률관계가 형성되는 점에서 양자가 다르다. 부

다른 채권자가 신청한 경매에서 수익자가 배당채권자로서 배당표가 확정된 사안에서, 저당권설정등기의 말소만 인용되고, 배당금의 지급을 구하는 부분은 배척되었다.

14) 대법원 1962. 11. 15. 선고 62다634 판결.

15) 대법원 1967. 4. 25. 선고 67다75 판결(집15(1)민, 342)은 "채무자가 기존채무를 변제하는 것은 채무자의 총재산에 증감을 가져오는 것은 아니며, 채권자 평등의 원칙도 채무자의 사이에 따른 자유스러운 변제까지를 제한하는 것은 아니므로, 이와 같은 변제로, 딴 채권자에 대한 변제자력이 없게 되었다고 하더라도, 채무자가 채권자를 해할 것을 알고 한 법률행위, 즉 사해행위가 성립된다고는 볼 수 없다"고 판시하였다. 다만 예외적으로 변제기 미도래의 채권을 변제하는 것은 사해행위가 될 수 있다(곽윤직 편, 앞의 책(주 9), 829면). 일본의 다수설도 같다(林錫璋, "債權者取消權," 民法講座 4, 有斐閣(1985), 167면.

16) 곽윤직 편, 앞의 책(주 9), 831면.

17) 대법원 2000. 3. 13. 자 99그90 결정(공 2000, 1130).

18) 宮脇幸彦 외, 앞의 책(주 4), 301면.

19) 대법원 2005. 11. 10. 선고 2003다2345 판결(공보불게재).

인권은 사행행위 외에 변제와 같은 편파행위도 포함되며 주채무자의 자력유무에 관계없이 무상보증행위도 그 대상으로 한다.

3. 부인의 소와 주문의 형태

부인권을 행사하여 그 효과로서 상대방에게 금전의 반환이나 등기의 말소를 구하는 경우가 대부분이므로 이러한 경우에는 이행의 소를 제기하면 충분하다. 그러나 부인의 대상 중에는 집행행위도 포함되고 채권자가 전부명령을 받았으나 아직 제3채무자로부터 변제를 받지 못한 경우와 같이 전부명령 자체를 부인함으로써 피전부채권의 이전이라는 효과를 상실시킬 수 있는 경우나 부동산의 매각허가 결정만 있고 아직 대금을 납입하기 이전과 같이 집행기관의 행위만을 부인하는 경우에는 별도의 이행소송을 제기함이 없이 집행행위만을 부인의 대상으로 삼음으로써 분쟁을 발본적으로 해결할 필요가 있다. 채무자의 행위나 법원의 집행행위는 아니지만 채권자의 담보권실행행위 등의 부인[20]과 같이 이행 또는 확인의 소까지 가지 않고 일정한 행위의 부인만으로써 원상회복의 목적을 달성할 수 있는 경우 예컨대 저당권설정계약이 체결되었으나 그 등기는 마쳐지지 않은 경우에는 그 계약의 부인만 구함으로써 원상회복이 될 수 있으므로 이 경우에는 형성의 소에 의할 수도 있다.[21]

소송법상의 형성의 소인 청구이의의 소, 재심의 소, 제3자 이의의 소 등은 비록 당해 판결의 형성효에 대하여 가집행을 붙이는 것은 아니지만 집행권원인 판결에 기한 집행력을 배제하기 위하여 이미 인가한 강제집행 등의 중지에 대하여 가집행을 붙일 수 있다. 부인의 소는 형성의 소임에도 불구하고 가집행을 붙일 수 있다는 점을 고려하면, 부인의 소를 실체법상 형성을 청구하는 소와 같은 범주에 넣어 그 범주에 속하는 일반론을 예외 없이 적용하는 것은 옳지 않다. 이 점은 부인의 소에 관한 그간의 오랜 논쟁 자체에서 알 수 있듯이 부인의 소의 법적 성질을 어느 하나만으로 묶어 놓기는 쉽지 않다. 따라서 현재의 실무가 통일되지 않은 상황에서 부인의 소는 형성의 소로 제기할 수 없고 반드시 이행 또는 확인의

---

20) 수원지방법원 1993. 2. 19. 자 92파510 결정(부인청구사건, 회사정리절차).

21) 林采洪·白昌勳, 앞의 책(주 5), 465면. 고의부인에 관한 대구고등법원 1989. 1. 19. 선고 87나1384 판결(하판집 1989, 360면 이하)은 광명건설이 정리절차 개시전에 특정채권자와 건축중인 아파트에 대하여 분양계약을 체결한 사안에서 주문 제1항에서 분양계약을 부인한다라고만 판시하고 기타 이행을 명하는 내용은 없다.

소로 제기하여야만 한다는 이유로 형성의 소를 각하하는 것은 바람직하지 않다. 재판부로서는 석명권을 적절히 행사하여 청구취지를 분명히 하도록 유도함이 옳다고 생각한다. 뒤에서 보는 바와 같이 부인의 행위유형에 따라 '부인한다'라는 주문을 내는 사례도 적지 않다.[22)]

다만, 이행의 소만 제기하면 족한데 형성의 소를 제기한 경우가 문제가 된 적이 있다.[23)] 원고의 청구가 청구원인에서 부인권의 행사를 주장하면서 금품의 반환을 구하면 되고, 청구취지에 부인이라는 표시를 하여야 하는 것은 아니라고 생각되며, 설령 청구취지에서 '부인하고'라는 문구를 기재하였다고 하더라도 원고의 청구취지의 목적이 목적물 또는 금원의 반환을 구하는 것이라면 이는 이행소송을 제기한 것으로 취급하고 '부인하고'라는 표현은 불필요한 문구를 기재한 것으로 처리하면 족하다. 굳이 부인의 부분에 대하여 소의 이익이 없다고 하여 소를 각하할 필요는 없다. 실무례도 제1심에서는 주문 1항에서 "1997. 2. 17.자 … 라는 취지의 계약은 부인한다"하고 2항에서 금원의 지급과 3항에서 가집행을 명한 판결에 대하여 제2심에서 피고항소를 일부 받아들여 판결주문에서 원판결 중 금원지급 부분만을 일부취소하고 부인을 명한 부분은 그대로 유지하고 있는 등 아직 통일되지 않은 상태이다.[24)]

반대로 부인의 선언을 구하는 부분을 각하한 사례도 있다. 원고가 청구취지에 '금원의 반환 외에 피고와 소외 텔슨전자 주식회사 사이에 2004. 6. 30. 체결된 근질권설정계약을 부인한다'라는 항목을 추가하였다. 이에 대하여 법원은 부인의 선언을 구하는 부분을 각하하였다. 그 이유로는 "부인권을 소에 의하여 행사하는 경우 그 소는 특별한 사정이 없는 한 단순히 부인의 대상이 되는 행위에 관한 부인의 선언 내지 무효확인청구가 아닌 금전의 지급이나 물건의 반환, 채무부존재확인 등 부인권의 행사에 따른 법률관계의 이행 내지 확인청구이어야 하고, 이러한 이행 내지 확인을 직접 구할 수 있는 경우에는 이와 별도로 부인의 선언을 구할 이익도 없으므로, 원고의 이 사건 소 중 부인의 선언을 구하는 부분은 소의 이익이

---

22) 대법원 2002. 7. 9. 선고 2001다46761 판결의 원심판결인 서울고등법원 2001. 6. 26. 선고 2000나52006 판결은 "채권양도계약 및 그 통지행위는 취소되어야 하고, 그 원상회복으로서 피고는 현대전자에게 위 채권양도계약 및 그 통지행위가 취소되었음을 통지할 의무가 있다고 하여 취소행위와 통지절차의 이행을 명하고 있다.

23) 대법원 2003. 7. 22. 선고 2003다5566 판결(미공간).

24) 서울지방법원 1999. 10. 1. 선고 99가합6314 판결 및 항소심인 서울고등법원 2000. 5. 3. 선고 99나58367 판결(상고취하). 고등법원 판결이유의 결론 부분에서 계약을 부인한다고 판시하고 있을 뿐 주문에서는 언급하지 않고 있다.

없어 부적법하다"고 설시하였다.[25)]

이상의 내용을 표로 정리하면 아래와 같다.

	채권자취소권	부 인 권
행사방법	소 송	소송 외에 부인의 청구 또는 항변
행사효과	상대적 효력(물권적효과)	좌 동
효과 발생시기	확정 후 발생	확정 전 발생
가집행선고	불 허	허 용
소송 형태	형성소송과 이행소송(병합) 또는 형성소송	이행 또는 확인소송
요 건	채무초과	지급정지 또는 지급불능(자산초과라도 가능)
대상행위	사해행위	사해행위 또는 편파행위
무상보증행위	변제자력 존재시 불해당	자력유무에 관계없이 부인대상
원 고	채 권 자	파산관재인

Ⅲ. 물권적 효력과 상대적 효력

1. 의 의

한국과 일본의 통설은 부인의 효과는 물권적이라고 본다. 따라서 부인권의 행사에 의하여 파산자[26)]의 행위는 파산절차와의 관계에서 무효가 되고 파산재단은

25) 서울중앙지방법원 2006. 4. 12. 선고 2005가합89228 판결(미항소 확정).

26) 신법은 파산자라는 용어를 채무자로 변경하였으나 부인권에 관한 설명에 있어서는 파산자

그 행위가 없었던 상태로 회복한다. 예를 들면 부인된 행위에 의하여 파산재단으로부터 일탈한 재산은 다시 파산재단에 귀속하고, 채무의 부담이나 담보의 제공행위에 기한 상대방의 권리는 소멸한다. 이에 반하여 독일의 다수설은 채권적 효과설을 취한다. 따라서 물권적 효과설에 따르면 부인의 효과로 인하여 소급적으로 원상복구된다. 즉 부동산 물권변동의 효력은 별도의 이전등기를 경료하지 않더라도 소급하여 파산재단으로 원상회복된다.

다음으로 부인권의 효력이 미치는 인적 범위에 관하여 본다. 파산관재인이 부인권을 행사하면 그 부인권 행사의 효과는 파산재단과 상대방 간에 상대적으로 발생할 뿐이고 제3자에 대하여는 미치지 아니한다. 파산자와 상대방(수익자) 간의 행위의 효력에 대하여는 영향을 미치지 아니한다.

상대적 효력의 구체적인 의미는 다음과 같다. 즉 특정 파산채권자와 파산자 간에 체결된 근질권설정계약이 부인할 수 있는 행위에 해당하고 파산관재인이 부인권을 행사하였다고 하더라도 파산자로부터 신탁사업을 양수한 제3자가 채권자와 파산자간에 체결된 근질권설정계약의 효력이 부인되어 효력이 없다고 주장할 수 없다. 그리고 파산자가 특정 파산채권자에게 파산자가 제3채무자에 대하여 갖는 채권을 양도한 행위가 부인되었다고 하더라도 부인의 효과는 파산재단과 상대방인 특정파산채권자(채권양수인) 간에 미치는 것이고 제3채무자에게는 미치지 아니하므로 부인되기 전에 이미 특정파산채권자(채권양수인)와 제3채무자 사이에 체결한 이자율 변경약정은 여전히 유효하다.[27]

2. 상대방도 파산한 경우

만일 부인권의 행사의 상대방인 수익자도 파산선고를 받고, 목적물이 현존하는 경우라면 부인권을 행사하는 파산관재인은 수익자의 파산재단을 상대로 환취권을 행사하여 파산절차에 의하지 아니하고 소유권이전등기의 말소를 구할 수 있다.[28] 이 경우에 파산한 상대방의 파산관재인을 수익자로 취급할 것인가 전득자로

의 채무자를 칭하는 경우에 채무자의 채무자가 되어 불분명하므로 이글에서는 용어상의 명확성을 기하기 위하여 파산자라는 용어를 사용하기로 한다.

27) 서울중앙지방법원 2005. 9. 8. 선고 2004가합79767 판결(서울고등법원 2005나87427 판결로 항소 중).

28) 兼子一, 條解會社更生法, 弘文堂(1953), 217면. 파산관재인의 제3자성에 관하여는 林治龍, “破産과 宇宙,” Business Finance Law(2007년 1월호), 96면 이하.

취급할 것인가 하는 것에 관하여도 견해가 나뉘고 있다.[29] 수익자로 취급함이 옳다. 수익자의 파산재단에 부인의 대상이 되는 목적물이 멸실 또는 제 3 자에게 이전되어 가액배상을 구하는 경우에 수익자(파산재단)를 상대로 구하는 가액반환청구권이 재단채권인지 파산채권인지에 관하여 의문이 있다. 서울고등법원판결은 파산관재인이 수익자임을 전제로 파산채권으로 취급하였다.[30]

3. 부인권의 효력이 미치지 아니하는 제 3 자의 범위

제 3 자라 함은 부인행위의 상대방 이외의 제 3 자로서 부인권이 행사되기 전에 부인의 대상이 될 행위에서 생긴 법률효과를 기초로 새로운 권리를 취득한 제 3 자를 말한다.

가. 예금자보호법과 제 3 자

부보금융기관과 새로운 거래행위 없이 예금자보호법에 의하여 부보금융기관의 영업정지로 인하여 보험금지급의무를 부담하게 된 예금보험공사는 이에 해당하지 아니한다. 즉 동서증권이 종합금융회사(갑)에 예금하고 예금을 제 3 자를 위한 담보로 제공하였으나 동서증권이 파산하여 파산관재인이 원고가 되어 먼저 담보제공행위를 부인한 후 예금자의 지위를 회복하였다는 이유로 예금보험공사를 상대로 보험금의 지급을 구한 사안에서 법원은 부인권의 행사의 효과가 동서증권과 부보금융기관(종금사 갑)에만 미치고 예금보험공사는 부인권행사의 효력범위에 있어서 종합금융회사와 구별되는 제 3 자에 해당한다고 볼 수 없다는 이유로 원고를 예금자로 인정할 수 없다는 예금보험공사(피고)의 주장을 배척하였다.[31]

---

29) 상대방이 파산한 경우에는 파산관재인을 수익자가 아닌 전득자로 취급하여야 한다는 견해도 있다(兼子一・三ヶ月章, 條解會社更生法(中), 弘文堂(1998), 161-162면). 따라서 이 견해에 따르면 전득자인 파산관재인이 선의이면 부인권을 행사할 수 없게 될 것이다. 파산자와 상대방 모두 파산한 경우의 법률관계를 다룬 자세한 글로는 上原敏夫, "否認(詐害行爲取消し)の效果と受益者の債權者," 新堂幸司先生古稀祝賀 民事訴訟法理論の新たな構築 下卷, 有斐閣(2001), 437면 이하 참조.

30) 서울고등법원 2003.11.5. 선고 2002나34088 판결(미상고 확정). 이 판결은 파산채권으로 신고한 후 수익자의 파산관재인이 이의하면 위 소를 파산채권확정의 소로 변경하여 절차를 진행하여야 한다는 이유로 이행의 소를 각하하였다.

31) 서울고등법원 2006.4.13. 선고 2005나75660 판결(상고 중).

나. 주채무자와 제3자

동서증권(원고, 보증인)이 주채무자(동서팩토링)의 채권자인 한국종금(피고)에 대한 주채무를 담보하기 위하여 한국종금에 대하여 예치한 예금채권을 담보로 제공하였다. 동서증권이 부도나자 한국종금은 동서증권에 대하여 갖는 보증채권과 동서증권에 대하여 부담하는 예금반환채무를 상계하였다. 동서증권은 소멸된 채권액에 대하여 법정대위권을 취득하고 동서팩토링(주채무자)에 대하여 구상권을 행사하여 일부 금원(동서팩토링이 파산하여 수령한 배당금)까지 수령하였다. 그 후에 동서증권마저 파산하여 파산관재인이 예금채권의 담보제공행위를 부인하였다. 동서증권의 파산관재인이 한국종금의 파산관재인인 예금보험공사를 상대로 예금채권을 청구하였다. 한국종금은 다음과 같이 주장하였다. 동서증권이 동서팩토링으로부터 교부받은 배당금을 동서팩토링에게 부당이득으로 반환하여야 하지만 부인권의 효력은 제3자인 동서팩토링(주채무자)에게 미치지 아니하므로 주채무자(동서팩토링)에 대한 관계에서 동서증권이 법정대위권자로서 배당금을 수령한 것은 적법한 변제이다. 그렇다면 한국종금은 더 이상 주채무자(동서팩토링)에 대하여 원래의 대출금 채권을 청구할 수 없게 되었으므로 결국 원고가 한국종금(채권자)에게 배당금을 부당이득으로 반환하여야 하고 이를 자동채권으로 상계한다고 주장하였다. 이에 대하여 법원은 주채무자는 부인대상이 되는 행위에서 생긴 법률효과를 기초로 하여 새로운 권리를 취득한 제3자에 해당하지 아니하므로 원고는 부인의 효과에 기하여 주채무지에 대한 법정대위권을 상실하게 되었으므로 배당받은 금원을 부당이득으로 주채무자에게 반환하여야 하고 부인권의 상대방인 피고에 대하여 반환할 것이 아니라는 이유로 피고의 주장을 배척하였다.[32)]

---

32) 서울중앙지방법원 2006.5.18. 선고 2005가합76482 판결(항소 중). 이 사건이 재미 있는 것은 3개의 기관이 모두 파산하였다는 점이다. 주채무자인 동서팩토링에게 반환하게 되면 동서팩토링도 파산하여 반환금원이 파산재단을 구성하게 되고 한국종금으로서는 동서팩토링에 대한 배당금으로 일부 만족에 그친다. 만일 상계가 허용되면 한국종금은 반환금액 전액을 상계를 통하여 만족을 얻게 된다.

Ⅳ. 원상회복의 내용

1. 가액반환과 원물반환

미국 파산법 §550(a)과 일본의 신 파산법은 관재인에게 목적물의 반환 또는 가액의 상환을 선택하여 청구할 수 있는 권리를 부여하고 있다.[33] 이에 반하여 우리나라와 일본의 구 파산법은 목적물이 현존하고 있는 때에는 목적물의 반환을 규정하고 있으나(일본의 구 파산법 제69조 제2항), 목적물이 처분되어 반환이 불가능하게 된 때에는 파산관재인이 상대방에게 목적물의 가액의 상환을 청구할 수 있다는 명시적인 규정은 없다. 그럼에도 불구하고 하급심 판결은 구 파산법이 적용되는 사안에서 부인권 제도의 취지와 선의의 무상취득자의 현존이익 반환의무에 관한 구 파산법 제69조 제2항, 전득자부인의 경우 구 파산법 제69조 제2항을 준용하고 있는 구 파산법 제75조 제2항, 가액상환에 따른 상대방의 채권의 부활에 관한 구 파산법 제71조 등을 참작할 때 파산관재인은 상대방에게 목적물의 반환에 갈음하여 그 가액상환을 청구할 수 있다고 판시한 바 있다.[34]

2. 미이행 쌍무계약의 상대방과 부인권의 상대방이 갖는 반환청구권의 성질

미이행 쌍무계약이 파산관재인의 해제권 선택으로 인하여 해제된 경우에 상대방은 파산재단에 반대급부가 현존하는 경우, 반대급부의 반환을 청구할 수 있고 그 성질은 환취권이다. 만일 반대급부가 현존하지 아니하는 경우에는 상대방은 그 가액에 대하여 재단채권자의 지위에 서게된다(신법 제337조 제2항).

파산관재인이 부인권을 행사한 경우에 상대방은 파산재단에 반대급부가 현존

33) 일본의 신 파산법은 2005.1.1.부터 시행되고 있다. 제168조 (전략) 행위가 부인된 경우 상대방은 다음 각호에 게기한 구분에 응하여 각호에 정한 권리를 행사할 수 있다.

제4호 파산관재인은 (중략) 행위를 부인하려고 하는 때에는 파산재단에 회복하는 재산의 반환에 대신하여 상대방에게 당해재산의 가액으로부터 전3항의 규정에 의하여 재단채권으로 되는 액을 공제한 금액의 상환을 청구할 수 있다.

일단 파산관재인이 차액배상을 선택하면 더 이상 원물반환은 인정되지 않는다(小川秀樹, 一問一答 新しい破産法, 商事法務(2004), 238면).

34) 서울고등법원 2003.11.5. 선고 2002나34088 판결(미상고 확정).

하는 경우에는 반대급부의 반환을 청구할 수 있고 그 성질이 환취권이라는 점은 미이행 쌍무계약의 경우와 같다. 그리고 반대급부로 인한 이익이 현존하는 경우에만 그 반환에 대하여 상대방이 재단채권자의 지위에 서게 된다. 그런데 반대급부로 인한 이익이 현존하지 아니하는 경우에는 가액상당의 반환청구에 대하여 상대방이 파산채권자의 지위에 서게 된다(신법 제398조 제2항).

즉 법은 미이행 쌍무계약의 상대방을 부인의 상대방보다 재단채권자의 범위를 넓게 인정함으로써 더 보호하고 있다. 이처럼 부인권과 미이행 쌍무계약의 법률관계를 달리 취급하는 근거에 대하여, 학자들은 다음과 같이 설명한다. 즉 미이행 쌍무계약의 상대방은 자기가 전혀 관여하지 아니한 파산이라는 사태에 의하여 파산관재인에 의한 계약해제가 이루어진 것이므로 손해배상은 별론으로 하고 기이행 부분의 반환 등 원상회복에 관한 한 상대방의 지위를 원상으로 완전하게 회복하도록 하는 것이 옳다. 그러나 부인의 상대방은 악의가 존재하기 때문에 부인에 의하여 재단이 부당이득을 피하도록 하면 족하고 상대방의 원상회복을 보증할 필요가 없다고 한다.

3. 상대방의 지위에 관한 일본의 신 파산법

일본은 다음과 같은 사유를 고려하여 부인권에 관한 구 파산법 제78조를 개정하여 양자의 차이를 사실상 철폐하였다(일본의 신 파산법 제168조).[35] 첫째, 민법상의 현존이익에 관한 법리는 파산법에서도 적용하는 것이 법체계상의 정합성이 있다. 둘째, 부인권의 상대방이 변제를 받을 당시 위기시기에 있었다는 점을 알고 있었다는 사실만으로는 그를 불법행위자나 비도덕적인 행위자로 비난할 수 없다. 따라서 부인권의 상대방 역시 재단채권자의 지위로 취급한다고 하여 공평에 반한다고 보기 어렵다. 셋째, 파산재단이 취득한 금원을 어떻게 처분하느냐에 따라 상대방이 파산채권자가 되기도 하고 재단채권자가 되기도 하는 것은 상대방의 법률관계를 불안하게 한다.[36] 예컨대, 파산전 채무자가 10억 원 상당의 부동산을 8억 원에 매도한 행위를 파산선고 후 파산관재인이 부인하는 사례에서 신·구 파산법의 차이는 아래와 같다. 구 파산법에서는 파산재단에 현존이익이 없는 경우라면

---

35) 제168조 제2호 파산자가 받은 반대급부가 파산재단 중에 현존하지 않는 경우 재단채권자로서 반대급부의 가액의 상환을 청구할 수 있는 권리.

36) 小川秀樹, 앞의 책(주 33), 235면.

부동산을 반환하더라도 8억 원에 대하여는 파산채권으로 취급된다. 그러나 신 파산법에서는 8억 원에 대하여 재단채권으로 행사할 수 있고 만일 파산관재인이 목적물의 반환대신 10억 원의 반환을 구하면 상대방은 차액인 2억 원만 반환하면 된다.[37] 다만 파산자가 반대급부로서 얻은 재산에 대하여 행위당시 은닉 등의 처분할 의사를 갖고 있고, 상대방도 그에 대하여 악의인 경우에는 현존이익반환청구권은 재단채권으로, 현존이익이 없는 경우에는 가액상환청구권을 파산채권으로 취급하고 있다(일본의 신 파산법 제161조, 제168조 제2항).

4. 현존이익의 범위

문제는 민법상 현존이익의 반환의 해석론이 파산절차상 부인의 효과에도 그대로 적용되는가 하는 점이다. 민법의 이론에 의하면, 원인 없이 수령한 금원을 예금한 경우나 타인의 채무에 변제한 경우에 이익이 현존하고 도박으로 낭비한 경우에는 이익이 현존하지 않는다고 해석한다. 그러나 부인의 효과에 관하여 구 파산법에서는 견해가 나뉘어 있다.

제1설은 민법과 같이 해석한다. 대법원 판례에 의하면 법률상 원인 없이 타인의 재산 또는 노무로 인하여 이익을 얻고 그로 인하여 타인에게 손해를 가한 경우, 그 취득한 것이 금전상의 이득인 때에는 그 금전은 이를 취득한 자가 소비하였는가의 여부를 불문하고 현존하는 것으로 추정된다.[38] 즉 생활비나 채무변제에 사용하더라도 다른 재산의 감소를 면한다는 의미에서 이익이 현존한다고 설명한다.[39]

제2설은 반대급부가 금전 기타 특정성이 없는 재산인 경우에는 비록 당해금전 또는 돈으로 매입한 재산이 파산관재인의 관리점유하에 있다고 하더라도 현존이익을 부정한다. 그러나 금전을 예금한 경우에는 일반재산에 혼입되지 아니한 경우로서 현존이익을 긍정한다.[40]

제3설은 반대급부인 금전으로 구입한 물건이 현존하고 있거나 종업원의 급

---

37) 신 파산법 제168조 제3항. 石井教文, "否認の効果," 全國倒産處理辯護士ネットワーク 編, 論点解説, 新破産法(下), 金融財政事情研究會(2004), 244면.

38) 대법원 2009. 1. 15. 선고 2008다58367 판결.

39) 谷口安平, 倒産處理法, 1980, 269면.

40) 三ヶ月章 외, 앞의 책(주 5), 188면; 伊藤眞, "否認權行使をめぐる公平の理念," 法學教室, 1983. 4(No. 55), 128면.

료 등 우선권 있는 채무에 변제한 경우에는 현존이익이 있다고 해석한다.[41]

생각건대, 민법과 같이 해석하는 것이 법체계상의 정합성이 있다는 점에서 탁견이지만 부인권의 효과에 관한 신법 제398조 제2항(구 파산법 제70조 제2항)의 입법취지가 원물이 현존하는 경우와 금전의 반환을 구하는 경우에 차등을 두고 있다는 점을 몰각하게 된다. 또한 재단채권자의 지위를 넓게 인정하게 되어 다른 파산채권자의 지위를 해하게 된다. 민법상의 현존이익의 해석은 부당이득청구권자와 채무자간의 문제에 불과하지만 부인의 효과에 관한 해석은 다른 파산채권자들의 이해에 밀접하게 관련되어 있으므로 양자를 달리 해석할 필요가 있다. 현행법의 해석론으로는 제2설에 찬동한다.

그러나 입법론을 생각하면, 매도대금을 예금하였다고 하더라도 파산재단이 관리하는 통장에 혼합하여 입금하였다면 더 이상 특정성을 주장할 수 없을 것이고, 구체적으로 들어가세 되면 낭비와 물건의 구입으로 인한 소비를 구별하기도 어려운 점을 고려하면 민법과의 정합성을 일치시키기 위하여는 일본의 신 파산법과 같이 이익이 현존하지 않더라도 재단채권자로 취급하도록 개정하는 것이 옳다.

5. 가액반환의 산정시기

부인권의 행사의 결과 원상회복의 방법으로 원물의 반환이 불가능하여 그 가액을 상환하여야 할 경우에 그 가액의 산정시기를 언제로 정할 것인지에 관하여 아식 확립된 정설은 없다. 즉 재무자의 사해행위, 수익자의 처분행위, 파산관재인의 부인의 소 제기, 제1심 변론종결, 제2심 변론종결 중 어느 한 시점을 선택하여야 한다. 실무는 부인권 행사시를 기준으로 산정하고 있다. 따라서 부인의 소송을 제기하는 경우에는 소장송달시를 기준으로 하게 된다.[42]

생각건대, 민법이 이행불능의 경우 손해배상 가액의 산정시점을 사실심 구두변론종결시로 정하고 있고, 유류분청구의 경우에도 목적물이 멸실되어 반환불능이 된 경우 손해배상의 산정시점을 상속시점이 아니라 사실심 구두변론종결시로 정하고 있다.[43] 부인권을 행사하여 원물반환에 갈음하여 가액을 상환하여 파산재단

---

41) 齊藤秀夫・麻上正信・林屋礼二 編, 注解破産法(第三版)(上), 青林書院(1999), 528면.

42) 서울중앙지방법원 2006.4.12. 선고 2005가합89228 판결 및 일본 최고재판소 1986.4.3. 判例時報 1198호 110면; 1967.6.22. 判例時報 495호 51면.

43) 대법원 2005.6.23. 선고 2004다51887 판결(공 2005, 1228).

에 회복시킨다는 점에서 앞의 경우와 달리 볼 필요가 없다. 따라서 사실심 구두변론종결시를 기준으로 하는 것이 옳다고 생각한다.

파산관재인이 갖는 원상회복청구권과 상대방이 파산자에 대하여 갖는 파산채권은 상계적상에 있지 아니하다. 그 근거로는 두 가지가 있다. 첫째 원상회복청구를 이행하여야 비로소 파산채권이 부활하게 된다. 즉 원상회복반환의무가 선이행이라는 견해이다. 둘째로는 파산선고 후 부인권 행사에 의하여 파산채권자가 파산재단에 대하여 채무를 부담하게 되기 때문이라는 견해이다. 후설이 이론상 타당하다. 왜냐하면 파산채권자가 부인권의 대상이 되는 변제를 받은 후에도 여전히 잔액의 파산채권을 보유하고 있는 경우에도 상계를 금하는 것이 공평에 합치되는데 전설을 취하면 잔액의 파산채권과 부인권에 기한 원상회복청구권은 상계적상에 있으므로 상계할 수 있게 되는데 이는 부당하다.

미국 파산법 §502(d)는 한 걸음 더 나아가 원상회복청구권의 실효성을 확보하기 위하여 만일 상대방 파산채권자가 금원을 반환하지 아니하면 파산채권자가 갖는 나머지 파산채권에 대한 채권조사절차에서 법원이 채권을 인정하지 아니하도록 규정하고 있다.[44)]

6. 지연손해금의 이율

부인의 대상이 되는 채무자의 채권양도행위 또는 채권의 양도담보제공행위가 상행위에 해당하는 경우라면 채권자의 채권회수일 이후 소장송달일 또는 판결선고일까지의 법정이율은 상법 소정의 연 6푼이 되고, 완제일까지는 「소송촉진등에 관한 특례법」 소정의 법정이율이 된다.[45)]

7. 가집행의 선고

구 회사정리법 하에서 정리회사가 정리절차 개시 전에 특정채권자에게 편파적인 변제행위를 한 것에 대하여 관리인이 부인의 소를 제기하고 이와 병합하여

44) 구체적인 설명에 대하여는 David G. Epstein, Bankruptcy and Related Law in a Nutshell, 7th, 190(2005).

45) 서울고등법원 2003나45092 판결; 서울중앙지방법원 2006. 4. 12. 선고 2005가합89228 판결; 2006. 2. 9. 선고 2005가합54673 판결. 일본의 통설 및 판례도 이와 같다. 伊藤眞, 破産法, 有斐閣(2006), 416면; 일본 최고재판소 1965. 4. 22. 민집19권 3호, 689면.

원상회복으로 금원의 지급을 구하는 소송형태에서 금원지급부분에 대하여 가집행을 선고할 수 있느냐가 문제가 되었다.

원심은 "회사정리법 제82조에 기하여 부인의 선언을 구하는 소는 소송을 거쳐 그 소송에서 선고된 판결에 의하여서만 일정한 권리 또는 법률관계의 형성의 효과가 발생되도록 하는 형성의 소이므로, 그 판결이 확정된 때 부인의 효과가 발생하고, 그 부인의 효과로서 제87조에 기하여 정리회사의 재산이 원상회복되었음을 전제로 하는 원상회복청구권은 부인의 효과가 발생하였을 때 비로소 발생하는 것인 만큼 부인의 효과가 발생하기 전에 부인의 선언을 구하는 소송과 병합하여 원상회복의 청구를 하고, 법원이 부인의 선언과 동시에 원상회복을 명하는 이행판결을 하는 경우에도 부인을 선언하는 형성판결은 확정되지 아니한 상태이므로, 그 시점에서 원상회복을 명하는 이행판결에 대하여 가집행을 허용할 수는 없다"고 판시하였다.[46]

그러나 대법원은 가집행을 허용할 수 있다고 판시하였다.[47] "회사정리법 제82조에 의하면 부인권은 소, 부인의 청구 또는 항변에 의하여 관리인이 이를 행사한다고 규정함으로써 관리인으로서는 부인의 소를 제기하는 대신 그보다 신속·간이한 결정절차로 부인의 청구를 할 수도 있고, 정리채권자 등이 제기한 정리채권확정의 소 등에서는 부인의 항변을 제기하여 부인의 효과를 얻을 수도 있도록 되어 있다. 한편, 가집행의 선고는 상소권의 남용을 억제하고 신속한 권리실행을 허용함으로써 국민의 재산권과 신속한 재판을 받을 권리를 보장하기 위한 제도이므로, 이러한 가집행제도의 취지와 부인권을 소제기의 방법 외에 부인의 청구 또는 항변 등으로도 행사할 수 있는 점 등을 고려하면, 부인의 소와 병합하여 금전의 지급을 구하는 경우 그 청구를 인용할 때에는 금전지급을 명하는 부분에 대하여는 가집행을 허용할 수 있는 것으로 해석함이 상당하다."

---

46) 서울지방법원 1999.10.15. 자 99카기12889 결정.

47) 대법원 2000.3.13. 자 99그90 결정(공 2000, 1130).

Ⅴ. 원상회복의 유형

1. 매매 또는 대물변제예약의 부인

채무자가 채권자로부터 지급거절이 예상되는 수표를 교부받고 아파트를 채권자에게 분양하고 아직 분양계약에 기한 소유권이전등기를 경료하기 전인 상태에서 관리인이 분양계약 체결행위가 사해부인의 요건에 해당한다는 이유로 부인권을 행사하여 인용된 사안의 경우에 "피고와 채무자 사이에 목적 부동산에 관한 분양계약을 부인한다"는 내용의 주문을 표시하였다.[48]

그러나 이행·확인소송설을 관철한다면 부인의 효과로 계약에 기한 권리의무가 존재하지 아니한다고 표시하게 된다.

2. 채권양도 및 전부명령이 부인된 경우

가. 추심행위에 착수한 경우

파산자가 파산채권자를 해함을 알고서 특정 채권자에게 대출채무를 담보하기 위하여 제3채무자에 대하여 갖는 매출채권을 양도한 행위가 고의부인에 해당하는 경우, 채권자가 이미 제3채무자를 상대로 채권을 변제받았다면 원상회복으로 채권자체의 양도행위를 취소할 수 없게 되었으므로 원상회복으로 가액을 반환하여야 한다. 가액의 범위는 채권회수액과 그에 대한 지연손해금이 된다. 문제는 지연손해금의 기산일을 채권자가 채권을 실제로 회수한 일을 기산일로 할지, 파산자의 채권양도일을 기산일로 할지 의문이 있으나 전자가 타당하다.[49]

나. 추심행위에 착수하지 아니한 경우

파산자가 파산채권자에게 매출채권을 양도하였으나 아직 채권추심에 착수하지 아니한 경우라면 채권양도행위와 채권양도통지행위의 부인 및 원상회복조치로

48) 구 회사정리법에 관한 사건으로 대구고등법원 1989.1.19. 선고 87나1384 판결(하급심판결집 1989, 361면).

49) 같은 취지의 판결로 서울중앙지방법원 2006.2.16. 선고 2004가합110569 판결(파산자 주식회사 휴론); 서울중앙지방법원 2006.2.9. 선고 2005가합54673 판결(파산자 주식회사 뉴씨앤씨, 미항소 확정) 참조.

서 제3채무자에게 통지절차의 이행을 구하여야 한다.[50] 실무상 전득자에게 양수한 채권을 다시 파산관재인에게 채권을 양도하고 양도통지의 절차를 이행할 것을 명하기도 하지만[51] 이론상으로는 양도행위의 부인을 명하는 방식이 타당하다.

이와 달리 정리채권을 신고하지 아니하여 구 회사정리법 제241조에 의하여 채권에 관하여 설정된 양도담보권이 소멸되는 경우에는 그 양도담보의 설정을 위하여 이루어진 채권양도 또한 그 효력을 상실하여 채권양수인에게 양도되었던 채권은 다시 채권양도인인 회사에 이전되는 것인데, 이러한 채권의 이전은 법률의 규정에 의한 것이어서 지명채권양도의 대항요건에 관한 민법의 규정이 적용되지 아니하는 것이므로, 채무자로서는 그 채권의 이전에 관한 채권양수인의 통지 또는 채권양수인의 동의를 얻은 채권양도인의 철회의 통지 등의 유무와 관계없이 채권자로서의 지위를 상실한 채권양수인의 청구를 거부할 수 있다.[52]

3. 저당권설정계약과 저당권설정등기에 대한 부인

가. 판결주문의 내용

판결주문에 설정계약을 부인한다고 표시할 것인지 아니면 부인권 행사의 효과로 무효가 되었으므로 그 등기의 말소만을 구할 것인지 논의가 있다. 또한 등기에 관하여 보더라도 근저당권설정등기의 말소등기를 명하는 것인지 아니면 근저당권설정등기의 부인의 등기절차를 이행하라고 하여야 할 것인지 의문이다. 하급심 판결 중에는 부동산에 관하여 체결된 근저당권설정계약의 무효확인과 근저당권설정등기의 말소등기절차의 이행을 명한 것도 있고,[53] 근저당권설정등기의 부인의 등기절차를 이행하라는 주문 외에 "근저당권설정계약은 부인한다"는 주문을 낸 것도 있다.[54] 상표 및 서비스표에 관한 권리 및 원재료에 관한 양도계약을 부

---

50) 수익자가 매출채권이 부인의 효과로 원상회복되었다는 사실을 제3자에게 통지할 것을 구하여야 한다(박성철, "파산법상의 부인권," 파산법의 제문제(하), 법원도서관(1999), 307면): 서울고등법원 2001. 6. 26. 선고 2000나52006 판결은 채권양도행위 및 양도통지행위는 취소한다는 주문을 내고 있으나 사해행위취소소송과 달리 부인소송에서는 취소 대신 부인한다는 표현을 사용하고 있는 것이 상례이므로 취소라는 표현은 적절하지 않다.

51) 대법원 2002. 9. 6. 선고 2002다14457 판결(상고기각, 공보불게재)의 원심판결은 "피고는 원고에게 별지 1. 기재 어음채권을 양도하고, 그 양도통지절차를 이행하라"의 주문을 기재하고 있다.

52) 대법원 2003. 9. 5. 선고 2002다40456 판결(공 2003, 2015).

53) 서울중앙지방법원 2005. 3. 10. 선고 2004가합3517, 77464(병합) 판결.

54) 서울고등법원 2002. 11. 28. 선고 2001나9955 판결(대법원 2005. 11. 10. 선고 2003다2345 판결로 상고기각).

인한다는 외에 원재료의 인도 및 상표권에 관한 설정등록의 말소등록절차를 이행하라는 주문을 내는[55] 등 아직 실무가 확립되어 있지 않다.

생각건대, 이행·확인소송설을 관철한다면 판결이유 중에 부인권의 행사에 의하여 무효가 되었다는 점을 판시하면 족하고 판결주문에 근저당권설정계약의 무효확인이나 부인의 주문을 낼 필요는 없다.

나. 부인의 등기

파산관재인으로서는 부인권을 행사하여 수익자 앞으로 넘어간 목적물의 소유권을 되찾아 파산재단에 회복시킬 필요가 있다. 이 경우 수익자 앞으로 경료된 소유권 이전등기를 말소함에 있어 종전에 실무의 불통일이 있었다.

통상등기설[56]에 의하면 부인등기는 특별히 인정된 등기가 아니라 말소등기와 같은 통상적인 등기의 총칭에 불과하다는 입장에 서게 되므로 판결의 주문은 통상적인 소송과 다를 바 없다.[57] 즉 부인의 대상인 저당권설정등기를 말소하게 된다. 그러나 부인의 효과가 파산재단과 상대방간에만 인정되는 상대적이고 목적물에 대한 환가를 하지 아니한 채 파산절차가 종료되면 부인의 효력은 상실되고 다시 상대방에게 효력이 되돌아가게 되므로 통상의 등기처럼 말소하는 것에는 문제점이 있다.

특수등기설[58]은 부인권행사에 의하여 생기는 특수한 법률관계를 공시하기 위하여 구 파산법이 인정한 특별한 등기라는 견해이므로 부인된 등기의 원인에 기한 저당권설정등기 또는 소유권이전등기를 말소하지 아니하고 부기등기로 부인의 등기를 병기하여야 한다는 입장이다.

그런데 실무상 부인 소송의 주문에 부인의 등기절차를 이행하라는 것이 아니라 단순히 말소등기를 명하게 되면 형식적 심사권한밖에 없는 등기공무원으로서는 통상등기로서 저당권설정등기를 말소하고 있다.[59] 필자가 파산관재인들로부터 확인한 바에 의하면 특수등기설에 의한 판결이 선고되었음에도 상대방이 자발적

55) 서울중앙지방법원 2006.11.22. 선고 2005가합58002 판결.

56) 三ヶ月章 외, 앞의 책(주 5), 255면.

57) 소유권보존등기가 부인되는 경우에는 소유권이전등기절차를 구해야 한다. 三ヶ月章 외, 앞의 책(주 5), 256면.

58) 伊藤眞, 앞의 책(주 45), 373면; 宮脇幸彦 외, 앞의 책(주 4), 74면.

59) 필자가 판결이 선고된 후 부동산등기부등본을 통하여 확인하여 보니 판결문에 저당권설정등기의 말소등기절차를 이행하라는 주문을 내자 등기공무원이 구 파산법상의 부인에 의한 등기를 하지 아니하고 저당권설정등기를 말소하였다.

으로 저당권설정등기를 말소하는 경우도 있고, 파산관재인과 상대방이 합의하여 저당권설정등기를 말소하는 경우도 있다고 한다. 그 이유로는 어차피 고가의 부동산이고 파산관재인이 제3자에게 매각할 것이 분명하므로 특수등기설에 의하게 되면 말소될 운명인 저당권설정등기와 부인의 등기가 등기부상에 남아 있는 상태로 매수인에게 소유권이전등기가 경료하게 되는데 등기실무상 매각을 원인으로 한 부인등기의 말소가 어렵다는 점에 가장 큰 이유가 있다.[60]

그러나 신법은 제26조 제4항[61]을 신설하여 부인된 부동산을 파산관재인이 제3자에게 매각처분한 경우에 직권으로 저당권설정등기와 부인의 등기를 말소하도록 규정함으로써 입법적인 해결을 하였으므로 특수등기설에 의하는 경우의 문제점을 해결하였다. 따라서 신법하에서는 특수등기설에 따른 주문을 내는 것이 법체계에 일치한다.

4. 가등기의 부인

가등기 명의인을 상대로 부인권 행사에 의하여 가등기를 말소하는 것은 앞에서 본 저당권설정등기의 경우와 같다. 문제는 가등기명의인이 다시 제3자에게 가등기를 양도한 경우에 누구에게 부인권을 행사하고 어떠한 청구를 하는 것이 옳은지에 관하여 논의가 있다. 다음과 같은 사안을 통하여 설명한다.

〈사　안〉

채무자가 자신의 소유 부동산에 대하여 수익자 甲과 매매예약을 체결하고 甲 앞으로 소유권이전청구권가등기를 경료한 후 甲이 전득자 乙에게 소유권이전청구권가등기를 양도하였다. 등기부상에는 甲으로부터 乙 앞으로 가등기지분이전의 부기등기가 경료되었다. 목적물에 대하여 임의경매절차가 개시되어 임의경매로 인한 매각을 원인으로 소유권이전청구권가등기가 직권으로 말소되었다. 채무자에 대하여 파산선고가 된 후 파산관재인이 매매예약의 무효확인(甲에 대하여), 소유권이

60) 신법 시행전에 매수인이 부인등기와 저당권설정등기를 말소하기 위하여 파산법원에 등기말소촉탁신청을 하여 파산법원이 등기말소촉탁을 하였음에도 등기공무원이 근거 규정의 미비를 이유로 각하처분을 하여 다시 등기공무원의 처분에 대한 이의를 제기하여 등기를 말소하였다.

61) 법원은 관리인 또는 파산관재인이 제1항의 부인의 등기가 된 재산을 임의매각한 경우에 그 임의매각을 원인으로 하는 등기가 된 때에는 이해관계인의 신청에 의하여 제1항의 부인의 등기, 부인된 행위를 원인으로 하는 등기, 부인된 등기 및 위 각 등기의 뒤에 되어 있는 등기로서 회생채권자 또는 파산채권자에게 대항할 수 없는 것의 말소를 촉탁하여야 한다.

전청구권가등기의 말소(甲, 乙에 대하여), 가등기 양도계약의 무효확인(乙을 상대로), 부기등기의 말소(乙에 대하여)를 구하였다.[62]

① 甲을 상대로 파산자(채무자)와 甲 사이의 체결된 매매예약의 무효확인을 구하는 부분

부인권을 행사하기 이전에 이미 임의경매를 원인으로 가등기가 말소되어 가등기의 말소를 구할 수 없으므로 그 원인행위인 매매예약의 무효확인을 구하는 것은 소의 이익이 없다.[63] 따라서 피고적격이 없는 자를 상대로 한 것이어서 부적법하다.

② 甲을 상대로 소유권이전청구권가등기의 말소를 구하는 부분

확립된 판례에 의하면, 근저당권의 양도에 의한 부기등기는 기존의 근저당권설정등기에 의한 권리의 승계를 등기부상 명시하는 것뿐으로, 그 등기에 의하여 새로운 권리가 생기는 것이 아닌 만큼 근저당권설정등기의 말소등기청구는 양수인만을 상대로 하면 족하고, 양도인은 그 말소등기청구에 있어서 피고 적격이 없다.[64] 또한 근저당권 이전의 부기등기는 기존의 주등기인 근저당권설정등기에 종속되어 주등기와 일체를 이루는 것이어서 피담보채무가 소멸된 경우 또는 근저당권설정등기가 당초 원인무효인 경우 주등기인 근저당권설정등기의 말소만 구하면 되고 그 부기등기는 별도로 말소를 구하지 않더라도 주등기의 말소에 따라 직권으로 말소되는 것이다.[65] 따라서 근저당권설정등기의 말소는 근저당권을 이전받은 자를 상대로 하여 구하여야 할 것이고, 더 이상 근저당권자가 아닌 양도인을 상대로 근저당권설정등기의 말소를 구하는 것은 당사자적격이 없는 자를 상대로 한 것이어서 부적법하다.[66]

이러한 법리를 가등기양도의 경우에 적용하면, 가등기지분이전의 부기등기는 주등기인 소유권이전청구권가등기의 권리승계관계를 등기부상 명시하는 것일 뿐 그 등기에 따라 새로운 권리가 생기는 것이 아니므로 소유권이전청구권가등기의 말소

62) 서울중앙지방법원 2005.4.21. 선고 2004가합78627 판결의 사안을 정리한 것이다.

63) 위 판결은 임의경매절차에서 가등기권리에 기하여 배당받을 권리를 포기하였으므로 환가할 금액이 가등기권리를 양수한 乙에게 일탈될 위험이 없다는 이유로 소의 이익이 없다고 판시하였다.

64) 대법원 1994.10.21. 선고 94다17109 판결; 1968.1.31. 선고 67다2558 판결; 1967.6.13. 선고 67다482 판결 등 참조.

65) 대법원 1994.10.21. 선고 94다17109 판결; 1988.11.22. 선고 87다카1836 판결; 1988.3.8. 선고 87다카2585 판결 등 참조.

66) 대법원 1995.5.26. 선고 95다7550 판결(공 1995, 2262).

등기청구는 양수인인 乙을 상대로 말소를 구하면 족하고 양도인인 甲은 피고적격이 없으므로 소유권이전청구권가등기의 말소등기를 구하는 부분은 부적법하다.

③ 乙을 상대로 소유권이전청구권가등기의 말소를 구하는 부분

부인권을 행사하기 이전에 이미 임의경매를 원인으로 가등기가 말소되었으므로 피고적격이 없는 자를 상대로 한 것이어서 부적법하다. 만일 임의경매절차가 개시되지 않고 있어 여전히 乙 명의의 가등기가 존속하고 있다면 채무자의 甲에 대한 소유권이전청구권가등기 경료행위가 부인의 대상이 된다면 甲으로부터 가등기를 경료받은 乙이 가등기의 말소등기절차를 이행할 의무가 있다.

④ 乙을 상대로 가등기지분이전의 부기등기의 말소를 구하는 부분

과거 판례는 가등기의 이전등기를 부정한 바 있었으나,[67] 그 후 대법원 전원합의체 판결은 가등기상의 권리의 이전등기를 가등기에 대한 부기등기의 형식으로 경료할 수 있다고 판시함에 따라 현재 실무는 가등기의 이전등기가 가능하다고 보고 있다.[68] 또한 근저당권변경의 부기등기는 기존의 주등기인 근저당권설정등기에 존속되어 주등기와 일체를 이루는 것이어서 피담보채무가 소멸된 경우에는 주등기인 근저당권설정등기의 말소만 구하면 되고 위 부기등기는 별도로 말소를 구하지 않더라도 주등기의 말소에 따라 직권으로 말소된다.[69]

따라서 이러한 법리를 적용하면, 가등기의 지분이전의 부기등기가 가능하며, 이러한 부기등기는 주등기인 소유권이전청구권가등기에 종속되어 주등기와 일체를 이루는 것이어서 소유권이전청구권가등기의 말소만 구하면 되고 부기등기는 별도로 말소를 구하지 않더라도 주등기의 말소에 따라 직권으로 말소되므로 권리보호의 이익이 없으므로 부적법하다.

⑤ 乙을 상대로 甲과 乙간의 각 가등기에 관한 양도계약의 무효확인을 구하는 부분

부인의 대상이 되는 법률행위는 파산자(채무자)와 수익자 사이의 법률행위이고 수익자와 전득자 사이의 법률행위는 그 대상이 되지 아니하므로 甲과 乙간의 양도계약의 무효확인를 구하는 부분은 부인의 대상이 될 수 없으므로 부적법하다.

67) 대법원 1972.6.2. 자 72마 399 결정.

68) 대법원 1998.11.19. 선고 98다24105 전원합의체 판결, 부동산등기실무[Ⅲ], 법원행정처(2007), 67면.

69) 대법원 1988.11.22. 선고 87다카1836 판결(공 1989, 18).

5. 양도담보설정계약 및 질권설정계약의 부인

양도담보계약이 파산채권자의 공동담보가 되는 채무자의 일반재산을 일탈시킴으로써 채무자의 총재산을 감소시키는 행위에 해당하고 채무자가 계약체결로 인하여 파산채권자를 위한 공동담보인 책임재산이 감소하게 됨을 알고 있었다면 신법 제391조 제1호의 규정에 따라 양도담보계약을 부인할 수 있다. 양도담보계약만 체결하고 담보권실행에 나아가기 전이므로 양도담보계약을 부인할 필요가 있다. 이 때 판결의 주문은 "(특정)채권을 담보하기 위하여 원재료 및 기계장치에 관하여 파산자와 피고 사이에 2004. 1. 2. 체결된 양도담보계약을 부인한다"로 기재한 사례가 있다.[70]

질권설정계약 역시 마찬가지로 계약을 부인하면 된다. 그런데 더 나아가 질권의 목적물인 근저당권부 채권에 관하여 근저당권이 실행되어 근저당권부 채권에 대하여 배당이 이루어졌다면 근저당권부 채권을 양수받는 것이 불가능하게 되었으므로 배당금의 지급을 명하면 된다.[71] 실무상 파산관재인은 부인권에 관한 법리에 관한 불안을 제거하기 위하여 청구취지에 1. 담보제공약정을 부인한다. 2. 양도담보제공약정 중 목적물(주식)에 관한 부분은 무효임을 확인한다. 3. 주권을 인도하라고 기재하고 판결도 같은 주문을 내기도 한다.[72]

그러나 부인권을 행사하여 그 원인행위의 부인을 구하고 그 법률효과로 금원의 반환을 구하면 족하므로 굳이 판결주문에 질권설정계약의 부인 또는 무효확인을 별도로 기재할 필요는 없다고 생각한다.[73]

6. 변제행위의 부인

변제행위도 부인의 대상이 되므로 파산관재인이 부인권을 행사하여 그 법률

70) 서울고등법원 2006. 6. 7. 선고 2005나93644 판결(미공간).

71) 대법원 2003. 7. 22. 선고 2003다5566 판결(미공간).

72) 서울중앙지방법원 2006. 8. 10. 선고 2004가합109392 판결. 마치 채권자취소권을 행사하기 위하여 법률행위의 취소와 원상회복을 동시에 구하여야 하는 법리가 부인권의 행사에도 적용된다고 이해하고 있기 때문이다.

73) 서울지방법원 1999. 12. 21. 선고 99가합48523 판결(미항소 확정)은 주문에 금원의 지급만을 명하고 판결이유의 결론에서 "그렇다면 원고는 이 사건 질권설정계약의 체결행위를 부인할 수 있다고 할 것이고, 그 원상회복으로서 피고는 원고에게 금 *억 원 및 이에 대한 금원을 지급할 의무가 있다"고 설시하고 있다.

효과로 금원의 반환을 구하면 족하고 별도로 판결주문에 "변제행위를 부인한다"는 항목을 기재할 필요는 없다.74) 그러나 변제합의만 하고 아직 실제로 변제행위가 이루어지지 아니한 경우라면 변제합의를 부인하여야 한다.75) 반환의 범위는 실제로 지급한 금액이다. 지연손해금은 실제로 교부일인지 그 익일인지 다툼이 있으나 완제일까지 지연손해금을 계산한다면 익일부터 지연손해금을 계산하는 것이 타당하다.76)

그러나 판례는 금전의 지급을 사해행위라는 이유로 채권자취소권을 행사하여 금전의 지급을 구하는 경우 원금 외에 지연배상금을 구할 수 있고 지연배상금의 기산점은 상대방이 실제로 금전을 지급받을 때로 보아 증여한 날부터의 지연손해금의 지급을 명하고 있다.77)

금전의 반환을 구하는 경우 지연손해금의 기산일을 금전지급일일인지 그 익일인지 차등을 둘 이유가 없음에도 실무가 달리 판단하는 것은 의문이다.

7. 집행행위의 부인

부인의 대상은 반드시 채무자의 행위에 한정하지 않고 집행행위도 부인의 대상이 되므로 회생절차의 경우에는 양도담보와 같은 비전형담보에서 담보권의 실행행위도 부인의 대상이 된다. "신청외 갑 회사가 1991.10.5. 양도담보권의 실행으로서 별지목록 기재 주식을 환가하여 채권변제에 충당한 행위는 이를 부인한다"는 주문의 예가 있다.78)

8. 무상행위의 부인

가. 무상행위의 내용

무상행위라 함은 채무자가 대가를 받지 않고 적극재산을 감소시키거나, 소극

74) 판결 주문에 금원의 지급을 명하는 외에 추가로 변제행위를 부인한다는 조항을 기재한 하급심판결도 적지 않다(서울중앙지방법원 2006.1.12. 선고 2005가합20625 판결).

75) 예컨대 서울고등법원 2006.6.7. 선고 2005나93644 판결(심리불속행). 주문에서 "파산자 갑의 피고들에 대한 (특정)채무를 변제하기 위하여 파산자와 피고들 사이에 2004.7.20. 체결된 채권변제합의를 부인한다"고 설시하였다.

76) 서울고등법원 2004.5.4. 선고 2003나45092 판결.

77) 대법원 2006.10.26. 선고 2005다76753 판결(공보불게재).

78) 수원지방법원 1993.2.19. 자 92파510 부인청구 결정(회사정리 절차).

재산 즉 채무를 증가시키는 일체의 행위를 말하고, 이와 동시하여야 할 행위란 상대방이 반대급부로서 출연한 대가가 지나치게 근소하여 사실상 무상행위와 다름 없는 경우를 말한다. 대표적인 행위로는 증여 또는 보증계약을 체결하는 것이다. 그 외에도 상대방에게 장기간에 걸친 독점판매권을 부여하면서 소액의 대가를 받고 체결한 독점대리점 계약도 해당할 수 있다.[79] 보증계약의 경우 무상성을 어떻게 파악할 것인지는 어려운 문제이지만 이 글에서는 자세한 논의를 생략한다.[80]

나. 보증계약만 체결하고 보증채무를 이행하지 아니한 경우

보증계약만을 부인하면 족하고 별도의 원상회복조치가 필요 없다. 보통은 파산채권자가 보증행위가 유효함을 전제로 파산채권을 신고하면 파산관재인이 보증행위를 부인하고, 파산채권자가 파산채권확정의 소를 제기하면 파산관재인이 항변으로 부인권을 행사하는 것이 보통이다.[81] 파산관재인이 적극적으로 파산채권자를 상대로 보증행위를 부인하면서 채무부존재 확인소송을 제기하는 경우는 비록 드물지만 이 경우에도 계약의 부인을 구하면 족하다. 주문의 구체적인 내용에 관하여 보증계약체결 행위를 부인한다는 형식보다는 부인의 효과에 기하여 무효가 되었다는 점에서 계약에 기한 보증채무는 존재하지 아니함을 확인한다. 또는 계약에 기한 채권 채무는 존재하지 아니함을 확인하다는 형식이 이행 · 확인소송설에 터잡은 것으로 일관성이 있다.[82]

다. 보증계약 체결 후 보증채무를 이행한 경우

파산채권자는 보증인으로부터 유효한 변제를 받은 것으로 믿고 채권신고를

79) 서울중앙지방법원 2005.7.28. 선고 2004가합3159 판결(항소 중). 정리회사가 거래정지처분을 받은 후에 상대방에게 아시아 시장에 대한 소주 판매권에 관하여 50만 달러를 받고 20년의 장기간 독점판매권을 부여한 것이 무상행위와 동시하여야 할 유상행위에 해당한다고 판시하였다.

80) 예컨대 대법원 1999.3.26. 선고 97다20755 판결(공 1999, 760)은 자회사가 보증수수료의 수령 없이 계열회사를 위하여 보증하는 경우 무상행위에 해당한다고 판시하고 있다. 그러나 자회사가 일반적으로 보증보험회사가 받는 정도의 보증수수료를 받고 보증하였다고 하여 무상행위에 해당하지 아니한다고 할 것인지는 논의할 필요가 있다. 1인 회사의 대표이사가 보증수수료의 수령 없이 회사 채무에 대하여 보증을 선 경우에도 무상행위로 부인할 것인지 역시 어려운 문제이다.

81) 서울지방법원 1998.11.4. 선고 98가합57827 판결(법률신문 1998.11.23); 광주지방법원 1996.11.14. 선고 96가합145 판결. 양자 모두 피고의 부인항변이 인용되어 원고의 청구가 기각되었다.

82) 앞의 서울중앙지방법원 2004가합3159 판결은 "주식회사 진로와 피고 사이에 2003.3.26. 체결된 대리점계약에 기한 정리회사 주식회사 진로의 채권 · 채무는 존재하지 아니함을 확인한다"고 판시하였다.

하지 아니하거나 변제받은 부분을 제외한 나머지 금액을 신고하게 되고, 파산관재인이 보증행위를 부인하고 파산채권자를 상대로 금원의 반환을 구하는 소송을 구하여야 할 것이다.

9. 채권조사절차와 부인권

어느 채권자가 파산채권을 신고함에 있어 이미 채권양도행위로 변제받은 부분을 제외하고 나머지 채권만을 신고하여 채무자가 채권액을 시인한 후 파산관재인이 채권양도행위를 부인할 수 있는가. 만일 채권이 일단 유효하게 존재하는 경우로서 파산관재인이나 다른 채권자들이 이의를 제기하지 아니하여 확정된 경우에는 더 이상 파산관재인이 부인권을 행사하여 파산채권자표무효확인을 구할 수 없다.[83]

Ⅵ. 부인권의 행사기간

1. 부인권행사의 효력발생시기

부인권행사의 효력이 언제 발생하는가에 대하여 다툼이 있다. 판결확정시설, 의사표시설(행사시설), 절충설 등의 대립이 있다. 실무는 부인권의 의사표시설에 따르고 있다. 가액배상을 명할 때 배상액산정시점을 언제로 정할 것인가 하는 점에 논란이 있으나 부인권 행사시점을 기준으로 삼고 있다.[84]

2. 일반적인 시기적 제한

부인권은 파산선고가 있은 날부터 2년이 경과한 때에는 행사할 수 없다(신법 제405조 전단). 또한 부인의 대상이 되는 행위가 있던 날부터 10년을 경과한 경우에도 행사할 수 없다(신법 제405조 후단).[85] 조속한 법률관계의 확정을 통하여 거래

---

83) 대법원 2003.5.30. 선고 2003다18685 판결(공 2003, 1352).

84) 서울지방법원 1999.12.21. 선고 99가합48523 판결.

85) 구 파산법에서는 2년은 소멸시효로, 10년은 제척기간으로 해석하였으나, 신법은 소멸시효라는 표현을 삭제하고 양자 모두 제척기간으로 통일하였다.

안전을 확보하기 위한 규정이다. 구 파산법하에서 2년의 기간 내에 부인의 소를 제기하였다가 각하되고도 그 때로부터 6월 이내에 다시 소멸시효 중단의 효과를 유지하는 아무런 조치를 제기하지 아니하면 그 후에 제기하는 부인의 소는 소멸시효 완성을 이유로 기각된 사례가 있다.[86)]

채무자가 부보금융기관을 상대로 부인권을 행사하여 예금자의 지위를 소급하게 갖게 되었음을 전제로 예금보험공사를 상대로 예금자보호법 소정의 보험금지급청구를 하는 것은 파산절차상의 부인권을 행사하는 것이 아니므로 파산선고 후에 2년이 도과하여 보험금지급청구의 소를 제기한 것은 적법하다.[87)]

화의절차 개시 후에 파산선고가 되어 부인권을 행사하는 경우에 구 화의법 제9조, 제10조에 의하여 파산선고일은 화의개시신청일이나 화의취소의 신청일로 소급하는 것은 아니므로 파산선고일로부터 기산한다.[88)]

3. 부인권의 행사에 대한 상대방의 동시이행 항변권

파산자가 수익자로부터 받은 반대급부가 특정물이어서 반대급부 자체 또는 그 이익이 파산재단 중에 현존하는 경우에는 상대방의 원상회복의무와 파산관재인의 반대급부 내지 현존이익의 반환의무가 동시이행의 관계에 있다.[89)] 특히 반대급부 자체는 현존하지 아니하지만 그 이익이 파산재단 중에 현존하는 경우 상대방은 파산재단에 대하여 현존이익의 반환을 재단채권자로서 주장할 수 있고(신법 제398조 제1항) 반대급부와 현존이익과의 차액의 상환을 파산채권자로서 주장할 수 있다. 즉 상대방과 파산관재인은 서로의 채권(재단채권과 재단에 부담하는 채무에 대하여 상계할 수 있다. 신법 제108조 제3항 제4호는 회생절차에 관하여 공익채권자로서 현존이익의 반환을 청구하는 권리와 회생채권자로서 반대급부와 현존이익과의 차액의 상환을 청구하는 권리를 행사할 수 있다는 내용으로 규정하였다.[90)]

다음으로 반대급부나 이익이 현존하지 아니하는 경우라면 상대방이 갖는 가액상환청구권은 파산채권으로서 신고 대상이 된다.[91)] 상대방은 자신이 부담하는

86) 서울고등법원 2006. 6. 2. 선고 20054나91686 판결(미상고 확정)

87) 서울고등법원 2006. 4. 13. 선고 2005나75660 판결(상고 중).

88) 서울중앙지방법원 2006. 11. 22. 선고 2005가합58002 판결.

89) 서울중앙지방법원 2006. 11. 22. 선고 2005가합58002 판결. 三ヶ月章 외, 앞의 책(주 5), 188면.

90) 일본의 회사갱생절차에 관한 같은 설명으로는 三ヶ月章 외, 앞의 책(주 5), 188면.

91) 회생절차에 관한 신법 제108조 제3항 제3호.

원상회복의무와 가액상환청구권에 대하여 동시이행의 항변을 할 수 없다.[92)]

회생계획안 심리를 위한 관계인집회 이후에 부인된 경우에 상대방을 보호하기 위하여 신법 제109조 제2항은 부인된 날로부터 1개월 이내에 추완신고를 하는 것을 허용하고 있다. 동 조항은 구 회사정리법하에서 대법원이 공익채권설을 취한데서 오는 모순점[93)]을 입법적으로 해결한 것이다.

4. 지급정지를 이유로 한 부인권의 행사제한

지급정지의 사실을 안 것을 이유로 하여 부인하는 경우에는 파산선고가 있는 날로부터 1년 전에 행하여진 행위는 부인할 수 없다(신법 제404조, 구 파산법 제76조). 즉 지급정지의 사실을 안 것을 이유로 하는 부인이라 함은 신법 제391조 제2호 또는 제3호의 위기부인을 말한다. 판례는 구 파산법 제76조의 입법취지가 지급정지로부터 1년 이상 경과한 후 파산선고가 되었다면 지급정지와 파산선고 사이에 인과관계가 있다고 보기 어렵고, 수익자의 지위를 장기간 불안정한 상태에 방치하는 것은 부당하다는 데에 있으며, 회사정리절차 또는 화의절차로 인하여 법률상 파산선고를 할 수 없는 기간을 위기부인의 행사기간에 산입하는 것은 형평의 원칙에 반한다는 점을 고려하면, 지급정지 후에 회사정리 또는 화의절차 등의 선행 도산절차를 거쳐 파산선고가 된 경우에는 구 파산법 제76조의 위기부인의 행사기간에 회사정리절차 또는 화의절차로 인하여 소요된 기간은 산입되지 아니한다고 판시하였다.[94)]

5. 부인권의 남용

관리인이 부인권의 제척기간 완성 전날에 부인의 소를 제기하고 정리회사의

92) 三ヶ月章 외, 앞의 책(주 5), 189면.

93) 대법원 2004. 9. 13. 선고 2001다45874 판결; 2003. 2. 28. 선고 2000다50275 판결; 2003. 1. 10. 선고 2002다36235 판결. 판례에 따르게 되면 당초 정리채권이던 것이 관리인의 부인행위로 인하여 공익채권자로 격상되어 부인대상행위를 억제하려는 부인권제도의 취지에 반하게 된다(서울중앙지방법원, 회생사건실무(상), 박영사(2006), 290면.

94) 대법원 2004. 3. 26. 선고 2003다65049 판결(공 2004, 723). 1997. 12. 26. 부도처리 및 화의절차 개시신청, 1998. 6. 29. 회사정리신청(화의신청 취하), 1999. 2. 19. 신청기각, 1999. 3. 4. 파산선고 되었다면 1997. 12. 26.부터 1999. 2. 19.까지의 기간은 파산선고 전 1년을 산정함에 있어 공제하여야 한다.

부도 이후 회사정리절차 개시 전까지 정리회사로부터 변제를 받은 채권자들 중 피고를 비롯한 일부의 채권자들에 대하여만 부인권을 행사하였다는 사정만으로는 신의칙 위반이나 부인권의 남용이라 할 수 없다.[95)]

6. 회생절차의 종결과 부인권

부인의 소가 계속 중에 정리절차가 종결 또는 폐지된 경우 부인의 소의 운명에 관하여 견해가 나뉜다. 판례는 종료설의 입장에 서있다. "정리절차의 종결에 의하여 소멸하고, 비록 정리절차 진행 중에 부인권이 행사되었다고 하더라도 이에 기하여 회사에게로 재산이 회복되기 이전에 정리절차가 종료한 때에는 부인권행사의 효과로서 상대방에 대하여 재산의 반환을 구하거나 또는 그 가액의 상환을 구하는 권리 또한 소멸한다. 따라서 이 사건에서와 같이 부인의 소 또는 부인권의 행사에 기한 청구의 계속 중인 정리절차폐지결정이 확정된 경우에는 그 소송의 원고인 관리인의 자격이 소멸함과 동시에 당해 소송에 관계된 권리 또한 절대적으로 소멸하고 어느 누구도 이를 승계할 수 없다. 따라서 상고인의 소송수계신청을 배척함과 동시에 상고인에게는 이 사건 당사자로서의 지위가 인정되지 아니하여 상고인의 항소는 부적법하므로 각하하여야 한다."[96)] 사안은 정리절차가 폐지된 경우이지만 정리절차가 종결된 경우에도 마찬가지이다.[97)]

따라서 회사정리절차가 종결되면 관리인은 부인의 효과를 주장할 수 없으므로 정리채권자가 구하는 정리채권확정소송에서 관리인이 부인의 항변을 주장할 수 없다.[98)] 또한 관리인이 원고가 되어 구하는 부인의 소는 종료되는 것이므로 그 후 청구취지를 부당이득반환청구의 소로 변경하였더라도 이는 효력이 없다. 따라서 법원이 정리절차 종결일자에 소송이 종료되었음을 선언하여야 한다.[99)]

---

95) 대법원 2006. 6. 15. 선고 2004다46519 판결(공 2006, 1314).

96) 대법원 2004. 7. 22. 선고 2002다46058 판결(공보불게재); 1995. 10. 13. 선고 95다30253 판결(공 1995, 3775).

97) 정리회사 진로에 대한 정리절차가 종결된 사건에 관한 대법원 2007. 1. 26. 선고 2006다53382 판결(미공간); 2006. 10. 26. 선고 2005다75580 판결(공보불게재); 2006. 10. 13. 선고 2005다73402 판결(공보불게재); 2006. 10. 13. 선고 2005다73396 판결(공보불게재); 2006. 10. 13. 선고 2005다73389 판결(공보불게재); 2006. 10. 13. 선고 2005다73372 판결(공보불게재); 2006. 10. 13. 선고 2005다73365 판결(공보불게재); 2006. 10. 12. 선고 2006다32507 판결(공보불게재); 2006. 10. 12. 선고 2005다59307 판결(공 2006, 1884) 참조. 이로써 판례의 입장은 확고하게 되었다.

98) 앞의 대법원 2006다53382 판결.

99) 서울고등법원 2007. 4. 4. 선고 2005나86110 판결(정리회사 엘칸토 사건).

이상 판례의 입장은 신법하의 회생절차에서도 그대로 유지될 것이다.

대법원 판례에 의하면 부인소송을 제기하여 승소가 된 경우라도 아직 집행이 되지 않은 상태에서 회사정리절차가 종료되었다면 관리인이 부인권의 효과를 주장하여 집행을 할 수 없다는 입장으로 이해된다. 마치 회사정리절차가 종결되었다는 사정이 청구이의의 사유로 삼을 수 있다는 것인데 이러한 판례의 태도는 편파변제를 받은 채권자에게 망외의 소득을 주는 것으로서 부인권의 취지에도 들어맞지 않고 인수합병을 통하여 조기에 회사정리절차를 종결하려는 실무에 걸림돌로 작용하고 있어 속히 변경되거나 입법에 의하여 시정되어야 한다.

Ⅶ. 결　　론

1997년 경제위기를 겪은지 10년이 지난 현재 되돌아보면 구 파산법에 관한 쟁점 중 가장 많은 판결이 선고된 부분이 부인권에 관한 소송이다. 그럼에도 불구하고 아직도 부인소송의 소송물에 관하여도 정설이 확립되어 있지 않다보니 판결의 주문에 관하여 법원의 실무가 통일되어 있지 않다.

파산법의 계수를 보면 우리나라의 회사정리제도는 미국의 1938년 Chandler Act를 모법으로 하여 제2차 세계대전 후 일본에서 제정된 회사갱생법을 우리가 계수한 제도이다. 그러나 경제위기를 거치는 동안 우리나라의 실무를 개발하여 미국, 일본과는 다른 방식으로 운영되고 있다. 즉 우리나라는 정리회사를 M&A를 통하여 조기 종결하는 것을 목표로 하고 있다.[100] 파산절차에서는 부인권 소송이 계속 중인 동안은 법원이 파산절차를 종료하지 않고 있다. 따라서 파산절차 종료 후 계속 중인 부인소송의 처리 문제는 발생하지 않는다.

그러나 회생절차는 일단 제3자에 의한 인수가 완료되면 제3자는 더 이상 법원의 감독을 받기 싫어하므로 조속히 회생절차를 종결하기를 원한다. 그렇게 되면 계속 중인 부인소송의 처리가 문제된다. 미국에서는 일단 계획안의 인가로 사건이 종결되지만(case is closed), 계획안에 부인소송에 향후 진행에 관한 규정을 둠으로써 부인소송은 종료되지 않고 만일 부인소송에서 승소하게 되면 계획안에 따

100) M&A를 통한 정리절차 종결의 장점은 회사정리절차 개시후 2~4년 내에 이루어지므로 신속하고, 청산배당률(평균 54%)보다 4배 이상의 높은 채권회수율(평균 227%)에 있다. 홍성준, "회생절차상 부인권과 회생절차의 종결," 민사판례연구(29), 박영사(2007), 456면.

라 변제하게 된다. 그런데 회사정리절차의 종료로 부인소송이 종료된다는 판례는 회생절차에도 그대로 적용될 것이고 따라서 판례를 따르면 편파변제를 받은 채권자는 회생절차의 종결에 의하여 망외의 소득을 얻게 되는 불합리한 점이 발생한다. 미국과 같은 처리가 현행법의 해석으로 가능한 것이지, 만일 불가능하다면 앞으로 신법을 개정하는 경우 3국간의 회사정리제도의 운영의 차이를 고려하여 이 점을 심도 있게 논의할 필요가 있다.101)

부인권의 체계와 관련하여 부인의 대상을 고의부인, 위기부인, 무상부인으로 나누는 현 체계하에서는 당사자들의 주관적인 의사에 따라 부인권의 성립이 좌우되어 채권자들에게 불측의 손해를 가하기 쉽다. 따라서 일본과 미국의 파산법과 같이 부인행위의 대상을 편파행위와 사행행위로 나누어 그에 맞추어 부인권의 요건으로 객관화하는 것이 거래안정에도 도움이 된다. 또한 현존이익의 해석에 관하여 민법의 일반이론과 정합성을 갖기 위하여는 일본의 신 파산법과 같이 부인의 효과에 대한 상대방의 지위를 미이행 쌍무계약의 상대방의 지위와 같도록 하고 파산관재인에게 목적물의 반환과 가액의 상환의 선택권을 파산부여하도록 개정할 필요가 있다. 끝으로 회생절차와 파산절차간에 부인권에 관한 규정의 상이점을 통일하고 궁극적으로는 미국 파산법과 같이 양자를 하나로 묶어 총칙규정에 두는 방법을 강구하여야 한다.

(법조 2008.8(Vol.623), 5-47면 소재)

101) 회생절차 중에라도 부인소송이 종료되지 않는다고 법을 개정하든가 아니면 계획안에 그러한 내용의 조항을 두는 실무 운용이 기대된다. 홍성준, 앞의 글(주 100), 489면은 입법 없이 계획안에 넣는 것으로 가능하다는 입장이다. 필자는 대법원이 확고하게 회생절차가 종료하면 부인소송이 종료한다는 입장을 취하고 있으므로 해석론으로 판례를 변경하기는 어렵다고 생각한다.

채권조사절차를 둘러싼 실무상의 문제점

Ⅰ. 머 리 말

회생절차 또는 파산절차가 개시되면 채무자에 대하여 권리를 갖고 있는 이해관계인들은 파산절차의 진행에 촉각을 곤두세워야 한다. 받아야 할 채권을 제 때 못 받고 있는 것도 억울한 데 「채무자 회생 및 파산에 관한 법률」(이하 채무자회생법이라 한다. 이하 별도의 법명을 표기하지 아니한다)이 정하는 바에 따라 채권신고를 하여야 하고 만일 신고를 하지 아니하면 여러 가지 불이익을 주는 법이 원망스럽다. 파산법 학자들은 다음과 같은 유명한 농담으로 청중들로 하여금 채권자의 처지를 생각하게 한다. "만일 당신이 은행에게 1천 파운드의 빚을 지고도 이를 갚지 못한다면 이는 당신의 문제이다. 그러나 만일 당신이 은행에게 1백만 파운드의 빚을 지고도 갚지 못한다면 이는 은행의 문제이다."[1)]

법률이 파산채권자들에게 적극적인 채권신고 의무를 부과하는 이유는 법원이 회생계획을 수립하거나 공평한 배당을 하기 위하여 먼저 총채권액을 확정할 필요가 있기 때문이다. 필자의 실무 경험에 의하면 아직 회사정리법에 관한 관심과 지식이 일천하였던 1980년대에는 금융기관조차 채권신고가 갖는 의미를 제대로 알

---

* 필자는 1996년 서울고등법원에 근무할 당시 김용담 대법관님을 재판장으로 모시는 행운을 얻었습니다. 화갑을 맞으시는 대법관님께서 필자에게 베풀어 주신 은혜에 대한 답례로 이 글을 바칩니다. 초고를 읽고 유익한 평을 하여준 임채웅 부장판사님께 감사드립니다.

1) Ian F. Fletcher, International Insolvency : A Brief Historical Sketch, INSOL World-Silver Jubilee 2007. 6.

지 못하여 채권신고를 늦게 하거나 누락하여 실권당하는 일이 적지 않았다. 1997년 금융위기 발발 후에는 파산절차에 관한 관심이 고조되면서 채권신고에 앞서서 전문가의 의견을 받는 일이 증가하였다. 그러나 아직도 채권의 신고와 조사절차를 둘러싸고 채권자들의 일처리가 매끄럽지 못하여 이를 둘러싸고 발생한 문제 때문에 법원의 문을 두드리는 경우가 적지 않다. 법원 또한 아직도 파산법의 전문성을 숙지하지 못하여 파산법의 기초이론에 어긋나는 판결을 하기도 한다.

이 글에서는 필자가 서울중앙지방법원 파산부에서 근무하는 동안 다루었던 사례와 쟁점을 중심으로 채권의 조사 및 확정절차와 관련한 실무상의 문제점에 대하여 살펴보기로 한다. 파산채권과 회생채권의 범위가 다르고 채권미신고시의 불이익이 다르며, 특히 담보권에 관한 처우가 다르므로 파산채권, 회생채권, 회생담보권이라는 용어를 사용함에 있어 이를 구별하여 사용함을 원칙으로 한다.[2)]

Ⅱ. 파산채권 및 회생채권

1. 의 의

파산채권이나 회생채권은 채권자가 채무자에 대하여 갖는 파산 또는 회생절차 개시 전의 원인으로 생긴 재산상의 청구권을 의미한다. 정리절차 개시 전에 발행된 전환사채의 소지인이 전환권을 포기하였다면 일반사채와 동일한 성격의 사채로 확정되는 것이므로 사채 원금 및 이자는 정리채권이 되는 것이고 소지인이 정리절차 개시 후에 전환권을 포기하였더라도 발생원인을 달리 하는 것이 아니다.[3)] 재산상의 청구권인 이상, 금전채권에 한하지 아니하고, 계약상의 급여청구권과 같이 비금전채권이라도 금전으로 평가할 수 있으면 족하다.[4)] 즉 재산상의 청구권이면 족하고 반드시 금전화되어야 할 필요는 없다. 판례도 위와 같은 이유를 들어 골프회원권이 정리채권이 될 수 있음을 인정하였다.[5)] 재산상의 청구권 중에서

2) 정리채권과 회생채권의 의의는 달라진 바 없으나 회사정리법하에서 선고된 판례를 인용하는 경우에는 정리채권, 정리담보권이라는 용어를 사용한다.

3) 서울지방법원 1999. 2. 4. 선고 98가합69295 판결(미항소 확정).

4) 서울중앙지방법원, 회생사건처리실무(상), 박영사(2006), 331면.

5) 대법원 1989. 4. 11. 선고 89다카4113 판결(공 1989, 794). "골프회원권에는 금전채권적인 측면 외에 골프장과 그 부대시설을 이용할 수 있는 비금전채권의 측면도 있으나 이는 정리채

도 채권적 청구권에 한하므로 정리회사에 대한 채무를 담보하기 위하여 가등기를 설정하였다가 피담보채권 변제후에 구하는 가등기 말소청구권은 물권적 청구권이므로 정리채권에 해당하지 아니한다.[6]

파산절차는 채권자에게 공평한 배당을 목적으로 하는 청산절차이므로 파산채권의 경우에는 기한부채권, 비금전채권, 조건부 채권에 대하여 파산선고시를 기준으로 일정한 가액이 현존하는 금전채권으로 평가하기 위하여 이른바 현재화,[7] 금전화[8] 및 무조건화[9]의 원칙을 취하고 있다.[10] 그러나 회생절차는 채무자의 존속을 전제로 하는 재건절차이므로 비금전채권은 금전채권으로 평가할 필요 없이 비금전채권의 형태로 회생계획을 통하여 이행될 수 있는 것이므로 회생채권의 경우에는 금전화, 현재화의 원칙을 취하지 않고 있지 않다. 따라서 조건부 채권,[11] 장래의 채권, 비금전채권은 개시결정시를 기준으로 금전으로 평가하지 아니하고 그대로 회생채권으로 인정한다. 비금전채권은 비금전채권인 채로 취급되지만 다만 의결권을 산정함에 있어서는 제134조 내지 제138조에 의한 방식에 따를 뿐이다.[12]

2. 수분양권

수분양자가 대금의 지급을 완료함으로써 취득한 상가의 수분양권을 회생채권으로 주장하는 것은 가능하다. 단 회생채권이므로 회생절차에 의하지 아니하고는

권의 대상이 될 수 있다." 다만 골프회원권도 주주형의 경우에는 달리 볼 수 있다.

6) 대법원 1994. 8. 12. 선고 94다25155 판결(공 1994, 2301).

7) 구 파산법 제16조(기한부채권의 변제기도래) 기한부 채권은 파산선고시에 변제기에 이른 것으로 본다. 따라서 장래의 기한부 청구권은 파산선고시에 그 전액이 변제기에 이른 것으로 간주된다.

8) 구 파산법 제17조(비금전채권등의 파산채권액) ① 채권의 목적이 금전이 아닌 때 또는 그 액이 불확정한 때나 외국의 통화로 정하여진 때에는 파산선고시의 평가액을 파산채권액으로 한다.

9) 구 파산법 제18조(조건부채권등의 파산채권액) ① 조건부채권은 그 전액 또는 전조 제1항의 규정에 의한 평가액을 파산채권액으로 한다.

10) 대표적인 사례가 대법원 2002. 6. 11. 선고 2001다25504 판결(공 2002, 1615)의 사안이다. 제1, 2심의 판결내용 및 그 평석에 대하여는 林治龍 외 3인, 파산판례해설, 박영사(2007), 101-116면 참조.

11) 가집행선고의 실효를 조건으로 하는 가지급물의 원상회복 및 손해배상채권은 그 채권의 발생원인인 가지급물의 지급이 정리절차 개시 전에 이루어진 것이라면 조건부 채권으로서 정리채권이다. 따라서 신고하지 아니하면 실효된다(대법원 2002. 12. 10. 선고 2002다57102 판결(공 2003, 374)).

12) 宮脇行彥 외, 注解會社更生法, 青林書院(1986), 394면.

분양된 상가에 대한 소유권이전등기나 명도를 구할 수 없고, 회생계획에 의하여 권리변경의 대상이 된다. 회생계획의 내용에 따라 당해 상가를 회생채권자에게 이전하여 줄 수도 있고, 과분양을 이유로 상가 대신 금전으로 지급할 수도 있다. 관리인이 별도로 종전과 동일한 내용으로 계약을 하게 되면 공익채권으로 변경되지만 새로운 계약이 없는 이상 회생계획에 의하여 권리내용이 변경될 수 있다.

굿모닝시티 사건에서 문제가 되는 것은 분양대금의 전액 또는 일부의 납부를 수분양자가 주장하고, 관리인이 대금의 납부 사실 자체를 다투거나 설령 대금 일부가 인정된다고 하더라도 계약을 해제한다고 항변하는 경우이다. 분양대금으로 계약금과 중도금을 납부하고 아직 잔금을 납부하지 아니한 수분양자와 관리인과의 법률관계는 회사정리법 제103조에서 정한 미이행 쌍무계약에 관한 법리에 의하여 결정된다. 따라서 아직 관리인으로부터 계약의 이행 또는 해제의 선택이 있기 전까지는 유동적이므로 정리채권으로 신고할 필요는 없다. 관리인이 해제를 선택하면 수분양자가 갖는 분양대금반환청구권은 공익채권이므로 채권조사를 거칠 필요 없이 관리인을 상대로 이행청구소송을 제기할 수 있다.[13] 손해가 발생하였다면 손해배상채권은 정리채권이 된다(제21조 제1항). 만일 수분양자가 전액을 납부하였다면 수분양자가 갖는 수분양권은 정리채권이므로 신고하여야 한다.

회사정리법하에서 관리인이 정리계획안 인가 후에 미이행쌍무계약을 해제함으로써 정리채권자가 손해배상채권을 정리채권으로 신고할 수 없게 되는 불합리가 있었다. 그리하여 제119조 제1항 단서는 관리인이 회생채권신고기한인 회생계획안 심리를 위한 관계인 집회가 끝난 후 또는 제240조의 규정에 의한 서면결의에 부치는 결정이 있은 이후에는 계약을 해제할 수 없도록 규정함으로써 관리인의 이행 및 해제선택의 행사권에 시간적 제한을 부과하였다.

3. 불법원인급여 반환채권

파산채권이 되기 위한 요건 중의 하나는 그 채권이 재판상 주장하여 집행가능한 것이어야 한다. 따라서 부제소 또는 불집행 합의가 있는 채권도 그 취지가 파산절차에서도 주장할 수 없는 취지라면 파산채권이 될 수 없다. 따라서 불법원

13) 재단채권에 기한 강제집행이 불허되는 것이 다수설과 일본의 신 파산법의 입장이다. 그러나 회사정리절차상의 공익채권에 기하여는 강제집행이 허용되는지에 관하여 다툼이 있었다. 채무자회생법은 회생절차의 경우에는 원칙적으로 허용되지만 예외적으로 제180조 제3항의 경우에는 강제집행(또는 가압류)의 중지나 취소를 할 수 있도록 입법으로 해결하였다.

인급여의 반환채권은 파산채권(회생채권)이 될 수 없다.[14)]

그러나 반대로 파산재단이 불법원인급여의 반환채권을 갖고 있는 경우 파산관재인이 파산자의 대표기관이나 권리승계인이 아니라 파산채권자의 이익을 대표하는 독립적인 법주체라는 등의 이유로 일본 민법 제708조의 적용을 부정하여 반환을 긍정한 일본의 하급심 판결이 있고,[15)] 이에 찬동하는 학설도 있다.[16)]

4. 작위의무위반으로 인한 손해배상채권

파산자가 상가의 매수인을 위하여 매매계약 체결 전에 경료된 제3자명의의 가압류등기를 책임지고 말소하여 주기로 약속하였으나 이행하지 못한 채 파산선고를 받았다. 매수인이 가압류집행 해제의무의 위반을 이유로 한 손해배상청구권으로 일정한 금액의 파산채권을 신고하였다. 파산관재인이 구체적인 손해액을 산정할 수 없다는 이의를 제기하여 파산채권자가 파산채권확정의 소를 제기하였다. 법원은 파산자의 가압류해제의무는 파산선고를 받음으로 인하여 이행불능이 되어 이미 손해배상청구권으로 전환되었다고 보아 손해배상채권을 파산채권으로 신고할 수 있다고 보았다.[17)]

파산채권으로 신고할 수 있는 채권은 금전채권 뿐 아니라 대체적인 작위의무의 청구권도 포함된다. 그런데 파산자의 가압류해제의무는 그 성질상 대체적인 작위를 목적으로 하는 채무이므로 파산선고 전에 그 불이행이 있었는지 여부에 관계없이 파산선고로 인하여 금전으로 평가하여 파산채권으로 신고할 수 있다. 만일 채권자가 파산채권신고를 하면서 파산자의 약정불이행으로 인한 손해배상청구권

---

14) 서울중앙지방법원, 회생사건처리실무(상), 박영사(2006), 331면. 이하 회생사건처리실무(상)으로 약칭한다; 櫻井孝一, 麻上正信 監修, "破產債權の概念とその範圍," 新版破產法, 經濟法令硏究會(1990), 82면.

15) 大阪地裁 1987.4.30. 판결 判例時報 1246号 36頁. 이 사건에서는 豊田商事라는 회사가 사기적 거래방법으로 다수의 소비자로부터 출자를 유인하면서 이를 위한 방책으로 종업원에 대하여 고액의 보장금(報奬金)을 지불하기로 하는 계약을 체결하였다. 豊田商事는 얼마 안 되어 파산하였고, 파산관재인이 종업원에 대하여, 이미 지불된 고액의 보장금에 관하여 그 계약이 사기적 방법을 실행하기 위한 것이어서 공서양속 위반의 무효인 것이라고 하며 보장금의 반환을 구한바, 종업원측은 일본 민법 제708조를 원용하여 반환의무가 부존재한다고 주장하였다.

16) 伊藤眞, 破產法, 有斐閣(2006), 3면, 각주 6. 필자는 파산자와 채권자간의 계약관계에 있어 파산관재인의 제3자성을 부인하는 입장이므로 이 견해에 찬동하지 아니한다. 林治龍, "파산과 우주," BFL 제21호(2007.1), 96면.

17) 서울중앙지방법원 2002.10.24. 선고 2002가합5014 판결.

으로 신고하였다면 이미 대체적인 작위의무 청구권은 금전채권인 손해배상 채권으로 전환된 상태이므로 작위의무 청구권을 파산채권으로 신고한 것으로 취급할 필요가 없다. 따라서 위 사건에서 법원이 작위의무 청구권이 아닌 손해배상청구권을 파산채권으로 취급한 것은 정당하다.

5. 조건부채권 또는 우발채권

구 파산법 제18조는 '조건부 채권은 그 금액 또는 전조 제 1 항의 규정에 의한 평가액을 파산채권액으로 한다'고 규정하고 있었고, 제17조 제 1 항은 '채권의 목적이 금전이 아닌 때 또는 그 액이 불확정한 때나 외국의 통화로 정하여진 때에는 파산선고시의 평가액을 파산채권액으로 한다'고 규정하고 있었다. 그 의미를 해석하면 조건부 채권은 원칙적으로 그 금액의 산정에 있어서 조건이 없는 채권과 동일하게 취급한다는 내용이고, 다만 조건부 채권 자체의 목적이 금전이 아니거나 외국의 통화로 정하여진 때 등일 경우에는 금전(원화)으로 평가한 액(조문상 전조 제 1 항의 규정에 의한 평가액)을 파산채권액으로 한다는 것이다. 요약하면 조건의 확실성, 실현가능성 등을 평가한다는 것은 아니고 채권을 금전화시킨다는 의미에서 비금전채권(또는 외화채권)을 평가한다는 것이다.

채무자회생법은 전액을 파산채권액으로 한다고 개정함으로써 조건부채권에 대한 평가규정을 삭제하였지만(제427조 제 1 항) 해석이 바뀐 것은 아니다. 즉 제427조에 의하면 조건부 채권은 그 전액을 파산채권액으로 하지만, 채권 자체가 금전채권이 아닌 경우에는 '그 전액'이라는 것이 없으므로, 제426조(비금전채권 등의 파산채권액)에 의하여 평가할 수밖에 없는 것이지 조건에 대한 평가는 아니다.

일본 구 파산법 제23조(우리 구 파산법 제18조)에서도 조건 자체를 평가해야 한다는 것은 아니다.[18] 일본 신 파산법 제103조 제 4 항은 조건부 채권으로 파산절차에 참가할 수 있다고 하고, 제103조 제 2 항 제 1 호는 금전의 지불을 목적으로 하지 않는 채권 등은 평가액으로 파산절차에 참가한다고 규정하고 있다.[19] 결국 구

18) 齊藤秀夫・麻上正信・林屋礼二 編, 注解破産法 第三版(上), 青林書院(1999), 136면 또한 조건부 채권은 무조건의 채권과 똑같이 취급한다고 설명하고 있다.

19) 伊藤眞, 앞의 책(주 16), 192-193면은, 일본의 파산법은 조건부 채권을 무조건의 채권과 똑같이 보아 그 금액 또는 제103조 제 2 항 제 1 호의 규정에 의한 평가액을 채권액으로 한다(파산법 제103조 제 4 호)고 설명하면서, 다만 장래의 불확정한 사실에 의존하는 채권을 무조건의 채권과 똑같이 취급하는 것은 부적당하므로 배당절차에 있어서는 배당액을 유보하는 등 다르게 취급하고 있고, 상계에 있어서도 특칙이 있다고 설명하고 있다.

법과 신법의 표현의 차이에도 불구하고, 조건부 채권액은 그 전액을 파산채권액으로 한다는 것에는 달라진 것이 없다.

따라서 대한주택보증 주식회사가 파산한 건설회사를 상대로 장차 발생할 건축물의 하자보수를 원인으로 한 구상금채권이 조건부채권이라 하더라도 조건부 채권은 전액이 파산채권으로 확정되는 것이고 조건의 성취로 인한 배당문제는 파산관재인의 임치 또는 최후배당의 제척기간 내의 조건의 성취 문제로 해결되는 것이다.[20]

6. 어음채권에 대한 조사

어음채권과 원인채권은 실체법상의 별개의 채권으로서 성립요건 및 소멸시효, 법정이자 등의 차이가 있다. 따라서 파산절차에서도 양 채권을 별개로 취급하고 있지만 중복하여 신고할 수 있는 것은 아니다. 즉 '지급을 위하여' 어음이 발행된 경우에는 원인채권보다 먼저 어음채권을 행사하여야 한다.[21] 그러므로 어음채권과 원인채권에 대하여 파산채권신고를 하게 되면 '지급을 위하여' 발행된 경우에는 어음채권만 시인하고 원인채권에 대하여는 이의를 제기하여야 한다.[22] '지급을 담보하기 위하여' 어음이 발행된 경우에는 채권자에게 양자 택일할 것을 권유하여 그 중 유리한 채권만을 신고받고 다른 채권에 대하여는 이의를 제기하여야 한다. 어음채권과 원인채권이 청구권경합의 관계에 있다고 하더라도 중복하여 권리의 만족을 허용하는 것은 아니므로 파산절차내에서 확정판결과 동일한 효력을 갖는 파산채권자표에 2개의 청구권이 있는 것으로 기재할 수 없고 1개의 채권을 기준으로 배당을 하여야 한다. 따라서 채권자가 이의가 진술된 다른 채권에 대하여 파산채권 또는 회생채권확정을 구하게 되면 법원은 부적법한 신고라는 이유로 기각하여야 한다. 어음채권을 가진 파산채권자가 파산채권를 신고하는 방식은 다음의 두 가지이다. 첫째, 1장의 신고서에 파산채권 금액만을 적고, 원인란에 어음금액과 물품대금액을 기재하는 방식이다. 둘째, 별도의 신고서에 하나는 어음금액과 다른 하나는 물품대금액을 각각 기재하는 방식이다.

첫 번째 방식에 의한 것이 통상의 경우일 것으로 예상되고, 이 경우에는 파산채

---

20) 서울중앙지방법원 2005. 9. 22. 선고 2004가합35460 판결.

21) 판례 및 통설이다. 대법원 1995. 10. 13. 선고 93다12213 판결(공 1995, 3746); 최준선, 상법사례연습(하), 삼조사(2004), 144면.

22) 서울중앙지방법원, 법인파산실무, 박영사(2006), 311면.

권 금액만이 이의 대상이 되므로 중복신고라고도 볼 수 없으므로 이의 문제가 생기지 않을 것이다. 두 번째 방식에 의할 경우가 문제인데, 이 경우에도 두 개의 신고서의 금액이 같은 경우에는 중복신고의 경우에 해당하므로 신고철회를 지도하면 될 것이나 불응하는 경우에는 어느 하나만을 시인하고, 다른 하나는 이의하면 족하다.

한편 하급심판결은 어음채권과 피용자의 어음위조로 인한 사용자에 대한 불법행위채권은 다른 원인으로 생긴 권리이므로 어음채권만 신고한 후 정리채권확정의 소에서 손해배상채권으로 변경하는 것은 허용되지 아니한다고 판시한 바 있다.[23)]

7. 취득시효완성을 원인으로 하는 소유권이전등기청구권

부동산의 등기명의인에 대한 파산선고 전에 취득시효가 완성된 경우 취득시효의 완성을 원인으로 한 소유권이전등기청구권은 파산선고 전의 원인으로 생긴 재산상의 청구권으로서 파산채권에 해당한다. 따라서 파산채권조사절차를 거치지 아니한 채 파산관재인을 상대로 소유권이전등기를 구하는 소는 부적법하다. 만일 파산선고 후에 취득시효가 완성되었다고 하더라도 파산선고 후에는 파산재단에 속하는 재산에 관하여 파산자의 법률행위에 의하지 아니하고 권리를 취득한 경우 그 취득으로 파산채권자에게 대항할 수 없으므로(구 파산법 제45조 제1항), 역시 취득시효를 원인으로 한 소유권이전등기청구권으로 파산관재인에게 대항할 수 없다.[24)]

8. 신탁사무와 파산채권

신탁법상의 신탁을 통하여 위탁자 소유의 재산을 신탁목적으로 수탁자에게 처분하는 행위를 거치면 신탁재산이 대내외적으로 위탁자로부터 수탁자에게로 완전

23) 서울고등법원 2000. 7. 21. 선고 2000나13339 판결. 그러나 원인채권으로 신고한 후 조사확정재판에서 어음채권으로 변경하여 주장하는 것은 청구의 기초에 변경이 없고 동일한 이익을 목적으로 하는 경우로서 가능하다(회생사건실무(상), 388면). 같은 취지에서 파산절차에서 예금채권을 신고하였더라도 파산채권확정의 소에서 예금 관련 금융기관의 사용자 책임으로 인한 손해배상채권의 확정을 구할 수 있다(대법원 2007. 4. 12. 선고 2004다51542 판결(공 2007, 671)).

24) 부산고등법원 2006. 5. 4. 선고 2005나18674 판결(대법원 2008. 2. 1. 선고 2006다32187호로 상고기각). 제1심은 상대방이 누구인가 상관없는 권리취득 곧, 시효에 의한 취득, 부합에 의한 취득, 파산자 이외의 자로부터의 동산의 선의취득 등에는 구 파산법 제45조 제1항의 규정이 적용되지 않는다고 봄이 상당하여 파산관재인을 상대로 소유권이전등기를 구하는 원고의 청구를 인용하였다. 항소심은 파산채권자가 파산절차에 의하지 아니하고 일반 이행의 소를 구하는 것은 부적법하다고 하여 원심판결을 취소하고 소를 각하하였다.

하게 이전된다.[25] 신탁법상의 신탁재산은 수탁자의 고유재산으로부터 구별되어 관리될 뿐만 아니라 위탁자의 재산권으로부터도 분리되어 독립성을 갖게 된다.[26] 따라서 수탁자는 신탁재산을 고유재산과 구별하여 관리하여야 한다(신탁법 제30조).

수탁자의 일반채권자는 수탁자의 고유재산에 대하여만 강제집행할 수 있고 신탁재산에 대하여는 강제집행할 수 없다. 그러므로 수탁자가 파산하면 신탁재산은 고유재산이 되지 아니하는 한 수탁자의 파산재단을 구성하지 아니한다(신탁법 제22조). 그러나 수탁자의 채권자 중 '신탁전의 원인으로 발생한 권리' 또는 '신탁사무의 처리상 발생한 채권'을 가지고 있는 채권자는 신탁재산에 대하여 강제집행을 할 수 있다(신탁법 제21조 제1항).

먼저 '신탁 전의 원인으로 발생한 권리'에 관하여 판례는 "신탁 전에 신탁부동산에 대하여 저당권이 설정된 경우 등, 신탁재산 그 자체를 목적으로 하는 채권이 발생한 경우를 말하는 것이고, 신탁 전에 위탁자에 관하여 생긴 모든 채권이 이에 포함되는 것이 아니다"라고 판시하고 있다.[27]

다음으로 '신탁사무의 처리상 발생한 권리'의 의미가 문제되는데,[28] 판례에 나타난 바에 의하면, 신탁회사와 건축도급계약을 체결하고 수급인이 공사를 지체하여 공사계약이 해지된 후 보증인이 신탁회사에게 초과하여 지급한 계약이행보증보험금에 대한 부당이득청구권,[29] 분양형 개발신탁의 경우 수분양자가 수탁자에 대하여 가지는 입점지연에 따른 지체상금채권,[30] 신탁재산에 대한 감리계약에 기하여 감리인이 구하는 보수청구권[31] 등이 이에 해당한다.

---

25) 대법원 2005.7.28. 선고 2004두8767 판결(공 2005, 1447); 2002.4.12. 선고 2000다70460 판결(공 2002, 1114); 2002.3.15. 선고 2000다52141 판결(공 2002, 876) 등.

26) 대법원 2002.12.6. 자 2002마2754 결정(공 2003, 421); 1987.5.12. 선고 86다545, 86다카2876 판결(공 1987, 958) 등 참조. 신탁법은 신탁재산의 독립성을 구체적으로 보장하기 위하여 제20조 내지 제25조의 조문을 두고 있다.

27) 대법원 1987.5.12. 선고 86다545, 86다카2876 판결(공 1987, 958). 신탁계약 전에 체결된 계약금반환채권은 이에 해당하지 아니한다.

28) 자세한 학설의 소개에 대하여는 林治龍 외, 앞의 책(주 10), 547면.

29) 대법원 2005.5.27. 선고 2005다5454 판결(공보불게재, 林治龍 외, 앞의 책(주 10), 534면). 환송 후 서울고등법원 2005.9.29. 선고 2005나46174 판결은 부당이득금반환채권은 수탁자인 파산자가 신탁사업의 수행으로 신탁재산인 토지위에 건물을 신축하기 위하여 공사를 도급주는 등으로 신탁재산을 관리 또는 처분과정에서 발생된 채권이므로 파산재단에 대하여 파산채권을 행사할 수 있다고 판시하였다.

30) 대법원 2004.10.15. 선고 2004다31883, 31890 판결(공 2004, 1829); 2004.10.15. 선고 2004다31906 판결(공보불게재, 林治龍 외, 앞의 책(주 10), 545면).

31) 대법원 2006.11.23. 선고 2004다3925 판결(공 2007, 1).

신탁행위로 인하여 수익자에 대하여 부담하는 채무에 관하여는 신탁재산의 한도 내에서 이행의 책임을 진다(신탁법 제32조). 그러나 신탁법 제21조 제1항에 의하여 신탁재산에 대하여 강제집행할 수 있는 채권자는 신탁재산의 한도내로 제한되는 것이 아니라 수탁자의 고유재산에 대하여도 미친다.[32] 즉 이러한 채권자는 신탁재산에 대하여 강제집행할 수 있을 뿐 아니라 수탁자의 고유재산에 대하여도 강제집행할 수 있다. 만일 수탁자가 파산한 경우에 앞에서 본 채권자는 이러한 채권을 파산채권으로 신고할 수 있다.

Ⅲ. 채권조사확정제도에 관한 채무자회생법과 구 파산법·구 회사정리법의 차이

1. 채권조사확정재판

구 파산법과 구 회사정리법은 신고된 채권에 대하여 이의가 있으면 이의자를 상대로 채권확정의 소송을 제기하는 방식을 채택하였다. 파산채권은 이의가 있었다고 하여 1개월 이내에 파산채권확정의 소를 제기할 필요는 없고 최후배당의 제척기간내에 제기하면 족하다(구 파산법 제242조, 제243조, 제252조, 제256조 참조).[33] 정리채권확정소송은 채권조사기일로부터 1개월 이내에 제기하여야 한다(회사정리법 제147조 제2항). 원칙적으로 1개월 이내에 제기하여야 하는 소송은 정리채권확정의 소송이지만 권리에 관한 이행의 소를 제기하였더라도 출소기간을 준수하였다고 완화하여 해석하는 것이 판례의 태도이다.[34]

만일 채권조사 당시 이미 이행소송 등이 제기된 상태라면 1개월 이내에 수계신청을 하여야 하고 그 기간경과 후에 수계신청을 한 경우에는 그에 따른 정리채권 확정의 소는 부적법하게 된다.[35] 법원은 1개월의 기간을 늘일 수 없으며 또한

---

32) 대법원 2004.10.15. 선고 2004다31906 판결(공보불게재, 林治龍 외, 앞의 책(주 10), 545면). 이 사건은 '신탁사무의 처리상 발생한 권리'를 갖는 채권자가 파산한 수탁자에 대하여 파산채권을 신고한 사안이다.

33) 서울지방법원, 파산사건실무 개정판(2001), 215면.

34) 대법원 1994.6.24. 선고 94다9429 판결(공 1994, 2070). 출소기간 내에 정리채권확정의 소를 제기하였다가 그 후에 정리담보권확정의 소로 변경한 것이 적법하다고 판시한 하급심판결도 있다(서울고등법원 2005.11.23. 선고 2005나25702 판결, 대법원 2008.2.1. 선고 2005다74863호로 상고기각).

35) 대법원 2000.2.11. 선고 99다52312 판결(공 2000, 679).

불변기간이 아니므로 당사자가 책임질 수 없는 사유로 말미암아 그 기간을 지킬 수 없었다고 하더라도 기간도과 후에는 소송을 제기할 수 없다.[36]

채무자회생법은 구 파산법과 달리 파산채권의 경우에도 일단 채권자가 파산채권을 신고한 이상 채권에 대하여 이의가 제기되면 채권조사기일로부터 1개월 이내에 파산채권조사확정재판을 신청할 의무를 부과하고 있다(제462조 제5항). 만일 재판을 신청하지 아니하면 더 이상 파산절차에 참가할 수 없도록 하였다.[37] 이 점은 회생절차와 유사하지만 파산채권신고기간을 도과하여 늦게 신고한 경우에 추완사유에 대한 심리 없이 언제든지 특별조사기일을 열어 채권을 조사할 수 있도록 한 점은 종전과 마찬가지이다. 늦게 신고함으로써 받은 불이익은 신고 전에 이루어진 중간배당에 참가할 수 없는 것이다.

2. 재판관할

구 파산법하에서 파산채권확정의 소를 파산신청 사건을 담당하는 재판부가 담당하지 아니하고 일반 민사부에서 담당하였다. 이는 파산법의 규정에 의한 것은 아니고 재판의 공정성을 확보하기 위하여 사무분담의 문제로 처리하였다. 채무자회생법은 파산채권조사신청을 하여 결정으로 재판하고 그에 대한 이의를 하는 경우에 비로소 파산채권조사확정의 소를 인정하는 것으로 변경되었다. 그리하여 현재 실무는 절차의 신속성을 중시하여 신고한 파산채권에 대하여 이의가 있으면 사건 내용을 파악하고 있는 파산부가 먼저 결정으로 재판하고 재판에 대하여 이의가 있으면 일반민사부에서 담당하는 것으로 변경하였다. 이 역시 법이 개정된 것은 아니고 실무 운용을 바꾼 것이다. 그럼에도 불구하고 파산부에서 채권조사확정재판을 종전의 민사부에서 채권확정의 소송처럼 장기간에 걸쳐 심리한다면 파산채권조사확정을 가급적 신속하게 결정으로 처리하려는 입법의 취지에 어긋나는 것이다.

3. 소가결정의 재판

구 파산법하에서는 제225조 소정의 파산채권확정소송의 소송가액에 관한 수

36) 대법원 2003.2.11. 선고 2002다56505 판결(공 2003, 779).

37) 그 이유는 출소기한을 두지 않음으로써 파산절차가 지연되기 때문에 절차의 신속화를 꾀하기 위한 것이다. 일본의 신 파산법도 같은 입장이다(신 파산법 제125조 제2항).

소법원의 재판에 대해서는 불복을 금지하는 규정이 없으므로 그 재판에 대하여 불복이 있는 이해관계인은 즉시항고를 제기할 수 있었다.[38] 그러나 채무자회생법은 법에 따로 규정이 있는 때에 한하여 즉시항고를 할 수 있는 체제로 바꾸었고(제13조 제1항),[39] 구 파산법과 달리 즉시항고 규정을 두고 있지 않아 특별항고 외에 소가결정에 대하여 불복을 하지 못하게 되었다.

구 파산법은 소가결정의 관할법원을 수소법원으로 규정하고 있었으나(구 파산법 제225조) 채무자회생법은 파산법원이 결정하도록 하고 있다(제470조). 예컨대 서울중앙지방법원에서 민사 본안사건이 계속중 당사자 일방이 대전지방법원에서 파산선고를 받고 1심판결이 선고된 후 채권조사절차를 거쳐 채권확정소송으로 청구취지를 변경하여 서울고등법원에 항소하고자 하는 경우 구 파산법에 의하면 수소법원인 서울고등법원이 소가결정을 하게 되어 있었으나 채무자회생법 하에서는 대전지방법원이 항소심 소가결정을 하게 될 것이다.

4. 의결권의 확정

구 파산법하에서 서울고등법원 2003.11.19. 선고 2003나20277 판결을 비롯한 파산채권확정 소송에 관한 일부 판결의 주문은 원고는 피고(파산관재인)에 대하여 금 ○○원의 파산채권과 동액 상당의 의결권을 가짐을 확정한다고 기재하고 있었다. 이는 파산채권확정소송과 정리채권확정소송의 차이를 숙지하지 못하여 파산채권확정소송에서도 의결권의 확정이 심판의 대상인 줄 오해한 것이다. 회사정리법 제125조에서는 채권조사의 대상에 채권액과 의결권도 포함되어 있지만 구 파산법은 파산채권 확정의 소로써 '그 채권의 확정'을 구할 수 있다'고 규정하고 있을 뿐(구 파산법 217조 제1항) 달리 의결권에 대하여는 규정하고 있지 않았다. '채권액 및 원인, 우선권 있는 권리, 후순위 청구권의 구분'이 채권신고 및 채권조사의 대상이고 의결권의 액은 신고의 대상도 아니고(구 파산법 제201조), 채권조사의 대상도 아니였다(구 파산법 제204조, 제202조). 따라서 파산채권확정소송의 소송물은 이의의 대상이 되는 채권의 존부 또는 내용의 당부이고 의결권은 소송물이 아니다.[40] 제1회

---

38) 대법원 2002.10.23. 자 2002그73 결정(공 2002, 2799).

39) 이는 구 회사정리법의 체제였고, 반대로 구 파산법은 따로 정한 경한 경우를 제외하고 즉시항고 할 수 있는 체제였는데 양자를 합하여 회사정리법의 체제로 통일한 것이다.

40) 齊藤秀夫 외 2인, 앞의 책(下), 527면; 新堂幸司, "更生擔保權額の確定手續について," 菊井先生獻呈論集 裁判と法, 有斐閣(1967), 470면.

파산채권자집회의 의결권 부여절차가 있으나 이는 법원이 결정하도록 되어 있었다(구 파산법 제166조 제3항). 따라서 파산채권확정소송에서 의결권의 확정을 구하는 부분은 소의 이익이 없으므로 각하하여야 한다.

회사정리법하에서는 정리채권자 등이 정리채권, 정리담보권의 의결권에 대하여 이의를 진술한 경우 정리채권확정소송에서 그 의결권도 독립된 심판의 대상으로 보았다.

채무자회생법은 회생채권 및 파산채권 조사확정재판의 대상으로 이의채권의 존부 또는 그 내용만을 규정하고 의결권을 그 대상에서 제외하였다(제170조 제3항, 제462조 제2항), 채무자회생법이 회생절차의 조사확정재판의 대상으로 이의채권의 존부 또는 내용만을 규정하고 있는 이유는 의결권은 채권의 존부 및 내용과 같은 실체법적 권리의 문제가 아니라 단지 회생절차 내에서 어떠한 액만큼의 투표권을 행사할 수 있는가에 관한 절차법적 권리의 문제에 불과하고, 일단 결정된 의결권의 액이라도 법원이 직권 또는 신청에 의하여 '언제든지' 변경할 수 있는 등 아무런 확정력이 부여되어 있지 아니하므로(제188조 제3항) 엄격한 소송의 절차를 통하여 확정할 필요성이 없기 때문이다. 대신 이의가 있는 의결권의 액은 법원이 결의를 위한 관계인집회에서 정하고 있다(제188조 제2항).[41] 그 이유는 만일 의결권을 다투기 위한 소송을 인정하게 되면 상급심까지 가서 결말을 볼 터인데 그 사이 관계인집회가 개최되는 경우 의결권이 확정되지 아니하여 결의에 참여할 수 없다면 굳이 의결권확정 소송을 제기할 실익이 없기 때문이다.[42] 따라서 채무자회생법에서는 파산절치 뿐만이 아니라 회생절차에서도 채권조사확정소송 등에서 의결권의 확정을 구하는 부분은 소의 이익이 없다.

Ⅳ. 채권확정소송의 소송물

1. 파산채권의 신고권자

파산채권은 채권자가 신고하는 것이 원칙이지만 파산채권에 대하여 추심명령을 받은 추심권자, 전부채권자, 파산채권에 대하여 질권을 설정받은 채권질권자와

41) 회생사건실무(상), 453-454면.

42) 新堂幸司, 앞의 글(주 40), 470면.

채권자 중 누가 적법한 파산채권신고권자인가에 대하여는 검토가 필요하다.

먼저 채권질권에 대하여 보건대, 민법상 채권질권자는 자기의 이름으로 직접 청구할 수 있는바 여기서 '직접'이라는 의미는 질권설정자의 대리인으로 추심권능을 행사하는 것이 아니라 자기의 이름으로 행사할 수 있다는 뜻이다. 따라서 채권질권자는 당해 채권의 채무자를 상대로 파산신청을 할 수 있으며 파산채권의 신고를 할 수 있다.[43)]

하급심 판결은 채권자(근질권설정자)가 파산자에 대하여 갖는 예금채권을 제3자에게 근질권을 설정하여 준 사안에서 "파산채권은 소구 또는 강제집행할 수 있는 채권이어야 하는데, 채권에 대하여 근질권이 설정된 경우 근질권설정자는 그 채권을 청구 또는 추심하지 못하는 것이므로, 근질권이 설정된 채권은 파산채권이 될 수 없는 것"이라고 판시하면서 예금채권자가 파산자에 대하여 구하는 채권확정소송을 기각하였다.[44)] 그러나 이 판결은 파산채권의 의의와 파산채권의 적법한 신고권자의 문제를 혼동한 것으로 타당하지 않다. 파산채권임은 맞지만 채권질권을 설정하여 주었으므로 '원고(근질권설정자)는 당해 채권을 파산채권으로서 행사할 수 없다'는 이유로 기각하면 된다.[45)]

다음으로 제3채무자가 파산한 경우에 추심채권에 대하여는 추심채권자가 파산채권신고를 할 수 있다는 견해와 할 수 없다는 견해[46)]가 있다. 우리나라의 실무는 긍정설을 취한다.[47)] 이 경우 집행채무자와 추심채권자와의 관계에 대하여는 추심채권자가 우선한다. 그리하여 추심채권자가 파산채권신고를 한 이후에 이루어진 집행채무자의 파산채권신고는 효력이 없으며, 집행채무자가 채권신고를 한 후에 추심명령이 발하여지면 파산관재인은 집행채무자의 채권신고에 대하여 이의를 진술하여야 하고 집행채무자의 채권신고는 취하되는 것이 보통이다.[48)] 채권조사절차 후라면 집행채무자는 파산채권자표의 명의를 추심채권자 명의로 변경하여야 한다.[49)]

---

43) 곽윤직 편집대표, 민법주해(6), 박영사(1992), 440면.

44) 서울지방법원 2001.8.8. 선고 2000가합79141 판결(미항소 확정).

45) 伊藤眞, 앞의 책(주 16), 451-452면. 반대로 자기의 債權에 대해서 질권을 설정한 자는 특단의 사정이 없는 한 破産申請權을 가질 수 없다는 일본 최고재판소 판결(平成 11(1999),4. 16. 민집 53권 4호, 740면) 참조.

46) 宮脇, 强制執行法各論, 150면, 齊藤秀夫 외 2인, 앞의 책(下), 489면에서 재인용.

47) 법원실무제요 민사집행(Ⅲ), 법원행정처(2003), 355면.

48) 園尾隆司・深澤茂之 編, 破産・民事再生の實務(上), 金融財政事情硏究會(2001), 311면.

49) 齊藤秀夫 외 2인, 앞의 책(하), 489면.

집행채무자가 파산하여 압류가 경합하는 경우 압류의 효력은 채권 전액에 미치므로 압류채권자는 채권전액에 대하여 채권신고를 할 수 있다. 파산관재인은 각각의 파산채권을 인정하되 배당금을 공탁하는 수밖에 없다. 집행채무자(파산자)는 압류의 효력이 생기면 채권을 추심할 수 없지만 보존행위로서 시효의 중단을 위한 채권신고는 할 수 있다.

2. 채권확정의 대상

파산채권자는 채권자표에 기재된 사항에 관하여서만 채권확정의 소를 제기하거나 파산 당시에 이미 계속되어 있는 소송을 수계할 수 있으므로, 채권조사기일까지 신고하지 않은 채권을 새로이 주장할 수는 없고, 채권자표에 기재된 것보다 다액의 채권액이나 새롭게 우선권을 주장할 수는 없다. 따라서 채권자표에 기재되지 않은 권리, 액, 우선권의 유무 등의 확정을 구하는 파산채권확정의 소 등은 부적법하다.[50] 판례는 채권자표의 기재된 효력에 대하여 '확정판결과 동일한 효력'이라 함은 기판력은 아니고 확인적 효력을 갖는 정리절차 내부에 있어서 불가쟁의 효력이 있다는 입장을 견지하고 있다.[51] 그리하여 채권조사 당시 이미 소멸하였음에도 관리인이 착오로 시인한 경우에는 무효확인의 소를 인정하고 있다.

그러나 채권조사기일 당시 이미 유효하게 존재하여 이의[52] 없는 채로 정리채권자표가 확정되었으나 후에 관리인이 부인권을 행사하는 것은 불가쟁력에 위반하므로 허용되지 않는다.[53]

파산관재인이 배당률의 통지를 하고서도 채권자에게 배당금을 지급하지 아니하면 파산관재인을 상대로 구체적인 배당금지급청구소송을 제기하면 족하고 이를 위하여 파산채권확정소송을 제기할 소의 이익은 없다.[54]

50) 대법원 2000. 11. 24. 선고 2000다1327 판결(공 2001, 124).

51) 대법원 2006. 7. 6. 선고 2004다17436(공보불게재); 2003. 5. 30. 선고 2003다18685 판결(공 2003, 1452); 1991. 12. 10. 선고 91다4096 판결(공 1992, 469). 91다4096 판결의 결론에 대한 비판적인 견해로는 金龍德, "整理債權者表 · 擔保權者表 記載의 效力," 상사판례연구(Ⅴ), 박영사(2000), 254면.

52) 법문에 명백히 '이의'라는 용어를 사용하고 있음에도 아직도 많은 하급심 판결은 파산관재인이 신고한 채권을 부인하였다는 표현을 사용하고 있다(서울지방법원 2001. 8. 8. 선고 2000가합79141 판결 등). 그러나 파산관재인의 이의권한과 부인권한은 별개의 개념이므로 구별하여 사용하는 것이 옳다.

53) 대법원 2003. 5. 30. 선고 2003다18685 판결(공 2003, 1452).

54) 서울중앙지방법원 2001. 3. 22. 선고 99가합9164 판결(미항소 확정)(林治龍 외, 앞의 책(주 10),

3. 회생채권과 회생담보권의 확정

회생담보권을 회생채권으로 신고하면 담보권을 포기한 것으로 보아 정리채권으로 확정된다. 문제는 반대로 회생채권임에도 회생담보권으로 시인한 경우이다. 채권조사 당시 피담보채권만 존재하고 담보권이 변제 등의 사유로 부존재함에도 불구하고 이를 시인한 것은 무효라고 볼 수도 있고, 피담보채권은 존재하는 것이고 담보권의 유무에 관하여 일단 관리인이 인정한 이상 다툴 수 없다고 볼 수도 있다. 하급심 판결은 채권조사기일 당시는 물론 정리계획인가결정 이후에도 유효하게 존재하던 채권에 대하여 이의 없이 정리담보권으로 인정되어 정리담보권자표에 기재되고 정리계획 인가결정이 확정되었고 그에 따라 채권 일부를 변제받은 경우, 비록 그 채권이 실은 정리담보권이 아니라 정리채권에 해당된다 하더라도 그 채권 자체가 유효하게 존속하고 있었던 이상 정리담보권자표의 무효확인 또는 이미 인가된 정리계획에 따라 변제받은 금원을 부당이득이라 볼 수 없다고 보았다.[55]

생각건대 권리자가 자신의 담보권을 포기하고 신고하여 채권자표에 기재되어 정리절차내에서의 불가쟁력이 발생한 이상 이를 확정시키는 것이 법적안정성에 도움이 되는 것이므로 뒤늦게 이를 다투도록 허용하는 것은 부당하다. 필자는 하급심의 견해에 찬동한다.[56]

4. 후순위 파산채권, 후순위 정리채권 및 개시후기타채권

파산채권과 후순위 파산채권은 권리의 순위가 다르므로 채권신고도 구분하여야 하고 파산채권확정의 소를 통하여 채권이 확정되는 경우에도 우선권 있는 파산채권이나 후순위 파산채권의 구분 또한 파산채권 확정의 소에 있어 확정의 대상이 되므로 판결 주문에서 그 구분을 명확히 하여야 한다. 파산채권자가 후순위 파산채권으로 신고하지 아니하였음에도 파산채권확정소송에서 파산선고일부터 완

414-417면). 한편 배당금청구권의 성질에 관하여는 林治龍, 파산법연구 2, 박영사(2006), 284-298면.

55) 서울중앙지방법원 2007.5.30. 선고 2007가합5255 판결. 그 후 상고심에서 확정되었다.

56) 일본은 민사유치권과 상사유치권이 별도로 존재하고 상사유치권에 대하여만 담보권을 인정하고 있는데 회사갱생절차에서 신고자가 상사유치권으로 신고하여 정리담보권으로 확정되었다면 다툴 수 없다는 견해(兼子一·三ヶ月章, 條解會社更生法(下), 弘文堂(1998), 682면. 이하 條解(中)이라 표시한다)도 같은 취지이다.

제일까지의 지연손해금에 대한 채권확정을 구하는 부분은 부적법하다.[57] 채무자회생법은 후순위 파산채권 제도는 존치하면서 후순위 정리채권 제도는 폐지하였다. 대신 개시후기타채권의 개념을 도입하였다(제181조).

5. 공익채권과 회생채권, 환취권과 회생담보권의 확정

일반적으로 회사정리절차에서 공익채권, 환취권이 유리하게 취급된다. 그러나 이 명제는 항상 옳은 것은 아니다. 예컨대, 비정산형 양도담보나 목적물의 가액이 피담보채권액수보다 작은 가등기담보의 경우라면 담보가액에 대하여는 회생담보권으로, 부족액에 대하여는 회생채권으로 취급받는 것이 환취권을 행사하는 것보다 유리하게 된다. 권리자가 자신의 권리가 공익채권 또는 환취권임에도 회생채권 또는 회생담보권으로 신고하여 이의 없이 확정된 경우에 권리의 성질을 어떻게 취급할 것인가 하는 점에 대하여 견해가 나뉘어 있다.

먼저 판례의 입장을 본다. 임원의 퇴직금채권이 정리채권임에도 이의 없이 공익채권으로 확정되고 정리계획안에 변제계획까지 반영된 후 정리계획이 확정된 사안에서 하급심 판결은 회사정리절차 내에서 공익채권을 확정하는 어떠한 절차도 존재하지 아니한 점, 확정판결과 같은 효력이라 함은 기판력이 아닌 정리절차 내부에 있어서 불가쟁의 효력에 불과하다는 점을 이유로 정리채권이 공익채권으로 변한다고 할 수 없다고 판시하였다.[58] 또한 공익채권을 정리채권으로 신고한 후 정리채권자표에 기재되어 확정되었다고 하더라도 채권의 성질 자체가 공익채권에서 정리채권으로 변경된다고 볼 수 없다고 판시한 선례도 있다.[59] 대법원 판례도 공익채권인 미지급 공사대금을 정리채권으로 신고하고 그 후에 정리계획안에 따라 일부를 지급받은 사안에서 공익채권을 정리채권으로 신고하여 정리채권자표 등에 기재된다고 하더라도 공익채권의 성질이 정리채권으로 변경된다고 볼 수는 없고, 또한 공익채권자가 자신의 채권이 공익채권인지 정리채권인지 여부에 대하여 정확한 판단이 어려운 경우에 정리채권신고를 하지 아니하였다가 나중에 공익채권으로 인정받지 못하게 되면 그 권리를 잃게 될 것을 우려하여 일단 정리채권으로 신고할 수도 있을 것인바, 이와 같이 공익채권자가 자신의 채권을 정리

57) 대법원 2006.11.23. 선고 2004다3925 판결(공 2007, 1).

58) 대구고등법원 2002.10.11. 선고 2001나 9596 판결.

59) 서울고등법원 2003.4.11. 선고 2002나31348 판결(미상고 확정).

채권으로 신고한 것만 가지고 바로 공익채권자가 자신의 채권을 정리채권으로 취급하는 것에 대하여 명시적으로 동의를 하였다거나 공익채권자의 지위를 포기한 것으로 볼 수는 없다고 판시하였다.[60]

일본의 학설은 신고한 대로 확정된다는 입장이다.[61] 우리나라에서 이 점을 정면으로 다룬 글은 대법원 2004다3512, 3529에 대한 판례해설이다.[62]

필자는 다음과 같은 이유로 판례의 입장에 반대하며 신고한 대로 권리의 성질을 확정하는 것이 옳다고 생각한다. 첫째, 채권확정의 대상이 권리의 성질도 포함하고 있으므로 정리채권, 정리담보권, 후순위 정리채권에 대하여 신고된 대로 효력을 인정하고 있다면 공익채권, 환취권의 여부에 대하여도 같게 취급하는 것이 논리의 일관성이 있다. 둘째, 권리자 스스로 정리채권, 정리담보권으로 신고하여 채권자표에 기재되고 정리계획안까지 인가되어 절차가 진행된 이후에 신고자나 제3자가 신고한 내용과 달리 주장하는 것을 인정하게 되면 다수 당사자의 이해관계를 조정하는 회사정리절차의 중요한 특성인 절차의 안정성에 반하는 결과가 된다. 이러한 점을 고려하여 법이 채권자표에 확정판결과 동일한 효력을 부여한 것이므로 비록 판례와 같이 기판력을 부정한다고 하더라도 정리절차 중에 불가쟁력을 함부로 훼손하는 것이 되어 타당하지 않다. 셋째, 권리자가 스스로 권리의 성질을 알지 못한다면 공익채권 또는 환취권으로 인정되지 않을 경우를 대비하여 예비적으로 정리채권 또는 정리담보권으로 신고하는 방법이 마련되어 있으므로 대법원 판례가 지적하는 바와 같은 불리한 결과를 초래할 것은 아니다. 넷째, 채권자가 자신의 채권이 공익채권에 해당함을 알면서도 정리채권으로 신고한 경우라면 정리채권으로서 취급하여야 할 수밖에 없는데,[63] 자신의 채권이 확실하게 공익채권에 해당하지 못한다고 확신을 하지 못하여 정리채권으로 신고한 공익채권자의 권리를 다른 정리채권자, 정리담보권자보다 두텁게 보호할 필요는 없다. 채권신고는 채권자가 자기의 책임으로 하는 것이다.

60) 대법원 2004.8.20. 선고 2004다3512, 3529 판결(공 2004, 1577).

61) 宮脇行彦 외, 앞의 책(주 12), 506면; 條解(中), 683면.

62) 崔鍾吉, 대법원판례해설 제52호(법원도서관, 2005), 193면.

63) 최종길, 앞의 글(주 62), 203면도 이를 肯認한다.

6. 정리계획안 인가와 정리채권확정의 소의 이익

정리채권을 신고하였으나 관리인이 이의를 제기하여 관리인을 상대로 정리채권확정소송을 제기하여 소송계속중 정리계획안이 인가확정되었는바 원고가 주장하는 정리채권은 정리계획안에서 면제된 사안에서 소의 이익이 있는지 여부가 논의되었다. 상반된 고등법원 판결이 선고되었다.

소의 이익을 부정하는 판결은 정리채권으로 확정되더라도 인가된 정리계획에 의하여 전액 면제되어 소멸하게 될 것이고 회사정리법 제241조에 의하여 책임을 면한다고 하는 것은 정리회사의 채무 자체가 소멸한다는 의미이지 책임 없는 채무의 형태로 존속하는 것이 아니라고 판시하였다.[64)]

긍정하는 판결은 먼저 정리계획의 규정에 의하여 이 사건 채권이 정리채권인지 여부를 확정한 후에 정리채권임이 인정되는 경우에 정리회사의 책임을 면제시키겠다는 계획을 인가하였다고 봄이 상당하므로 정리채권인지 여부는 면제 여부에 앞서 선결되어야 할 사항으로 이를 확정할 이익이 상존한다고 판시하였다.[65)]

생각건대, 정리절차가 존속하는 한 정리계획이 변경될 가능성은 있는 것이고 먼저 정리채권에 해당하는지 여부를 확정한 연후에 정리계획인가에 의하여 면책되었다고 보아야 하므로 필자는 후자의 판결을 지지한다.

정리절차가 폐지된 이후에도 면책의 효력과 구 회사정리법 제242조에 의한 권리변동의 효력은 그대로 존속하고 권리확정의 필요가 있으므로 정리절차 폐지로 인하여 종전에 계속 중이던 권리확정소송이 당연히 종료한다거나 소의 이익이 없어진다고 볼 수 없고, 정리절차폐지 후 파산이 선고되었다고 하더라도 마찬가지이다.[66)]

7. 상고심에서 계속 중의 파산선고

파산선고가 되면 재산에 관한 소의 당사자는 파산자로부터 파산관재인으로 변경되므로 소송을 수계하여야 한다. 소송대리인이 있는 경우에도 중단된다는 점에서 민사소송법상의 사망으로 인한 소송중단절차와 다르다.

64) 서울고등법원 2000. 3. 16. 선고 99나51632 판결(미상고 확정).

65) 서울고등법원 2001. 4. 19. 선고 2000나45840 판결(미상고 확정).

66) 대법원 2007. 10. 11. 선고 2006다57438 판결.

그런데 판례에 의하면 상고심 계속 중 상고이유서 제출기간이 경과한 후에 당사자에 대하여 파산이 선고된 경우에는 파산관재인이 소송수계신청을 할 수 없다.[67] 그러나 필자는 아래의 이유로 판례에 반대한다. 소송 계속중에 당사자가 파산선고를 받은 때에는 파산선고 전의 원인으로 생긴 재산상의 청구권에 해당하는 파산채권에 관한 소송절차는 중단되고(민사소송법 제239조), 파산채권자가 구 파산법이 정한 채권신고기간 내에 적법한 채권신고를 하면 채권조사기일을 거쳐 파산관재인 또는 다른 채권자의 이의가 있는지 여부에 따라 그 채권이 확정판결과 동일한 효력이 있는 채권표상의 확정채권이 되거나, 아니면 구 파산법에 따른 채권확정의 소송을 거쳐 그 채권의 존부가 결정되게 된다.[68] 판례는 상고심에 이르러 회사정리절차가 폐지된 것을 직권조사사항으로 삼고 있고,[69] 당사자가 상고심에서 사망한 경우에도 상고심절차가 중단되는 것이므로 당사자가 상고심 계속 중 파산선고를 받는 경우에도 하급심에서 파산선고가 된 것과 같이 일단 소송을 중단시켜 채권조사절차를 거치도록 하여 사건의 속행 여부를 결정하였어야 할 것이다. 그럼에도 불구하고 대법원이 상고심에서는 이러한 절차를 부정하는 것은 파산채권조사제도와 소송중단사유에 대한 일반적인 법이론에 어긋난다. 일본 최고재판소도 상고심에서 파산선고된 경우 소송의 중단 뿐 아니라 청구취지의 변경을 할 수 있다는 입장을 취하고 있다.[70] 일본의 다수설도 판례의 입장을 지지하고 있다.[71]

Ⅴ. 보증인의 구상권과 채권확정

1. 채권신고의 필요성

민사부 판사가 파산법을 처음 공부하는 계기를 갖는 경우는 채권자가 회생채무자의 보증인(주로 채무자 회사의 임원)을 상대로 보증채무의 이행을 구하는 사건

67) 대법원 2006. 8. 24. 선고 2004다20807 판결(공보불게재); 2005. 1. 14. 선고 2004다48522 판결(미공간).

68) 대법원 2000. 2. 11. 선고 99다8728 판결(미공간).

69) 대법원 1998. 8. 21. 선고 98다20202 판결(공 1998, 2301).

70) 일본 최고재판소 1986(昭和 61). 4. 11. 선고 昭57(オ)272 판결.

71) 花村治郎, "上告審における被告の破産と破産債権確定訴訟への訴えの變更," ジュリスト臨時増刊:重要判例解説-887號, 有斐閣(1987. 6), 128頁; 坂原正夫, "上告審繫屬中における當事者の破産と訴えの變更," ジュリスト No. 163, 有斐閣(2002. 9), 155頁.

을 다룰 때이다. 1997년 이전에는 보증인이 개인인 경우가 대부분이므로 개인에 대한 파산사건도 적고 개인에 대하여는 회사정리법이 적용되지 아니하므로 문제가 그다지 복잡하지 아니하였다. 당시 법의 부지로 정리채권신고를 하지 아니하여 실권당하는 사례가 적지 않았으며 대표적인 사례 중 하나가 보증인의 장래 구상권을 신고하지 아니하는 경우이다. 정리채권자가 정리채권 전액을 신고하면 상관이 없으나 자력이 충분한 보증인을 상대로 변제받을 것으로 예상하고 아예 정리채권을 신고하지 아니하거나 또는 일부만 신고한 상태에서 보증인이 보증채무 전액을 이행하면 보증인은 전액을 변제하고도 실권되거나 신고한 금액밖에 권리를 행사하지 못한다.[72]

그러다가 1997년 경제위기 이후에 두드러진 첫 번째 현상은 주채무자와 보증인 모두 계열회사로서 양자가 동시에 또는 순차적으로 회사정리 또는 파산절차가 개시되는 사례가 빈번하게 발생한 것이다.[73] 두번째 현상은 서울중앙지방법원의 파산부가 정리회사에 대한 M&A를 통한 정리절차의 조기종결을 추진하면서 주채무자인 정리회사가 정리계획에 따라 출자전환을 하여 정리채권자가 주주가 된 후에 보증인에 대하여 책임을 묻거나 보증인의 구상권의 범위를 둘러싼 사건이 적지 않게 발생한 것이다.[74]

2. 회생채무자가 보증인인 경우 보증채권의 신고

채권자가 주채무자에 대하여 갖는 대여금채권액은 확정된 것이지만 보증인에 대한 채권액수는 아직 확정된 것이 아니다. 보증인의 입장에서 보면 보증채무는 우발채무이다. 그러나 회생(파산)채권은 반드시 금액이 신고당시 확정되어야 할 필요는 없으므로 보증채권도 채권 전액에 대하여 회생(파산)채권으로 신고할 수 있다(제126조, 428조).

따라서 채권자가 주채무자에 대한 채권을 신고한 후에 보증인의 구상권 신고를 받아주게 되면 동일한 채권에 대하여 중복 배당이 되어 다른 채권자들에게 불리하므로 법은 보증인의 회생채권신고를 허용하지 아니 한다(제126조 제3항). 관

72) 대법원 1995.11.10. 선고 94다50397 판결(공 1995, 3905).

73) 서울남부지방법원 2005.1.14. 선고 2004가합9603 판결(林治龍 외 4인, 앞의 책(주 10), 55면)의 사안은 주채무자, 보증인 모두 파산자이다..

74) 판례는 일관하여 정리회사의 잔존 책임범위와 보증인의 책임범위가 다르다는 입장을 취하고 있다. 林治龍, 앞의 책(주 54), 430면.

리인은 보증인의 채권신고에 대하여 주채권자가 채권신고하였으므로 부적법하다는 이유로 이의를 하여야 한다. 보증인 또는 제3취득자가 회생채권확정의 소를 제기하거나 파산채권자 또는 파산관재인을 상대로 파산채권자 명의변경 신고절차 또는 명의변경절차의 이행을 구하더라도 부적법하다는 이유로 각하를 면치 못한다.[75]

3. 회생채권과 담보권인 구상권의 조정

문제는 은행이 신용보증기관의 보증하에 주채무자에 대하여 무담보대출을 하고 신용보증기관이 보증채무 이행시 발생하는 장래의 구상권에 대하여 주채무자의 재산에 대하여 담보를 설정한 경우에 채권신고를 어떻게 할 것인가 하는 점이다. 즉 채권자의 채권은 파산채권이지만 보증인의 구상권은 담보권이다. 주채무자에 대하여 파산절차가 개시된 경우라면 보증인의 구상권은 별제권이므로 채권신고를 하지 않더라도 담보권을 행사할 수 있으므로 문제가 없다.

그러나 주채무자에 대하여 회생절차가 개시되면 담보권자도 미신고시 담보권이 실권되므로 회생담보권을 신고하여야 하는데 채권자가 회생채권을 신고하게 되면 보증인의 장래 구상권을 신고할 수 없다는 제126조 제3항 단서가 장애가 된다. 이 경우에만 예외적으로 보증인이 회생담보권을 행사할 수 있도록 해석하는 것은 해석의 범위를 벗어나는 것이다. 따라서 이 경우 보증인으로서는 채권자와 사전에 협의하여 채권자로 하여금 회생채권신고를 하지 말도록 하고 보증인의 장래구상권을 회생담보권으로 신고하든가, 회생채권신고기간 내에 보증채무를 이행한 후 구상권을 회생담보권으로 신고하도록 조정하는 수밖에 없다.[76] 만일 제2회 관계인집회기일까지 변제한 경우라면 회생담보권에 대하여 추완신고를 할 수도 있다.

4. 보증인의 절차 참여

(1) 보증인이 절차 개시 전에 일부를 변제한 경우

보증인이 파산선고 전에 보증채무를 이행한 경우라면 구상권이 발생하므로

75) 앞의 서울남부지방법원 2004가합9603 판결.

76) 海保 寛, "保證人の求償權," 竹下守夫・藤田耕三, 裁判實務大系3 會社訴訟・會社更生法, 青林書院(1985), 456면; 條解(中), 541면.

보증인은 변제한 금액에 따라 주채권 전액 또는 일부금액을 청구금액으로 하여 구상권을 정리채권으로 신고하여야 한다. 일부만 변제한 경우에는 변제한 액수의 비율에 따라 주채권자와 더불어 정리채권을 신고할 수 있다. 만일 채권자가 회생담보권자라면 회생담보권을 비율에 따라 신고할 수 있다. 보증인도 장래의 구상권을 갖는 회생채권자이므로 주채무자에 대한 회생절차가 개시되면 법에 따라 채권을 신고하고 이의를 당하면 채권확정의 소를 제기하여야 한다.

⑵ 보증인이 절차 개시 후에 전부 또는 일부를 변제한 경우

채권자가 먼저 채권신고를 한 후에 보증인이 회생절차 개시 후에 보증채권 전액을 회생채권자에게 대위변제한 경우에는 제154조에서 정하는 신고명의의 변경을 함으로써 채권자의 권리를 대위 행사할 수 있다. 이때 보증인이 대위행사하기 위하여 변제하여야 하는 채무액수는 자신이 부담하는 보증채무액수이지 정리채권자가 신고한 금액이 아니다. 즉 회생채권자가 신고하는 금액은 회생절차개시 당시의 원금과 개시전일까지 발생한 이자만 신고한다.[77] 개시 후 발생하는 이자는 후순위 정리채권이라 하여 정리계획에서 대부분은 면제 또는 감경하는 것이 보통이었다. 그러나 보증인은 제250조 제2항에 의하여 회생계획의 내용이 자신의 보증채무에 영향을 미치지 아니하므로 정리절차 개시 전의 이자 뿐 아니라 개시 후 실제로 변제할 때까지의 지연손해금을 변제하여야 한다.

문제가 발생하는 장면은 보증인이 주채무자에 대한 절차 개시 후에 보증채무를 일부 이행한 경우이다. 대위변제제도의 목적은 구상권자를 보호하기 위한 것이지만 채권자를 해하면서까지 대위권을 인정하는 것은 목적을 일탈하는 것이고 대위변제의 효력은 채권자가 갖는 담보물권의 불가분성을 해할 수 없으므로 채권자의 권리가 대위자의 권리에 우선한다.[78] 따라서 채권의 일부에 대하여 대위변제가 있는 때에는 채권자만이 정리절차개시 당시 가진 채권의 전액에 관하여 정리채권자로서 권리를 행사할 수 있을 뿐, 채권의 일부에 대하여 대위변제를 한 구상권자가 자신이 변제한 가액에 비례하여 채권자와 함께 정리채권자로서 권리를 행사하게 되는 것이 아니다.[79]

결론적으로 채권신고 후에 보증채무를 일부 이행한 보증인으로서는 파산절차

77) 개시결정 당일의 이자는 후순위 정리채권 또는 개시후기타채권이다(회생사건실무(상), 335면).
78) 다수설이며 실무이다.
79) 대법원 2001. 6. 29. 선고 2001다24938 판결.

에 참가하는 방법이 없는 것이다. 이러한 점을 납득할 수 없는 보증인들이 편법으로 채권자를 상대로 채권자표 명의변경절차의 이행을 구하기도 하지만 보증인의 보증채무 전액을 변제하지 않는 한 채권자의 명의변경을 구할 수 없으므로 기각될 수밖에 없다.[80)]

5. 물상보증인과 구상권

대위변제자가 연대보증인이 아니라 물상보증인(또는 목적물의 제 3 취득자)인 경우에도 같은 결론이 도출되는가? 물상보증인은 물적책임만 부담할 뿐 연대채무자처럼 채무전액의 지불의무를 부담하지 아니하므로 구 파산법 제19조를 적용할 여지가 없다는 이유를 들어 물상보증인은 연대보증인과 달리 변제의 비율에 응하여 채권자의 권리를 취득하고 파산채권자로서의 권리를 행사할 수 있으므로 채권자의 권리는 그 한도에서 물상보증인에게 이전하고 일부 변제후의 잔액에 대하여만 권리를 행사할 수 있다는 견해가 있다.[81)]

그러나 제428조(구 파산법 제19조)에서 규정한 수인이 각각 전부의 이행을 의무를 지는 경우라 함은 보증채무, 연대채무, 병존적 채무인수, 어음의 합동채무의 경우가 대표적이지만 물상보증인이나 담보목적물의 제 3 취득자도 동조가 적용된다고 해석하는 것이 현재의 실무 및 학설의 입장이다.[82)] 채무자회생법은 구 회사정리법 제108조와 제110조를 합하여 회생절차의 경우에는 물상보증인도 적용되도록 규정을 두었으나(제126조 제 5 항), 파산절차에는 제428조와 제430조를 독립된 조항으로 두고 물상보증인에 대하여는 제428조를 적용하는 별도의 규정을 두고 있지 않다. 앞으로 일치시킬 필요가 있다. 이에 반하여 일본의 신 파산법 제104조 제 5 항은 물상보증인도 포함하는 명문의 규정을 둠으로써 입법으로 해결하였다.

6. 신고채권의 취하 여부

연대보증인으로부터 일부변제를 받은 경우에 채권자가 신고채권을 취하할 필

80) 서울남부지방법원 2004가합9603 판결.

81) 서울지방법원, 파산사건실무 개정판(2001), 225면.

82) 서울중앙지방법원, 법인파산실무, 박영사(2006), 310면; 田炳西, "파산선고시 현존액주의와 물상보증인의 일부변제의 취급," 저스티스 2006년 12월호, 121면. 판례로는 서울남부지방법원 2004가합9603 판결, 일본 최고재판소 平成 14(2002). 9. 24. 판결 등.

요는 없다. 그런데 보증인의 구상권에 대하여 금융기관 종사자들이 보증인이 일부 변제한 경우에는 파산절차에서 구상권을 행사할 수 없다는 것을 숙지하지 못하는 경우가 적지 않다. 그리하여 보증인이 일부 변제하면서 채권자에게 구상한 부분에 상응하는 원채권의 일부를 양도하여 달라고 요구하고 채권자가 주채무자인 파산자에 대하여 채권양도를 하고 파산관재인도 그에 따라 보증인에게 배당을 하는 사례가 있다. 나중에 앞에서 본 이론을 알게 된 주채권자가 보증인을 상대로 변제받은 금액이 법률상 원인 없이 이루어졌다는 이유로 부당이득반환청구를 하거나 채권자 불확지를 이유로 공탁하는 사건이 있었다.

하급심 판결은 견해가 나뉘었다.[83] 정리채권자와 보증인이 정리채권의 일부를 대위변제하는 보증인에게 양도하는 채권양도계약을 체결하고 정리회사를 상대로 채권자명의변경신고를 하여 정리회사의 관리인이 정리채권의 일부를 보증인 명의로 변경한 사안에서 대법원은 일부 대위에 관한 대법원 2001.6.29. 선고 2001다24938 판결의 법리와 채권양도계약서의 작성 경위와 동기 등에 비추어 이러한 채권양도계약서는 향후 정리채권에 관한 완전한 변제가 이루어졌을 경우 보증인으로 하여금 정리채권자의 권리를 대신 행사할 수 있도록 한다는 의미로 작성된 것에 불과할 뿐, 보증인이 정리채권자보다 우선하여 혹은 정리채권자와 안분하여 정리채권에 관한 권리를 행사할 수 있도록 한다는 의미는 아니라고 판시하였다.[84]

생각건대, 이는 의사해석의 문제로 돌아가지만 채권자가 채권의 일부 양도를 하여주고 더 나아가 보증인과 공동으로 채권자표를 변경할 것을 신청하여 파산관재인도 채권자표의 명의를 변경하기까지 하였다면 변제자대위와 관련하여 파산채권자가 보증인인 구상권자에 대한 우선권을 포기한 것으로 보이고 채권자는 더 이상 채권양도의 효력을 부정하여 부당이득을 구할 수 없다고 해석하는 것이 합리적이다. 필자는 판례에 반대한다.[85]

7. 정리계획과 변제충당

정리계획에는 장래의 구상권에 관한 조항을 두는 것이 보통이다. 그 내용은

---

83) 채권양도를 인정하여 정리채권자의 청구를 배척한 판결로는 서울중앙지방법원 2004.9.21. 선고 2003가합96824 판결(확정).

84) 대법원 2006.4.13. 선고 2005다34643 판결(공 2006, 790); 서울고등법원 2005.11.24. 선고 2005나48491 판결(대법원 2006.4.14. 선고 2005다74977 판결로 심리불속행 기각).

85) 同旨, 海保 寬, 앞의 글(주 76), 455면.

다음과 같다.[86)]

> 제 5 절 장래의 구상권
>
> 1. 회생절차개시결정 이후 채무자를 위한 보증인, 물상보증인(담보목적물의 제 3 취득자를 포함한다), 기타 제 3 자가 자기의 출자로 인하여 회생채권자 또는 회생담보권자에게 변제한 경우에는 채무자에 대하여 구상권을 취득한다.
> 2. 다만, 구상권자는 채권자의 권리변경 전의 채권이 회생절차에 의하여 또는 회생절차에 의하지 아니하고 모두 소멸된 경우에 한하여 자기의 구상권을 행사할 수 있으며, 채무자는 이 회생계획안에 의하여 변제하여야 할 회생채권 및 회생담보권의 잔액 범위 내에서 구상권자들의 구상권 비율에 따라 변제한다.
> 3. 채무자의 관계회사 및 특수관계인이 회생절차 개시결정 이후 대위변제 등으로 채무자에 대하여 취득하는 구상권은 전액 면제하는 것으로 하되, 이때 변제되는 구상권의 금액은 전항의 구상권의 비율을 산정함에 있어서 총액에 산입한다.

그런데 과거에는 이에 대한 특칙으로 제 1 항에 다음과 같은 조항을 두는 경우가 있었다.[87)]

> 이 정리계획안 작성기준일 이후 정리담보권자 또는 정리채권자가 제 3 자의 재산상에 설정된 담보권을 실행하여 그 대금을 교부받거나 물상보증인, 보증인 기타 제 3 자로부터 대위변제 받는 경우에는 이 정리계획의 최초년도 해당분부터 순차적으로 원금, 경과이자, 발생이자순으로 변제하는데 충당된 것으로 한다.

정리회사의 보증인이 대위변제한 경우에 대위변제한 금액을 변제충당함에 있어 정리회사에 대한 정리채권을 계획안에 따라 원금, 이자 순으로 변제충당하는 것으로 볼 것인가 아니면 정리채권자와 보증인간의 법정변제충당에 따라야 하는 점에 관하여 의문이 있다.

하급심 판결은 정리회사가 주채무자이고 보증인이 정리채권자에게 변제한 사안에서 당사자 사이에 특별한 합의가 없는 한 비용, 이자, 원본의 순서로 충당하여야 하고 지정변제충당에 관한 민법 476조는 정리절차에서 적용되지 않음을 전제로 정리계획안의 변제충당규정이 정리채권자에 대한 보증인의 채무변제충당 순서에 있어서도 당연히 효력을 미친다고 볼 수 없고, 위 규정은 "물상보증인, 보증인 기타 제 3 자가 정리회사의 채무를 대위변제 받아 정리채권 중 권리변경 후에

86) 2006회합8 동원개발의 회생계획안.

87) 정리회사 에스케이엠의 정리계획안; 98파1254 정리회사 나산의 정리계획안 등.

정리회사가 변제하여야 할 부분에 충당되는 경우에(밑줄 원문) 본 정리계획안의 최초년도 해당분부터 원본, 개시후의 이자순으로 변제하는데 충당한다"는 내용으로 축소해석하여 일단 채권자와 보증인 사이에서 보증인의 단독부담부분에 민법 제479조 제1항에 따라 비용, 이자, 원본의 순서로 충당한 후 그 나머지가 정리회사와 공동으로 부담하는 부분에 충당되며 그 때 비로소 위 약정에 따른 순서로 충당되는 것으로 해석하였다.[88]

생각건대 정리법원이 구상권에 관한 변제충당에 관한 특약조항을 의도적으로 삽입하는 이유는 다음과 같다. 즉 정리회사의 장래 수익이 불안정하고 회사의 계획수행에 어려움이 있을 것으로 예상되거나, 채권변제율과 채권자가 제3자로부터 채권을 회수할 가능성도 매우 높아서 해당 채권자의 실질적인 변제율이 다른 채권자에 비하여 현저한 고율일 것으로 예측되는 경우 등에 일단 제3자로부터 변제받은 것을 정리회사에 대하여는 원금으로 충당하도록 배려하기 위한 것이다. 만일 2005가합55164 판결과 같이 해석하게 되면 특별조항의 의미가 없게 되어 정리법원이나 정리절차의 이해관계인의 의사에 반하게 된다. 판례는 보증인과 채권자간의 변제충당의 약정의 효력이 담보권의 실행에 의한 회수금의 경우에도 적용된다고 판시하고 있다.[89] 이에 따르면 보증인과 채권자 사이의 충당합의는 채권자가 근저당권을 실행하여 피보증인인 주채무자의 채무에 변제충당함에 있어서 적용되어야 한다는 결론에 이르게 된다.[90] 이 조항의 취지는 정리담보권자가 정리회사 외의 제3자(주채무자 또는 다른 공동물상보증인)의 재산상에 설정된 담보권을 실행하여 그 대금을 교부받음으로써 정리회사의 정리담보권자에 대한 채무가 일부 소멸하게 되는 경우에 그 충당의 순서를 정한 것으로 해석하여야 한다. 위 조항이 정리회사가 주채무자이고 제3자가 물상보증인인 경우에 한하여 적용되는 것은 아니다.[91] 따라서 정리회사가 보증인인 경우에도 적용된다.[92] 원래 정리계획에는 정리채무에 관하여 채

88) 서울중앙지방법원 2006.7.21. 선고 2005가합55164 판결(미항소 확정).

89) 대법원 2002.7.26. 선고 2001다53929 판결(공 2002, 2040).

90) 마용주, "경매배당금의 변제충당," 대전지방변호사회지 통권 제3호(2004), 176면.

91) 대법원 2007.4.26. 선고 2005다38300 판결(공 2007, 761). 판례에 의하면 정리계획에서 제3자의 재산상에 설정된 담보권을 실행하여 그 대금을 교부받는 경우에 관한 변제충당의 규정을 둔 것은 정리채권자가 정리회사 외의 제3자의 재산상에 설정된 담보권을 실행하여 그 대금을 교부받음으로써 정리회사의 정리채권자에 대한 채무가 일부 소멸하게 되는 경우에 그 충당의 순서를 정한 것이 된다.

92) 이 점은 분명히 한 사건으로는 정리회사 나산에 대한 정리계획인가결정에 관한 것이 있다. 대법원 2009.4.1. 자 2007그176 결정(미발간)은 보증인인 정리회사에 대한 정리계획의 최종년도 이전에 물상보증인인 나산백화점(주)에 대한 경매절차에서 배당금을 수령하였으며 그

무의 감면, 유예 뿐 아니라 이와 관련되는 정리채권에 대한 변제충당 조항을 둘 수 있고 확정된 정리계획에 정하여진 변제충당의 조항은 정리회사와 정리채권자간에 충당합의로서 경매절차에서도 유효하다.[93]

이상의 이유로 필자는 주채무자나 공동보증인, 물상보증인으로부터 변제를 받더라도 정리회사에 대한 관계에서는 정리계획에 의하여 정하여진 충당의 방법에 따라 원금, 이자 순으로 충당하는 것이 타당하다고 생각한다. 따라서 정리채권자와 보증인간의 충당순서와 정리채권자와 정리회사의 충당순서가 달라질 수 있다.

Ⅵ. 담보권에 대한 채권조사절차

1. 파산절차에서의 담보권의 조사절차

(1) 채권조사절차와 별제권의 행사와의 관계

파산절차 및 회사정리절차에서 담보권의 지위를 파악하기까지는 오랜 시간이 걸린다는 것이 필자의 경험이다. 파산재단에 속하는 재산상에 존재하는 유치권, 질권, 저당권 또는 전세권을 가진 자는 그 목적인 재산에 관하여 별제권을 가지는데 별제권자는 파산절차에 의하지 아니하고 이를 행사할 수 있으며 파산자에 대한 채권 중 별제권의 행사로 변제받을 수 없는 채권액에 관하여서만 파산채권자로서 그 권리를 행사할 수 있다(제411-413조).[94]

그런데 별제권자도 채권신고를 하고 채권조사절차를 거치고 파산채권자표에 금액을 기재하고 있는 것이 실무이다. 파산절차에서는 별제권자라 하더라도 파산채권의 신고기간 내에 파산자에 대하여 가지는 채권액과 그 원인, 별제권의 목적 및 그 행사에 의하여 변제를 받을 수 없는 채권액을 신고하여야 한다(제447조 제2항). 법원서기관은 채권표를 작성함에 있어 별제권자가 별제권을 행사하더라도 변제를 받을 수 없는 채권액을 기재하여야 한다(제448조 제1항 제5호), 법원은 채권조사기일에 있어서 제448조 제1항 제5호의 사항을 조사하여야 한다(제450조).

배당금 수령액을 그 보증채무 원금에서 공제하는 내용의 권리를 인정하였다.

93) 서울고등법원 2009.6.2. 자 2009라697 결정(대법원 2007그176 사건의 파기환송심의 결정); 대법원 2009.8.28. 자 2009그130호로 심리불속행 기각됨.

94) 田炳西, 파산법, 司法行政學會(1999), 221면; 林俊浩, "파산절차상 담보권의 처리," 파산법의 제문제(하), 법원도서관(1999), 98면.

여기서 자연스레 의문을 갖게 된다. 별제권은 채권조사절차를 거칠 필요 없이 개별적으로 권리를 행사할 수 있다는 명제와 별제권자도 채권조사절차에 별제권을 신고하여야 한다는 파산절차의 규정이 충돌하는 것이 아닌가 하는 의문이다.

제447조 제2항은 별제권자가 별제권의 행사에 의하여 채권 전액을 변제받을 수 없는 경우에 비로소 파산절차에 참가하여 파산채권자로서 배당받기 위하여 채권신고를 하는 경우에 관한 규정이므로 별제권도 파산채권과 같이 전액에 관하여 조사절차를 거쳐야만 배당절차에 참가할 수 있는 것은 아니다. 별제권자는 별제권의 행사 후에 비로소 부족액에 관하여 배당절차에 참가하면 충분하므로 별제권을 실행하면서 신고한 목적물의 가액보다 다액을 환가추심하더라도 위법이 아니다.[95] 별제권자의 경우에 배당의 기초가 되는 부족채권액은 예정부족액의 조사에 기하여 확정되는 것이 아니라 별제권이 실행되어 부족액이 증명되어야 비로소 확정된다. 즉 파산채권조사절차에서 신고하는 예정부족액이라는 것은 말 그대로 부족액에 대한 예상 견적에 불과하고 확정된 부족액을 가리키는 것이 아니다.[96] 예정부족액을 신고하는 실질적인 의미는 파산채권자로서 법원이 개최하는 각종 채권자집회에 참석하여 파산채권자로서의 의결권을 행사하는 데 있지 배당액을 결정하는 기준을 세우려는 것이 아니다.[97]

(2) 별제권에 대한 채권조사

별제권에 대한 이의는 두 가지이다. 첫 번째는 담보목적물에 관한 것이고, 두 번째는 피담보채권의 유무와 범위에 관한 나툼이다.

먼저 담보목적물에 대한 이의에 관하여 본다. 담보목적물의 가액이 확정되어야 별제권으로 취급되는 부분과 파산채권으로 취급되는 부분이 확정된다. 별제권자가 피담보채권액을 파산채권으로 신고하자 파산관재인이 별제권으로서 담보되는 채권액과 예정부족액이 확정되지 아니하였다고 이의하자 별제권자가 파산채권확정의 소를 제기하는 사례가 적지 않다. 제1심 법원은 근저당권으로 담보되는 피담보채권을 확정한 다음, 담보목적물을 경매절차를 통하여 환가할 때의 회수가능금액과 분양예정가로 분양전환하는 경우 회수할 금액을 예상한 다음, 목적물이 대단위 아파트이므로 임의경매절차에서 매수인이 나타날 가능성이 적고 분양전환

95) 대법원 1996.12.10. 선고 96다19840 판결(공 1997, 308).

96) 新堂幸司, 앞의 글(주 40), 467면

97) 入谷正章・佐藤昌巳, "倒産手續 における抵當權," 金融法務事情 No.1749(2005), 86면.

하는 것이 비용 및 시간을 절약하는 효율적인 별제권 행사방법이라고 판단하고 분양예정가를 목적물의 가액으로 확정한 후 이 금액을 별제권의 행사에 의하여 변제받을 것으로 예상되는 피담보채권의 원리금액에 法定辨濟充當의 방법에 따라 충당하면 남는 금액이 별제권의 행사로 만족을 얻지 못할 것으로 예상되는 예정부족액이므로 원고가 파산채권자로서 파산절차에 참가하여 권리를 행사할 수 있는 금액은 일반파산채권 ○○원이라고 판시하였다. 항소심은 원고의 파산자에 대한 별제권의 피담보채권 중 별제권의 행사에 의하여 변제를 받을 수 없는 예정부족액이 금 ○○원임을 확인한다는 내용의 화해권고결정을 하였다.[98)]

그러나 별제권자는 예정부족액을 증명하면 별도의 채권조사확정절차를 거칠 필요 없이 배당에 참가할 수 있으므로 담보목적물의 평가를 둘러싸고 이의를 당하였다고 하더라도 파산채권확정의 소송을 제기할 필요는 없는 것이므로 부적법하다는 이유로 소 각하하여야 한다는 것이 필자의 견해이다.[99)]

다음 피담보채권의 존재에 대하여 이의하는 경우에 관하여 살펴본다. 이에 대하여는 보통의 파산채권확정재판을 통하여 확정하면 족하다는 견해가 있다.[100)] 그러나 필자는 다음과 같은 이유로 위 견해에 찬동하지 아니한다. 즉 첫째, 별제권자는 별제권을 신고하지 않더라도 실권되지 않고 임의경매절차를 통하여 변제받을 수도 있다. 둘째, 별제권자는 파산채권확정절차를 거쳐 배당절차를 통하여만 변제를 받아야 하는 것도 아니다. 셋째, 별제권자에 대한 파산채권확정의 의미는 의결권행사에 불과한데, 의결권의 확정은 파산채권확정소송의 대상이 아니기 때문이다. 따라서 일반 채무부존재확인소송이나 근저당권설정말소소송을 통하여 해결하면 족하다.

(3) 파산선고와 근저당권의 확정

파산절차의 개시는 근저당권의 확정사유가 된다. 일본은 2003년 민법개정시 제398조의20 제1항 제4호에 명문으로 규정하였다. 다음 항에서 보는 바와 같이

---

98) 서울중앙지방법원 2004.12.16. 선고 2004가합5841 판결(서울고등법원 2005나6183호로 화해권고결정). 그러나 이 판결도 위와 같이 산정한 예정부족액은 별제권자가 파산자에 대한 파산절차에서 의결권 행사의 기준액이 될 수 있을 뿐 그 금액을 기초로 배당을 받는 것은 아니며, 배당을 받기 위하여는 구 파산법 제234조에 따라 중간배당의 경우 부족채권액을 소명하거나 구 파산법 제249조에 따라 최후배당의 경우 부족채권액을 증명하여야 한다고 판시하고 있다.

99) 同旨, 新堂幸司, 앞의 글(주 40), 467면; 林治龍, 앞의 책(주 54), 56면.

100) 伊藤眞, 앞의 책(주 16), 322면; 新堂幸司, 앞의 글(주 40), 470면. 서울고등법원 2006.7.5. 선고 2005나96490 판결(대법원 심리불속행 기각)의 사안은 별제권자가 파산채권을 신고하면서 별제권액과 부족채권액을 각 신고하자 파산관재인이 이의한 사안에서 파산채권의 확정을 인용하고 있다.

회사정리절차의 개시가 근저당권의 확정사유가 되는가 하는 점에 대하여는 견해의 대립이 있으나 파산절차는 청산절차이므로 확정사유가 된다는 점에 대하여는 異論이 없다. 원래 파산선고 후의 이자는 후순위 파산채권이지만 근저당권의 채권최고액의 범위 내라면 파산선고 이후의 이자도 피담보채권에 해당하므로 별제권에 포함되고 예정부족액의 산정기초가 된다.[101]

2. 회사정리절차에서의 담보권 조사절차

(1) 회사정리절차의 개시와 근저당권의 확정

민법 제360조 단서에 의하면 저당권의 피담보채권 중 지연손해금에 대하여는 원본의 이행기일을 경과한 후의 1년분에 한한다. 그러나 근저당권의 경우에는 손해배상액수가 채권최고액에 포함된다고 하는 이상 지연손해금을 1년분에 한정할 필요가 없으므로 민법 제360조 단서는 근저당권의 경우에 적용이 없다.[102]

판례는 근저당권이 설정된 후 채무자 또는 근저당권설정자에 대한 회사정리절차의 개시는 근저당권의 확정사유가 된다는 확정설을 따르고 있다.[103] 따라서 회사정리절차의 개시로 근저당권이 확정되었을 경우, 확정 이후에 새로운 거래관계에서 발생한 원본채권은 그 근저당권에 의하여 담보되지 아니하지만, 확정 전에 발생한 원본채권에 관하여 확정 후에 발생하는 이자나 지연손해금 채권은 채권최고액의 범위 내에서 근저당권에 의하여 여전히 담보되는 것이다.[104]

이에 반하여 일본은 회사갱생법 개정 전에 첨예한 논의가 있었으나 회사갱생법 개정시 담보권소멸청구제도를 채용하면서 담보권소멸허가의 결정서가 근저당권자에게 송달된 때로부터 2주일이 경과된 때에 근저당권의 원본이 확정하도록 규정하였다. 이는 회사갱생절차의 개시결정 그 자체로는 근저당권의 원본이 확정되지 않는다는 비확정설을 전제로 한 것이다.[105]

---

101) 伊藤眞, 앞의 책(주 16), 324면.

102) 민법주해(7), 박영사(1992), 21면.

103) 대법원 2001.6.1. 선고 99다66649 판결(미공간), 양설의 차이에 대하여는 吳守根, "會社整理節次 開始와 根抵當權附 피담보채권의 확정," 판례실무연구 6, 박영사(2003), 118면. 판례에 찬동하는 견해로는 林采雄, "회사정리절차개시가 근저당권채무확정사유인지 여부," 대법원판례해설 통권 제36호(2001년 상반기), 365면; 회생사건실무(상), 360면.

104) 대법원 2007.4.26. 선고 2005다38300 판결(공 2007, 761); 2005.7.8. 선고 2005다6235 판결(미공간); 2001.6.1. 선고 99다66649 판결(미공간) 등.

105) 西岡淸一郞 외 2인 編, 會社更生の實務(上), 金融財政事情研究會(2005), 251면. 재건절차인

(2) 정리담보권의 가액 평가

정리담보권은 정리절차개시 당시의 목적물의 가액에 의하여 평가한다. 부동산의 평가는 별다른 어려움이 없으나 비상장주식의 평가를 어떠한 방법으로 할 것인가가 문제된다. 한 가지 방법을 고집하지 않고 당해 비상자회사의 상황, 당해 업종의 특성 등을 종합적으로 판단하여 합리적으로 판단하여야 한다.[106] 하급심 판결 중에는 증권거래법에 의한 자산가치 평가방법에 의한 예가 있다.[107] 대법원은 정리회사 대한통운이 소유한 갑 회사의 주식에 대한 질권을 가진 은행의 정리담보권을 평가하는 것이 쟁점이 된 사안에서 순자산가치를 기준으로 하는 평가방법을 적용하는 경우, 갑 회사가 부담하는 보증채무가 있더라도 만약 그 주채무의 내용, 주채무자의 자력 내지 신용 기타 제반 사정에 비추어 볼 때 실제 손해의 발생이라는 결과로까지 이어질 가능성이 희박하다면 이를 부채로 보지 아니하고 계산한 순자산 가액을 기초로 주식의 가치를 평가하여야 한다고 판시하였다.[108] 이 판결은 주식의 가치평가에 관한 것이지만 앞으로 법인이 보증채무를 부담하고 있는 경우 파산원인인 부채초과를 심사함에 있어 중요한 선례가 될 것이다.

(3) 채권 및 어음의 양도담보

채권을 양도담보의 의미로 양도하는 경우에 채권의 양도담보를 인정하는 것이 실무이다. 채권의 양도담보를 주장하기 위하여는 채권양도의 대항요건을 갖추어야 한다.[109] 제3자 발행의 어음을 수취인인 정리회사가 취득하였다가 이를 채권자에게 양도담보의 목적으로 배서양도한 경우에 약속어음의 소지인이 정리회사에 대하여 갖는 채권을 정리담보권으로 볼 것인가 아니면 발행인은 마치 보증인과 같이 전부의무를 부담하는 자로 취급하여 정리회사에 대하여는 일반의 정리채권으로 취급할 것인가에 대하여 견해의 대립이 있다.[110] 실무는 양도담보권으로 취급한다.[111]

민사재생절차도 마찬가지이다. 절차개시 후에도 거래를 계속할 가능성이 있다는 점을 실질적인 이유로 들고 있다. 伊藤眞, 앞의 책(주 16), 324면.

106) 대법원 2006.6.2. 선고 2005다18962 판결(공 2006, 1247).

107) 서울고등법원 2006.6.30. 선고 2005나113166 판결.

108) 앞의 대법원 2005다18962 판결.

109) 회생사건실무(상), 360면; 임채홍·백창훈, 회사정리법(상), 사법행정학회(2002), 567면; 條解(中), 515면.

110) 후자의 견해는 條解(中), 529면.

111) 대법원 2009.12.10. 선고 2008다78279 판결(공 2010, 85); 서울고등법원 2001.1.31. 선고

정리채권을 신고하지 아니하여 회사정리법 제241조에 의하여 채권에 관하여 설정된 양도담보권이 소멸되는 경우에는 그 양도담보의 설정을 위하여 이루어진 채권양도 또한 그 효력을 상실하여 채권양수인에게 양도되었던 채권은 다시 채권양도인인 회사에 이전되는 것인데, 이러한 채권의 이전은 법률의 규정에 의한 것이어서 지명채권양도의 대항요건에 관한 민법의 규정이 적용되지 아니하는 것이므로, 채무자로서는 그 채권의 이전에 관한 채권양수인의 통지 또는 채권양수인의 동의를 얻은 채권양도인의 철회의 통지 등의 유무와 관계없이 채권자로서의 지위를 상실한 채권양수인의 청구를 거부할 수 있다.[112] 이 점은 채권양도행위와 채권양도통지행위의 부인 및 원상회복조치로서 제3채무자에게 통지절차의 이행을 구하여야 하는 경우와 다르다.[113]

(4) 회생담보권과 물상대위

미국 파산법은 파산재단의 재산으로부터 환가처분한 금전 등의 재산(proceeds)도 파산재단으로 본다는 규정을 두고 있다.[114]

그러나 우리나라는 물상대위제도를 인정하므로 담보물이 멸실되는 경우 물상대위권을 행사하지 아니하면 대위목적물에 대하여 담보권을 주장할 수 없다. 문제는 회생절차 개시 이후에 회생절차에 의하지 아니하고는 권리를 행사할 수 없음에도 회생담보권자에게 물상대위를 위하여 압류를 허용할 것인가 더 나아가 추심령령까지 허용할 것인가 하는 점이다. 판례는 정리담보권자가 물상대위권의 행사를 위하여 입류를 할 수 있는지 여부에 대하여 판단하지 아니하고 추심명령은 허용할 수 없다고 판시한 바 있다.[115] 견련파산시에 압류를 허용하여야 별제권자로

2000나39843판결(상고취하로 확정); 서울지방법원 2003. 8. 14. 선고 2002가합72104 판결. 회생사건실무(상), 353면.

112) 대법원 2003. 9. 5. 선고 2002다40456 판결(공 2003, 2015).

113) 수익자가 매출채권이 부인의 효과로 원상회복되었다는 사실을 제3자에게 통지할 것을 구하여야 한다(박성철, "파산법상의 부인권," 파산법의 제문제(하), 법원도서관(1999), 307면); 서울고등법원 2001. 6. 26. 선고 2000나52006 판결은 채권양도행위 및 양도통지행위는 취소한다는 주문을 내고 있으나 사해행위취소 소송과 달리 부인소송에서는 취소 대신 부인한다는 표현을 사용하고 있는 것이 상례이므로 취소라는 표현은 적절하지 않다.

114) 28 U.S.C. §541(a)(6). 이에 의하면 파산재단에 속하는 재산을 파산신청 후에 매각하더라도 그 대금은 파산재단에 속한다. 이를 Post Petition Proceeds of Property of the Estate라고 한다. Michael J. Herbert, UNDERSTANDING BANKRUPTCY(1995), p. 97.

115) 대법원 2004. 4. 23. 선고 2003다6781 판결(공 2004, 865). 이 판결에 대한 해설로는 崔東烈, "회사정리절차개시결정 후 주식의 약식질권자가 정리회사의 주식소각대금채권에 대하여 물상대위권을 행사하여 얻은 추심명령의 효력," 대법원판례해설 제49호 법원도서관(2004), 799-836면.

서 취급받을 수 있는 점을 고려하면 적어도 압류는 허용하여야 한다.[116] 아울러 기존의 정리담보권을 해지하여 주면서 정리회사의 관리인이 개시결정 후에 그에 대한 대체담보를 제공하였다고 하여 기존담보와의 동일성을 인정하기 어려우므로 대체담보물위에 정리담보권이 존속하는 것은 아니다.[117]

Ⅶ. 결 론

비전문가에게 파산법이 어려운 이유 중의 하나는 청산절차와 재건절차의 체계와 용어상의 차이에서 비롯된다. 파산법은 파산재단의 고정주의를 처음 채택한 1877년 독일제국 파산법을 계수한 것이고 회사정리법은 1938년 미국 연방파산법(Chandler Act)을 일본 회사갱생법을 통하여 계수한 것이기 때문이다. 독일의 파산법은 입법의 목적으로 채권자들에게 공평한 배당을 강조하지만 미국의 파산법은 그와 아울러 채무자의 면책을 통한 재건을 강조하기 때문에 체계가 다를 수밖에 없다. 특히 담보권에 대한 처우를 달리하다보니 용어도 파산채권, 재단채권, 정리채권, 공익채권, 별제권, 정리담보권 등 구구하게 되어 있다. 따라서 초심자로서는 먼저 각 법의 체계를 익혀야 하고 또 양자의 차이를 숙지하여야 한다.

영구불변하고 전세계적으로 보편 타당한 파산법제는 존재하지 않는다. 당시의 시대상황과 법문화에 적합하고 국민의 법감정과 일치하는 파산법이 좋은 파산법이다. 앞으로 경기변동에 따라 새로이 파산법제를 개정할 필요성이 있을 것이다. 채무자회생법은 화의법을 폐지하고 파산법과 회사정리법을 통합하는 방식을 취하였지만 물리적인 통합에 불과하고 파산절차와 회생절차의 유기적인 통일과 호환성은 떨어진다는 약점을 갖고 있다. 앞으로 통합도산법의 명칭에 걸맞게 채권의 용어를 통일하고 양 절차에 공통되는 제도(부인권, 미이행 쌍무계약, 손해배상 청구권의 조사확정제도, 환취권)를 총칙으로 끌어내고 가급적 조문의 수를 줄이는 등 보다 정합성이 높은 파산법제를 수립할 필요가 있다. 이를 위하여는 담보권과 조세채권에 대한 가급적 동일한 취급을 꾀함으로써 채권조사절차도 같게 할 필요가 있다. 채권확정의 대상 중 권리의 성질을 정리채권으로 한정하여 공익채권을 제외하는 판례와 상고심에서 파산선고가 되더라도 소송수계가 불요하다는 판례의 입

116) 회생사건실무(상), 359면.

117) 서울고등법원 2003.7.10. 선고 2003나3937 판결.

장이 변경되기를 희망해 본다. 또한 별제권에 대한 채권조사절차와 관련하여 담보권 실행 전에 담보가액을 소송을 통하여 확정하려는 하급심의 재판실무가 시정되기를 바라며 이 글을 마친다.

(金龍潭大法官 華甲紀念 民事裁判의 諸問題 제16권, 民事實務研究會(2007), 852-888면 소재)

資産流動化와 破産
(Asset Backed Securitization and Bankruptcy)

Ⅰ. 머 리 말

기업이 외부에서 자금을 조달하는 방법은 증권시장을 통한 주식 및 사채의 발행과 같은 직접금융과, 금융기관 등으로부터 차입하는 간접금융이 있다. 이러한 방법은 모두 대차대조표 우측의 자본과 부채에 관한 것이다. 기업의 신용력에 의거한 자금조달로 Corporate Finance에 속한다. 이와 달리 대차대조표 좌측의 자산을 매각하여 자금을 조달할 수도 있다. 그런데 신용등급이 낮은 회사는 주식 및 사채발행이 어렵고, 금융기관으로부터 차입하더라도 금융조건이 불리하게 마련이다.[1] 이를 극복하기 위하여 금융의 연금술이라고 부르는 자산유동화라는 새로운 금융기법이 고안되었다.[2] 즉 자신이 갖고 있는 우량기업에 대한 채권 또는 금융기관의 환매조건(Put Back Option)이 붙은 채권 등의 자산을 한 데 모아(pool) 포트폴리오를 적절하게 조합한 기초자산을 특정목적회사에 양도하고 특정목적회사가 유가증권이나 증서를 발행하여(securitization) 다수의 투자자에게 매각함으로써 자

* 필자의 질문에 친절한 답변을 하여주신 법무법인 광장의 이미현 변호사님, 초고를 읽고 유익한 평가와 소중한 자료를 보내주신 서울법대 김건식 교수님과 임채웅 부장판사님께 지면을 빌어 깊은 감사를 드린다.

1) 기업에 대한 신용등급을 매기는 전문적인 회사로는 Standard and Poors Ratings Group (S&P)과 Moody's Investor Service, Inc. 등이 있다.

2) Steven L. Schwarcz, THE ALCHEM OF ASSET SECURITIZATION, Standford Journal of Law, Business and Finance 1994, 2.

금을 조달하는 방식(자산처분에 의한 자금조달방법, Asset Finance에 속한다)이다.[3] 자산유동화라 함은 회사가 유동성이 높은 자산을 회사와 연계된 일반적인 위험으로부터 분리함으로써 부분적으로 회사 자신을 해체하는 것이다. 특정 자산을 이용하여 자금을 조달하는 주체를 자산보유자(Originator)라 한다. 그리고 특정 자산을 이전받아 유동화증권을 발행하는 주체를 특정목적회사(또는 특정목적사업체, Special Purpose Vehicle 또는 Special Purpose Company, SPV, SPC)[4]라고 부른다.

유동화증권은 선순위채 및 후순위채의 2종류로 구성되어 있다(신탁을 이용하는 경우에는 순위를 더 많이 나눌 수도 있다). 선순위채의 원리금이 후순위채의 원리금보다 우선변제를 받는다. 특히 개별계약에 따라 선순위채의 일부에 대하여는 금융기관이 보증을 하는 경우가 있으나 유동화전문회사는 사채원리금반환채무를 보증하지 않는다.

그런데 유동화사채의 만기가 도래하기 전에 기초자산인 회사채를 발행한 기업에 대하여 파산, 회생절차가 개시되는 등 회사채원리금이 제대로 회수되지 못하는 바람에 유동화사채의 원리금을 완제할 수 없게 되면 유동화전문회사가 파산신청을 하게 된다. 그러나 대부분 신용공여 또는 보증계약을 체결한 금융기관으로부터 금원을 조달하여 일단 선순위사채를 변제하는 등 채무를 정리하는 것이 보통이므로 파산신청 전에는 1-2개의 금융기관만이 파산채권자로 남게 되고 파산재단에 속하는 재산이 거의 없게 된다.

법인파산 사건을 처리하다보면 유동화전문회사가 스스로 파산신청을 하는 사례를 발견한다. 유동화전문회사가 성공적으로 유동화증권의 상환을 전부 완료하면 해산하고, 청산인이 청산업무를 처리하다가 자산보다 부채가 초과하는 경우 반드시 파산신청을 하여야 한다. 이를 해태하면 과태료의 제재를 받게 된다(민법 제79조, 제93조, 상법 제254조 제4항, 제613조 제1항, 상법 제635조 제1항 제12호). 그 외 유동화증권의 상환을 완료하지 못하는 경우에도 파산신청을 한다. 2005년 이전에는

3) 국내 첫 ABS는 한국자산공사가 1999년 6월 은행으로부터 매입한 정리채권 및 화의채권 총액 3,051억 원을 기초자산으로 하여 선순위 2,950억 원, 후순위 250억 원의 사채를 발행한 것이었다(정재룡·홍은주, 금융산업의 뉴 프론티어 부실채권 정리, 삼성경제연구소(2003), 229면). 따라서 파산과 자산유동화는 기초자산의 대상과 뒤에 보는 파산격리(bankruptcy remoteness)와 같이 파산법과 밀접한 관련이 있다.

4) 자산유동화에 관한 법률(이하 '자산유동화법'이라 한다)에 의하면 유동화전문회사, 신탁업법에 의한 신탁회사, 자산유동화업무를 전문으로 하는 외국법인이 특정목적회사가 될 수 있다(제2조 제1호). 이하 특정목적회사를 지칭함에 있어 SPC 또는 유동화전문회사를 혼용한다. SPC는 회사형을 가리키고 SPV는 신탁형이다.

유동화전문회사에 대한 파산사건은 동시폐지하였으나 간혹 파산채권을 배당할 경우가 발생하여 필자가 서울중앙지방법원의 파산부에 근무할 당시인 2005년부터는 원칙적으로 파산관재인을 선임하였다. 관재인보고서를 검토하게 되면 당사자들이 문제삼지 아니하여 정면으로 다루지 않았으나 다음과 같은 어려운 쟁점을 발견할 수 있었다.

첫째, 자산보유자[5]에 대하여 회생절차가 개시된 경우에 관리인이 유동화전문회사에 대한 양도행위를 담보권의 설정이라고 주장할 수 있는가 하는 점이다.[6] 유동화전문회사가 소유권자인지 담보권자인지 여부에 따라 회생절차에서 중요한 법적 지위의 차이를 가져온다. 당사자간에 매매계약을 하였음에도 파산절차에서 법원이 이를 담보권의 설정이라고 새로이 법률관계성질결정(recharacterization)을 하는 것이 가능한가 하는 의문이 생긴다. 즉 진정매매와 담보부거래의 구별기준의 쟁점이다.

둘째, 기초자산을 양도하더라도 여전히 채권추심업무를 자산보유자가 하게 되면, 자산보유자의 자금과 유동화자산이 섞이는 위험이 발생하는데(commingling risk) 파산절차에서 양자를 어떻게 취급하여야 하는가라는 쟁점이 발생한다.

셋째, 양도되는 기초자산이 장래 장기간에 걸쳐 계속하여 발생하는 장래채권(리스채권, 임료채권)인 경우에 장래채권에 대한 양도와 대항요건의 구비가 가능한지가 문제된다. 특히 임료채권을 자산유동화하는 경우와 관련하여 임대인이 파산한 경우 임료채권의 양도를 제한하고 있는 현행 파산법의 체계를 유지할 것인가 하는 점이다.

넷째, 파산관재인이 파산선고 전에 이루어진 기초자산의 양도에 대하여 부인권을 행사할 수 있는가 하는 점이 문제된다.

다섯째, 자산보유자가 자산관리자로서 SPC를 위하여 채권추심업무를 하는 것이 보통인데 만일 자산관리자가 파산신청하는 경우에 자동적으로 채권추심계약을 자동해제하도록 하는 것이 가능한가 하는 문제이다.

여섯째, 선순위 및 후순위약정하에 발행되었다가 유동화전문회사가 파산한 경

---

5) 자산보유자는 금융회사, 공공기업, 일반기업이 있으며 전체 ABS 발행 중 금융회사의 비율이 2005년 53.4%, 2006년 44.4%로 공공기업비율(2005년 20.4%, 2006년 17.7%)과 일반기업비율(2005년 26.2%, 2006년 37.9%)을 초과하고 있으나 점차로 일반기업의 비율이 증가하고 있다. 자세한 내용에 대하여는 CFO 2007 여름호, 121면 참조.

6) 뒤에 보는 두루넷 사건은 SPC가 증권을 발행하지 아니하고 자산담보부대출(Asset Backed Loan, ABL)의 구조를 취하였지만 이 점이 중요한 문제가 되었다.

우에 사채권자들간에 파산채권의 우선순위를 어떻게 결정할 것인가 하는 점이다.

이글에서는 이러한 문제점을 염두에 두면서 자산유동화가 가장 먼저 발전한 미국과 채권양도에 관한 특별법을 갖추고 있는 일본의 논의를 살펴보고 자산유동화와 파산이라는 관점에서 자산유동화법 및 「채무자 회생 및 파산에 관한 법률」(이하 '신법'이라 한다)의 문제점을 지적하고 개선책을 제시하고자 한다.

Ⅱ. 자산유동화의 법률관계

1. 자산유동화의 효용

자산유동화(Asset Backed Securitization)를 하게 되면 별도의 법인격체인 유동화전문회사가 다른 부채 없이 자산보유자로부터 집합체로서의 우량자산만을 양수하는 구조를 취하게 된다. 자산유동화를 하는 이유는 집합체를 양수함으로써 개별자산에 대한 신용평가를 생략하는 대신에 집합자산에 대한 통계에 의한 신용평가로 갈음할 수 있고, 증권화를 통하여 유통성을 증대시킬 수 있으며, 양도목적물인 채권 자체의 가치를 채무자의 신용으로부터 독립시킬 수 있으므로 채무자는 보다 유리한 조건으로 자금을 조달할 수 있다. 또한 채권의 만기까지 자금이 묶이기 전에 매각함으로써 유동성 문제를 해결할 수 있다.[7] 특히 금융기관이 ABS를 발행하는 경우에는 BIS 비율을 높일 수 있는 장점이 있다. 그런데 자산유동화의 핵심은 자산보유자가 보유자산을 유동화전문회사에게 양도함에 있어서 유동화자산으로부터 발생하는 현금흐름이 자산보유자, 자산관리자 등의 파산[8]에 영향을 받지 않아야 한다. 이를 파산격리, 또는 파산절연(bankruptcy remoteness)이라고 하며 파산격리가 완전히 보장되었는지 여부가 유동화를 통하여 자산보유자가 조달할 수 있는 자금총액을 결정하는 결정적인 요소이다.

---

7) 李美賢, "자산유동화에 관한 법률," 제42기 특별연수 금융거래법, 대한변호사협회(2006), 70-73면; 김건식, 증권거래법 제3판, 두성사(2004), 512-514면. 실제로 한국자산관리공사는 첫번째 ABS 발행으로 원금을 조기에 회수하고도 260억 원의 순이익을 얻었다고 한다(정재룡·홍은주(주 3), 237면).

8) 이하 특별히 구별하지 아니하는 한 신법 제2편의 회생절차와 제3편의 파산절차 등을 구별하지 않고 널리 파산이라고 표기한다.

2. 자산유동화의 구조

자산유동화를 통한 자금조달의 기본적인 구조는 다음과 같다.

(a) 자산보유자는 유동화전문회사에게 자산을 이전하고 대금을 수령한다. 자산은 유동화전문회사에게 직접 양도되는 경우와 자산이 신탁회사에 신탁양도되고 자산보유자가 신탁회사로부터 신탁수익권을 받아 신탁수익권을 유동화전문회사에게 양도하는 경우가 있다.
(b) 유동화전문회사는 당해 자산으로부터 생기는 현금흐름을 원리금의 지불원천으로 삼아 자산담보증권 또는 유동화증권(보통은 사채이다)을 발행한다.
(c) 자산이 금전채권인 경우에는 유동화전문회사는 자산보유자에게 채권회수업무를 위탁시키고 자산보유자가 회수한 금원을 유동화전문회사에게 인도한다.
(d) 자산이 상업용 부동산인 경우에는 자산보유자가 당해 부동산을 양도한 후 다시 유동화전문회사로부터 임차하여 계속하여 사용하면서 차임을 유동화전문회사에게 지불한다.

그러나 유동화전문회사는 서류상의 회사로서 양도받은 자산을 관리할 수 없으므로 자산관리자를 지정하여야 하는데 보통은 자산보유자가 자산관리를 맡게 된다. 예컨대 채권을 양도하더라도 여전히 양도인이 채권의 회수업무를 맡게 되면 과연 채권을 양도한 것인지 아니면 채권을 양도담보로 제공한 것인지 구별하기가 어렵다.

3. 증권화와 파산격리

(1) 자산보유자 파산의 문제점

자산보유자에 대하여 파산절차 특히 회생절차가 개시된 경우 가장 큰 문제는 자산보유자가 유동화자산을 유동화전문회사에게 양도한 행위를 회생절차에서 매매로 인정할 것인지 아니면 담보설정행위로 인정할 것인지 하는 점이다. 일견 당사자간에 매매계약을 체결하였다는 뜻으로 매매계약서를 작성하면 매매로 취급하면 족하지 법원이 어떠한 근거로 이를 담보부거래로 인정하여 담보권자로 취급하는가에 대하여 근본적인 의문을 제기할 수 있다. 만일 담보권자로 인정되면 자산보유자에 대하여 파산절차(또는 회생절차)가 개시되는 경우에 담보권의 실행이 중지명령의 대상이 되고 회생절차 외에서의 권리의 행사가 금지되며, 회생계획안에 의하여 권리의 내용이 변경되는 불이익을 입는다.

그러나 소유권자로 인정되면 환취권을 행사하여 파산재단이 점유하고 있는 목적물을 반환받아 소유권자로서 사용, 수익, 처분할 수 있다. 자산보유자가 파산하더라도 기초자산에 대한 현금흐름이 계속하여 유동화전문회사에게 유입되어야 증권을 소지한 투자자들이 투자금을 회수할 수 있을 것인데 양도되었다는 기초자산이 여전히 자산보유자의 파산재단에 속하게 된다면 자산유동화의 전제가 무너지게 된다.

이처럼 진정매매와 담보거래를 구별하려는 논의가 생기는 이유는 유동화거래에 있어서 자산의 양도가 일도양단식으로 매매인지 담보거래인지 확연하게 구분할 수 없는 복잡한 구조를 갖고 있기 때문이다. 유동화전문회사는 영업소를 설치할 수 없으며 직원을 고용할 수 없으므로(자산유동화법 제20조 제2항) 자산관리업무를 자산보유자에게 위탁하는 경우가 보통이다.[9] 예를 들면 자산보유자가 채권을 유동화전문회사에게 양도하고 여전히 채권회수업무를 행하고 채무자들의 신용하락으로 양도채권의 시가가 일정비율 이하로 떨어지게 되면 일부 금원을 보충하도록 약정하거나 일정시기에 양도자산을 환매할 권리를 자산보유자에게 유보하는 특약을 하게 되면 양자를 구별하는 것이 쉽지 않다.

자산보유자가 파산한 경우에 유동화전문회사에게 이전된 재산이 파산재단으로부터 절연되어 파산절차에 영향을 받지 아니하도록 취급하는 것을 파산격리라고 한다. 그리하여 유동화전문회사에 대하여 파산격리의 효과를 갖는 형태의 거래를 진정매매라고 한다.[10] 또한 파산격리를 확보하고 아울러 유동화전문회사에 대한 채권자가 유동화전문회사에 대한 파산신청(비자발적 파산신청)을 하는 것을 방지하기 위하여 SPC의 영업활동을 제약하고 있다.[11]

자산유동화에 의하여 유동화전문회사가 증권을 발행한 것은 아니지만 두루넷이 신용카드회사에 대하여 갖는 장래의 집합채권을 SPC에게 양도하고,[12] 채권양

9) 자산보유자 외에 신용정보업자 및 대통령령이 정하는 요건을 갖춘 법인만이 자산관리자가 될 수 있다(자산유동화법 제10조 제1항, 시행령 제5조).

10) Schwarcz(주 2), 3면.

11) Schwarcz(주 2), 3면.

12) ABS의 경우에는 자산유동화법의 적용을 받지만, ABL의 경우에는 자산유동화법을 적용받지 아니한다. 강율리, "신탁을 이용한 자산유동화에 관한 법적 문제점," BFL 제17호(2006.5), 84면.

도와 대항요건을 갖춘 후에 SPC가 장래의 집합채권을 기초 자산으로 하여 대주단으로부터 자금을 조달하기로 하는 자산담보부대출(ABL) 약정을 체결하였다가 두루넷에 대하여 회사정리절차가 개시되자 SPC가 갖는 채권이 정리담보권인지 여부가 문제된 사례가 있었다.[13] 이와 같이 ABL거래에서 파산격리 여부가 거래의 성립 여부를 결정짓는 중요한 문제이다. 특히 ABL거래에 관하여는 자산유동화법이 적용되지 아니하므로 채권양도가 양도담보인지 아니면 채권매매인지에 관한 기준설정이 학설과 판례에 맡겨져 있다.

(2) 파산법에 의한 성질결정(또는 재해석)

파산법은 포괄적인 집행법이라고 하여 다수의 이해관계를 조절하는 권한을 갖고 있다. 그리하여 파산절차가 개시되기 전의 실체법(미국에서는 non bankruptcy law라는 용어를 사용한다)의 법률관계가 파산절차에서는 변경되는 경우가 적지 않다. 파산법 자체에 민법 등의 특례 규정을 둔 경우도 있고 파산법의 목적과 기능 등을 고려하여 재해석을 통하여 법률관계의 변경을 인정하기도 한다.[14] 진정매매와 관련한 논의는 그 중 당사자가 정한 것을 법원이 실질관계에 비추어 달리 해석하는 경우에 해당한다. 이해의 편의를 위하여 법령에 특별한 규정을 둔 경우도 아울러 살펴본다.

먼저 파산법의 재해석에 의하여 권리관계가 변경되는 경우를 본다.

첫째, 당사자간에 계약을 체결하면서 만일 어느 당사자에게 신용위험의 사유가 발생한 경우에는 기한의 이익을 상실시키고 상대방에게 계약해제의 권한을 부여하도록 정한다. 파산절차가 개시되지 않았다면 이러한 약정은 유효하지만 일단 신용위험의 사유가 발생한 당사자에 대하여 파산절차가 개시되면 그러한 특약은 파산절차에서 효력이 인정되지 아니한다. 미국 파산법에서는 이러한 계약조항을

---

13) 자세한 내용에 대하여는 吳泳俊, "集合債權讓渡擔保와 倒産節次의 開始," 사법논집 제43집(2006), 358-363면 이하 참조. 정리법원은 ABL거래가 신용카드매출채권의 진정매매에 해당하므로, 두루넷이 정리절차개시 후 영업을 통하여 발생시킨 신용카드매출채권은 두루넷이 아닌 SPC의 재산에 속하고, 따라서 대주단의 SPC에 대한 권리행사는 두루넷에 대한 회사정리절차개시에 의하여 제약을 받지 아니한다고 보아, 대주단이 정리절차개시 이후에 발생한 신용카드매출채권에 대하여 신용카드회사 내지 SPC로부터 계속 추심하여 변제에 충당하는 것을 허용하였다. 이 사건에서도 SPC는 두루넷에 대한 미발생한 장래채권액 820억 원이 '양도담보'로 평가되어 채권 미신고시 실권의 제재를 받을 위험에 대비하여 일단 정리담보권으로 신고하였다.

14) 후자를 도산법적 재구성이라고 한다. 伊藤眞, "證券化と倒産法理(上)— 倒産隔離と倒産法的再構成の意義と限界," 金融法務事情 No. 1657(2002. 10. 25), 9면. 이는 마치 국제사법에서 논하는 법률관계의 성질결정이론과 유사하다.

ipso facto clause라고 하여 파산법에 명시적으로 효력을 부정하고 있다.[15] 우리나라와 일본에서는 파산법에 명문의 규정은 없으나 실무는 동 규정의 효력을 파산절차에서 인정하지 않고 있다.[16] 그런데 대법원 2007.9.6. 선고 2005다38263(공 2007, 1530)은 도산해지조항을 일률적으로 무효로 보는 것은 계약자유의 원칙을 심각하게 침해하는 결과를 낳을 수 있을 뿐 아니라 상대방 당사자가 채권자의 입장에서 채무자의 도산으로 초래될 법적 불안정에 대비할 보호가치 있는 정당한 이익을 무시하는 것이 된다는 이유로 원칙적으로 유효하다는 입장을 취하고 있다. 이 판결에 대하여는 실무가들은 비판적 입장에 서있다.

둘째, 소유권유보부매매에 있어서도 파산절차에 들어가기 전에는 매도인이 대금을 모두 받을 때까지 매수인 뿐 아니라 제3자에 대하여도 유보된 목적물의 소유권을 주장할 수 있다.[17] 그러나 일단 파산절차가 개시되면 환취권을 인정할 것인지 별제권을 인정할 것인지에 대하여는 견해가 나뉘어 있다. 실무는 별제권이나 정리담보권으로 취급하려 하고 있다.[18]

셋째, 리스채권에 대하여도 실체법상으로는 리스회사가 물건을 구입한 경우에는 리스회사에게 소유권을 인정하면서 형식상 임대차계약과 유사하지만 그 실질은 물적금융인 비전형계약으로 취급하고 있지만, 일단 파산절차 또는 회생절차가 개시되면 리스채권을 별제권 또는 회생담보권으로 취급하고 있다.[19]

---

15) § 363(l), 365(e),(f), 541(c).

16) 서울고등법원 2005.6.10. 선고 2004나87017 판결은 일방 당사자에 대하여 해산, 청산, 회사정리, 파산, 화의의 신청이 있고, 그 사유가 180일 이내에 소멸하지 않은 경우에는 타방 당사자는 합작투자계약을 해지할 수 있고, 또한 주식매도청구권을 가진다고 하는 조항에 대하여 이러한 조항은 법원의 감독 아래 채권자 등 이해관계인의 이해관계를 조정해 가면서 사업을 계속하게 하여 종국적으로 기업을 재건하여 사회경제적으로 또는 채권자 기타의 이해관계인들에게도 이익이 되게 하려는 회사정리제도의 취지에 반하므로 무효라고 판시하였다. 회사갱생에 관한 사건으로 일본 최고재판소 판결 1982.3.30. 판결(民集36卷3号484頁)도 회사갱생절차에서 회생갱생절차 사실을 약정해제사유로 한 소유권유보부매매계약상의 해제권유보 특약조항이 무효라고 판시하였다. 이 판결에 대한 평석으로는 三木浩一, "辨濟禁止保全處分の效力," 倒産判例百選 有斐閣(2002), 26-27면; 伊藤眞, 破産法, 有斐閣(2006), 260면.

17) 대법원 1999.9.7. 선고 99다30534 판결(공 1999, 2088).

18) 서울중앙지방법원, 회생사건실무(상), 박영사(2006), 352면은 리스채권과 마찬가지로 정리담보권으로 취급하고 있다. 다만 파산절차에서는 별제권이나 환취권의 차이가 극명하지 아니하므로 아직 소유권유보부매매에 관한 실무가 확립되어 있지 않다. 서울중앙지방법원, 법인파산실무, 박영사(2006), 181면. 그러나 일본은 파산절차에서도 최근 별제권으로 취급하는 데에 학설이 일치되어 있다. 실무 역시 별제권 및 갱생담보권으로 취급하고 있다. 札幌高決 昭和 61(1986).3.26 및 諏訪簡判 昭和 50(1975).9.22. 판결. 伊藤眞(주 16), 330면에서 재인용.

19) 서울고등법원 2000.6.27. 선고 2000나15622 판결(미상고 확정). 서울중앙지방법원의 실무도 같다. 회생사건실무(상), 352면. 자세한 논의에 대하여는 임채웅, "回生節次上의 리스료

다음으로 파산법의 규정에 의하여 권리관계가 변경되는 경우를 본다.

대표적인 것이 미이행쌍무계약에 관한 해제권이다. 민법상의 계약해제권은 약정해제권과 법정해제권으로 분류된다. 법정해제권을 행사하기 위하여는 상대방에게 채무불이행의 사유가 있어야 한다. 그런데 파산법은 상대방의 채무불이행 여부에 관계없이 파산관재인 또는 관리인에게 계약의 이행을 선택할 것인지 아니면 계약을 해제할 것인지의 선택권을 부여하고 있다. 그 이유는 파산절차에서 다수 채권자의 공평한 취급과 채무자의 재건을 북돋우기 위한 입법정책이 반영된 것이다.

또한 담보권은 피담보채권이 변제, 소멸시효 등으로 소멸하여야 담보권도 소멸하는 것이 원칙이지만 일단 채무자에 대하여 회생절차가 개시되어 법원이 정한 채권신고기간 내에 담보권을 신고하지 아니하면 회생담보권은 실권한다. 이 역시 회생절차에서 채무를 확정하여 그에 기초한 계획안을 수립하고 정리계획을 수행하기 위하여 담보권자의 권리를 희생하겠다는 입법정책의 발현이다.

이러한 배경하에 자산보유자와 유동화전문회사간에 이루어진 유동화자산의 양도에 대하여도 파산법의 재해석에 의하여 이를 매매로 인정할 것인지 아니면 담보권의 설정으로 인정할 것인지를 논의하게 되는 것이다. 이를 진정매매에 관한 이론이라 한다. 아래에서 항을 나누어 살펴본다.

⑶ 진정매매와 담보거래에 관한 구별기준

1) 미국에서의 논의

구별기준으로서 여러 가지 요소가 제시되고 있지만, 그 중에서 가장 중요한 개념으로 들 수 있는 것은 매수인이 상환청구권, 환매권 및 잉여추심금에 대한 권리 등을 보유하고 있는지 여부를 들 수 있다.[20]

⒜ 상환청구권의 존부

진정매매 여부를 결정하는데 가장 중요한 요소로는 목적물의 양수인이 양도인에 대하여 상환청구권(recourse)을 갖고 있는지 여부 및 그 수준이다. 상환청구의 수준이 높을수록 법원이 진정매매로 결정할 가능성은 줄어들게 되지만, 상환청

債權의 地位에 關한 硏究," 인권과정의 제356호(2006.4), 64-86면; 배현태, "회사정리절차에 있어서 리스채권의 취급," 법조 제49권 제2호(2000), 150면 이하.

20) 이하의 설명은 Steven L. Schwarcz, 박웅 외 4인 譯, 자산유동화 이론과 실제(매일경제신문사(2003))를 정리한 것이다. 그외 1995년에 발표된 뉴욕시 변호사회 파산법위원회보고서는 손실의 위험, 소유권의 이익, 양도후의 지배, 회계상의 취급 및 당사자의 의사 등 5가지를 그 기준으로 삼고 있다.) 자세한 내용에 대하여는 小林秀之, "マイカル證券化と倒産隔離," NBL No.768(2003.9.1), 38-39면.

구권이 존재한다는 이유만으로 당해 거래가 진정매매로 파악되지 못하는 것은 아니다. 문제의 핵심은 상환청구의 성격과 실제 거래성격을 고려하여 당해 계약서상의 법적 권리들과 경제적 결과물이 담보거래와 유사한지 아니면 매매와 유사한지 여부가 문제된다.[21]

(b) 환매권 및 잉여추심액에 대한 권리의 존부

양도인이 양도한 재산을 환매할 수 있는 권리(right to redeem)가 있는지 여부를 들 수 있다. 담보거래에서는 담보권자가 담보목적 자산에 대하여 담보권을 실행하여 자산을 매각하기 전에 채무자에게 피담보채무를 변제하고 그 자산을 환수할 수 있는 권리가 부여되어 있는바, 이러한 환매권의 부존재는 진정매매로 볼 수 있는 중요한 요소 중의 하나이다.

또한 담보거래의 징표로서 들 수 있는 것은 일단 양수인이 투자금액(매매대금)과 약정수익을 제3채무자로부터 추심하고 난 이후에 잉여추심금(surplus collections)을 양도인이 보유할 수 있는 권리가 있다는 점이다. 따라서 이와 반대로 양수인이 투자금액과 약정수익을 추심한 이후에도 매출채권 등에 대한 모든 추심액을 보유할 수 있다면 당해 매출채권 양도를 진정매매로 볼 수 있는 요소이다.[22]

(c) 가격결정체제

우대금리나 기준금리와 같이 상업대출계약서에 나타나는 변동금리지수에 연계시킨 매매대금의 결정은 담보거래의 징표가 될 수 있다. 또한 매입가격이 사전에 매출채권의 예상 추심액으로 결정되지 않고 사후 실제 추심결과를 소급적으로 반영하여 조정된다면, 그러한 가격결정체제는 담보거래로 볼 수 있는 하나의 징표이다. 진정매매에 가장 근접하도록 하기 위해서는 SPC가 매출채권을 할인가로 매입하도록 하는 것인데, 여기서 할인율은 매입 이전에 협상되거나 산출된다. 즉, 매매 당시를 기준으로 집합매출채권의 예상추심액, 불량채권 발생율, 매입당시의 SPC의 순금융비용 등에 근거하여 가격을 결정하고 나면, 실제 금융비용과 예상금융비용 간의 차이나 추심의 성공 여부와 관계없이 그 할인율은 수정되거나 조정되지 아니한다. 이러한 방식의 가격결정은 당해 집합채권양도를 진정매매로 특징짓는 데 유리한 요소가 된다.[23]

21) Steven L. Schwarcz(주 20), 103면.
22) Steven L. Schwarcz(주 20), 105면.
23) Steven L. Schwarcz(주 20), 106-107면.

(d) 미수금의 추심 및 관리

진정매매의 경우 그 매입한 매출채권에 대한 관리 및 추심을 양수인이 행하게 되면 시간과 비용이 많이 소요되므로, 관리 및 추심은 자산보유자가 '추심대행기관(servicer)으로서 행하는 경우가 많은바, 그렇다고 하여 진정매매를 부정할 사유는 아니다. 다만 이 경우 진정매매로 볼 수 있으려면 양수인은 추심에 대한 관리 및 통제를 행할 권한을 갖고 있어야 하고, 추심된 금원을 양도인이 사용하거나 자신의 고유재산과 혼장(commingling)하여서는 아니 된다.[24]

가장 대표적인 연방항소심 판결(Major's Furniture Market v. Castle Credit Corp.)[25]에 의하면, 채권매매계약서에 매매(sale)와 재매입(repurchase)이라는 표현만 사용하였다고 하더라도 매도인이 매도대금 전액에 대하여 상환할 의무를 부담하고 있고 매매대금의 보증금을 매수인에게 내야하고 만일 매출채권에 대하여 60일 이상 지급이 연체된 경우에 매도인이 재매입할 의무를 부담하는 사실관계라면 이는 담보거래라고 판시하였다

이상 미국에서의 논의를 종합하면 어느 한 가지 요소만으로 담보거래와 진정매매를 결정짓는 것이 아니라 거래에 나타난 사실관계와 당사자의 의사를 종합하여 고려하는 방식을 취하고 있다.

2) 일본의 논의

일본에서 진정매매에 관한 논의는 두가지 입장으로 나눌 수 있다. 하나는 미국의 이론과 같이 복수의 판단요소를 종합적으로 판단하여 결정하는 전통적 입장이다. 다른 하나는 담보권이 피담보채권의 존재를 전제로 하는 것이므로 숨겨진 피담보채권의 존부를 중요한 개념으로 하여 증권화구조 전체의 경제적인 실질을 분석하는 입장이다.[26] 일본도 1998년에 「資産流動化に關する法律」을 제정하였으나 우리나라의 자산유동화법 제13조와 같이 진정매매와 담보거래를 구분하는 규정을 두고 있지 않고 그에 관하여 학설과 판례에 맡겨 놓고 있다. 그리하여 뒤에 보는 마이칼 사건이나 일본리스 사건을 둘러싸고 학자들간에 활발한 논의가 진행되고 있다.

전통적인 입장에서 고려하는 요소는 다음과 같다. 1. 당해 양도가 매매를 원

---

24) Steven L. Schwarcz(주 20), 106-108면.

25) 602 F.2d 538 (3rd Cir. 1979).

26) 자세한 논의에 대하여는, 坂井秀行・栗田口太郎, "證券化と倒産," 高木新二郎・伊藤眞 編, 講座/倒産の法システム 第4巻, 日本評論社(2006), 127-129면.

인으로 하는 내용의 계약서에 의하여 당사자간의 합의가 존재한다. 2. 양도된 자산이 특정되어 있다. 3. 제3자에 대한 대항요건구비행위가 완성되었다. 4. 양도된 채권의 가치와 양도대금이 균형을 이루고 있다. 5. 양도목적물의 상당 부분을 환매할 수 있는 조건이 붙어 있지 않다. 6. 양도인의 대차대조표로부터 당해 채권이 제외되어 있다. 7. 양도인의 채권추심권능이 부여되어 있는 경우 그것이 추심사무상의 편의를 위한 것 이상의 의미가 없다. 8. 피담보채권이 존재하지 아니한다.[27]

후자는 피담보채권의 존재 여부를 중시하여 담보로 구성할 수 있는 요건을 검토한다. 그 요소로 들고 있는 점은 다음의 3가지이다. 1. 자동적 또는 SPC의 일방적인 의사표시에 의하여 당초매각가격(또는 +α)으로 자산보유자에게 환매의무가 인정되는 경우(협의의 양도담보에 상당하는 경우), 2. 자산보유자에게 환매권이 부여되고 환매가격이 환매시의 시장가격보다 싼 경우(매도담보에 상당하는 경우), 3. 대상자산에 관하여 자산보유자가 어떠한 금전지급의무를 부담하고, 그 의무가 자산의 존부 이용가능성과 무관하여 인정되는 경우(파이낸스리스에 상당하는 경우).[28]

3) 자산유동화법의 '진정매매'에 관한 규정

자산유동화법 제13조는 동조의 요건을 모두 갖춘 경우에는 "담보권의 설정으로 보지 아니한다"라고 규정함으로써 '진정매매'에 관한 요건을 규정하고 있다. 그러나 제13조의 규정내용이 모호하고 불명확하여 그 입법적 미비를 지적하는 견해도 적지 않다.[29]

1. 매매 또는 교환에 의할 것.
2. 유동화자산에 대한 수익권 및 처분권은 양수인이 가질 것. 이 경우 양수인이 당해 자산을 처분하는 때에 양도인이 이를 우선적으로 매수할 수 있는 권리를 가지는 경우에도 수익권 및 처분권은 양수인이 가진 것으로 본다.
3. 양도인은 유동화자산에 대한 반환청구권을 가지지 아니하고, 양수인은 유동화자산에 대한 대가의 반환청구권을 가지지 아니할 것.
4. 양수인이 양도된 자산에 관한 위험을 인수할 것. 다만, 당해 유동화자산에 대하여

---

27) 각 요건에 대한 자세한 분석으로는 勝田信篤 "債權流動化の現狀と展開," 日本評論社(2005), 182-190면.

28) 山本和彦, "證券化と倒產法," ジュリスト No. 1240(2003. 3. 1), 17면.

29) 李美賢(주 7), 117-118면; 김재형, "資産流動化에 관한 法律의 現況과 問題點," 인권과정의 제293호(2001년 1월), 93면.

양도인이 일정기간 그 위험을 부담하거나 하자담보책임(채권의 양도인이 채무자의 자력을 담보한 경우에는 이를 포함한다)을 지는 경우에는 그러하지 아니하다.

이 조항은 강제규정으로서 4가지 요건을 갖추면 담보권의 설정으로 보지 아니한다는 규정이다. 그리하여 만일 이러한 방식에 어긋난 양도는 자산유동화법의 적용대상에서 제외되어 "무효라고 생각할 수 있다"는 견해도 있다.[30] 하지만 제13조의 문언을 고려할 때 일부가 충족되지 않았다고 해서 무조건 담보권의 설정으로 보아야 할 것은 아니다.[31] 현실적으로 이루어지는 자산유동화의 거래가 복잡한 구조를 갖고 있기 때문에 제13조의 내용만으로 진정매매인지 담보부거래인지를 구별하는 것은 쉽지 않다. 특히 채권이나 신탁계약의 수익권을 양도 목적물로 삼는 경우에는 매매인지 양도담보인지의 구별이 쉽지 않다. 일본의 마이칼 그룹 계열회사에 대하여 파산법학자들간에도 자산유동화의 거래구조가 매매인지 담보거래인지를 두고 격렬한 논의를 벌인 사실에서 양자의 구별이 어렵다는 것을 알 수 있다.[32]

4) 자산관리자의 파산(commingle risk의 문제)

자산관리자가 파산함으로써 발생하는 법률관계의 파장이 SPC가 소유하는 유동화자산에 미치지 않도록 하기 위하여 자산유동화법은 특별한 규정을 두고 있다. 즉 제11조는 자산관리자에게 관리를 위탁받은 유동화자산을 자신의 고유재산과

---

30) 김재형(주 29), 96면. 그러나 "양도를 무효라고 생각"한다는 취지는 자산유동화법을 적용받는 자산유동화거래의 효력이 인정될 수 없다는 의미이지 계약 자체가 무효로 되기는 어렵다고 생각한다.

31) 李美賢(주 7), 109면; 김재형(주 29), 96면.

32) 2001.12.31. 회사갱생절차 개시결정이 내려진 일본의 마이칼 사건의 사안은 다음과 같다. 갱생회사가 자산보유자가 되어 소유 부동산(쇼핑센터)을 신탁회사에 신탁양도하고 신탁회사로부터 신탁수익권을 취득하여 다시 신탁수익권을 유동화자산으로 SPC에게 매각하여 매각대금을 얻었다. SPC(A)는 별개의 SPC(B), SPC(C)와 은행으로부터 구입자금을 조달받았다. 별개의 SPC는 사채를 발행하여 자금을 조달받았다. 한편 갱생회사는 신탁회사로부터 부동산을 다시 임차하여 장래 발생하는 차임을 신탁회사에 지급하고 신탁회사가 차임을 신탁수익자인 SPC에게 지급함으로써 경제적인 관점에서는 갱생회사가 지급하는 차임에서 나오는 현금흐름을 갖고 유동화증권을 상환하는 구조이다. 신탁회사가 갱생회사에 대하여 갖는 차임채권이 갱생담보권인지 아니면 미이행 쌍무계약인 임대차계약의 이행선택으로 인한 공익채권인지 여부를 두고 견해가 나뉘었다. 山本克己 교수는 전자의 견해를 취하였다("マイカル・グループの不動產證券化についての意見書概要," 金融法務事情 No.1646(2002.6.25), 32-34면. 新堂幸司와 山本和彦 교수는 후자의 견해에 서있었다("マイカル・グループの證券化に關する山本意見書に對する見解書の概要," 金融法務事情 No.1649(2002.7.25), 17-20면; "マイカル證券化スキーム更生手續における處遇について," 金融法務事情 No.1653(2002.9.15), 44-53면). 위 3개의 의견서 및 위 사건 전반에 대한 평가에 대한 글로는 小林秀之(주 20), 33-69면.

구분하여 관리할 의무를 부과하고 있다. 또한 자산관리자가 파산하는 경우 제10조 제1항의 규정에 의하여 위탁관리하는 유동화자산(유동화자산을 관리 운용 및 처분함에 따라 취득한 금전 등의 재산권을 포함한다)(밑줄 필자)은 자산관리자의 파산재단을 구성하지 아니하며, 유동화전문회사 등은 그 자산관리자 또는 파산관재인에 대하여 유동화자산의 인도를 청구할 수 있다(제12조 제1항). 그리하여 자산관리자의 채권자가 「채무자 회생 및 파산에 관한 법률」에 의한 보전처분이나 중지명령의 대상으로 삼을 수 없도록 규정하였다(제3항). 자산관리자에 대하여 파산절차가 개시되더라도 파산재단이 점유하고 있는 유동화자산이 SPC의 소유에 속하는 것으로 인정된다면 SPC에게는 환취권이 인정된다. 따라서 제12조 제1항은 파산법상 당연한 법리를 확인한 것에 불과하다.

문제는 유동화자산의 범위를 규정한 제12조 제1항 전문의 괄호부분이다. 제12조 제1항을 문리해석하면 원래의 유동화자산(예컨대 임료채권)을 환가하여 얻은 금전에 대하여 자산관리자의 재산과 구분하지 않더라도 여전히 유동화전문회사 등의 소유권을 인정하게 된다. 이는 미국 파산법과 같이 파산재단의 재산으로부터 환가처분한 금전 등의 재산(proceeds)도 파산재단으로 본다는 규정을 모범으로 한 것으로 생각된다.[33] 또한 파산법상 earmarking doctrine이라 하여 제3자가 채무자로 하여금 특정의 채무변제에만 사용하라는 단서하에 금전을 채무자에게 지급하여 채무자가 금전지급경로의 도관으로서 파산채권자에게 변제하였다고 하더라도 이는 채무자의 재산에 의한 지급이 아니라는 이유로 편파행위에 의한 부인권의 대상에서 제외된다는 이론과 유사하나,[34] 금선소유권의 구분이 가능함을 전제한 이론이다.

그러나 우리 민법하에서는 금전의 소유권은 다른 동산과 달리 금전에 대한 현실적인 직접점유를 가지게 됨으로써 취득하게 되므로[35] 미국법의 proceeds 이론이나 earmarking doctrine 이론을 그대로 수용할 수 없다.

위탁매매인이 파산한 경우에 위탁자에게 물건에 대하여 환취권이 인정된다. 그러나 위탁매매인이 물건을 매각한 후 파산하여 파산관재인이 그 대금을 수령한 경우에는 반대급부의 특정성을 잃게 되어 위탁자는 더 이상 환취권을 주장할 수

---

33) 28 U.S.C. §541(a)(6). 이에 의하면 파산재단에 속하는 재산을 파산신청 후에 매각하더라도 그 대금은 파산재단에 속한다. 이를 Post Petition Proceeds of Property of the Estate라고 한다. Michael J. Herbert, UNDERSTANDING BANKRUPTCY(1995), p. 97.

34) David G. Epstein, Bankruptcy and Related Law in a Nutshell 7th Ed(West 2005), pp. 194-195.

35) 양창수, 민법입문 제4판, 박영사(2006), 34면.

없고 재단채권으로 그 지급을 청구할 수 있을 뿐이다. 더 나아가 위탁매매인이 파산선고 전에 양도하고 파산선고 전에 이미 그 대금을 수령하였다면 일반재산에 혼입되므로 위탁자는 파산채권을 행사할 수밖에 없다.36)

신탁법에 의하면 신탁재산은 수탁자의 고유재산이 된 것을 제외하고 파산재단을 구성하지 아니한다. 따라서 수탁자가 파산한 경우에 신탁자 또는 수익자는 신탁재산에 대하여 환취권을 행사할 수 있다.37)

결국 금전에 대하여도 환취권을 인정하기 위하여는 신탁재산의 경우처럼 별도의 관리대상으로 삼아 이를 특정할 수 있어야 한다(신탁법 제30조, 제35조). 따라서 자산유동화법 제12조 제1항 후문은 유동화자산과 이를 관리, 처분하여 얻은 금전을 구분하여 관리할 의무를 규정한 제11조와 관련하여 자산관리자가 금전을 고유재산과 분리하여 관리한 경우에만 적용되는 것으로 축소해석하는 것이 타당하다.38) 이와 같이 해석한다면 자산관리자가 분리하여 관리한 이상 금전에 대하여는 자산관리자가 파산하였더라도 금전은 파산재단에 속하지 아니하므로 유동화전문회사는 환취권자로서 자산관리자에게 금전의 반환을 청구할 수 있다.39) 반대로 유동화자산의 환가대금과 고유재산이 혼장되어 동일계좌에 입금되었다면 유동화자산의 환가대금을 특정하는 것이 불가능하므로 유동화전문회사는 자신의 소유에 속한다는 이유로 파산관재인에게 환취권을 주장할 수 없다.40) 다만 유동화전문회사가 자산관리자의 보관 중에 있는 금전에 대하여 소유권을 주장할 수 있기 위해서는 법률관계의 구성이 필요한데 민법이나 신탁법 이론과 정합성을 맞추어야 한

---

36) 田炳西, 파산법, 법문사(2003), 209면. 일본의 경우에도 위탁매매인(일본어로는 問屋)에게 환취권을 인정한 최고재판소 판례(昭和43(1968).7.11. 판결)를 유추하여 SPC에게 환취권을 인정할 수 있는지를 검토하였으나 판례의 사안은 주권으로서 금전은 수령 즉시 위탁매매인의 소유가 되므로 환취권이 부정된다(坂井秀行・栗田口太郎(주 26), 149면)

37) 신탁법 제22조, 田炳西(주 36), 202면.

38) 李美賢(주 7), 91면은 입법상의 과실이라고 한다. 그러나 필자는 축소해석이 가능하다고 생각한다. 김용호・이선지, "자산유동화거래와 법적 과제," BFL 제5호(2004.5), 36면의 주 92도 "자산유동화법이 이를 명시적으로 규정하고 있지는 아니하나 관련 조문의 전체적인 취지로 보아 그렇게(구분관리를 전제로, 필자주) 해석하여야 할 것이다"라고 기술하고 있다. 자산유동화실무연구회, 금융혁명－ABS, 한국경제신문(2006), 366면 역시 유동화자산을 처분하여 얻은 금전도 파산재단을 구성하지 않는 것으로 해석하기 위한 전제로서 금전의 구분관리가 확보되어야 한다고 설명하고 있다.

39) 李美賢(주 7), 91면.

40) 李美賢(주 7), 91면, 한민・박종현, "신탁과 도산," BFL 제17호(2006.5), 40면. 일본에서도 파산법학자들은 환취권을 부정하고 있다(兼子一・三ヶ月章, 條解會社更生法(上), 弘文堂(1998), 554면). 그러나 신탁법학자들은 비율로 안분하는 방법에 의하여 환취권을 긍정하고 있다. 자세한 논의는 한민・박종현(주 40), 40면, 주 67 참조.

다. 일본에서는 신탁계약에 의하여 설명하는데 견해가 일치되어 있다.[41] 단 누가 신탁계약의 당사자인가에 관하여는 견해가 나뉘어 있다.

Ⅲ. 자산유동화와 파산법의 충돌

1. 장래집합채권의 양도

장래 발생하는 차임채권이나 렌탈이용료채권을 유동화하기 위하여는 그 전제로서 장래발생하는 집합채권의 양도와 대항요건을 구비하는 것이 가능하여야 한다. 그런데 우리나라 판례는 장래채권의 양도가능성을 인정하면서도 그 요건으로서 장래 채권의 특정성과 아울러 발생가능성을 요구하고 있다. 즉 장래 발생할 채권이라도 현재 그 권리의 특정이 가능하고, 가까운 장래(밑줄 필자)에 채무자와 제3채무자간의 법률적 기초가 발생할 개연성이 상당한 정도로 기대되는 경우에만 채권양도의 대상이 될 수 있다고 해석하고 있다.[42] 판례를 따르게 되면 과연 10년에 걸쳐 발생하는 장래의 채권이 가까운 장래에 발생할 개연성이 있는지에 관하여 의문이 생기므로 유동화거래를 할 수 없게 된다.[43] 그리하여 우리나라의 학설은 판례를 비판하면서 양도 당시에 장래채권이 특정되면 충분하고 채무자와 제3채무자간의 법률관계가 성립할 개연성을 요구하지 않고 있다.[44]

일본도 과거에는 법률적 기초필요설을 취하였으나 섬자로 판례를 변경하여 현재는 불요하다는 입장으로 바뀌었다.[45] 즉 의사가 사회보험진찰보수지불기금(우리나라의 의료보험에 유사함)으로부터 지급받는 장래의 진료보수채권의 양도의 유효성이 문제된 사안에서 장래 발생하는 채권이라도 채권발생의 원인이 확정되어 그

41) 坂井秀行·栗田口太郞(주 26), 150-151면. 자산유동화거래에 있어서 신탁법의 역할에 대하여는 神作裕之, "資產流動化と信託," ジュリスト No.1164(1999.10.1), 64-69면.

42) 대법원 2005.5.12. 선고 2004다18439 판결; 1997.7.25. 선고 95다21624 판결 등.

43) 현재 실무상으로는 주로 5년 이내에 발생하는 신용카드사용대금채권 등을 이용한 ABS거래가 활발하며 장기간(10-20년)에 걸친 ABS거래를 이용하기 위하여는 Master Trust 구조를 이용한다. 장래카드론을 이용한 ABS가 가능한지에 대하여 법률사무소간에도 의견이 다르고 아직 명확한 기준이 없다고 한다(김용호·이선지(주 38), 31-32면).

44) 양창수, "장래채권의 양도," 민법연구 제7권, 박영사(2003), 233면 이하.

45) 자세한 논의는 吳泳俊(주 13), 255-261면 및 堀 龍兒, "集合債權譲渡擔保の變遷," 早稻田法學 제80권 제3호(2005), 199-206면.

발생을 확실히 예측할 수 있는 것이기 때문에 시기와 종기를 특정하여 그 권리의 범위를 확정하는 것에 의하여 그것을 유효하게 양도할 수 있다면서 처음에는 1년분의 양도를 승인하였다가[46] 장차 8년 3개월분에 걸쳐 양도한 채권양도계약을 유효한 것으로 인정한 바 있다.[47]

이러한 판례의 입장과 학설을 반영하여 일본은 2005년 10월부터 시행되는 動産債權讓渡特例法(정식명칙은 「動産及び債權讓渡の對抗要件に關する民法の特例等に關する法律」)을 통하여 법인의 채권양도와 대항요건의 특례를 규정한 종전의 「債權讓渡の對抗要件に關する民法の特例等に關する法律」(1998. 6. 12. 흔히 債權讓渡特例法으로 약칭한다)을 개정하였다. 그리하여 법인이 금전채권자인 경우에 채권양도등기파일에 양도의 등기가 있으면 민법에 의한 확정일자 있는 증서에 의한 통지가 있는 것으로 보아 제3자 대항요건이 될 수 있도록 하고(제4조 제1항), 제3채무자가 불특정한 경우에도 채권양도가 가능하도록 하기 위하여 필요적 기재사항으로 있던 제3채무자란과 채권총액란을 등기사항에서 삭제하였다. 아울러 제3채무가 불특정된 장래채권 양도에 관해서는 존속기간을 최장 10년으로(제8조 제3항 제2호), 제3채무가 특정된 장래채권 양도의 경우에는 그 존속기간을 최장 50년으로(제8조 제3항 제1호) 할 수 있도록 보완개정하였다. 그리하여 제3채무가 불특정된 장래집합채권을 유동화하는 데에 대한 걸림돌을 치우고 자산유동화가 더욱 활성화되도록 법적인 토대를 완비하였다.[48]

2. 차임채권의 양도제한

파산법하에서나 신법에 의하면 임대인이 파산선고를 받은 경우 차임의 선급 또는 차임채권의 처분은 파산선고시의 당기 또는 차기에 관한 것을 제외하고는 이로써 파산채권자에게 대항할 수 없다(신법 제340조 제1항).[49] 그 입법취지는 임

46) 일본 最高裁判所 昭和53(1978). 12. 15. 판결.

47) 일본 最高裁判所 平成11(1999). 1. 29. 판결.

48) 일본에서 채권양도에 관한 특별법의 변천은 아래와 같다. 特定債權等に關する事業規制に關する法律(1992. 6. 5)에 의하여도 리스채권 등 10종류의 특정채권에 대하여 通産産業省에 서면제출과 공고로써 확정일자 있는 증서에 의한 통지가 있는 것으로 볼 수 있었다. 이법은 2004. 12. 30. 폐지되었다. 그 후 債權讓渡の對抗要件に關する民法の特例等に關する法律(1998. 6. 12)이 시행되었다. 이 법에서도 제3채무자가 불특정된 장래채권에 대한 양도가 어렵다는 점이 지적되자 動産債權讓渡特例法을 제정하여 가능토록 하였다.

49) 파산절차에서 임대차의 법률관계에 대하여는 林治龍, 파산법연구2, 박영사(2006), 131-147면.

대인, 임차인 및 제 3 자가 통모하여 파산재단에 귀속하여야 할 임료수입을 사전에 유출시키는 것을 방지하고, 파산재단이 갖는 차차기 이후의 차임채권을 확보함으로써 총채권자에게 배당할 재산을 증가시키려는 데 있다.[50] 예컨대, 차임을 매월 말 지급하는 것으로 정한 경우 임차인이 1년분의 차임을 선급하였더라도, 파산관재인이 파산선고를 받은 달과 그 다음 달 이후의 차임을 청구하면 임차인이 이중지급이라는 이유로 거절할 수 없다. 파산한 임대인이 장래의 차임채권을 양도한 경우에도 마찬가지이다. 이로 인하여 손해를 입은 임차인 또는 채권양수인은 그 손해배상채권을 파산채권으로 하여 파산절차에 참가할 수 있을 뿐이다(신법 제340조 제2항).

그러나 이 조항은 다음과 같은 문제점을 갖고 있다. 파산선고 전에 임차인이 임대인에게 차임을 선급하거나 임대인이 차임채권을 양도하였다면 임차인 또는 채권양수인은 파산선고를 받은 임대인의 계약상의 지위를 승계하는 파산관재인에게 차임선급 또는 채권양수를 주장할 수 있는 것이 민법의 일반원리이다. 또한 채무자가 파산선고를 받기 전에 차임채권을 유효하게 처분할 수 있음에도 파산선고 후에는 차차기 이후의 차임채권에 대하여는 파산채권자에게 대항할 수 없게 하는 것은 채무자가 파산선고 전에 임대목적물을 활용하여 자금을 조달하는 것을 방해하게 된다. 파산선고 당시 차임채권이 이미 파산재단으로부터 이탈된 상태라면 파산재단도 이러한 부담을 받아들일 수밖에 없는 것이다.

따라서 신법하에서는 장래의 임료채권을 유동화전문회사에게 양도하는 유동화는 불가능하게 된다.[51] 이와 같은 문제점을 고려하여 자산유동화법 제15조는 자산보유자가 파산하거나 회생절차가 개시된 경우에는 유동화자산 중 차임채권에 관하여는 제340조가 적용되지 않는다는 특례 규정을 두었다. 그러나 자산유동법의 적용대상이 아닌 ABL 거래의 경우에는 문제점이 잔존한다.

실체법상 장래채권의 양도가 가능하고 장래의 현금흐름을 담보로 자금조달하는 것이 채무자나 채권자들에게도 유익하다면 이를 파산법에서 금지할 이유가 없고 민법과 집행법을 구별할 합리적인 이유가 없으므로 자산유동화법의 특례만을 둘 것이 아니라 신법 제340조를 삭제함이 옳다.[52]

---

50) 林鍾憲, "破産節次가 未履行契約關係에 미치는 影響," 인권과정의 241호(1996. 9), 35면.

51) 小川秀樹 외 5인, "新破産法の概要(3)," 金融法務事情(2004. 8. 5), 66면.

52) 일본의 신 파산법(2005. 1. 1. 시행)은 이 조항을 삭제하였다. 山本和彦, "證券化と倒産法," ジュリスト No. 1240(2003. 3. 1), 20면.

3. 유동화재산의 양도와 부인권

현행법상 부인의 종류는 고의부인, 위기부인, 무상부인이 있다. 그 중 자산유동화와 관련하여 문제가 되는 것은 자산의 양도 또는 대항요건의 구비행위가 고의부인 또는 위기부인에 해당하는가 하는 점이다. 판례에 의하면 사해행위취소와 관련하여 채무자가 유일한 재산인 부동산을 매각하여 소비하기 쉬운 금전으로 바꾸는 행위는, 그 매각이 일부채권자에 대한 정당한 변제에 충당하기 위하여 상당한 가격으로 이루어졌다든가 하는 특별한 사정이 없는 한 항상 사해행위가 된다.[53] 그리하여 파산절차나 회생절차에서도 부동산을 시가로 매각하더라도 양도행위에 의하여 산일하기 쉬운 금전으로 환가하게 되고 재산이 채무자의 기업의 중요한 구성분자라면 고의부인의 대상이 될 수 있다.[54] 더구나 자산을 시가보다 현저하게 싼 값에 매도하는 행위는 고의부의의 대상이 됨이 명백하다.[55] 따라서 자산보유자가 유동화전문회사에 유동화자산을 양도하는 것이 부인대상으로 공격당할 염려가 있다.[56]

그러나 적정한 가격에 의한 매각이 파산절차에서 부인대상이 된다면 자산유동화 거래는 이루어지기 어렵다.[57] 일본은 이러한 점을 고려하여 자산유동화 뿐 아니라 일반거래에서도 부인대상에서 제외할 수 있도록 파산법을 개정하였다.[58] 즉 적정가격의 매각이 이루어질 당시 파산자가 재산을 은닉할 의사를 가지고 있고, 상대방이 그 의사를 알고 있는 경우에 한하여 부인권의 대상이 되도록 하여 적정가격에 의한 양도행위를 사실상 부인의 대상에서 제외하였다(신 파산법 제161조 제1항). 이로써 자산유동화의 경우에 부인권의 대상이 될지도 모른다는 염려를 해소하였다.[59]

---

53) 대법원 2001. 4. 24. 선고 200다41875 판결(공 2001, 1198) 등 다수

54) 임채홍 · 백창훈, 회사정리법(상), 한국사법행정학회(2002), 452면.

55) 임채홍 · 백창훈(주 54), 452면; 田炳西(주 36), 163면.

56) 임채웅, "倒産隔離의 硏究," 신탁법연구, 박영사(2009), 296면.

57) 해외에 ABS를 발행하는 경우 부인권의 공격을 피하기 위하여 주간을 맡은 외국은행이 사전에 자산보유자가 유동화전문회사에게 양도할 당시 지급불능에 있지 아니한다는 진술과 보증(Representation and Warrenty)을 요구하는 경우가 있다(정재룡 · 홍은주(주 3), 246면).

58) 부인권을 비롯한 일본 신 파산법의 개정 내용을 소개한 글로는 田炳西, "2004년 일본 신 파산법의 소개," 법조 제579호(2004년 12월호), 267면 이하. 개정전의 논의에 대하여는 山本和彦, "債權流動化と否認權," 金融商事判例 No. 1060(1999), 169-172면.

59) 松下淳一, "更生手續開始と證券化取引," 判例 タイムズ 1132호(2003), 113면. 임채웅, "일본 신 파산법의 사행행위와 편파행위의 부인에 관한 연구," 민사소송 Vol. 10-2(2006. 5), 357면 이하.

또한 SPC에게 채권양도를 하더라도 제3채무자에 대한 추심업무를 자산보유자가 계속하도록 하기 위하여 제3채무자에 대한 양도통지를 늦추었다가 자산보유자에게 재정적인 위기가 발생한 때에 비로소 대항요건을 갖추는 경우가 있다. 또는 대항요건을 갖추고 싶어도 양도대상채권이 장래발생하는 채권이다보니 제3채무자를 특정할 수 없어 채권양도 즉시 민법 제450조에 의한 대항요건을 갖추지 못하는 경우가 있다. 그러나 신법 및 판례에 의하면 채권양도행위가 있은 때로부터 15일이 경과한 후에 이루어진 대항요건구비행위는 부인대상이 되므로[60] 채권양도와 대항요건의 구비를 동시에 갖추지 아니하는 경우 부인권의 대상이 될 염려가 있다. 대항요건을 구비하지 아니한 증권화거래는 파산격리가 불완전하다는 치명적인 약점 때문에 이루어지기 어렵다. 일본은 動産債權讓渡特例法을 제정하여 제3채무자가 불특정한 채권의 경우에도 대항요건을 구비하도록 함으로써 입법적으로 해결하였음은 앞에서 본 바와 같다. 그러므로 현재 우리나라의 판례와 민법 규정으로는 이러한 문제를 해결할 수 없으므로 일본과 같이 장래채권양도에 관한 특별법을 제정하는 것이 시급하다.

4. 서비스계약의 해지와 미이행 쌍무계약

장래의 차임채권을 유동화자산으로 삼는 경우 대부분 자산보유자가 자산관리자의 지위를 겸유하여 계속하여 제3채무자로부터 채권을 추심하여 이를 SPC에게 인도하는 것이 보통이다. 그런데 자산보유자의 재정상태가 악화되면 채권추심도 어려워질 뿐 아니라 추심한 금전을 제대로 SPC에게 인도하지 못하게 된다. 이러한 경우에 대비하여 만일 자산관리자가 파산신청을 하게 되면 별도의 최고절차 없이 서비스계약(채권추심 및 관리업무)을 해제하기로 하는 조항을 두기 마련이다. 이러한 조항이 자산유동화거래에도 유효한 것인가 하는 의문이 있다.

그러나 앞에서 본 바와 같이 이러한 조항은 채무자의 재건이라는 목적을 달성하기 위하여 특별히 파산관재인(관리인)에게 미이행쌍무계약의 이행 및 해제의 선택을 준 취지에 반하므로 파산절차에서는 효력이 인정되지 아니한다고 해석하는 것이 다수의 견해이고 실무이다. 따라서 이러한 해석은 자산유동화거래에도 적

60) 신법 제104조, 제394조. 대법원 2004. 2. 12. 선고 2003다53497 판결(공 2004, 448)에 의하면, 위 15일의 기간은 권리변동의 원인행위가 이루어진 날(대물변제예약시)이 아니고 그 원인행위의 효력이 발생하는 날(예약완결시)부터 기산하여야 한다.

용되므로[61] 이 점을 유의하여야 한다.

5. 후순위 파산채권의 배당순위

유동화전문회사는 위험을 분산하기 위하여 선순위 사채와 후순위 사채를 발행하고 있으며 선순위 사채는 신용보강을 받아 외부에 매각하며 후순위 사채는 자산보유자가 인수하는 것이 보통이다.[62] 유동화 전문회사에 대하여 파산 또는 회생절차가 개시된 경우에 후순위 사채권자의 파산 또는 회생절차에서의 지위에 관하여 논란이 있다. 이하 후순위채권에 대한 설명은 계약형에 따른다.[63] 실무상 유동화전문회사에 대하여 회생절차가 개시되는 것은 상정하기 어렵고 파산절차가 개시되는 경우는 적지 않다.

신법은 제4편 파산절차에서는 후순위 파산채권의 개념을 존치하고 있지만 제2편 회생절차에서는 법정 후순위 회생채권제도를 폐지하였다. 그러나 당사자 사이의 계약에 의하여 성립되는 후순위 회생채권은 여전히 존재한다. 예컨대, 변제순위에 있어 담보부사채, 무담보부사채, 기타 은행대출채권 등의 일반채권보다 후순위로 변제받기로 하는 후순위특약을 한 후순위 사채 등을 들 수 있다. 그리하여 법정후순위 회생채권의 개념은 없어졌다고 하더라도 회생절차에서는 약정후순위 회생채권에 대하여 불이익을 받는 자의 동의가 있는 경우에는 회생계획의 조건을 일반의 회생채권자에 비하여 불리하게 취급할 수 있다(제193조 제3항, 제218조 제1항 제1호 참조). 따라서 약정에 의한 후순위 회생채권은 회생절차 개시가 있으면 그 특약에서 선순위의 지위를 부여하기로 정한 일반 회생채권보다 후순위로 변제를 받게 된다(선순위 특약의 상대적 효력).

파산절차에서 선순위 사채와 후순위 사채를 일반파산채권을 기준으로 하여 어떻게 취급할 것인지가 문제된다. 선순위 사채권자는 일반파산채권이 아니라 우

61) 坂井秀行・栗田口太郎(주 26), 152-153면; 伊藤眞(주 16), 153면.

62) 정재룡・홍은주(주 3), 219면.

63) 후순위 채권은 계약형과 양도형이 있다. 계약형은 선순위채권에 대한 변제가 완전히 완료되어야 후순위채권자가 변제를 받을 수 있다고 약정하는 것이고, 양도형은 일단 채권자평등의 원칙에 따라 후순위채권자에게도 동일하게 배당한 다음 선순위채권이 만족될 때까지 후순위 채권자가 배당받은 금액을 선순위채권자에게 돌려주는 것으로 약정하는 것이다 양자의 가장 큰 차이는 계약형의 경우 일반채권자도 후순위채권보다 선순위로 배당받게 됨으로써 후순위 약정의 혜택을 입지만 양도형의 경우에는 혜택을 입지 못한다. 자세한 내용에 대하여는 김도경, "프로젝트 파이낸스의 자금조달문제 중 후순위대출과 담보확보에 관한 몇 가지 법적 문제점," 상사법연구 제24권 제2호(2005), 371면.

선적 파산채권의 지위를 주장하곤 한다. 그러나 신법은 파산채권의 순위를 우선적 파산채권, 보통 일반의 파산채권, 후순위 파산채권을 인정하고 있고 우선적 파산채권은 민법 기타 개개의 법률에 법정되어 있다. 따라서 당사자간의 약정에 의하여 새로운 종류의 우선적 파산채권을 인정할 수 없으므로64) 일반 파산채권으로 취급하고 있는 것이 실무이다.

문제는 약정열후적 파산채권의 취급이다. 일본의 신 파산법은 파산채권자와 파산자 사이에 파산절차개시 전에 당해 채무자에 대하여 파산절차가 개시되면 파산절차에서 그 배당의 순위가 열후적 파산채권보다 뒤로 하는 파산채권을 약정후순위 파산채권으로 인정하고 있다. 즉 열후적 파산채권을 법정 열후적 파산채권과 약정열후적 파산채권으로 나누고 후자를 전자보다 열후시킨다는 점을 분명히 하였다(일본의 신 파산법 제99조 제2항).

그런데 신법은 채무자와 채권자와 파산절차에서 다른 채권(밑줄 필자)보다 후순위로 하기로 정한 채권은 그 정한 바에 따라 다른 채권보다 후순위로 정하고 있다(신법 제446조 제2항). 그런데 '다른 채권'이 일반 파산채권인지 법정후순위 파산채권인지를 명시하지 아니하였다. 그리하여 약정 후순위 파산채권을 다른 후순위 파산채권과 동 순위로 취급할 것인지 여부가 문제된다. 신법의 내용이 일본과 다르다는 점을 고려하면 후순위 약정의 취지가 파산절차에서 최후에 배당받겠다는 취지인지 아니면 다른 일반 파산채권보다 후순위로 배당받겠다는 취지인지를 구별하여 후자라면 법정후순위채권과 동순위로 배당할 수밖에 없을 것이다. 그러나 후순위 사채의 경우 선순위 사채의 원금 뿐 아니라 이자가 먼저 상환되어야 비로소 후순위 사채를 상환한다는 취지로 발행되는 것이라면 파산법상 이자 및 지연손해금 채권이 법정 후순위 파산채권(신법 제446조 제1항 제1, 2호)인 점을 고려할 때 이보다 후순위로 해석하는 견해가 당사자들의 의사에 합치하는 것으로 생각된다.

또한 유동화증권 중 선순위와 후순위의 약정은 파산절차 개시 전에만 순위가 인정되고 파산절차에서는 후순위가 인정되는 것은 아니므로 파산절차에서 후순위 채권을 일반파산채권으로 취급하여 달라는 주장을 하는 후순위 채권자도 있다. 그러나 파산절차 개시 전의 후순위 약정의 효력은 파산절차 개시 후에도 여전히 효

64) 회생절차에서는 형평의 원칙에 기하여 일부 채권(예컨대 불법행위채권)에 대하여 다른 회생채권보다 조기에 또는 유리하게 변제받는 등의 우선권을 부여할 수 있지만(신법 제132조, 제218조 제1항), 파산절차에서는 해석에 의하여 우선적 파산채권에 관한 법리를 수정할 수 없다(伊藤眞(주 16), 196면).

력을 미치는 것으로 해석되므로 후순위파산채권으로 취급하는 것이 실무이다.[65]

또한 금융거래에서는 일반채권이 아닌 특정의 채권에 대하여 후순위로 한다는 의미에서 상대적 후순위 약정이 있으나 총채권자의 이해관계를 조정하는 파산법에서는 그러한 합의를 인정하게 되면 절차가 복잡하게 되므로 파산법에서 규정하는 약정 후순위파산채권에 포함되지 않는다.[66]

Ⅳ. 결　론

금융과 파산은 동전의 앞뒷면과 같다. 경기 변동이 범지구적인 수준에서 벌어지고 있는 현재의 경제상황에서 정상적인 기업도 언제 재정적인 위기에 놓일지 알 수 없다. 따라서 금융법을 제정하거나 금융거래를 하면서 파산법의 사전적인 효율성(ex ante efficiency)을 고려하여야 한다. 일본에서도 최근 소비자금융업을 영위하는 회사가 회사갱생절차에 들어가게 되자 집합채권양도담보와 ABL 거래과 관련한 어려운 문제가 발생하고 있다.[67] 학제간의 연구가 강조되듯이 금융실무가와 파산실무가간에 금융기관, 금융소비자 등의 파산과 관련하여 발생하는 문제점에 대하여 의견교환이나 공동연구가 필요하다. 특히 정리회사가 보유하는 장래채권과 같이 일단 절차가 개시되면 자산의 가치가 급격히 감소하는 상황에서 새로운 법률적인 쟁점을 앞에 두고 우왕좌왕하면서 시간을 보내는 일이 없어야 할 것이다.[68]

학자와 실무가들은 자산유동화법의 문제점을 지적하고 개정을 주장하고 있지만, 1998년 자산유동화법을 제정한지 10년이 지난 지금까지도 일부 개정되었으나 그 동안 지적된 문제점이 근본적으로 해결되고 있지 않다. 그리하여 우량기업은 ABS를, 신용도가 떨어지는 기업은 ABL을 이용하고 있는 상황이 되었다. 2006. 4. 1.부터 시행되는 신법을 개정하는 과정에서도 자산유동화에 관한 특별한 배려를 하지 못하였다. 앞으로 자산유동화가 더욱 실효성 있는 제도로 발전하기 위하여

---

65) 서울중앙지방법원, 법인파산실무, 박영사(2006), 318면.

66) 坂井秀行・栗田口太郎(주 26), 171면; 伊藤眞(주 16), 171면.

67) 자세한 내용에 대하여는 三村藤明 외 2인, "會社更生手續における集合債權讓渡擔保とABL(1)(2)ー更生會社ティーシーエムの事例報告," NBL No. 820(2005. 11. 1), 34-46면 및 No. 821(2005. 11. 15), 23-34면.

68) 三村藤明 외 2인(주 67), 34면도 의견교환을 강조하고 있다.

몇 가지 개정안을 제시하고자 한다.

첫째로 자산유동화법 제13조를 개정하여야 한다. 동 조항을 폐지하자는 견해[69]도 있으나 모처럼 입법으로 진정매매와 담보부거래를 구분하는 기준을 제시한 이상 가급적이면 기준을 상세히 규정함으로써 조항의 규범력을 높일 필요가 있다.[70] 아니면 제13조를 Safe Harbor 조항으로 만들어 일단 그 요건에 해당하면 안전하게 자산유동화법의 적용을 받지만 그 요건을 갖추지 않더라도 case by case로 심사하여 자산유동화법의 적용을 받을 수 있도록 개정하는 것이 타당하다.[71] 아울러 제12조를 개정하여 금전에 대하여 구분관리의무를 분명히 규정하여야 한다.

둘째, 차임채권의 양도에 관한 신법 제340조를 삭제함이 옳다. 자산유동화법은 제340조를 배제한다는 특례규정을 두고 있으나 자산유동화까지 가지 않더라도 두루넷 사건에서 보듯이 ABL의 거래처럼 장래채권을 담보로 제공할 필요성이 점점 커지고 있는 현재의 금융실무를 뒷받침한다는 점에서도 동 조항은 걸림돌이 되고 있다.

셋째, 한시바삐 집합채권의 양도에 관한 법률을 제정하여 장래에 발생하는 채권양도의 가능성과 대항요건에 관한 규정을 둠으로써 이를 둘러싼 법적인 혼란을 종식시킬 필요가 있다.[72] 채권을 유동화자산으로 삼는 ABS 거래에 관하여는 자산유동화법이 규율할 수 있으나 ABL 거래와 관련하여서는 자산유동화법이 적용되지 않으므로 그 전제인 집합채권의 양도에 관한 법률관계를 규율할 수 있는 입법이 긴요하다.

넷째, 부인대상 행위를 객관화하어야 한다. 자산유동화뿐 아니라 일반 금융거

69) 李美賢(주 7), 112면.

70) 김용호 · 이선지(주 38), 28면. 강제규정으로 한 것에 대한 비판으로는, 자산유동화실무연구회(주 38), 386면.

71) 李美賢(주 7), 112면; 김건식 · 정순섭, "ABS의 진정양도 요건에 관한 연구," 서울대학교 금융법센터(2006. 11. 30)(금융감독원에 대한 연구용역 보고서, 미공간) 13면 역시 현행 자산유동화법 제13조를 보완한 후 이를 임의규정화하고, 유동화자산을 「채무자 회생 및 파산에 관한 법률」상 파산재단 등으로부터 제외하는 방안을 제안하고 있다.

72) 집합채권양도의 대항요건 완화에 대한 입법론으로는 신봉근, "유동집합채권의 양도담보," 인권과정의(2005. 4), 76면. 이미 정부에서 집합동산 및 집합채권의 양도에 관한 법령의 착수작업에 들어갔다. 입법을 함에 있어 채권양도의 특례에 관한 자산유동화법과 조화를 이룰 수 있도록 하고, 등기전산화를 통하여 전국 어느 등기소에서도 저당권이전의 부기등기를 할 수 있도록 함으로써 자산유동화를 할 수 있는 기업의 대상을 확대하여 자산유동화의 당초 취지대로 신용도가 낮은 기업이 낮은 금융비용으로 자금조달을 할 수 있도록 배려할 필요가 있다. 현행 자산유동화법에 의하면 우량기업만이 자산유동화의 혜택을 보게 되어 당초 신용등급이 낮은 회사들이 자산유동화를 할 수 있도록 한 입법의 취지에도 어긋나게 된다. 李美賢(주 7), 78면 역시 자산보유자의 자격제한은 삭제되는 것이 마땅하다고 주장한다.

래에서의 예측가능성을 높이기 위한 것이다. 부인의 대상을 고의부인, 위기부인, 무상부인으로 나누는 현 체계하에서는 당사자들의 주관적인 의사에 따라 부인권의 성립이 좌우되어 채권자들에게 불측의 손해를 가하기 쉽다. 따라서 일본과 미국의 파산법과 같이 부인행위의 대상을 편파행위와 사행행위로 나누고 그에 맞추어 부인권의 요건을 객관화하는 것이 거래안정에도 도움이 된다. 또한 동시거래적 행위이거나 상당한 대가를 지불하는 매각행위 등과 같이 부인대상이 되지 아니하는 예외를 신법에 규정할 필요가 있다.

다섯째, 약정후순위 파산채권의 배당순위에 관하여 신법에서 분명하게 규정할 필요가 있다. 후순위라는 뜻이 파산절차의 배당에서도 최후순위로 하려는 뜻이라면 일본의 신 파산법과 같은 내용으로 규정하는 것이 옳다.

우리나라는 선진화된 금융기법을 제대로 습득하기도 전에 섣불리 OECD에 가입하였다가 1997년 경제위기를 치른 바 있다. 정부는 금융산업을 국가경제의 핵심으로 삼으려고 각종 규제를 철폐하고 국제기준에 맞는 금융입법을 마련하고 있는 중이다. 금융산업이 발달한 영미에서는 신종 금융상품의 개발에 발맞추어 금융법과 아울러 금융상품을 둘러싼 거래 당사자의 파산에 관하여도 많은 연구가 뒷받침되어 있다. 앞으로 국제금융법과 국제파산법이 교차하는 문제(예컨대, 자산유동화를 해외에서 실시하였다가 어느 당사자가 파산하는 경우)[73]에 관하여 금융법, 파산법, 국제사법의 전문가들이 좋은 글을 발표하여 주기를 바라면서 글을 마친다.

(사법 창간호(2007.9), 107-134면 소재)

73) 가령 채권양도, 신탁, 대항요건, 부인권의 준거법의 문제와 paper company에 대한 국제파산사건의 관할권 등이 발생한다. ABS와 국제사법에 관하여는 西村ときわ法律事務所 編, ファイナンス法大全, "證券化・セキュリタイゼーション," 商事法務(2006), 433면. 이와 관련한 국내글로는 석광현, "국제금융에서의 신탁과 국제사법," BFL 제17호(2006.5), 60-79면.

도산기업과 경영자 책임

Ⅰ. 머 리 말

회사의 이사는 원칙적으로 회사에 대하여만 책임을 부담하지만(상법 제399조), 예외적으로 제3자에 대하여도 책임을 부담한다(상법 제401조). 이러한 이사의 책임은 회사가 영업활동을 활발하게 하고 이사들이 회사법이 정하는 바에 따라 회사의 업무 전반에 대하여 권한을 갖고 있는 것을 전제로 한 것이다. 그러나 실무를 하다보면 이사의 회사 및 제3자에 대한 책임이 문제가 되는 것은 회사가 도산[1]하게 되어 새로이 경영주체가 관리인 또는 파산관재인으로 바뀌면서 그 동안 수면 밑에 가려져 있던 부분이 수면 위로 떠오를 때이다. 대표적인 것이 이사가 분식결산, 동일인 여신한도 초과 대출, 부실기업에 대한 부당여신 등에 관여하여 책임을 지는 경우이다. 따라서 이러한 문제는 도산절차에 특유한 문제는 아니지만 회사가 도산한 후에 발각된다는 점에서 도산절차와 밀접한 관련이 있다. 우리나라에서 주주의 대표소송이나 이사의 책임을 묻는 소송에 관한 주류적인 판례들은 1997년 경제위기 이후에 선고된 것이다.[2]

1) 이 글에서는 파산 또는 회생절차를 통칭하여 사용한다.

2) 우리나라 최초의 주주대표소송도 1997년 초에 발생한 한보의 부도 후 참여연대가 대출은행의 이사를 상대로 제기하여 각 이사에게 400억 원의 배상을 명한 것이 처음이다(서울지방법원 1998. 7. 24. 선고 97가합39907 판결; 이철송, 회사법, 박영사(2003), 638면). 회생절차에서 사정

회사가 도산하게 되면 재건절차와 청산절차의 양자 택일을 하여야 한다. 재건절차를 택하면 「채무자 회생 및 파산에 관한 법률」(이하 '신법'이라 한다. 법률명칭 없이 조항만 표시한다) 제2편의 회생절차를 신청하여야 하고, 청산절차를 신청하면 제3편의 파산절차를 신청하여야 한다. 회사의 파산신청은 회사의 해산사유이다(상법 제517조). 파산관재인이 파산재단의 수집과 환가를 통하여 채권자에게 공정한 배당을 마치면 파산절차가 종결되고 이로써 청산절차를 마치게 된다. 회사가 회생신청을 하면 법인격이 존속하면서 제3자 또는 종전의 임원이 관리인으로 선임된다(제75조 제2항). 따라서 일단 회사에 대하여 도산절차가 개시되면 종전의 이사들은 회사 재산에 대한 관리처분권을 상실하게 되므로 도산절차 중에 이루어진 자신의 행위로 책임을 지는 경우는 거의 없다.

도산기업에 대하여 경영자의 책임을 논하는 것은 회사에 대하여 도산절차가 개시된 경우 과거의 경영진인 이사에 대한 책임을 묻는 경우와 회생절차 중에 이루어진 행위에 대한 새로운 경영주가 된 관리인에 대하여 책임을 묻는 경우로 나눌 수 있다. 따라서 이 글에서는 먼저 회생절차가 개시된 경우에 과거의 경영진인 이사에 대하여 관리인, 주주, 채권자가 책임을 묻는 부분에 대하여 설명한다. 그리고 주주가 이사를 상대로 주주대표소송을 제기할 수 있는지 여부를 살펴본다. 다음으로 회생절차 중에 이루어진 관리인(제3자 관리인 또는 관리인으로 선임된 종전 임원)의 행위에 대한 책임을 묻는 부분에 관하여 설명한다. 도산절차에서 경영진인 이사에 대한 책임을 묻는 방법은 도산법에 특유한 손해배상청구권의 조사확정제도("사정제도")가 있고, 이사가 주주인 경우에는 주식을 강제소각하는 제도가 있으며, 이사가 회사의 보증인인 경우에 구상권을 정리계획에서 면제 또는 감경하는 방법이 있다. 끝으로 이사 및 관리인의 책임을 묻는 제도에 관한 필자의 소견을 제시한다. 이 글에서는 상법상의 이사의 책임에 대하여 자세히 논하지 않으나 앞에서 본 사정제도 등을 설명하기 필요한 범위 내에서 설명하기로 한다.

재판이 이루어진 사례로는 수원지방법원 2008. 1. 4. 자 2006회기1 결정 참조. 현대아이티의 임원들이 회사운영자금을 횡령하였다는 이유로 상대방들에게 합계 약 710억 원의 지급을 명하였다.

Ⅱ. 이사의 회사에 대한 책임

1. 미 국

미국 회사법상 이사는 회사에 대하여만 충실의무를 부담하고 채권자에 대하여는 직접적인 책임을 지지 않는 것이 원칙이다. 미국 회사법의 역사는 이사의 충실의무 내용의 발전사로 볼 수 있을 만큼 이사에 대한 손해배상청구사건이 활성화되어 있다.[3)]

대표적인 사건인 Allen v. Cochran[4)]에서 은행의 예금채권자가 은행의 이사를 상대로 이사가 현금출납직원에 대한 감독을 소홀히 하여 직원이 돈을 횡령함으로써 은행이 파산하였다는 이유로 손해의 배상을 구하였다. 그러나 루이지애나 대법원은 은행의 이사와 은행의 채권자 사이에는 어떠한 계약관계가 성립하지 아니하므로 회사 또는 주주가 손해배상을 구하는 것은 별론으로 하고 회사의 채권자가 이사를 상대로 개인적인 소권(personal action)을 행사하는 것은 허용되지 아니한다고 판시하였다. 더 나아가 Tennessee Chemical co. v. Cheatham et al.[5)] 사건에서 알라배마 대법원 역시 회사의 재산이 있고 없고 관계없이 이사는 채권자를 위한 수탁자의 지위에 있다는 주장을 배척하였다.

그러나 회사가 도산하여 무자력이 된 경우에도 이러한 원칙을 고수하게 되면 불합리한 결과가 발생하게 된다. 그리하여 회사가 지급불능되거나 그 직전에 이르게 되면 이사의 임무해태로 인하여 손해를 발생시킨 경우에는 이사도 회사의 채권자에 대한 책임이 인정된다.[6)] 이 점에 관하여 법원의 견해는 일치되어 있다. 법원간에 견해가 일치하지 않는 부분은 과연 언제를 도산시점으로 볼 것인가 하는 점[7)]과 회사가 도산하여 무자력이 된 경우에 이사가 주주에 대하여도 충실의무를 부담하는가 하는 점이다.[8)] 이사의 채권자에 대한 책임을 인정하는 대표적인 예가

3) 金和鎭, 이사회, 박영사(2005), 157면.

4) 160 La. 425, 107 So. 292(1926).

5) 217 Ala. 399, 116, So. 420(1928).

6) Myron M. Sheinfeld, Judy Harris Pippitt, "Fiduciary Duties of Directors of a Coporation in the Vicinity of Insolvency and After Initiation of a Bankruyptcy," 60 Bus. Law. 79.

7) 대차대조표상의 채무초과를 기준으로 삼는 법원과 형평법상의 지급불능을 기준으로 삼는 법원으로 나뉘어 있다. Id. at 90.

8) Id. at 88.

회사가 무자력임에도 위법배당을 하는 경우이다.[9] 이론적 근거는 회사가 무자력하게 되면 회사재산은 주주에 대한 배당에 앞서서 회사채무의 변제에 사용되어야 한다는 신탁기금이론(trust fund doctrine)이다.[10]

미국은 회사에 대하여 제11장 신청이 있더라도 원칙으로 Debtor in Possession("DIP," 점유를 계속하는 채무자)이 계속하여 회사의 경영권과 재산의 관리처분권을 갖고 있다. 따라서 미국 재건절차에서 비록 경영진이 바뀌지 않는다고 하더라도 도산 시점에 따라 이사의 책임 내용이 달라지게 되므로 언제부터 회사가 도산하게 되었는가 하는 시점을 정하는 것이 경영진이 바뀌는 우리나라와 달리 매우 중요한 역할을 한다.

2. 우리나라

(1) 이사의 회사에 대한 책임

이사는 원칙적으로 회사에 대하여만 책임을 부담한다. 이사가 법령 또는 정관에 위반한 행위를 하거나 그 임무를 해태한 때에는 회사에 대하여 연대하여 손해를 배상할 책임이 있다(상법 제399조 제1항). 일본 상법은 구체적인 사유로서 위법배당을 한 경우, 제3자에 대하여 이익을 공여한 경우, 다른 이사에 대하여 자금을 대여한 경우, 이해상반행위를 한 경우, 기타 법령 또는 정관위배행위를 한 경우를 규정하고 있다.[11] 회사에 대한 이사의 책임성질에 관하여는 상법상의 특수책임설과 민법상의 채무불이행책임설로 견해가 나뉘어 있다. 판례와 다수설은 후자이다. 즉 판례는 주식회사의 이사 또는 감사의 회사에 대한 임무해태로 인한 손해배상책임은 일반 불법행위책임이 아니라 위임관계로 인한 채무불이행책임이므로 그 소멸시효기간은 일반채무의 경우와 같이 10년이라고 판시하고 있다.[12] 이사가 법령 또는 정관위배를 하였다고 하여 회사가 입은 모든 손해를 배상하는 것은 아니고 임무해태행위와 상당인과관계가 있는 손해에 한하여 책임을 지는 것이 원칙

9) Appleton et al. v. American Malting Co. et al. 65 N.J.E. 375, 54 Atl. 454(1903).

10) 이사는 수탁자로서 회사채권자를 수익자로 회사재산을 신탁재산으로 관리하여야 한다는 이론이다. 대표적인 사례로 In Miramar Resources, Inc. v. Schultz, 200 B.R. 723(Bankr. M.D. Fla. 1977). 도산에 이른 회사의 임원이 거래의 목적이 회사가 아닌 오직 이사의 이익만을 위한 거래에 관하여 그 내용과 목적을 알리지 않은 행위에 대하여 충실의무 위반이라고 판시하였다. Sheinfeld · Pippitt, 앞의 논문, 89면에서 재인용.

11) 회사법 개정 전의 구 상법 제266조.

12) 대법원 1985. 6. 25. 선고 84다카1954 판결(공 1985, 1049).

이다. 판례에 의하면 이사의 임무해태행위가 있었더라도 그러한 행위를 할 필요성이 있었고 그로 인하여 회사가 이익을 얻었다면 실제의 손해가 발생하지 아니한 것으로 보고 있다(後述).

⑵ 이사의 제3자에 대한 책임

앞에서 본 바와 같이 이사는 회사에 대하여만 책임을 지고 제3자에 대하여는 직접 책임을 지지 않는 것이 원칙이지만 상법은 예외적으로 이사의 제3자에 대한 책임을 긍정하고 있다. 제3자에는 채권자 외에 주주를 포함하는 것이 통설이다.[13] 상법 제401조는 이사가 악의 또는 중대한 과실로 인하여 그 임무를 해태한 때에는 그 이사는 제3자에 대하여 연대하여 손해를 배상할 책임이 있다고 규정하고 있다. 상법 제401조의 성질에 대하여는 상법이 인정한 법정책임설과 특수불법행위설로 나뉘어 있다. 판례와 다수설은 전자이다. 판례에 의하면, 원래 이사는 회사의 위임에 따라 회사에 대하여 수임자로서 선량한 관리자의 주의의무를 질 뿐 제3자와의 관계에 있어서 위 의무에 위반하여 손해를 가하였다 하더라도 당연히 손해배상의무가 생기는 것은 아니지만, 경제사회에서 중요한 지위에 있는 주식회사의 활동이 그 기관인 이사의 직무집행에 의존하는 것을 고려하여 제3자를 보호하고자, 이사가 악의 또는 중대한 과실로 의무에 위반하여 제3자에게 손해를 입힌 때에는 이사의 악의 또는 중과실로 인한 임무 해태행위와 상당인과관계가 있는 제3자의 손해에 대하여 그 이사가 손해배상의 책임을 진다는 것이 위 법조의 취지로 보고 있다.[14]

상법 제401조에 기한 이사의 제3자에 대한 손해배상책임이 제3자를 보호하기 위하여 상법이 인정하는 특수한 책임이라는 점을 감안할 때, 일반 불법행위책임의 단기소멸시효를 규정한 민법 제766조 제1항은 적용될 여지가 없고, 달리 별도로 시효를 정한 규정이 없는 이상 일반 채권으로서 민법 제162조 제1항에 따라 그 소멸시효기간은 10년이다.[15]

---

13) 이철송, 앞의 책(주 2), 609면. 미국 회사법도 이사는 주주 및 회사에 대하여 충실의무를 부담한다.

14) 대법원 1985. 11. 12. 선고 84다카2490 판결(공 1986, 18).

15) 대법원 2006. 12. 22. 선고 2004다63354 판결(공 2007, 199).

⑶ 판례에 나타난 사례

이처럼 회사가 도산하기 이전이라도 회사 자신에 의한 손해배상청구소송 또는 주주대표소송에 의하여 이사에 대하여 책임을 추궁할 수 있다. 그러나 현실에서는 책임을 추궁하는 자나 추궁당하는 자가 동일인이거나 이사회의 동료이기 때문에 실효성 있는 책임추궁은 이루어지기 어렵다. 그러나 회사가 도산하게 되면 제3자인 관리인 또는 파산관재인이 선임되므로 종전 이사에 대한 책임추급이 활발하게 된다. 법은 이사의 회사에 대한 책임에 대하여 손해배상청구권의 사정제도를 마련함으로써 도산 전보다 신속하게 책임을 추급할 수 있도록 배려하고 있다. 그러나 이사의 제3자에 대한 책임은 여전히 일반 민사소송을 통하여 책임을 물을 수밖에 없다. 아래에서는 원고가 파산관재인이고 피고가 파산회사의 구 임원으로서 이사의 책임을 묻고 있는 대법원 판결에 나타난 사안과 판결요지를 소개한다.

① 파산자 동방페레그린 사건[16)]

이사가 신용평가등급이 낮은 나산종건이 발행한 무보증 기업어음(CP)을 회사 내규에 위반하여 구입하였다가 회수하지 못한 것을 대표이사가 감시·감독하지 못하고, 이사가 미도파를 적대적 인수합병을 하기 위하여 파이낸스회사와의 사이에 주식매매계약을 체결하면서 증권거래법 제52조 제1, 3호에 위배하여 사전에 손실부담을 약정하거나 사후에 재산상 이익의 제공을 한 사안이다.

이사가 다른 업무담당 이사의 업무집행이 위법하다고 의심할만한 사유가 있음에도 이를 방치하면 이로 말미암아 회사가 입은 손해를 배상할 책임이 있으며, 이사가 당시 증권거래법에 의하면, 증권회사가 상품유가증권으로 소유할 수 있는 것은 주권의 경우 상장 또는 장외시장에 등록된 것으로 제한되고 있음에도 이사가 법에 위반하여 회사 명의로 미등록 주식을 매입하여 투자한 원금을 회수하지 못하였다면 회수불능의 손해가 인정된다.

② 파산자 국제생명보험 사건[17)]

생명보험회사의 임원들이 단체보험 계약자들과 협의된 금융기관으로부터 시장금리보다 낮은 표준금리로 유가증권을 매입한 후 이를 당일 매입금리보다 높은 시장금리로 다시 매각함으로써 회사에게 매각손실을 입게 하였다고 하더라도, 이

---

16) 대법원 2004.12.10. 선고 2002다60467 판결(공 2005, 87).

17) 대법원 2004.9.13. 선고 2003다67762 판결(공보불게재).

는 임원들이 회사의 당면한 유동성 부족을 해소하기 위하여 단체보험을 유치하는 과정에서 행한 행위이므로 실질적인 손해가 발생하였다고 보기 어렵다.

③ 파산자 현대생명보험 사건[18)]

이사의 법령에 위반한 행위에 대하여는 이사가 임무를 수행함에 있어서 선관주의의무를 위반하여 임무해태로 인한 손해배상책임이 문제되는 경우에 고려될 수 있는 경영판단의 원칙은 적용될 여지가 없다(이 점은 확립된 판례의 입장이다. 필자주).[19)]

구 보험업법 제156조 제1항 제4호가 보험계약자 또는 피보험업자에 대하여 특별한 이익의 제공을 약속하거나 보험료 할인 기타 특별한 이익을 제공하는 행위를 금지하고 위 규정에 위반한 자에 대하여 형벌을 부과하고 있으므로 보험회사의 임원으로서 보험계약의 유치를 위하여 보험계약자가 발행한 회사채를 부당하게 고가로 매입한 것은 위법하므로 경영판단의 원칙이 적용되지 않지만 회사의 유동성 부족을 해소하기 위한 것이고 보험료환급요청에 대처하기 위한 것이라면 매각손실 이상의 무형의 이익을 가져왔다고 볼 여지가 있으므로 결국 회사에 손해를 입힌 것으로 볼 수 없다.[20)]

④ 파산자 고려생명보험 사건[21)]

금융기관이 보험감독원으로부터 계열사에 대한 담보대출에 관하여 추가 담보가 필요하다는 감사지적을 받았음에도 오히려 그 담보대출을 신용대출로 전환하면서 계열사의 담보제공능력 및 대출금상환능력의 유무, 신용대출전환이 보험감독원의 감사지적사항을 시정하는 통상의 합리적인 방법인지 여부, 신용대출규정 및 기업체종합평가표 작성기준 등에 비추어 계열사에 대한 기업평가가 적정한지 여부 등을 객관적인 자료 등을 통해 실질적으로 확인하지 않은 채 이사가 신용대출전환을 지시한 사안에서 이사들이 선관의무 또는 충실의무를 해태하였다고 판시하였다.

18) 대법원 2005. 7. 15. 선고 2004다34929 판결(공보불게재).

19) 대법원 2006. 7. 6. 선고 2004다8272 판결(공보불게재); 2005. 10. 28. 선고 2003다69638 판결(공 2005, 1847).

20) 이 부분 판시는 뒤의 고려생명보험에도 확인되었다.

21) 대법원 2006. 7. 6. 선고 2004다8272 판결(공보불게재). 환송 후 서울고등법원 2006나70228호로 이사의 책임이 인정되었다.

Ⅲ. 이사 등에 대한 손해배상청구권의 사정제도

1. 사정제도의 취지

회생절차가 채권자나 주주에 대하여 강제적인 권리 양보에 터잡아 이루어지고 있음에도 불구하고 회사의 부실경영에 책임이 있는 이사 등에 대하여 효과적인 책임 추급이 이루어지지 않는다면 공평에 반한다. 또한 이사 등 경영자가 법인에 대하여 손해배상책임을 부담하는 경우에 채무의 변제와 회사재건의 자원이 되는 법인재산의 충실화를 위해서 책임은 신속하게 추궁할 필요가 있다. 법인으로서는 통상 민사소송을 제기하여 이사의 책임을 추궁하는 것이 원칙이지만 상당한 시간과 비용을 요하게 되므로 신속을 요하는 회생절차에 적당하지 아니하다. 따라서 이러한 두 가지 취지를 고려하여 비송사건의 일종으로서 법원이 간이·신속하게 법인의 이사에 대한 손해배상청구권의 존재·내용을 확정하고 이사에 대한 손해배상을 명하는 조사확정재판제도(이하 '사정제도' 또는 '사정재판'이라 한다)를 두게 되었다(제114조, 제115조).

원래 사정제도는 일본의 1938년 상법 개정시에 창설된 제도이다. 우리 상법에는 없는 상법상의 회사정리 및 특별청산제도에서 인정된 것을 회사갱생법, 민사재생법, 개정 파산법의 순으로 승계된 제도이다.[22]

우리나라의 사정 제도는 구 회사정리법에만 있던 제도로서 제72조부터 제77조의 6개조에 불과하였으나 신법은 제114조에서 제117조의 4개조에서 보다 자세하게 규정하는 것으로 개정하였다.

(1) 파산절차와 회생절차의 통일

구 파산법은 파산절차 내에서 파산법인에 대한 이사의 책임을 묻는 제도를 마련하지 않았다. 이에 반하여 구 회사정리법은 사정제도를 마련하여 양자의 차이가 있었다. 그러나 신법은 파산절차에서도 사정제도를 신설함으로써 회생절차와 파산절차의 차이점을 해소하였다. 일본의 구 파산법도 법인에 대하여 파산선고가 난 경우 파산절차 내에서 이사의 책임을 묻는 제도를 두지 아니하였으나 신 파산

---

22) 일본에서는 1938년 상법개정에서 회사정리 및 특별청산에서 손해배상청구권의 사정제도를 창설하였다가 회사갱생법과 민사재생법에까지 확대된 것이다(中島弘雅, "倒産企業の經營者に對する責任追及," 河野正憲·中島弘雅 編, 倒産法大系, 弘文堂(2001), 108-109면).

법(2005.1.1.부터 시행)은 회사갱생법(제99조-제103조)과 민사재생법(제142조-제147조)을 본받아 사정제도를 신설하였다(제177조-제181조). 이하의 설명은 회생절차를 기준으로 설명한다.

(2) 현황과 전망

손해배상청구권의 사정제도는 종래 이용되지 않다가 구 회사정리법 하에서 정리회사 한보철강 주식회사의 구 경영진에 대하여 고액의 손해배상청구권의 사정재판이 행하여진 사례가 있었다.[23] 일본은 우리나라와 비교하면 이용빈도가 높지만 이사의 책임을 묻는 제도로서 정착되었다고 평가하기는 어렵다. 일본에서도 이 제도가 활용되지 않는 이유는 이미 이사가 회사를 위하여 연대보증이나 물상보증을 선 상태이므로 변제자력이 거의 없다는 점, 경영판단의 문제, 손해액의 평가 등으로 손해배상책임의 확정이 어려운 점, 자력이 있는 경우에는 관리인이 이사로 하여금 위법배당 받은 금액의 반환을 받거나, 퇴직금을 포기하도록 유도하거나, 다른 재산으로 변제받는 등 관리인이 더 이상 이사의 책임을 묻지 않기로 합의하는 것이 현실적인 점 등 때문이다.[24] 특히 관리인이 이사에 대한 손해배상청구권의 사정재판을 청구하여 인용되면 법원이 이사의 책임을 인정한 것이 되고 제3자의 이사에 대한 개인 책임에도 영향을 미치게 되므로 이러한 점을 고려하다보니 사정재판의 청구를 신중히 한다. 반대로 회사를 재건하기 위하여 주주나 상거래채권자가 부실경영에 책임이 있다고 지목하는 이사에 대하여 책임을 묻지 아니하면 회사 재건에 협력하지 않겠다는 입장을 고수하게 되면 정치적인 고려에서 이사의 자력 유무에 관계없이 일단 사정재판을 청구하는 경우도 있다고 한다. 그리고 관리인이 먼저 사정재판을 통하여 이사의 재산으로부터 손해배상을 받게 된다면 이사의 변제자원이 줄어들게 되므로 채권자가 이사를 상대로 상법 제401조에 의한 손해배상을 구하더라도 변제받기가 쉽지 않다.[25] 그리고 사정재판이 예상과 달리 신속하게 결말을 보지 못하고 갱생계획안 인가시까지 확정되지 아니하여 갱생계획안에 추가조항을 두어 사정재판에 기하여 수집한 재산을 배당자원으로 삼도록 하는 예도 있었다.[26] 일본의 사례는 대부분 분식결산 또는 위법배당을

---

23) 서울지방법원 1998.9.28. 자 98파1768호(정리회사 한보철강 사건). 글 뒤의 참고자료.

24) 東西倒産實務會編, 會社更生・會社整理, 社團法人商事法硏究會(1989), 178면.

25) 실무의 현황에 대하여는 위의 책, 182면.

26) 위의 책, 178면.

원인으로 대표이사 등을 상대로 한 손해배상으로서 그 액수가 고액이라는 점에 특징이 있다.[27)]

그러나 사정재판이 비교적 활발하게 이용되지 않는다고 하여 동 제도의 효용성을 부정할 수 없다. 비록 사정재판까지 가지 않더라도 이사에게 사전적으로 충실의무 위반 등에 대하여 거액의 배상을 신속하게 물을 수 있다는 위하(威嚇)의 효과가 있고 회사가 도산한 경우 책임져야 할 이사에 대하여 재산의 제공, 회사 채무에 대한 보증 등을 유도할 수 있는 협상의 지렛대로 사용할 수 있기 때문이다.

사정재판을 필요로 하는 사정(事情)이 있는지 여부는 조사위원의 조사사항의 하나이다(제87조). 그 조사결과의 내용이 손해배상청구권의 사정재판을 개시할지 여부에 중요한 참고자료가 된다.[28)]

실제로 이사에 대하여 부실경영 및 분식결산에 대한 책임을 묻는 사건은 대부분 파산한 금융기관의 파산관재인인 예금보험공사가 원고가 되어 이사를 상대로 제기하는 손해배상청구 소송이다. 1997년 금융위기 이전에는 회사가 이사를 상대로 하는 소송이 적어 이사의 책임에 관한 판례가 풍부하지 아니하였다. 그러다가 회사의 관리경영권이 사주로부터 파산관재인으로 이전하면서 회사와 이사간의 밀월관계가 깨지고 적대적이 되면서 많은 소송이 발생하였다. 따라서 이사의 책임에 관한 기준이 확립되고 조사위원의 조사내용에 의하여 명백하게 이사의 잘못이 밝혀져야 사정제도가 활발하게 이용될 것이다. 당분간 활용도는 여전히 높지 않을 것으로 예측된다. 이하에서는 이러한 점을 고려하여 사정제도에 대하여 간단히 설명하기로 한다.

2. 보전처분

(1) 취 지

책임이 문제되고 있는 이사 등이 사정재판이 확정되기 전에 개인 소유재산을 은닉 또는 처분하여 버리면 사실상 손해의 회복은 곤란하게 될 우려가 있다. 따라서 조사확정에 기초한 이사 등에 대한 청구권의 실효성을 확보하기 위해서 이사

27) 대표적으로 일본의 山陽特殊製鋼 사건에서 1966년 약 16억 엔의 배상을 명한 바가 있다(兼子一・三ヶ月章, 條解會社更生法(上), 弘文堂(1998), 617면).

28) 대법원 2004.6.18. 자 2001그135 결정(미공간), 조사위원이 작성한 조사보고서에 기재된 주식의 무상소각의 판단기준에 관한 보고는 그 기재가 진실에 반한다는 등의 특별한 사정이 없는 한 그 내용의 증명력을 쉽게 배척할 수 없다.

의 개별재산에 대해서 법원이 보전처분을 발령할 필요성이 있다. 보전처분은 개시결정 후에 발하는 경우와 개시결정 전에 발하는 경우로 나누어 진다.

⑵ 신청권자

회생절차에 있어서 재산의 관리상태를 파악하여 변제자원을 증대하는 일은 관리인의 중요한 직무이므로(제93조) 법은 관리인에게 보전처분의 신청권한을 부여하고 있다(제114조 제1항). 회생절차개시결정 전에 보전관리인이 선임되어 있으면 그 보전관리인만이, 보전관리인이 선임되어 있지 않으면 채무자(개시 전 회사)에게 신청권이 있다. 만일 보전관리인이 선임되지 아니한 경우를 대비하여 보전처분은 직권에 의하여 발령할 수 있다(제114조 제3항).

⑶ 신청절차의 개시

보전처분은 민사집행법에 의하지 않는 특수 보전처분의 일종이기 때문에 담보제공은 불필요하고, 관할법원은 회생법원이다. 보전처분 신청에 대해서도 민법상의 시효중단의 효과가 인정된다. 개시결정 전의 보전처분은 개시절차 신청부터 개시결정까지 할 수 있으므로 개시신청을 하지 않은 채 보전처분을 하는 것은 부적법하다는 점을 유의하여야 한다.[29]

⑷ 피보전권리

채무자의 발기인·이사(상법 제401조의2 제1항 소정의 업무집행지시자 등 이사로 보는 자 포함)·감사·검사인 또는 청산인에 대한 출자이행청구권 또는 이사 등의 책임에 기한 손해배상청구권이다. 여기서 이사에 대한 출자이행청구권이라 함은 상법 제428조에 의한 담보책임에 기한 청구권을, 손해배상청구권은 상법 제399조, 제428조 제2항에 기한 손해배상청구권을 가리킨다. 그러나 일본에서도 손해배상청구권 외에 출자이행 청구권이 문제된 사례는 거의 없었다. 따라서 채권자 등 제3자가 이사 등에 대한 손해배상청구권을 행사하는 경우에는 사정재판의 대상이 될 수 없고, 통상의 소의 방법으로 그 책임을 추궁하여야 한다.

보전처분은 채무자의 권리를 보전할 필요가 큰 점에 비추어 민사집행법상의 가압류, 가처분에 한정되지는 않는다. 기타 적절한 보전처분이 있다면 그 또한 가능하다. 보전처분에 대하여 즉시항고로 불복할 수 있으나 집행정지의 효력은 없다

29) 西岡清一郎 외 2인 編, 會社更生の實務(上), 金融財政事情研究會(2005), 132면.

(제114조 제4항, 제6항).

(5) 보전처분의 등기

이사 등이 소유하는 부동산 등 등기된 권리에 관하여 보전처분이 있는 때는 법원사무관 등은 직권으로 지체 없이 보전처분의 등기를 촉탁하여야 한다. 등기된 보전처분이 변경 또는 취소되거나 회생절차개시신청의 취하 등에 의하여 보전처분이 변경 또는 취소되거나 그 효력을 상실한 때에도 마찬가지이다(제24조 제1항 제3호).

3. 손해배상청구권 등의 사정재판[30)]

(1) 조사확정절차의 개시

사정재판은 직권 또는 관리인의 신청에 의하여 개시된다. 회생절차에서 법인인 채무자의 이사 등에 대한 책임추궁은 채무자의 업무수행권 및 재산의 관리처분권이 전속된 관리인의 중요한 직무 중의 하나이고, 이것을 적절하게 행하지 않는 것은 관리인의 의무위반이 될 수 있다. 따라서 관리인은 이사 등에 대한 청구권 등이 있음을 알게 된 때에는 법원에 사정재판을 신청하여야 한다(제115조 제2항).

그러나 관리인은 해당 이사 등의 책임의 정도 및 자산상황, 회사 채무의 개인보증의 유무, 채권자·종업원의 의향 및 회생채권자를 포함한 경영환경 등 제반사정을 참작하고 채무자의 회생이라고 하는 최종 목적에 비추어 책임추궁의 상대방, 방법 및 그 정도를 정책적으로 판단하여 선택하게 될 것이다. 이러한 점을 고려하면, 관리인이 사정재판을 신청하지 않는 것이 관리인의 임무해태로 되는 것은 해당 이사 등의 책임원인이 명백하고 나아가 신청을 하는 것이 관리업무 수행에 특단의 지장이 없어 그에 의한 상당한 채권회수가 확실함에도 불구하고 이를 방치하는 것과 같은 재량권의 소극적 남용이라고 할 수 있는 경우에 한한다.[31)]

(2) 시효중단의 효력

사정재판의 신청은 재판상의 청구에 준하므로 시효중단의 효력이 인정됨은

30) 사정재판 및 이의의 소에 관한 내용은 서울중앙지방법원, 回生事件實務(上), 博英社(2006)(이하 回生事件實務(上)이라 한다)의 내용을 요약·정리하고 일부 추가한 것이다.

31) 園尾隆司·小林秀之 編, 條解民事再生法, 弘文堂(2003), 567면(이하 條解 民事再生法으로 표기한다).

당연하다. 더 나아가 법은 사정재판 절차가 직권으로 개시된 경우에도 손해배상청구권의 재판상 확정이라고 하는 사정재판 제도의 실질을 감안하여 사정재판의 신청이 있는 경우에 준하여 시효중단의 효력을 인정하고 있다(제115조 제5항).

(3) 사정재판의 심리

사정재판의 대상이 되는 것은 회사의 이사 등에 대한 출자이행청구권이나 이사 등의 책임에 기한 손해배상청구권이다. 여기서 이사라 함은 등기된 이사를 말하고 비등기 임원인 계약이사는 상법상의 이사가 아니므로 이에 해당하지 아니한다.[32] 사외이사는 회사의 업무집행을 담당하지 않지만 기본적으로 사내이사와 동일한 권리와 의무를 가지므로 사외이사 역시 사정재판의 대상이 되는 이사에 속한다.[33] 신법하의 회생절차에서 법원은 원칙적으로 회사의 대표이사를 관리인으로 선임하지만 손해배상청구권의 사정결정의 상대방이 될 경우에는 관리인으로 선임될 수 없다.[34]

실체법상의 청구권인 손해배상청구권의 존부에 관한 쟁송임에도 불구하고 간이·신속한 처리라고 하는 요청에서 제1차적으로는 결정절차에 의하도록 한 것이 사정재판이다. 사정절차에서는 구두변론이 허용되지 않으나 이사 등에게 방어의 기회를 최대한 부여하기 위해서 이사 등에 대한 필요적 심문을 거쳐야 한다(제115조 제7항). 관리인이 신청한 때에는 관리인도 이해관계인으로 반드시 심문하여야 한다. 관리인이 사정재판을 신청한 때에는 관리인이 이사 등의 선관주의의무위반 등 손해배상청구권 등의 원인되는 사실을 소명하여야 한다(제115조 제3항). 실무상 법원에 의하여 선임된 조사위원의 조사보고서가 중요한 판단자료가 됨은 앞서 설명한 바와 같다. 그 밖에 법원은 당사자로부터 제출된 자료 이외에도 직권으로 조사를 할 수 있다(제12조 제2항). 사정의 대상이 되는 권리는 당사자가 처분할 수 있는 것이므로 심리 도중 소송상 화해 또는 조정이 가능하다.[35]

(4) 주　　문

법원은 조사확정의 원인사실이 증명되었다고 인정하는 때는 이사 등에 대하여 손해배상을 명하는 사정재판을 하고, 그렇지 않으면 사정재판의 신청을 기각하

---

32) 서울고등법원 2006.8.24. 선고 2004나60135 판결(대법원 2006다65729 심리불속행).

33) 구회근, "이사의 회사에 대한 손해배상책임에 관한 분석—대법원판례를 중심으로," 기업소송연구, 2005(Ⅱ), 9면.

34) 채무자회생법 제75조 제2항, 일본 신 회사갱생법 제67조 제3항.

35) 高田昌宏, "更生會社役員の責任と追及," 判例タイムズ No.1132(2003.12.10), 161면.

는 재판을 한다. 신청인은 사정재판의 신청을 행할 때 신청취지에 일정금액을 표시하여야 하지만, 사건의 비송적 성격상 법원은 이것에 구속되지 않고 자유롭게 손해배상액을 조사확정할 수 있다. 이사 등에 대하여 손해배상청구권이 있다는 사정재판의 주문은 「채무자의 상대방(이사)에 대한 손해배상청구권을 금 ○○원으로 확정한다」로 된다. 사정재판 절차는 회생절차의 목적을 달성하기 위하여 회생절차 계속중에 한하여 인정되는 특수한 책임추궁절차이기 때문에 사정재판이 있은 후의 것을 제외하고는 회생절차가 종료한 때에 사정절차가 종료한다(제115조 제8항).[36] 그러나 뒤에 보는 바와 같이 이의의 소는 회생절차 종료 후에도 수계가 가능하다.

⑸ 재판의 효력

사정재판에 관하여 불복하는 이의의 소가 제116조 제1항의 기간 내에 제기되지 아니하거나 취하된 때 또는 각하된 때는 사정재판은 확정되어 이행을 명한 확정판결과 동일한 효력이 있다(제117조). 즉 확정된 사정재판은 기판력 및 집행력을 가진다.[37]

사정재판 신청을 기각한 재판은 간이한 방법으로는 손해배상을 명할 수 없다는 것을 확인하는 것에 지나지 않고, 손해배상청구권의 부존재 자체를 확인하는 것은 아니기 때문에 사정재판 신청을 기각하는 재판에는 기판력이 없고, 불복신청도 할 수 없다. 전면적인 기각결정에 대하여는 이의의 소도 즉시항고도 허용되지 않으며 단지 통상의 민사소송으로 해당 이사 등에 대하여 책임을 추궁할 수밖에 없다.[38]

4. 사정재판에 대한 이의의 소

⑴ 관할법원 및 제소기간

이의의 소의 관할법원은 회생법원이며, 관할은 전속관할이다(제116조 제4항). 이의의 소는 사정재판의 송달을 받은 날부터 1월 이내의 불변기간에 제기하여야

36) 이는 마치 회생절차가 종료하면 계속 중인 부인의 소송도 종료한다는 확립된 판례의 입장과 같다. 대법원 2006.10.12. 선고 2006다32507 판결(공보불게재); 2004.7.22. 선고 2002다46058 판결.

37) 條解 民事再生法, 582면.

38) 條解 民事再生法, 582면; 高田昌宏, 앞의 글(주 35), 161면.

한다(제116조 제1항, 제2항). 이의의 소의 대상이 되는 사정재판은 이사 등에게 손해배상을 명하는 재판을 가리킨다.

(2) 당 사 자

이의의 소를 제기할 수 있는 자는 사정재판에 불복이 있는 자이다(법 제116조 제1항). 이사는 물론이고, 조사확정의 신청이 일부 인용된 경우에는 관리인도 제기할 수 있다.[39] 어느 당사자가 원고·피고로 될 것인가의 문제에 관하여는 손해배상청구권의 귀속과 별도로 조사확정이 신청 또는 직권에 의하는지 여부에 상관없이 모두 이의의 소를 제기하는 자를 원고, 제기당하는 자를 피고로 삼고 있다(제116조 제3항).

(3) 반　　소

일부 인용(기각)의 사정재판에 대하여 이의의 소가 제기된 경우 상대방은 이의소송의 제소기간 경과 후라도 사정재판보다 유리한 판결을 받기 위해서 이미 제기된 이의소송에서 반소로서 이의의 소를 제기할 수도 있다.[40]

(4) 이의소송의 심리

변론은 결정을 송달받은 날부터 1월을 경과한 후가 아니면 개시할 수 없다(제116조 제4항). 한 개의 사정 재판에 대한 수개의 이의소송이 제기되어 계속되어 있는 때에는 법원은 변론을 병합하여 일체로서 심리·판단하여야 한다(제116조 제5항).[41] 반면에 복수의 이사 등에 대하여 각각 사정재판이 행하여져 이의의 소가 각각에 대하여 제기된 경우에는 공동소송으로 처리할 필요는 없다. 이의소송은 사정의 대상이 된 이사 등의 회사에 대한 손해배상의무를 둘러싼 분쟁을 전부 해결하려는 것이 목적이기 때문에, 이의소송에서 당사자는 사정재판에서 주장되지 아니한 사실도 주장할 수 있다.[42]

---

39) 구 회사정리법에서는 이러한 규정이 없어 관리인도 이의의 소를 제기할 수 있는지에 대하여 다툼이 있었으나 신법은 명문으로 허용하였다.

40) 條解 民事再生法, 578면.

41) 일본의 신 회사갱생법은 동 조항이 불필요하다고 하여 삭제하였다(深山卓也 외, 新しい會社更生法の概要(3), 金融法務事情 1666호, 72면).

42) 回生事件實務(上), 304면.

(5) 회생절차의 종료와 이의소송

회생절차종료시에 아직 사정결정이 확정되지 않고 계속 되어 있는 경우에는 회생절차종료 후라도 이의의 소를 제기할 수 있다. 또한 이의의 소가 계속 중에 회생절차가 종료되면 회사의 업무집행 및 관리처분권이 관리인에서 채무자로 변경되므로 이의의 소는 중단되고 채무자가 이를 수계하여야 한다.[43]

이의의 소의 판결은 소를 부적법한 것으로 각하하는 경우를 제외하고 사정재판을 인가·변경 또는 취소하는 형태로 판단을 표시하게 된다(제116조 제6항). 이사 등이 원고인 경우에는 사정된 손해배상액의 취소를 구하는 범위가 소송물이므로 법원은 그 범위 내에서만 판결을 하여야 한다. 또한 사정재판의 신청인인 관리인이 원고인 경우에는 구하는 손해배상액과 사정된 액과의 차액이 소송물로 된다. 위와 같은 소송물의 범위를 넘는 변경 또는 취소를 구하기 위해서는 피고로서는 반소로서 이의의 소를 제기하여야 한다.[44]

사정재판을 인가 또는 변경하는 판결은 판결주문 중에 이행을 명하는 문언은 포함하고 있지 않지만 실질적으로는 이사 등에게 손해배상을 명하는 내용을 포함하고 있기 때문에 그 판결에 강제집행에 관하여 이행을 명한 확정판결과 동일한 효력을 인정하고 있다(제116조 제7항). 사정재판을 취소하는 판결이 확정되는 경우에는 손해배상청구권의 부존재에 관하여, 사정재판을 인가하는 판결 역시 청구권의 존재에 대하여 기판력이 생긴다.[45]

Ⅳ. 이사의 책임을 추궁하는 다른 제도

1. 채권자취소소송과 채권자대위소송

회사에 대하여 파산 또는 회생절차가 개시되면 회사재산의 관리처분권은 파산관재인 또는 관리인에게 전속하므로 회사를 당사자로 하는 재산관계의 소송 및 채권자취소소송은 중단한다(제114조).[46] 파산선고 후에는 파산채권자가 채권자취

---

43) 回生事件實務(上), 304면. 일본의 신 회사갱생법 제52조 제4항, 제5항은 이를 입법화하였다.

44) 條解 民事再生法, 581면.

45) 條解 民事再生法, 581면.

46) 채권자취소소송의 당사자는 채권자와 상대방임에도 당사자가 아닌 채무자에 대하여 파산

소소송을 제기할 수 없다.[47] 채권자대위소송도 중단되는데 그 이유는 채무자의 책임재산을 보전하는데 있고 파산절차가 개시되면 책임재산의 보전에 관한 당사자 적격이 채권자로부터 파산관재인으로 이전하기 때문이다.[48] 일본은 신 파산법 제45조 제1항을 개정하여 채권자대위소송의 경우에도 소송이 중단됨을 명문으로 규정하여 이론적 근거에 대한 의문을 해소하였다.

2. 주주대표소송

주주대표소송이란 회사가 이사에 대한 책임추궁을 해태하는 경우에 주주가 회사를 위하여 이사, 감사 등의 책임을 추궁하기 위한 소송이다(상법 제403조). 따라서 대표소송은 이사의 제3자에 대한 책임(상법 제401조)을 추궁하기 위하여 제기할 수 없다. 회사에 대하여 파산 또는 회생절차가 개시된 경우에 주주가 제기하여 계속 중인 대표소송 역시 중단되는지 또는 주주가 새로이 대표소송을 제기할 수 있는지에 대하여는 법에 명문의 규정이 없다. 주식회사인 법인에 대하여 파산선고가 된 경우에 주주가 여전히 대표소송을 통하여 이사 또는 감사의 책임을 추궁할 수 있는지 아니면 파산관재인만이 소송을 제기할 수 있는지에 대하여는 견해가 일치되어 있지 않다. 항을 나누어 살펴본다.

(1) 미 국

미국 연방파산절차규칙 §7023.1는 주주대표소송에 관한 연방민사소송규칙 §23.1이 파산절차에 있어서의 대립당사자소송(adversary proceedings)에도 적용된다고 규정함으로써 입법적으로 이를 해결하고 있다. 즉 파산회사의 파산관재인 또는 DIP가 회사를 위하여 이사에 대한 책임추궁의 소를 제기하지 아니하는 경우에는 연방도산절차규칙이 적용되어, 회사의 주주는 사전에 법원으로부터 권한을 부여받은 다음, 주주대표소송을 제기할 수 있게 된다. 다만 관리인이나 DIP에게 그러한

또는 회생절차가 개시되면 소송이 중단된다는 점에 유의할 필요가 있다. 파산관재인이 채권자를 수계하게 된다.

47) 일본 大審院 昭和 4(1929).410.23. 民集 8巻 787頁(伊藤眞, 破産法, 有斐閣(2006), 297면(주 127)에서 재인용). 파산관재인이 상대방의 수계신청을 거부할 수 있는가에 대하여 다툼이 있으나 거부할 수 없다는 견해에 찬동한다. 파산관재인은 수계 후 부인의 항변을 제기할 수 있다.

48) 근거로는 사행행위취소에 관한 제114조를 유추적용하는 데에 두고 있다. 전병서, 도산법, 법문사(2006), 148면; 伊藤眞, 앞의 책(주 47), 298면; 森田修, 債權回收法講義, 有斐閣(2006), 33면.

소송의 제기를 요구하였으나 그들이 그 요구를 거절하거나 포기하였다는 증거를 제시하여야 한다.

⑵ 일 본

일본에서는 주주는 회사갱생절차(또는 파산절차) 개시 후에는 대표소송을 제기할 수 없다는 견해가 다수설이다.[49] 그 이유는 다음과 같다. 첫째, 주주대표소송은 회사가 소를 제기할 권능을 가질 것을 전제로 하는 것인데 회사갱생절차(또는 파산절차) 개시결정이 있으면 회사가 이사에 대하여 제기하여야 할 책임추궁의 소는 회사의 재산관계의 소로서, 갱생회사의 재산 또는 파산재단에 관한 소이므로 파산관재인이 당사자 적격을 갖게 된다. 둘째, 파산관재인이 회사재산(파산재단)의 관리 및 처분의 권한을 전유하기 때문에 이사의 책임의 추궁에 대하여도 소를 제기할 것인지 또는 소에 의하지 않고 이사에 대한 손해배상청구권의 사정을 할 것인지가 파산관재인의 판단에 일임되어 있다. 일본의 최고재판소 판결도 신용협동조합에 대하여 「금융기관등의 갱생절차의 특례 등에 관한 법률」에 기하여 금융정리관재인이 선임된 사안에서 조합원은 대표소송을 제기하거나 수행할 권한을 잃는다고 판시하였다.[50] 명시적으로 파산절차에서 주주의 대표소송 적격을 부정하여 소를 각하한 하급심판결도 있다.[51]

반대설은 갱생절차 진행중에도 주주의 대표소송이 인정되어야 한다고 주장한다.[52] 그 논거는 다음과 같다. 첫째, 회사갱생절차에 있어서 주주의 권리가 전부 정지된다는 명문의 규정이 없는 이상 주주는 대표소송을 제기할 권한을 잃지 않는다는 점, 둘째, 주주에 의한 대표소송을 인정하여도 적극적으로 갱생절차와 모순되는 것은 아닌 점, 셋째, 회사갱생법상 법원에 의한 관리인의 선임, 감독의 규정과 관리인의 선관주의의무의 규정이 있다고 하여 이사에 대한 책임추궁의 해태의 가능성이 전혀 없다고 할 수는 없는 점, 넷째, 상법이 주주가 제기한 대표소송에 참가할 수 있다고 규정한 것에 비추어 보면 주주가 자신의 명의로 소송을 제기하는 것을 염두에 두고 있는 점 등이다.

---

49) 兼子一・三ヶ月章, 條解會社更生法(上), 616면; 伊藤眞, 앞의 책(주 47), 298면.

50) 最高裁判所 平成15(2003).6.12. 民集 57卷6号640頁.

51) 東京地判 平成7(1995).11.30. 平7(ワ)9223호 참조.

52) 服部榮三, "更生手續の開始と株主の代表訴訟," ジュリスト 416號, 133면; 中島弘雅, "會社更生手續の開始, 終結と株主の代表訴訟," 法律時報(別册), 私法判例リマークス, 2卷, 159호.

(3) 우리나라

대법원 판결은 일본의 다수설과 판례에 따라 파산선고가 되면 주주는 주주대표소송을 제기할 수 없다는 입장에 서 있다.[53] 이 판결은 비록 파산법에 관한 설시이지만 회사정리법이나 회생절차에도 그대로 적용될 것이 예상된다. 학설도 같은 입장이다.[54] 대법원 판결의 요지는 아래와 같다.

「상법 제399조, 제414조에 따라 회사가 이사 또는 감사에 대하여 그들이 선량한 관리자의 주의의무를 다하지 못하였음을 이유로 손해배상책임을 구하는 소는 회사의 재산관계에 관한 소로서 회사에 대한 파산선고가 있으면 파산관재인이 당사자 적격을 가진다고 할 것이고(파산법 제152조), 파산절차에 있어서 회사의 재산을 관리·처분하는 권리는 파산관재인에게 속하며(파산법 제7조), 파산관재인은 법원의 감독하에 선량한 관리자의 주의로써 그 직무를 수행할 책무를 부담하고 그러한 주의를 해태한 경우에는 이해관계인에 대하여 책임을 부담하게 되기 때문에(파산법 제154조) 이사 또는 감사에 대한 책임을 추궁하는 소에 있어서도 이를 제기할 것인지의 여부는 파산관재인의 판단에 위임되어 있다고 해석하여야 할 것이고, 따라서 회사가 이사 또는 감사에 대한 책임추궁을 게을리 할 것을 예상하여 마련된 주주의 대표소송의 제도는 파산절차가 진행 중인 경우에는 그 적용이 없고, 주주가 파산관재인에 대하여 이사 또는 감사에 대한 책임을 추궁할 것을 청구하였는데 파산관재인이 이를 거부하였다고 하더라도 주주가 상법 제403조, 제415조에 근거하여 대표소송으로서 이사 또는 감사의 책임을 추궁하는 소를 제기할 수 없다고 보아야 할 것이며, 이러한 이치는 주주가 회사에 대하여 책임추궁의 소의 제기를 청구하였지만 회사가 소를 제기하지 않고 있는 사이에 회사에 대하여 파산선고가 있은 경우에도 마찬가지이다.」

(4) 소　　결

생각건대 파산관재인에게 파산한 회사의 재산에 대한 관리처분권이 전속하고 이사에 대한 손해배상청구권이 파산재단에 속하는 재산이므로 소송을 제기할 권한 역시 파산관재인에게 전속적으로 귀속된다는 점은 논리필연적이다. 그러나 파

53) 대법원 2002.7.12. 선고 2001다2617 판결(공 2002, 1932). 이 판결에 대한 해설로 朴京鎬, "破産節次가 進行中인 會社의 株主가 會社의 理事 또는 監事를 相對로 代表訴訟을 提起할 수 있는지 與否(=消極)," 대법원판례해설 42號(2002 하반기)(2003.7), 726-727면 참조.

54) 법인파산실무, 박영사(2006), 72면; 전병서, 앞의 책(주 48), 148면.

산관재인이 종전 이사와 유착할 가능성이 적고 업무집행에 있어서 법원의 감독을 받는다고 하지만 자신의 판단에 의하여 이사에 대한 손해배상청구의 소송을 할지 여부를 결정하는 것이고 반드시 올바른 판단을 한다는 보장이 없다. 더구나 구 회사정리법에서는 관리인을 회사와 이해관계가 없는 제3자를 선임하는 것이 관례였으나 현행법은 회사의 대표자를 관리인으로 선임하는 것을 원칙으로 변경하였다(제75조 제2항). 따라서 회사정리법 시행 당시보다 관리인과 종전 이사의 유착관계를 염려할 경우도 적지 않게 되었으므로 주주에 대하여 도산절차 중에서도 관리인의 동의와 법원의 허가를 요건으로 하여 주주대표소송을 제기할 수 있도록 하는 것이 바람직하다. 그러나 이는 회사의 업무 수행과 재산관리 및 처분권한이 관리인에게 전속한다는 규정(제56조 제1항)과 배치될 수 있으므로 해석론으로 주장하기에는 어렵다.[55] 결국 종전 대표자를 관리인으로 선임하는 과정에서 발생하는 관리인과 종전 이사간의 유착관계의 부작용을 어떻게 제어할 것인가 하는 입법자의 정책판단에 의하여 결정되어야 할 문제이다.

3. 상호신용금고법 제37조의3에 기한 책임

구 상호신용금고법(2001.3.28. 법률 제6429호로 변경되기 전의 것) 제37조의3 제1항은 상호신용금고(이하 금고라 한다)의 임원(감사를 제외한다)과 국세기본법 제39조 제2항에 규정된 과점주주는 금고의 예금 등과 관련된 채무에 대하여 금고와 연대하여 변제할 책임을 진다고 규정하였다. 동 조항은 경영의 책임이 있는 임원과 과점주주에게 금고의 부실경영에 대한 책임을 물음으로써 책임경영을 실현하고 부실경영을 방지하여 예금주 등을 보호하고자 함에 입법목적이 있다. 그러나 헌법재판소는 동 조항이 부실경영의 책임이 있는 임원 및 금고 경영에 영향력을 행사한 과점주주로 제한해야 함에도 불구하고 임원과 과점주주 전원에 대하여 예외 없이 금고의 채무에 대하여 연대책임을 부담케한다는 이유로 헌법에 위반된다고 판시하였다(한정위헌).[56] 그러므로 동 조항에서 말하는 '금고의 임원'이란 '금고의 부실경영에 책임이 있는 임원'이라고 제한적으로 해석함이 상당하고, 여기에는 불법·부실대출에 관여함으로써 금고에 재산상 손해를 입힌 임원이 포함된다.[57]

55) 垣內秀介, "責任追及等の訴え," 倒産判例百選(第4版), 有斐閣(2006), 43면.

56) 헌법재판소 2002.8.29. 선고 2000헌가5 결정.

57) 대법원 2005.9.29. 선고 2003다65568 판결.

동 조항의 책임은 앞에서 본 상법상의 이사가 회사 또는 제3자에 대하여 부담하는 손해배상책임과는 별도로 법률의 규정에 의하여 특별히 예금주에게 인정된 고유의 권리이다. 따라서 임원이 금고에 발생한 손해에 대하여 상법 제399조 제1항에 따른 책임을 먼저 이행하였다고 하더라도, 임원이 동일한 임무해태행위를 원인으로 예금채권자에 대하여 부담하는 예금변제책임은 그로부터 예금주가 실제로 변제받은 금액의 한도 내에서만 소멸할 뿐 이사가 금고에 이행한 손해배상액의 범위에서 모두 소멸하지 않는다.[58] 따라서 임원이 상법 제399조 제1항에 의한 손해배상책임을 이행한 이상, 구 상호신용금고법상 예금변제책임도 소멸한다는 주장은 타당하지 않다.

Ⅴ. 회생절차 중의 주식의 소각 및 구상권의 면제

社主인 회사의 대표이사 또는 社主와 특수관계인에 있는 이사는 주주의 지위를 겸유하는 것이 보통이다. 신법은 회생회사의 주주에 대하여 주식의 강제소각 규정을 두고 있다. 첫째로 회생절차 개시 당시 채무초과인 경우에는 반드시 발행주식의 1/2 이상을 소각하는 등의 방법으로 자본을 감소하여야 한다(제205조 제1항), 둘째로 주식회사인 채무자의 이사나 지배인의 중대한 책임이 있는 행위로 인하여 회생절차개시의 원인이 발생한 때에는 회생계획에 그 행위에 상당한 영향력을 행사한 주주 및 그 친족 그 밖에 대통령령이 정하는 범위의 특수관계에 있는 주주가 가진 주식의 3분의 2 이상을 소각하거나 3주 이상을 1주로 병합하는 방법으로 자본을 감소할 것을 정하여야 한다. 유한회사의 경우도 마찬가지이다(제205조 제4항, 제6항). 본 조항이 적용되려면 첫째, 채무자의 이사나 지배인의 중대한 책임이 있는 행위로 인하여 회생절차의 개시원인이 발생하여야 한다. 둘째, 그 행위에 지배주주 등이 상당한 영향력을 행사하여야 한다.[59] 이러한 지배주주는 신주발행시 신주를 인수할 수 없다(제205조 제5항).[60]

---

58) 대법원 2008.4.10. 선고 2004다68519 판결(공 2008, 646).

59) 동 조항은 1998.2.24. 개정시 삽입된 것이나 신법 하에서 폐지의견으로는 吳泳俊, "旣存 經營者 管理人制度와 債務者 會社의 支配構造." 南孝淳·金載亨 共編, 統合倒産法, 법문사(2006), 237면.

60) 그러나 지배주주가 신 회사를 설립하여 신 회사가 회생회사의 신주를 인수하는 것까지 법률적으로 금지할 수 없다는 점에서 동 조항의 효과에 대하여 의문을 제기하기도 한다. 吳泳俊, 앞의 글(주 59), 238면.

실무상 문제가 되는 것은 주식 소각의 범위이다. 종전 판례와 실무는 이에 해당하는 주주의 주식을 100% 소각하였다.[61] 일본에서도 주식을 100% 소각하는 것이 공정·형평에 반한다는 논의가 있었으나 실무는 100% 소각이 공정·형평에 반하지 않는다고 해석하고 있다.[62] 또한 정리계획안에 구상권에 관한 조항을 두어 사주 기타 특수관계에 있는 이사의 회사에 대한 구상권을 면제하는 것이 과거 실무였다. 구 회사정리법 하에서의 확립된 판례의 입장도 이러한 차별이 공정·형평에 어긋나지 않는다고 보고 있다.[63] 신법은 제218조를 신설함으로써 실무를 명문화하였다.

회생절차 중에 M&A를 통하여 제3자가 회생회사를 인수함에 있어 종전 임원이 보증책임을 면하기 위하여 보증인과 채권자간에 개별계약을 체결하여야 하고 정리계획안에 보증인의 책임면제에 관한 조항을 두어 인가되더라도 보증책임 면제의 효력이 없다.[64]

Ⅵ. 회생절차 중 회사의 기관과 관리인

1. 회생절차 중의 회사의 기관

(1) 일 반 론

관리인의 책임을 논하기에 앞서서 주식회사에 대하여 회생절차가 개시된 경우 주주, 이사, 감사의 권한을 먼저 이해할 필요가 있다. 회생절차가 개시되더라도 주식회사의 법인격은 그대로 유지되는 것이므로 주주, 주주총회, 이사, 이사회, 감사 등의 회사법상의 기관은 여전히 존속한다.[65]

---

61) 대법원 1999.11.24. 자 99그66 결정(공 2000상, 134); 回生事件實務(上), 545면.

62) 清水直, "100% 減資更生計劃の許否," 新倒產判例百選, 別冊 ジュリスト, 有斐閣(1990), 209면.

63) 앞의 대법원 99그66 결정.

64) 대법원 2005.11.10. 선고 2005다48482 판결(공 2005, 1967). 한편 당해 채권자가 동의한 이상 유효하다고 보아야 한다는 견해로는 林治龍, 파산법연구, 박영사(2004), 369면. 원칙적으로는 대법원 판결에 찬동하지만 예외적인 경우에 유효하다고 해석하는 견해로는 李政桓, "整理會社의 保證人 債務를 免除하는 整理計劃 規定의 效力," 민사판례연구(XXIX), 박영사(2007), 795-796면.

65) 藤田耕三, "會社更生·整理と會社の機關," 竹下守夫·藤田耕三, 裁判實務大系3 會社訴訟·會社更生法, 青林書院(1985), 318-327면. 대표적인 예로 일치하여 드는 것이 회사설립무효의 소의 상대방이 관리인이 아니라 대표이사가 된다는 설명이다.

그러나 개시결정이 나면 확정을 기다리지 않고 바로 효력이 발생하므로 회사의 재산에 대한 관리처분권은 관리인에게 전속한다. 따라서 회사의 재산적 활동 이외의 조직법적·사단법적인 활동에 관한 것은 회사의 기관에 존속하지만 상법상의 권한은 대부분 축소된다. 게다가 조직법적·사단법적인 활동이라도 회사재산의 관리처분권과 밀접한 관련이 있고 회생계획의 수행에 간접적인 관계가 있는 경우는 여전히 관리인이 수행하게 된다. 예컨대 자본의 감소, 신주 또는 사채의 발행, 자본의 증가, 주식의 포괄적 교환 또는 포괄적 이전, 회사의 합병, 분할, 분할합병 또는 조직변경, 해산 또는 회사의 계속 및 이익 또는 이자의 배당 등은 회생절차 외에서 수행할 수 없다(제55조 제1항).

(2) 주주총회

주주총회는 존속하지만 그 권한은 형해화되어 있다. 회생계획을 수행함에 있어서는 법령 또는 정관의 규정에도 불구하고 회생회사의 주주총회 또는 이사회의 결의를 하지 아니하여도 된다(제259조). 상법 제374조의 특별결의를 요하는 행위는 회생회사의 사업경영에 관한 것이므로 관리인의 권한에 속하고 주주총회의 권한사항에서 제외된다. 정관변경 역시 회생절차에 의해서만 가능하므로(제55조 제2항) 주주총회에서 정관변경의 특별결의를 하더라도 효력이 없다. 상법상의 주주총회는 이사의 선임 및 해임권한을 갖지만 회생회사에 대하여는 회생계획에 이사의 선임이나 임기 또는 선정방법을 정하도록 규정함으로써(제203조 제1항) 회생회사의 주주총회는 이사 선임권도 박탈되었다.

(3) 이사 및 이사회

회생회사의 이사회의 권한 역시 명목적인 것밖에 남아 있는 것이 없다. 즉 대표이사의 선임, 주주총회의 소집 정도이다. 이사의 경업에 대한 승인이나 이사와 회사간의 거래의 승인, 이익상반행위의 승인 등은 관리인의 사업경영 및 관리처분권에 저촉되는 것이므로 이사회의 권한에 속하지 아니한다.[66] 회생회사의 이사·대표이사 또는 감사의 선임·선정 또는 유임이나 그 선임 또는 선정의 방법에 관한 회생계획은 형평에 맞아야 하며, 회생채권자·회생담보권자·주주·지분권자 일반의 이익에 합치하여야 한다(제204조).

회생계획에는 임의적 기재사항으로 종전 이사, 대표이사에 관한 규정을 둘 수

66) 藤田耕三, 앞의 글(주 65), 324면.

있다(제193조 제2항 제3호). 이에 따라 회생계획에 이사나 대표이사에 관하여 선임(선정)될 자와 임기 또는 선임(선정)의 방법에 관하여 정하여야 한다(제203조 제1항). 만일 회생계획에서 유임할 것으로 정하지 아니한 이사(대표이사)는 해임된 것으로 본다(제203조 제4항).[67] 실무상 작성되는 회생계획안에는 모든 이사 또는 대표이사가 인가결정과 동시에 퇴임하는 것을 전제로 하되 회생절차 중에는 관리인이 법원의 허가를 얻어 선임할 수 있다는 규정을 두는 것이 일반적이다.[68] 회생회사의 이사는 관리인의 권한을 침해하거나 부당하게 그 행사에 관여할 수 없다(제56조 제2항). 회생계획을 수행함에 있어서는 법령 또는 정관의 규정에도 불구하고 이사회의 결의를 하지 아니하여도 된다(제260조). 회생회사의 이사 임기는 상법상의 이사 임기 3년이 아니라 1년을 넘지 못한다(제203조 제5항). 회사의 부실경영에 책임 있는 이사는 회생절차가 개시되면 이사에 유임될 수 없을 뿐 아니라(제203조 제2항), 이러한 이사는 회생절차의 종결결정이 있은 후에도 회생회사의 이사로 선임되거나 대표이사로 선정될 수 없다(제203조 제2항 단서, 제284조). 이를 위반하여 이사 또는 대표이사로 취임한 자에 대하여 형사처벌하고 있다(제647조).

회생회사의 대표이사의 권한 역시 명목적인 것에 불과하다. 주주총회의 소집권한 정도이다. 주주명부의 개서, 폐쇄업무는 회사의 인격적 활동에 관한 것이므로 대표이사가 관장하여야 한다는 견해[69]도 있지만 회사의 재산에 관한 것이므로 관리인의 권한에 속하다는 견해도 있다. 판례는 정리회사가 법인 양벌규정에 의하여 형사재판을 받게 되는 경우 관리인은 정리회사의 대표자가 될 수 없다는 이유로 변호인의 선임권이 관리인이 아니라 종전 대표이사에게 있다고 판시하였다.[70] 그러나 벌금을 납부하는 문제는 역시 재산에 영향을 미치는 것이므로 미국처럼 관리인에게 대표권을 인정하는 것이 타당하다.[71] 대표이사는 특별한 사정이 없는

67) 법인등기부에는 "이사 김갑동 2008. 11. 29. 서울중앙지방법원 회생계획인가 해임결정 2009. 1. 13. 등기라고 기재한다."

68) 回生事件實務(上), 595면. 회생계획안에는 "채무자의 현 대표이사 · 이사는 회생계획의 인가와 동시에 전원 퇴임한다"라고 기재한다.

69) 吳泳俊, 앞의 글(주 59), 227면.

70) 대법원 1994. 10. 28. 자 94모25 결정(공 1994, 3172). "주식회사가 피고인인 경우 형사소송법 제27조 제1항에 의하여 피고인인 법인을 대표하여 소송행위를 할 자는 그 회사의 대표이사라고 할 것이고, 그 주식회사에 대하여 회사정리절차 개시결정이 내려져 있는 경우라고 하더라도 적법하게 선임되어 있는 대표이사가 있는 한 그 대표이사가 그 회사의 대표자로서 소송행위를 대표한다고 할 것이다. … 따라서 피고인의 대표자가 아닌 관리인이 선임한 변호인에 의하여 제기된 이 사건 항고를 법률상 방식에 위반한 것이라고 본 원심의 판단은 정당하다."

71) Ken International Co. Ltd 사건(1991)에서 회사의 종전 대표이사가, 일본에서 선임된 파산관

한, 근로기준법상의 근로자라고 할 수 없으며, 회사정리절차의 개시에 의하여 그 지위를 상실하거나 관리인의 지휘, 감독하에 임금을 목적으로 근로하는 근로자의 지위에 서게 되는 것은 아니다.[72)]

⑷ 감 사

상법상 감사는 주주총회에서 선임되지만(상법 제409조 제1항). 구 회사정리법 하에서 실무준칙 제11호를 마련하여 법원의 천거에 의하여 관리인이 감사를 선임하였다. 신법은 그 동안의 실무를 입법화하여 법인인 채무자의 감사는 채권협의회의 의견을 들어 법원이 선임한다고 규정하였다(제203조 제4항). 마찬가지로 회생계획에서 감사로 선임되지 아니한 자는 해임된 것으로 본다. 회사정리법 하에서는 감사는 새로운 이사의 선임과 마찬가지로 회생계획인가시에 선임하였으나 원칙적으로 종전 대표이사를 관리인으로 선임하는 채무자회생법의 실무에서는 감사의 역할을 제대로 발휘하기 위하여 회생계획 인가 전에 선임하기도 한다.

2. 관리인의 법적 지위

확립된 판례에 따르면 정리회사의 관리인은 회사와 그 채권자 및 주주로 구성되는 이해관계인 단체의 관리자로서 일종의 공적수탁자의 지위에 있다.[73)] 이 점은 미국의 DIP가 주주 뿐 아니라 모든 채권자 등 모든 이해관계인의 충실의무를 지는 것과 같다.[74)] 관리인대리는 관리인을 대신하여 단독으로 처리하는 포괄직인 권한을 갖고 반드시 등기하도록 되어 있으며 소송행위를 할 수 있다는 점에서 다른 보조인들과 다르다. 관리인대리의 위법행위에 대하여는 관리인은 그 선임 및 감독에 관하여 무과실이라는 사유로 면책을 주장할 수 없다.

정리회사의 관리인(은행)이 "갑"을 정리회사의 부사장으로 선임하여 정리업무에 참여케 하였다면 "갑"은 위 직명여하에 관계없이 관리인의 책임으로 그 직

재인은 미국 법정에서 회사를 대표하여 형사사건에서 유죄를 인정할 권한도 없고 더구나 在美資産에 대한 관리처분권이 없다고 다투었으나 법원은 그 주장을 배척하였다. U.S. v. Ken Int'l Co. Ltd(1997). U.S. App LEXIS 10474. 자세한 내용에 대하여는 林治龍, 앞의 책(주 64), 495면 참조.

72) 대법원 1994. 9. 23. 선고 93누12770 판결(공 1994, 2871). 정리절차 개시 후에 대표이사가 심근경색증세로 사망에 이르게 된 사안에서 정리절차 후에 근로자의 지위에 있음을 전제로 유족보상일시금을 청구할 수 없다고 판시하였다.

73) 대법원 1988. 8. 9. 선고 86다카1858 판결(공 1988, 1207).

74) Commodity Futures Trading Commission v. Weintraub, 471. U.S. 343, 355(1985).

무집행에 필요하여 법원의 허가를 얻어 선임한 관리인의 대리인 또는 이행보조자나 이행대용자라고 보아야 할 것이며 정리회사의 피용자라고 할 수 없으므로 관리인은 회사정리법 제98조 제1항의 취지로 보아 그 선임·감독상의 과실유무에 관계없이 "갑"의 행위에 의하여 정리회사가 손해를 입은 경우에는 그 책임을 져야 한다.[75] 관리인의 보조인과 정리회사의 피용자가 불법행위를 저지른 경우에 전자는 관리인이 후자는 정리회사가 책임을 지게 되는데 양자의 구별이 쉽지 않다. 일단 정리절차 개시 후에 관리인이 자신의 업무수행을 보조할 목적으로 선임한 사람은 관리인의 보조자에 해당하고, 정리절차 개시 전에 회사가 채용하여 개시 후에도 근무하는 사람은 정리회사의 피용자에 해당한다.

정리회사 논노 사건에서 법원이 관리인에게 입점 상인들에 대하여 부담하는 의류판매대금의 반환을 위하여 약속어음의 발행을 허가하였으나 관리인이 발행한 어음이 부도가 나고 관리인이 부도사태에 책임을 지고 자살하게 되자 약속어음 소지인들이 정리법원의 감독 과실을 이유로 국가를 상대로 손해배상을 청구하였다. 이에 대하여 법원은 위 판례를 인용하면서 관리인은 정리법원으로부터 정리회사에 대한 감독권 등의 사법행정 업무를 위탁받은 공무수탁자가 아니며 정리법원의 감독권 불행사와 정리회사의 부도 간에 인과관계를 인정할 수 없다고 판시하였다.[76]

정리회사를 M&A를 통하여 인수하는 과정에서 관리인이 정리채권자에게 정리계획변경안에 동의해주는 조건으로 관계인집회의 결의에 관하여 정리회사의 인수인이 정리채권을 추가로 변제하여 줄 것을 약속함으로써 회사정리법 제291조 제1항 후단에 위반하는 행위를 범하고, 법원의 허가 없이 정리회사의 재산을 인수인이 대출받는 데 필요한 담보로 제공함으로써 회사정리법 제292조의3에 위반함으로써 형사처벌을 받은 예가 있다.[77]

회생절차의 관리인은 원칙적으로 회생회사의 대표자를 선임하도록 되어 있다.[78] 비록 종전 대표이사를 관리인으로 선임한다고 하더라도 원칙적으로 제3자

75) 대법원 1974.6.25. 선고 73다692 판결(공 1974, 7955).

76) 서울지방법원 1997.2.11. 선고 96가합11612, 56240 판결(하집 1997-1, 305).

77) 고려시멘트 사건에서 변호사인 관리인이 형사처벌을 받았다(광주지방법원 2004.7.22. 선고 2003고합169, 280 판결).

78) 신법 시행 후 서울중앙지방법원은 원칙적으로 종전 대표이사를 관리인으로 선임하는 경향을 보여주고 있다(2006회합12 세창, 2007회합7 현대엘씨디, 2007회합17 세종건설). 더 나아가 종전 대표이사를 관리인으로 보는 관리인 불선임결정을 하기도 한다(2006회합13호 (주)보고, 2006회합15 이엠디티). 법인등기부의 대표이사란에는 "채무자회생및파산에관한법률 제74조 제4항에 의하여 관리인으로 간주"라고 기재한다. 만일 그 후에 관리인을 선임하는 경우에는 대표이사 항

인 관리인을 선임하지 않는 미국 파산법상의 DIP 제도와 다르다. 미국에서도 DIP와 채무자는 별개의 법인격이다.[79] 우리나라의 회생절차에서 종전 대표이사가 관리인이 된다고 하더라도 관리인과 대표이사는 엄연히 별개의 법적주체이다. 따라서 개시결정 당시의 대표이사를 관리인으로 선임하였는데 회생계획안 인가 전에 대표이사가 변경되더라도 법원이 기존 관리인을 해임하고 새로운 대표자를 관리인으로 선임할 의무가 없다.[80] 앞으로 종전 대표자를 관리인으로 선임하게 되면 과거보다 관리인의 모랄해저드가 심화될 가능성이 있으므로 채권자협의회와 법원의 감독이 더 강화될 필요가 있다.[81]

3. 관리인과 자기거래

관리인(주로 채권자인 은행)이 자기거래행위[82]를 함에 있어 상법상 이사의 자기거래제한에 관한 상법 제398조를 유추적용하여 법원의 허가(이사회의 승인에 갈음하는 허가)를 받아야 한다.[83] 관리인이 법원의 허가를 받지 아니하고 담보를 제공하고 정리절차폐지결정이 있자 저당목적물에 관하여 담보권을 실행하여 스스로 이를 경락받아 제3자에게 매각한 행위는 불법행위로서 정리회사에 손해를 배상할 책임이 있다.

4. 절차 종료 후의 관리인의 책임

파산절차에서 파산관재인이 중도에 사임하거나 파산절차를 이시폐지하거나 종결하여 임무가 종료한 때에는 계산보고를 위한 채권자집회를 거치도록 규정하

목이 아니라 별도로 관리인 항목에 선임결정을 원인으로 관리인 선임등기를 하여야 한다.

79) NLRB. v. Bildisco and Bildisco, 465 U.S. 513, 528(1984).

80) 吳泳俊, 앞의 글(주 59), 243면.

81) 신법 제179조 제13호는 법원이 결정한 채권자협의회의 활동에 필요한 비용을 공익채권으로 인정함으로써 채권자협의회의 활동을 지원하고 있다.

82) 관리인이 자신의 이익을 위하여 정리회사 소유의 공장건물에 대하여 가지고 있던 기왕의 근저당권설정등기 중 공장저당법 제7조에 의한 기계 등의 목적물을 추가하기로 하는 계약을 정리회사와 체결하는 행위.

83) 대법원 1991.2.8. 선고 90다카23387 판결(공 1991, 962). 판례는 당시 공장저당법에 관한 판례와 목적물을 추가하는 행위는 기존의 공장저당법에 의한 저당권의 효력이 미치는 목적물의 범위에 포함된 것으로 오인하였으므로 고의에 기한 불법행위라 할 수 없고 과실에 기한 불법행위로 보아 관리인인 은행의 상계를 허용하였다.

고 있다(제365조 제1항). 파산관재인은 임기 중의 수입과 지출의 내역을 이해관계인들이 이해할 수 있도록 상세하게 기재하고 현재의 잔액과 그 동안의 관재업무 전반에 대하여 보고한다. 채무자, 파산채권자 또는 후임의 파산관재인이 채권자집회에서 계산에 대하여 이의를 진술하지 아니한 때에는 계산보고의 내용을 승인한 것으로 본다(제2항). 만일 이의가 없으면 파산관재인은 보고된 사항에 대하여 파산채권자, 채무자 및 후임의 파산관재인에 대하여 면책을 주장할 수 있다. 단 재단채권자나 별제권자에 대하여 면책되는 것은 아니다. 또한 보고하지 아니한 사항, 파산관재인이 부정행위를 하거나 계산보고가 부정한 방법으로 이루어진 경우에는 면책되지 아니한다.[84)]

상법상 이사의 회사에 대한 책임은 정기주주총회에서 재무재표를 승인한 때에는 이사와 감사의 부정행위가 있는 경우를 제외하고는 2년 내에 다른 결의가 없으면 이사와 감사의 책임을 해제한 것으로 본다(상법 제450조).

회생절차에서도 관리인이 사임하거나 회생절차가 종료하면 계산보고를 하는 절차를 두고 있다(제84조). 그러나 파산관재인과 같이 관리인의 계산보고에 대한 이의제도를 마련하여 두지 아니하여 후일 정리채권자 등에 대한 면책을 주장할 수 없다. 그리하여 과거에 회사정리절차가 종료된 후에도 관리인을 상대로 소송을 제기하거나 관리인의 위법한 행위를 이유로 국가배상을 구하는 사례가 적지 않았다.[85)] 회사의 규모가 커짐에 따라 이사의 배상책임액도 거액이 되고 있으므로 이사의 무자력에 대비하기 위하여 최근에 미국과 같이 이사와 임원의 책임보험제도(Director's and Officer's Liability Insurance)가 도입되어 이용되기 시작하였으나 관리인이나 파산관재인을 위하여 이 보험을 드는 것은 아직 보편화되어 있지 않다.

Ⅶ. 결 론

도산한 회사의 경영진에 대하여 신속하게 책임을 묻는 손해배상청구권의 사정제도가 회생절차와 파산절차에 도입되었으나 앞으로 활발하게 이용될 가능성은 적어 보인다. 그 이유로는 첫째, 사정제도는 이사의 회사에 대한 책임을 기초로

---

84) 齊藤秀夫・麻上正信・林屋礼二 編, 注解破產法 第三版, 青林書院(1999), 338-340면.

85) 정리회사 석정온천개발 사건에서는 채권자들이 관리인을 상대로 허위의 정리채권을 이의하지 않고 확정시켰으며 허위보고를 하였다며 고소를 하였으나 무혐의처분을 받았다.

하는 것인데 그에 대한 기준을 제시할 수 있는 선례가 충분히 축적되지 아니하였다는 점. 둘째, 조사위원의 조사내용에 이사의 책임을 사정재판에서 물을 수 있을 만큼 조사위원이 충분한 조사를 하지 못하는 점. 셋째, 변론절차가 아닌 신속하고 간이한 결정절차에서 고액의 배상을 명하는 것에 대하여 법원이 부담을 느끼고 있는 점, 넷째, 비록 관리인이 사정재판 외에 다른 방법을 통하여 이사에 대한 책임을 추궁할 수 있는 점을 들 수 있다. 앞으로 분식결산이나 위법배당 등 이사의 위법행위에 대한 판례의 기준이 명확하여지고 이 점을 반영한 조사위원의 보고서의 내용이 충실하게 되면 지금보다 사정제도가 활발하게 이용될 수 있다. 앞에서 본 바와 같이 사정재판에 대하여도 기판력이 미치므로 선불리 이사에 대한 포괄적인 책임을 물었다가 기각되면 그 후 통상의 소송에서 재소금지의 불이익을 입게 되므로 가급적 책임이 분명한 위법사실(예컨대, 분식결산에 의한 위법배당, 세금의 과오납)에 대하여 구체적이고 개별적인 책임을 묻는 형태로 운영되어야 할 것이다.[86]

주주의 대표소송에 관한 기존의 판례 역시 새로운 관리인 제도하에서 재검토할 필요가 있다. 종전 대표이사가 관리인으로 선임되는 사례가 많다보면 비록 관리인과 대표이사가 별개의 법인격체라고 하지만 실제로는 동일한 자연인이 겸직하게 되는 것이므로 설령 개시결정후라도 관리인과 종전 이사진과의 밀접한 관계가 와해되어 이사에 대한 책임을 합리적으로 추궁할 것을 기대하기는 어렵다. 미국의 DIP 제도가 성공할 수 있는 것은 법원이 1938년부터 1978년까지 관리인을 선임하고 적극적으로 감독을 하는 위치에서 뒤로 물러서 공정한 심판자의 지위를 되찾는 대신에 채무자의 행동을 견제할 수 있도록 각종 채권자위원회의 활동을 장려하는 데에서 찾을 수 있다. 아직까지 채권자들의 견제활동이 미흡한 우리나라의 현실에서 이를 보완하는 방법으로 주주의 대표소송을 미국과 같이 관리인의 거절과 법원의 허가라는 요건을 통하여 허용하는 것이 정책적으로 바람직하다고 생각한다.

또한 파산관재인의 경우에는 파산절차 중에 또는 파산절차의 종료후라도 파산관재인의 임무를 종료함에 있어서 파산채권자들에 대한 보고를 함으로써 일정 범위의 책임을 면제받을 수 있다. 그에 비하여 회생절차의 관리인의 관리인은 보고의무만 부여하고 면책혜택을 부여하고 있지 않다. 적지 않은 관리인이 절차종료

86) 우리나라보다 활발히 이용된 일본의 경우에도 위 두 가지 사유를 들어 사정재판이 이용되고 있다고 한다. 中島弘雅, 앞의 글(주 22), 110면.

후에 관리인을 상대로 하는 무익한 민·형사 소송에서 자신의 비용으로 방어하여야 되는 점을 염려하고 있다. 앞으로 법을 개정하게 되면 관리인에 대하여도 파산절차와 마찬가지로 일정한 범위 내에서 책임을 면제하는 방안을 강구함으로써 관리인이 보다 능동적으로 관리업무를 수행할 수 있도록 배려할 필요가 있다.

서 울 지 방 법 원

제50민사부

결 정

사 건 98파1768 사정결정

신 청 인 정리회사 한보철강공업 주식회사의 공동관리인 1. 갑, 2. 을

피신청인 1. 정 태 수

2. 정 보 근

심문종결 1998. 9. 26.

주 문 1. 정리회사 한보철강공업 주식회사의 피신청인들 각자에 대한 손해배상청구권을 다음과 같이 사정한다.

가. 피신청인 정태수에 대하여는 횡령액 상당 손해금 1,631억6,169만3,960원 및 이에 대한 1996. 8. 2.부터 완제일까지 연 5%의 비율에 의한 금원

나. 피신청인 정보근에 대하여는 횡령액 상당 손해금 1,597억7,010만1,760원 및 이에 대한 1996. 8. 2.부터 완제일까지 연 5%의 비율에 의한 금원

2. 신청비용은 피신청인들의 부담으로 한다.

신 청 취 지 주문과 같다.

이 유 1. 기초사실

다음 사실은 이 법원에 현저하거나 당사자 사이에 다툼이 없다.

가. 정리회사 한보철강공업 주식회사(이하 한보철강이라고만 한다)는 1997. 8. 27. 회사정리절차개시결정을 받았고, 그 공동관리인으로서 신청인들이 선임되었다.

나. 피신청인 정태수는 1992. 3. 12.경부터 현재까지 한보철강의 이사로 재직하고 있는 자이고, 피신청인 정보근은 1991. 3. 15.부터 1997. 3. 12.까지 한보철강의 이사로 재직하고 있던 자이다.

2. 손해배상책임의 발생 및 그 범위

가. 소명되는 사실

신청인들 및 피신청인들에 대한 각 심문결과와 신청인들이 제출한 자료에 의하면, 피신청인 정태수는 1974.경 한보상사를 설립한 이래 한보철강, 주식회사 한보 등 22개 계열사로 구성된 한보그룹의 총회장으로 위 그룹의 운영 전반을 총괄해 오고 있으면서 한보철강의 운영자금을 업무상 보관하고, 피신청인 정보근은 부친인 위 정태수의 지휘를 받아 한보그룹 경영의 후계자로서 한보철강, 주식회사 한보, 한보에너지 주식회사, 한보건설 주식회사 등 주요 주력기업을 경영해 오면서 한보그룹의 재정본부를 지휘하여 한보철강의 운영자금을 업무상 보관하여 오던 중,

(1) 피신청인 정태수, 피신청인 정보근은 공모하여,

㈎ 1994. 1. 31. 한보철강이 위 정태수의 개인사업체인 한보상사에 자금을 대여한 것처럼 관련장부를 정리하고 한보철강의 운영자금 중 금 5억1,341만7,150원을 임의로 인출하여 이를 피신청인 정보근에 대하여 부과된 증여세를 납부하는 데 사용한 것을 비롯하여 그 때부터 1996. 4. 30.까지 사이에 같은 방법으로 별지 1 자금유용일람표 기재와 같이 모두 109회에 걸쳐 한보철강의 운영자금 합계 금 151억7,210만1,760원을 임의로 인출하여 그 무렵 위 정태수, 정보근, 피신청인 정한근, 정원근, 신청외 정종근, 정윤섭 등 개인 및 위 한보상사에 대하여 부과된 증여세, 부가가치세, 종합소득세 등의 납부에 임의로 소비하여 횡령하고,

㈏ 1993. 12. 31. 위와 같은 방법으로 한보철강의 관련장부를 정리하고 한보철강의 운영자금 중 금 10억원을 임의로 인출하여 이를 위 정태수가 부담하여야 할 신청외 주식회사 상아제약의 주식인수대금으로 사용한 것을 비롯하여 그 때부터 1996. 8. 2.까지 사이에 같은 방법으로 별지 2 자금유용일람표 기재와 같이 모두 17회에 걸쳐 한보철강의 운영자금 합계 금 625억9,800만원을 임의로 인출하여 그 무렵 위 정태수, 정보근 등이 개인적으로 부담하여야 할 주식인수대금 등에 임의로 소비하여 횡령하고,

㈐ 1994. 8. 12. 한보철강이 발행한 전환사채 액면가 150억원 상당을 위 정태수 명의로 인수하면서 한보철강의 운영자금 중 금 150억원을 임의로 인출하여 그 인수대금으로 사용한 것을 비롯하여 그 때부터 1995. 9. 25.까지 사이에 같은 방법으로 별지 3 자금유용일람표 기재와 같이 모두 3회에 걸쳐 한보철강의 운영자금 합

계 금 820억원을 임의로 인출하여 위 정태수, 정보근, 정한근의 전환사채 인수대금에 임의로 소비하여 횡령하고,

(2) 피신청인 정태수는 1993. 11. 18. 한보철강의 운영자금 중 금 10억원을 임의로 인출하여 위 정태수 명의의 한보철강 주식매입자금으로 사용한 것을 비롯하여, 그 때부터 1993. 11. 24.까지 사이에 별지 4 자금유용일람표 기재와 같이 모두 3회에 걸쳐 한보철강의 운영자금 합계 금 33억9,159만2,200원을 임의로 인출하여 그 무렵 위 정태수의 주식매입자금에 임의로 소비하여 횡령한 사실이 소명된다.

나. 판　단

위 소명사실에 의하면, 피신청인 정태수, 정보근은 각 한보철강의 이사로서 위와 같이 위 회사의 운영자금을 횡령함으로써 위 회사에게 위 횡령액 상당의 손해를 가하였다고 할 것이므로, 상법 제399조 제1항에 따라 위 회사에 대하여 피신청인 정태수는 위 횡령액의 합계 금 1,631억6,169만3,960원(151억7,210만1,760원 + 625억9,800만원 + 820억원 + 33억9,159만2,200원), 피신청인 정보근은 위 정태수와 연대하여 위 금원 중 금 1,597억7,010만1,760원(151억7,210만1,760원 + 625억9,800만원 + 820억원) 및 각 위 금원에 대하여 위 각 횡령일 이후로서 신청인이 구하는 바에 따라 1996. 8. 2.부터 각 완제일까지 민법 소정의 연 5%의 비율에 의한 지연손해금을 지급할 의무가 있다.

3. 결　론

따라서 신청인들의 이 사건 손해배상청구권 사정의 신청은 모두 이유 있어 이를 인용하기로 하여 주문과 같이 결정한다.

1998. 9. 28.

재판장 판 사 이 규 홍
판 사 서 경 환
판 사 이 연 갑

(인권과정의(2008년 7월), 47-68면 소재)

整理節次와 保證債務에 대한 消滅時效의 再進行

대상판결 : 대법원 2007. 5. 31. 선고 2007다11231 판결(공 2007, 966)

[사실관계]

나라종금은 1992.10.15. 피고의 연대보증하에 대한유화와 사이에, 어음거래 한도액 199억 원, 변제기 1993.10.14.로 된 어음거래약정계약을 체결하였고, 그 후 대한유화에 대하여 회사정리절차가 개시되어 1995.3.20. 나라종금에 대한 어음채무에 관하여 변제기를 1년 거치 10년 분할 상환으로 연기하고 이율을 연 19%에서 연 8.75%로 감경하는 내용의 정리계획인가결정이 확정되었고, 1998.7.30. 정리절차의 종결결정이 확정되었다. 대한유화는 정리계획이 정한 바에 따라 2005.7.10.까지 분할상환에 의하여 주채무의 원금 및 감액된 이자를 모두 상환하였다. 원고가 보증인인 피고를 상대로 연 19%의 비율에 의한 지연손해금을 청구하자, 피고가 이 사건 보증채무는 정리계획 인가결정의 확정일인 1995.3.20. 또는 정리절차 종결결정의 확정일인 1998.7.30.부터 주채무와는 별도로 소멸시효가 진행되어 그 때로부터 5년이 경과함으로써 소멸시효가 완성되었다고 주장하였다. 그 근거는 아래와 같다. 즉 정리계획에 의해 주채무의 변제기 유예 또는 이율 감경이 있더라도 보증채무는 그와는 관계없이 전액을 즉시 지급할 의무가 있고, 소멸시효는 채권을 행사할 수 있을 때부터 가산하여야 하는 것이므로, 이 사건과 같은 경우 보증채무의 소멸시효는 주채무와는 별도로 정리계획인가결정이 확정된 날로부터 기산하여야 한다.

[원심판결의 요지]

1. 회사정리절차 참가로 인한 시효중단의 효력은 정리절차 참가라는 권리행사가 계속되는 한 보증채무에 대하여도 그대로 유지되고, 정리절차 종결결정이 내려진 때부터 중단되어 있던 보증채무의 소멸시효가 다시 진행을 개시한다.

2. 이 사건과 같이 정리계획에서 주채무의 변제기가 연장된 경우에는 민법 제440조에 따라 보증채무의 소멸시효도 중단되었다가 주채무의 변제기가 도래한 때로부터 진행한다. 가정적 판단으로 가사 보증채무의 소멸시효가 정리절차 종결결정이 확정된 때로부터 따로 진행된다고 하더라도, 이 사건과 같이 주채무자가 정기적으로 채무를 일부씩 변제함으로써 주채무에 대한 소멸시효가 중단된 경우에는 그 중단의 효과가 보증채무에도 미친다.

[대법원 판결의 요지]

1. 정리계획에 의하여 주채무의 전부 또는 일부가 면제되거나 이율이 경감된 경우 그 면제 또는 경감된 부분의 주채무는 정리계획의 인가결정이 확정된 때에 소멸하게 됨에 따라 그 시점에서 채권자의 정리절차에서의 권리행사가 종료되어 그 부분에 대응하는 보증채무의 소멸시효는 위 인가결정 확정시부터 다시 진행한다(대법원 1995.5.26. 선고 94다13893 판결; 1995.11.21. 선고 94다55941 판결 등 참조).

정리계획에 의해서도 주채무가 잔존하고 있는 경우에는 정리절차 참가에 의한 시효중단의 효력이 그대로 유지되어 그 정리절차의 폐지결정 또는 종결결정이 확정되어 정리절차에 있어서의 권리행사가 종료되면 그 시점부터 중단되어 있던 보증채무의 소멸시효가 다시 진행된다(대법원 1988.2.23. 선고 87다카2055 판결; 1994.1.14. 선고 93다47431 판결; 1998.11.10. 선고 98다42141 판결 등 참조).

2. 원심이 정리계획에서 주채무의 변제기가 연장된 이 사건의 경우에는 민법 제440조에 따라 보증채무의 소멸시효도 중단되었다가 주채무의 변제기가 도래한 때로부터 진행한다고 판시하고 있는바, 이러한 해석은 잘못된 것이다. 왜냐하면 회사정리법 제240조 제2항에 의해 정리채권자는 정리계획과 관계없이 보증인에 대하여는 언제든지 본래의 채권을 청구하고 집행을 할 수 있으므로 정리계획에 의하여 정리채권의 수액이나 변제기가 변경되었다 하더라도 보증인의 보증책임에 대하여는 아무런 효력을 미치지 아니하기 때문이다. 그런데 이 사건에 있어서는 채권자의 정리절차 참가 및 정리절차 종결결정 이후의 주채무자의 변제 등으로 인하여 생긴 주채무에 대한 시효중단의 효과는 모두 보증채무에 대하여도 효력이 있어, 분할상환에 의해 이 사건 주채무의 원본채무가 완제될 때까지 그에 상응하는 피고의 보증채무도 시효소멸함이 없이 존속하고 있었으므로 원심의 가정적 판단은 옳다(상고기각).

[평　　석]

1. 주채무자에 대하여 회사정리절차가 개시되어 채권자가 채권신고를 통하여 정리절차에 참가하면 구 회사정리법('구법') 제5조에 의하여 시효중단의 효력이 있다. 보증인에 대하여는 구법 제240조 제2항에 관계없이 민법 제440조에 의하여 시효중단의 효력이 있다. 민법 제440조는 보증채무의 부종성에서 비롯된 당연한 규정이 아니라 채권자의 보호를 위하여 보증채무만이 따로 시효소멸하는 결과를 방지하기 위한 정책적 규정이므로 구법 제240조 제2항이 있다 하여 주채무와 보증채무와 간에 민법 제440조의 적용이 배제되는 것은 아니다. 문제는 이처럼 중단된 보증채무에 대한 소멸시효가 언제 재진행하는 것인가에 있다. 이하에서는 정리계획에 주채무의 변제기가 정리절차 종결 후로 연장된 경우에 한하여 논의한다. 따라서 인가 전 폐지에 관한 논의는 생략한다.

2. 대상판결은 유형을 두 가지 경우로 나누어 설명하고 있다.

① 주채무의 전부 또는 일부가 면제된 경우 : 주채무가 면제된 보증채무에 대하여는 정리계획의 인가결정의 확정에 의하여 주채무가 면제되어 더 이상 권리행사를 할 수 없게 되므로 그 때부터 보증채무의 소멸시효가 다시 진행한다. 대법원은 주채무를 면제하거나(대법원 94다13893 판결) 지연손해금에 대한 연체이율을 감경하는(대법원 94다55941 판결) 내용의 정리계획안이 확정된 사안에서 보증채무에 대한 소멸시효는 인가결정확정시부터 다시 진행한다고 판시하였다. 이 점에 대하여는 일본의 최고재판소의 판결[1]도 마찬가지이며 학설도 다툼이 없다.[2] 필자도 이 부분 설시에는 찬동한다.

② 주채무를 면제하지 아니하고 변제기를 연장한 후 분할하여 변제하기로 한 경우 : 정리절차 폐지 또는 종결결정 확정시에 보증채무에 대한 소멸시효가 재진행한다.

최초의 선례인 대법원 87다카2055 판결의 사안은 정리계획안에서 원금은 1981년부터 1990년까지 분할변제하고, 이자는 1990년 이후부터 변제하기로 하였으나 1982. 8. 16. 정리절차 폐지결정을 하고 원고가 보증인에 대하여 1986. 5. 22. 원리금의

---

1) 日本 最高裁判所 1978. 11. 20. 판결.

2) 姜永虎, "회사정리절차에 있어서 주채무에 관하여 채무를 면제하는 내용의 정리계획인가의 결정이 있는 경우에 시효중단되어 있던 보증채무의 소멸시효 재진행시기," 대법원판례해설 통권 23호(1995), 329면; 일본의 논의는 松久三四彥, "會社更生手續と時效," 判例タイムズ 제866호(1995), 29면 이하 참조.

청구를 한 것이다. 원심은 중단된 소멸시효는 정리절차 폐지결정시가 아니라 인가된 정리계획에 따라 유예된 주채무의 변제기 도래시로 보아 원리금 전부에 대하여 시효기간이 경과하지 아니하였다고 판시하였다. 그러나 대법원은 정리절차 폐지결정 확정시에 보증채무에 대한 소멸시효가 재진행한다고 판시하여 원심판결을 파기하였다.

대상판결은 사실관계가 ②의 유형, 즉 주채무의 변제기 분할 연장형에 해당하므로 역시 87다카2055 판결의 법리에 따라 정리절차 종결결정 확정시에 보증채무의 소멸시효가 재진행한다는 점을 확인하였다. 더 나아가 원심이 정리계획에서 변제기가 연장된 경우에는 민법 제440조에 따라 보증채무의 소멸시효도 중단되었다가 주채무의 변제기가 도래한 때로부터 진행한다고 판시한 점을 꼬집어 이 점이 잘못되었다고 설시하였다. 그 근거로 구법 제240조 제2항을 들고 있다. 대법원의 견해는 일본의 소수설을 따른 것이다.[3] 화의사건에 관한 대법원 2008.8.26.자 2007마354 결정(공보불게재)도 대상판결과 같은 이유로 화의조건상의 채무변제기의 유예에 관계없이 보증인에 대한 소멸시효는 화의인가결정이 확정된 때로부터 진행한다고 판시하였다.

3. 필자는 원심의 판결이유에 찬동하고 대법원의 판결이유에 반대한다.

첫째, 보증채무의 부종성 배제와 소멸시효의 중단은 무관하다.

대법원이 들고 있는 구법 제240조 제2항은 정리채권자는 정리계획과 관계없이 보증인에 대하여는 언제든지 본래의 채권을 청구하고 집행을 할 수 있으므로 정리계획에 의하여 정리채권의 수액이나 변제기가 변경되었다 하더라도 보증인의 보증책임에 대하여는 아무런 효력을 미치지 아니한다는 법리를 선언한 것이다. "제240조 제2항이 회사정리계획의 효력범위에 관하여 보증채무의 부종성을 배제하고 있다 하더라도 민법 제440조의 규정을 배제하는 것은 아니한다"라는 점은 판례도 인정하고 있다.[4] 과거 하급심판결은 정리절차개시결정의 효력은 보증인에게 미치지 아니하고 따라서 채권자는 즉시 보증인에 대하여 개별적인 권리행

3) 長谷部茂吉, "更生手續と時效の中斷," 金融商事判例增刊号(No. 554), 30면; 鵜澤晋, "更生計劃による主債務變更と保證債務の時效中斷," 金融法務事情 689호, 177면. 근거로는 보증채무에 대하여는 언제든지 권리행사가 가능하고, 정리계획에 의하여 채무액이나 변제기가 달라지므로 시효에 관한 한 보증채무는 정리계획인가에 의하여 부종성을 탈피하게 되는 것을 든다. 그러나 이 학설은 민법 제440조를 무시한 해석론으로 비판받고 있다. 玉城 勳, "更生手續參加により中斷した時效の進行開始時期," 新倒產判例百選 別册ジュリスト(1990), 159면 참조.

4) 대법원 1998.11.10. 선고 98다42141 판결; 1994.1.14. 선고 93다47431 판결.

사를 할 수 있다는 점을 들어 보증인에 대하여 시효중단을 시키려면 민법이 정하는 바에 따라 보증인에 대하여 청구 등의 권리행사를 하여야 한다고 한 것이 있다.[5] 그러나 이 판결은 잘못된 것이다. 회사정리절차에의 참가는 구법 제5조에 의하여 시효중단의 효력이 있는 것인바, 정리절차참가로 인정되는 시효중단의 효력은 민법 제440조에 의하여 정리회사의 채무를 주채무로 하는 보증채무에도 미치는 것이고, 그 효력은 참가라는 권리행사가 계속되는 한 그대로 유지된다. 따라서 구법 제240조 제2항을 근거로 보증채무에 대한 소멸시효를 논하는 것은 보증채무의 부종성 완화와 민법 제440조의 법리를 구분하지 못한 것이다.[6] 대법원이 구법 제240조 제2항을 근거로 삼는다면 애초부터 민법 제440조를 거론할 필요 없이 하급심판결의 논리대로 보증인에 대한 권리를 행사할 수 있는 것이므로 소멸시효의 재진행을 논의할 필요도 없는 것이다. 즉 채권자의 회사정리절차신청이나 절차 참가(구법 제5조)에 의하여 주채권자에 대한 시효가 중단되더라도 보증인에 대하여는 정리회사에 대한 변제금지 가처분, 개시결정과 무관하게 보증인에 대하여 권리를 행사할 수 있으므로 보증인에 대한 소멸시효는 중단될 수 없을 것이다.

둘째, 대상판결의 논리는 민법 제440조의 입법취지에 반한다.

민법 제440조는 소멸시효의 중단을 당사자 및 승계인에게만 규정한 민법 제169조의 예외규정으로서 그 정책적 취지는 주채무자에 대한 소멸시효의 중단효력이 보증인에도 미치고 그렇게 함으로써 주채무와 보증채무의 소멸시효 기산을 동일하게 함으로써 보증인을 세운 목적을 관철하기 위하여 채권자를 보호하려는 것이다. 즉 민법 제440조는 보증채무의 부종성에 기인한 당연한 법리를 선언한 것이라기보다 채권자보호 내지 채권담보의 확보를 위하여 마련한 특별조항이다.[7] 이 사건처럼 정리계획 소정의 변제기가 정리절차종결 후에 도래하는 경우에는 정리계획의 수행과 회사정리법의 규정에 의하여 생긴 효력에 아무런 영향을 미치지 아니하므로 정리계획에 의하여 정해진 변제기부터 주채무의 소멸시효가 진행함은 견해의 다툼이 없다. 따라서 민법 제440조가 회사정리절차에도 적용된다면 주채무와 보증채무 역시 정리계획에서 정하여진 변제기가 도래하여야 그때부터 소멸시

---

5) 서울민사지방법원 1986.11.12. 선고 86가합2589 판결.

6) 同旨, 金載亨, "회사정리절차가 보증채무의 소멸시효에 미치는 영향," 상사판례연구(Ⅰ), 박영사(1996), 721면.

7) 대법원 2006.8.24. 선고 2004다26287 판결.

효가 재진행한다고 해석함이 옳다. 만일 대상 판결을 따르면 주채무는 정리계획에 의하여 연기된 변제기부터 소멸시효가 진행하지만 보증채무는 정리절차 종결결정이 확정된 때로부터 소멸시효가 기산된다. 이는 보증채무만이 따로 시효소멸하는 결과를 방치하게 되는 것으로 대상판결이 적확하게 지적하는 민법 제440조의 입법취지에 명백히 어긋난다.[8)]

4. 그 동안 학설이 주채무 면제형과 변제기 유예형을 구별하지 않고 논의하였으나 대법원이 유형을 나눈 점과 전자의 경우에는 정리계획 인가결정 확정시에 보증채무의 소멸시효가 재진행한다는 점을 재확인한 데에는 필자도 찬동한다. 그러나 변제기 유예형에 관하여 주채무와 보증채무의 소멸시효 재진행시기를 달리 취급하여 주채무에 대하여는 정리계획에서 정한 정리절차 종결결정 후에 도래하는 변제기에 소멸시효가 진행하지만 보증채무에 대하여는 정리절차종결결정 확정시에 소멸시효가 진행한다고 판시한 것에 반대한다.[9)] 일본의 통설 역시 인가 후에 정리절차가 폐지된 때에는 정리계획에 정하여진 변제기와 폐지결정시 중 늦은 시점부터 보증인에 대한 소멸시효가 진행한다는 입장이다.[10)] 다만 일본의 회생갱생법이 임의적 파산선고를 규정한 것과 달리 구법 제23조는 계획인가후 정리절차가 폐지되는 경우에는 직권으로 파산을 선고하여야 하고 기한부채권이라도 파산선고시에 변제기에 이른 것으로 취급하기 때문에(구 파산법 제16조) 주채무와 보증채무 모두 정리계획에서 정하여진 변제기가 아니라 파산선고시부터 소멸시효가 재진행한다.[11)]

대상판결의 논리는 민법 제440조와 구법 제240조 제2항의 입법취지를 오해한 데에서 비롯된 것이다. 앞으로 대상판결이 선례로 삼은 대법원 87다카2055 판결과 그를 따르는 판결들이 폐기되기를 바란다.

(법률신문 2009.4.6.자 소재)

---

8) 민법 제440조가 적용되는 한 정리절차참가로 인한 소멸시효의 중단이 재진행하는 시기도 주채무와 보증채무를 일치시키는 것이 일본의 통설이다. 玉城 勳, 앞의 글, 159면 참조.

9) 이와 반대로 박재완, "주채무자에 대한 회생절차와 보증채무의 소멸시효," 선진상사법률연구, 2009.10. 통권 제48호, 123면은 판례를 지지하는 입장이다. 그 근거로 보증채무의 소멸시효의 재진행시기는 보증채무자가 관련된 문제이므로 채무자 회생 및 파산에 관한 법률 제250조 제2항(구법 제240조 제2항)을 근거로 들고 있다. 필자는 보증채무에 대한 소멸시효의 중단의 문제는 구법 제240조 제2항과 무관하다는 입장이므로 위 견해에 반대한다.

10) 宮脇行彦, 注解會社更生法, 青林書院(1986), 886면.

11) 兼子一・三ヶ月章, 條解會社更生法(上), 弘文堂(1998), 164면.

判例를 통하여 본 回生節次와 租稅債權

Ⅰ. 머 리 말

조세법은 국고의 수입을 목적으로 하는 조세의 특징을 반영한 법으로서 일반법과 다른 국고우위의 내용을 포함하고 있다.[1] 한편 구 회사정리법(이하 구법으로 표기한다)과 「채무자 회생 및 파산에 관한 법률」(이하 채무자회생법으로 표기한다) 제2편의 회생절차는 기업(주식회사)이나 개인의 재건을 목적으로 하는 것으로 일반법의 원리를 수정하는 내용을 포함하고 있다.[2] 채무자회생법은 파산절차에 관하여는 조세채권의 지위에 대하여 새로운 개정을 하였다기 보다는 종전의 판례와 실무를 입법화하는데 그쳤으나[3] 회생절차에 관하여는 구 회사정리절차와 비교하여 조세채권의 우선권을 축소하는 방향으로 개정하였다.[4]

---

* 초고를 읽고 유익한 의견을 주신 박태준 부장판사님, 홍용건 부장판사님께 감사드린다.

1) 국세기본법 제35조는 명문으로 이를 선언하고 있다.

2) 이하에서는 주식회사에 대하여 회생절차가 개시된 경우나 정리절차가 개시된 경우를 상정하여 설명하기로 한다. 단 회생절차와 회사정리절차를 구별하지 아니하고 회생절차를 기준으로 하여 회생채권, 회생담보권 등으로 표기한다. 별도의 법률을 기재한 경우를 제외하고 인용된 조문은 채무자회생법의 해당조항이다.

3) 파산선고 후의 새로운 체납처분을 불허하는 법리를 선언한 대법원 2003. 3. 28. 선고 2001두9486 판결(공 2003, 1088)을 입법한 것이 채무자회생법 제349조 제2항이다. 일본 최고재판소 1970. 7. 16. 판결도 같은 입장이다.

4) 공익채권인 조세채권의 축소, 회생절차상 특례의 취급을 받는 각종 공과금 채권의 범위를 일반회생채권에 우선하는 권리로 축소하였다. 회생절차 전반에 대한 개정내용을 설명한 글로 홍성준, "회생절차(법인)," 대한변호사협회 변호사연수원(2003), 1-82면; 吳守根, 도산법개혁 1998-2007, 두솔(2007), 160면 이하 참조.

실무상 회생회사는 조세채권을 변제하지 못하여 체납된 상태에 있거나 회생계획의 수행 중에도 각종 세금을 부과받게 마련이다. 주식회사에 대하여 회생절차[5]가 개시되면 회생채권은 회생절차에 의하지 아니하면 변제받을 수 없고, 회생채권자는 소정기간 내에 신고하지 아니하면 실권되고 회생계획에서 채권을 감면 또는 변제기의 유예를 정하고 계획이 인가되면 계획안대로 권리변경의 효력이 발생한다.

조세채권 역시 회생채권으로 인정된다면 회생절차에서 권리변경의 제한을 감수하여야 하지만 법은 조세채권이 갖는 국고우위의 특징을 반영하여 회생채권이라 하더라도 여러 가지의 특칙을 두고 있다. 이글에서는 미국의 연방 파산법상 조세채권의 지위에 관하여 간략히 살펴보고(Ⅱ),[6] 다음으로 회생절차에서 조세채권의 특징에 관하여 회생절차의 개시부터 인가시까지의 절차적인 순서에 따라 채무자회생법과 구법을 적용함에 있어 그 차이와 동일한 점을 판례를 중심으로 설명하기로 한다(Ⅲ). 이어서 법인세와 상속세 등 개별세법에서 회생절차가 문제되는 점에 대하여 살펴본다(Ⅳ). 끝으로 2009년 법무부에서 논의 중인 도산법 개정작업과 관련하여 조세채권에 관하여 개정하여야 할 사항에 대하여 입법론을 제시하고자 한다(Ⅴ).

Ⅱ. 미국 연방파산법상의 조세채권자의 지위

1. 우선권 있는 채권의 의의

미국 연방파산법 §507(a) 및 §726(a)는 파산절차에서의 배당순위를 규정하고 있다. 담보권이 최우선순위이고 그 다음이 우선권 있는 채권(priority claims),[7] 일반파산채권(general unsecured claims), 벌과금(claims for fines 등), 이자채권(interest) 등

5) 주식회사에 대하여 회생절차가 개시된 경우를 상정하여 채무자를 회생회사로 표기하고, 구법에 관한 내용을 설명하는 경우에는 정리회사로 표기한다.

6) 일본의 회사갱생법상의 조세채권의 지위는 구 회사정리법과 큰 차이가 없으므로 일반적인 설명을 생략하되 문제가 되는 개별 쟁점에서 따로 설명한다.

7) 그 내용은 재단채권 또는 공익채권과 유사하다. 단 재단채권 가운데에는 일부 재단채권만이 우선변제의 순위가 있고, 공익채권은 공익채권간의 우선순위 없이 안분비례로 변제하지만 미국의 우선권 있는 채권은 변제의 우선순위가 별도로 정하여져 있다.

의 순서이다. 이 점에서는 우리나라의 파산법의 우선순위와 유사하다. 우선권 있는 채권도 무담보채권이지만 우선권 있는 채권이 그 순서에 따라 먼저 변제되어야 일반파산채권에 대한 배당이 이루어진다는 점에서 우리나라의 공익채권과 변제의 우선순위가 유사하다. 그러나 미국 파산법은 우선권 있는 채권을 §507에서 10가지로 나누어 순서를 정하고 그 액수에 제한을 두고 있으며, 우선권 있는 채권에 대한 이자채권은 이에 포함하지 않고 후순위인 이자채권에 포함시키고 있다.[8) §364(c)(1)에 의하여 DIP Financing의 신용제공자에게 부여되는 최우선권(ultra-priority claim)은 담보권보다 후순위이고 우선권 있는 채권보다는 앞서 있다. §507(a)는 제1부터 제10순위의 채권[9)]에 대하여 변제의 우선순위를 두고 있다.[10)]

2. 우선권 있는 조세채권의 내용

파산신청 이후의 조세채권은 2순위 또는 3순위가 될 수 있고, 파산신청 이전의 조세채권은 8순위가 되고, 4순위 임금우선채권으로부터 원천징수하는 조세채권은 4순위로 인정된다. 그 내용을 간략하게 설명하면 아래와 같다.[11)]

파산신청 180일 이전에 발생한 최대 1만 불의 임금채권에 대한 원천징수 소득세는 임금과 동일한 4순위 우선권을 갖는다. 파산신청 이전의 원인에 기한 조세채권(소득세, 재산세, 원천징수세 등)은 일정 요건을 충족하는 일부 금액에 한하여 8순위의 우선권을 갖는다. 2순위의 우선권은 파산재단의 관리과정에서 부과되는 세금이다. 2순위의 조세채권과 8순위의 조세채권의 구분은 그 성립시기가 파산신청 전인지 후인지에 따라 결정된다. 3순위의 조세채권은 이른바 비자발적인 파산신청 사건에서 파산신청일로부터 파산절차 개시일까지 발생한 거래에 수반하는 조세채

---

8) 우리나라의 경우도 파산선고 후에 발생한 조세채권에 대한 지연손해금이 후순위 파산채권인지 재단채권인지에 관하여 논의가 있다. 뒤에서 자세히 설명한다.

9) 2005년 파산법이 개정되기 전에는 9가지였으나 10가지로 바뀌었으며 가장 큰 변화는 종전 순위 7위였던 부양료청구권이 1순위로 승격된 것과 관재인의 보수가 재단비용으로부터 선순위로 독립하고 제10순위로 인신사고로 인한 불법행위채권이 파산채권에서 우선권 있는 채권으로 승격한 것이다. 액수는 소비자물가지수에 따라 변동하게 되어 있다. 이하의 기준은 2005년 5월을 기준으로 한 내용이다. 이에 관하여는 林治龍, 파산법연구2, 박영사(2006), 164-165면 참조.

10) 자세한 내용에 대하여는 William C. Hillman, Margaret M. Crouch, Bankruptcy Deskbook Fourth Edition Vol. 1, Practicing Law Institute, 2007, §8:1.1

11) 자세한 내용에 대하여는 李宜瑛, "倒産節次에서 租稅債權의 地位(上)," 법조 2009년 6월호, 62-68면.

권을 말한다. 파산신청 이후의 조세채권은 2순위의 우선권과 3순위의 우선권에 해당하지 아니하면 파산재단에 대한 채권으로 인정받지 못한다.

Ⅲ. 회생절차에서 조세채권의 특징

1. 파산절차와 회생절차에서의 차이

(1) 회생절차

조세채권은 회생절차와 파산절차에 따라 취급을 달리한다. 파산절차에서는 파산선고 전에 성립한 조세채권을 파산채권으로 보지 않고 재단채권으로 취급하지만 회생절차에서는 기본적으로 조세채권을 일반 채권과 구별하지 않고 있다. 회생채권에 속하는 조세채권은 신고하지 아니하면 실권되고,[12] 회생계획이 확정되면 계획안의 내용에 따라 권리의 내용이 변경된다. 따라서 조세채권을 신고하지 아니하여 실권되었음에도 불구하고 정리계획인가결정 후에 한 부과처분은 부과권이 소멸된 뒤에 한 위법한 과세처분으로서 그 하자가 중대하고 명백하다.[13] 조세채권 발생의 기본적 요건사실이 회생절차 개시결정 전에 존재하는 경우 회생채권으로 본다. 법률에서 정한 과세요건이 회생절차개시 전에 충족되어(조세채권이 회사정리 개시결정 전에 성립) 있으면 아직 납부기한이 도래하지 아니하였더라도 회생채권이다. 즉 부과처분이 회생절차 개시 후에 있는 경우라도 회생채권이 된다.[14] 그러나 이는 조세채권이 회생채권에 속한다고 하더라도 법은 조세채권의 성질에 비추어 일반의 회생채권보다는 우월한 지위를 감안한 특칙을 마련하고 있다. 회생절차에서는 조세채권은 회생채권과 공익채권의 두 가지 중 어느 하나에 속하게 마련이다.

(2) 파산절차

파산절차에서는 조세채권은 재단채권과 파산절차에 참가할 수 없는 조세채권

12) 대법원 2002.9.4. 선고 2001두7268 판결(공 2002, 2360); 1994.3.25. 선고 93누14417 판결(공 1994, 1366).

13) 대법원 2007.9.6. 선고 2005다43883 판결; 2004.12.10. 선고 2003두8814 판결(공보불게재).

14) 대법원 2002.9.4. 선고 2001두7268 판결(공 2002, 2360); 1994.3.25. 선고 93누14417 판결(공 1994, 1366); 1982.5.11. 선고 82누56 판결(공 1982, 580); 1981.12.22. 선고 81누6 판결(공 1982, 222).

의 두 가지가 있다.15) 즉 파산절차에서 조세채권은 파산선고 전의 원인으로 발생한 조세채권은 모두 재단채권이지만, 파산선고 후의 원인으로 성립한 조세채권은 파산재단에 관한 것이어야 하므로(채무자회생법 제473조 제2호) 이에 해당하지 아니하는 채권 예컨대, 파산재단이 포기한 부동산에 대하여 경락이 이루어진 경우 부담하는 부가가치세,16) 파산선고 후에 소득금액변동통지가 이루어짐에 따라 발생하는 원천징수분 근로소득세,17) 어음의 부도 등의 사유로 대손세액으로 매출세액에서 차감신고하였으나 파산선고 후에 부가가치세법상의 대손세액 상당을 경정하여 부과한 부가가치세18) 등은 재단채권 또는 파산채권으로 파산절차에 참가하여 파산재단으로부터 배당받을 수 없고 파산재단이 포기한 재산이나 파산자 개인 또는 파산법인이 부담하여야 한다.19)

2. 조세채권의 특징

(1) 회생절차 개시신청의 통지 및 의견진술

1) 구 법

정리채권자는 정리절차의 개시결정이 있어야 통지를 받는다(구법 제47조 제2항). 그러나 회사의 본점 소재지를 관할하는 세무서장은 절차개시 신청이 있으면 법원으로부터 그 뜻을 통지받는다(구법 제35조 제1항). 법원은 필요하다고 인정하

15) 후자에 관한 판결주문은 "피고 대한민국이 원고에 대하여 부과한 근로소득세는 파산자 갑에 대한 재단채권 및 파산채권에 속하지 아니함을 확인한다"로 기재한다.

16) 서울행정법원 2005.7.7. 선고 2005구합6904 판결. 한편 2006.2.9. 부가가치세법 시행령 제14조 제3항이 개정되어 국세징수법 제61조에 따른 공매범위에는 지방세법 제28조 규정에 따른 체납처분(공매) 뿐 아니라 민사집행법 규정에 따른 강제경매도 포함시켰으며 공매는 재화의 공급으로 보지 아니한다고 개정되었다. 개정 전에는 강제경매에 의한 소유권의 이전을 재화의 양도로 보아 부가가치세가 부과되었다. 한편 위 규정에서 민사집행법에 의한 강제경매에는 민사집행법의 규정에 따른 담보권 실행을 위한 경매도 포함된다(2006.9.25. 국세종합센터장의 질의회신). 2006.2.9. 부가가치세법 시행령의 개정 전에는 파산재단이 경락절차를 통하여 경락되는 부동산에 대하여 부가가치세를 부담하였다. 그리하여 부가가치세의 부담을 피하기 위하여 파산재단이 재산포기를 한 사례가 있었다.

17) 대법원 2006.10.26. 선고 2005다1360 판결; 2005.6.9. 선고 2004다71904 판결.

18) 대법원 2006.10.12. 선고 2005다3687 판결. 사안의 내용은 회사가 파산선고를 받기 전 납품된 상품의 변제를 위하여 약속어음을 지급하였는데, 회사의 부도발생일로부터 6개월이 경과하도록 약속어음을 지급받지 못한 업체들이 대손으로 신고하여 대손세액공제를 받자, 국가가 파산자에 대하여 파산선고(2002년 파산선고) 후의 과세기간분(2003년 1기분) 부가가치세 경정결정을 한 것이다.

19) 파산절차에서 조세채권의 취급에 관한 설명으로는 林治龍, 앞의 책(주 9), 65-70면 참조.

는 때에는 징수권자에게 의견진술을 요구할 수 있고(구법 제35조 제2항), 징수권자도 법원에 의견을 진술할 수 있다(구법 제35조 제3항). 이에 비하여 일반 정리채권자는 관계인집회를 통하여 의견진술의 기회가 부여되어 있다.

2) 채무자회생법

이상의 내용은 채무자회생법에서도 동일하다(제40조 제1항 제3호, 제2항, 제3항, 제51조 제2항). 단 채무자회생법은 구법과 달리 통지수령자 및 의견진술권자 중 본점 소재지 지방자치단체장을 제외하였다.

(2) 중지명령에 관한 특칙

1) 구 법

1998. 2. 24. 개정 전에는 체납처분에 대한 중지명령의 효력은 개시신청에 관한 결정 또는 중지결정의 날로부터 2개월 중 먼저 도래하는 시점까지만 효력이 있었다(구법 제37조 제3항). 1998. 2. 24. 개정에 의하여 2개월이 5개월로 연장되었다. 중지명령의 결정일로부터 5개월의 기간이 도과하면 중지명령의 효력이 상실되어 회사 재건에 장애가 되는 경우가 있었다. 이러한 점을 반성적으로 고려하여 1999. 12. 31. 개정에 의하여 제3항이 삭제되어 일단 중지명령이 발하여지면 변경 또는 취소결정이 없는 한 개시결정시까지 존속하게 되었다. 법원이 체납처분의 중지명령을 내리는 경우 징수의 권한을 갖는 자의 의견을 반드시 들어야 한다(구법 제37조 제2항). 개시결정에 의하여 중지명령은 효력을 상실하고 대신에 법 제67조 제2항에 의하여 중지명령의 효력이 존속하는 기간까지 체납처분이 중지된다.

2) 채무자회생법

중지명령을 발하기 전에 징수의 권한을 가진 자의 의견을 들어야 한다는 점은 바뀐 바가 없다(제44조 제1항 제5호). 포괄적 중지명령의 대상은 회생채권, 회생담보권에 기한 강제집행 가압류 가처분 또는 담보권실행을 위한 경매절차이다(제45조 제1항, 제44조). 체납처분은 대상에서 제외되어 있으나 입법론상 재고할 필요가 있다.[20] 참고로 일본의 신 회사갱생법[21] 제25조는 체납처분도 포괄적 중지명령의 대상으로 삼고 있다. 체납처분에 대하여 포괄적 중지명령이 발하여지면 개시

---

20) 서울中央地方法院 破産部 實務硏究會, 回生事件實務(上)(제2판), 박영사(2008), 92면. 이하 回生事件實務(上)으로 표기한다.

21) 2002. 12. 6. 개정되어 2003. 4. 1.부터 시행되고 있다.

신청에 대한 결정일로부터 또는 중지명령일로부터 2개월이 경과한 때 중 먼저 도래한 시점까지 효력이 발생한다(신 회사갱생법 제25조 제3항).

(3) 신청기각 사유

1) 구 법

조세채무의 이행을 회피하거나 기타 조세채무의 이행에 관하여 이익을 얻을 것을 주된 목적으로 회사정리신청을 한 때에는 법원은 관리위원회의 의견을 들은 후 신청을 기각하여야 한다(구법 제38조 제6호).

2) 채무자회생법

채무자회생법은 동 조항을 삭제하였다(제42조). 채무자회생법은 기각사유를 비용미납부(제1호), 신청이 불성실한 때(제2호), 채권자 일반의 이익에 적합하지 아니한 경우(제3호)로 축소하였다. 그러나 회생절차의 신청이 오로지 조세채무의 이행을 회피하기 위한 것이라면 제2호에 해당하므로[22] 실질적으로 구법과 다른 것은 아니다.

(4) 개시결정에 따른 체납처분의 중지 또는 금지

1) 중지 또는 금지의 대상이 되는 체납처분

채무자회생법이나 구법 모두 조세채권 또는 공과금채권에 기한 체납처분에 대하여는 개시결정 후 금지 또는 중지의 대상으로 삼은 점에 있어서는 차이가 없다. 다만 채무자회생법은 첫째, 조세 또는 공과금채권에 기한 체납처분의 중지기간을 연장하고, 둘째, 일반회생채권보다 우선순위가 있는지 여부에 따라 체납처분의 금지기한 또는 중지기한을 구별하여 규정하였다. 아래에서 자세히 설명한다.

2) 중지기한

(a) 구 법

개시결정의 효력에 의하여 인정되는 일반 정리채권에 기한 강제집행 등의 중지는 정리절차가 종료될 때까지 그 기간에 제한이 없이 지속된다(구법 제282조 제2항). 그러나 조세채권 또는 공과금채권에 관한 중지의 효력은 개시결정일로부터 최장 1년 6개월을 넘을 수 없다(구법 제67조 제2, 3항).[23] 여기서 유의할 점은 법은

---

22) 回生事件實務(上), 107면, 주 9 참조.

23) 1998.2.24. 개정 전에는 추가로 연장할 수 있는 기간을 제한하지 않는 대신에 기간을 연

3가지 경우를 나누어 그중 먼저 도래하는 날까지만 체납처분이 중지된다는 사실이다. ① 정리계획인가일까지, ② 정리절차종료일까지, ③ 개시결정일로부터 1년까지. 다만 법원이 필요하다고 인정하는 때에는 6월의 기간을 연장할 수 있다. 따라서 정리계획인가 이전에 1년 6개월이 도과하여 버리면 중지된 체납처분 등의 절차를 속행할 수 있다.[24] 이 점에 관하여 대법원은 정리계획안 인가일 이후에 이루어진 국세체납처분에 기한 압류등기가 적법하다고 판시하고 있다. 판결요지는 아래와 같다.

「회사정리법 제67조 제2항에 의하면 회사정리 절차개시의 결정이 있은 때에는 그 결정한 날로부터 정리계획인가 또는 정리절차 종료까지 또는 그 결정한 날로부터 1년간은 정리채권에 의한 회사재산에 대한 국세징수법에 의한 체납처분은 할 수 없다고 규정되어 있는바, 기록에 의하면 신청인 회사(특별항고인)에 대하여는 1965.11.24. 회사정리개시 결정이 있었고 1966.11.2. 정리계획 인가가 되었으며 특별항고인이 납부치 않았던 체납세금(정리채권)에 대하여 1968.2.21 국세체납처분에 기한 압류등기가 되었다는 것임을 알 수 있으므로 이렇다면 위 압류처분은 위 법조규정에 저촉된다 할 수 없으므로 이에 관하여 피신청인은 국세징수법에 의한 체납처분으로 공매절차를 적법하게 할 수 있는 것이며 이와 같이 보는 취지에서 이의 정지를 구하는 특별항고인의 신청을 이유 없다고 기각한 원심결정은 정당하다.」[25]

구법은 조세채권 외에도 일반회생채권보다 징수우선순위가 있는지 여부를 묻지 않고 모든 공과금 중 국세징수의 예에 의하여 징수할 수 있는 청구권에 기한 체납처분을 중지기간의 특칙에 포함하였다(구법 제67조 제2항). 건강보험료, 산재보험료, 고용보험료, 국민연금 등 이른바 4대보험료[26]뿐 아니라 건축법상의 과태료, 국유재산법상의 변상금 등도 이에 해당한다.

장하는 경우에는 징수권자의 동의를 얻도록 규정하였다. 1998년 개정에 의하여 연장기간을 6개월로 한정하는 대신 동의규정을 삭제하였다.

24) 대법원 1989.1.24. 선고 86누218 판결(공 1989, 311) 참조.

25) 대법원 1971.9.17. 자 71그6 결정(집19(3)행4).

26) 구 산업재해보상보험법(1997.8.28. 법률 제5398호로 개정되고, 2003.12.31. 법률 제7047호로 개정되기 전의 것) 제74조 제1항, 구 임금채권보장법(2003.12.31. 법률 제7047호로 개정되기 전의 것) 제14조 및 구 고용보험법(1999.12.31. 법률 제6099호로 개정되고, 2003.12.31. 법률 제7048호로 개정되기 전의 것) 제65조.

(b) 채무자회생법

채무자회생법으로 회생절차개시결정의 효과로 중지의 대상이 되는 공과금 채권에 기한 체납처분을 두 가지로 나누어 규정하였다.

첫째, 공과금 채권 중 일반회생채권보다 징수의 우선순위가 없는 것에 대하여는 일반회생채권과 마찬가지로 새로이 체납처분을 할 수 없고 이미 진행 중인 체납처분은 중지된다(제58조 제1항 제3호 및 제2항 제3호). 그리하여 징수의 우선순위가 일반 회생채권보다 우선하지 아니하는 공과금 채권(과태료, 국유재산법상 사용료·대부료·변상금채권 등)에 기한 체납처분은 앞에서 본 시기적 제한 없이 금지 또는 중지된다.

둘째, 일반회생채권보다 징수의 우선순위가 있는 채권에 기한 체납처분은 일정기간까지만 중지할 수 있도록 규정하였다(제58조 제3항). 단 구법보다 시기적인 제한기한을 연장하였다. 즉 회생절차 개시결정일로부터 기산하여 ① 회생계획인가일까지, ② 회생절차종료일까지 부분은 구법과 같다. 그러나 개시결정일로부터 2년간 중지할 수 있으며 법원이 필요하다고 인정하는 때에는 1년을 연장할 수 있도록 하였다. 결론적으로 개시결정일로부터 최장 3년간 연장할 수 있게 되었다(제58조).

3) 체납처분의 취소

일반론으로 과세관청의 처분에 대하여는 처분의 불이익을 받는 자는 반드시 그 처분의 취소를 구하는 행정심판을 제기하고 불복이 있으면 다시 출소기한 내에 행정소송을 제기하여야 한다(행정소송법 제18조, 국세기본법 제56조).

그러나 회사정리절차가 개시되면 법원은 정리를 위하여 필요하다고 인정하는 때에는 관리인의 신청에 의하여 또는 직권으로 회사정리절차개시결정으로 중지된 정리채권에 의한 회사재산에 대한 국세징수법상의 체납처분 등의 절차나 처분의 취소를 명할 수 있다. 이 점은 채무자회생법과 구법 모두 동일하다(구법 제67조 제6항 본문 후단, 채무자회생법 제58조 제5항).

구법 제67조 제6항이 삼권분립에 어긋난다는 과세관청의 특별항고에 대하여 대법원은 다음과 같은 이유로 주장을 배척하였다. "이 규정은 재정적 궁핍으로 파탄에 직면하였으나 갱생의 가망이 있는 주식회사에 대하여 채권자, 주주 기타의 이해관계인의 이해를 조정하여 그 사업의 정리·재건을 도모하려는 회사정리법의 목적에 부합하는 합리적인 규정이므로, 행정소송법 및 국세기본법이 과세관청의 체납처분에 의한 압류처분의 효력을 행정소송으로 다툴 수 있도록 규정한 것과 달리 위 규정이 회사정리에 필요하다고 인정한 때에는 법원이 곧바로 과세관청의 압류처분을 취소할 수 있도록 정하였다고 하더라도 삼권분립의 원칙에 위배되는 무효의 규정이라고 할 수 없다. 한편 제67조 제 6 항에 의한 강제집행 등의 취소에 대한 법원의 재판에 대하여는 즉시항고를 할 수 없고 특별항고만 가능하다."[27)]

파탄에 직면한 회사의 재건을 목적으로 하는 회사정리법의 목적에 비추어 정리절차 개시 전에 성립한 조세채권을 정리채권으로 취급하는 등 조세채권에 관하여 여러 가지 제한을 둔 점을 고려하면 대법원의 판단이 정당하다. 채무자회생법 제13조에 의하면 따로 규정이 있는 때에 한하여 즉시항고를 할 수 있는 바, 제58조에 별도의 불복규정이 없으므로 취소결정에 대하여 특별항고만 가능하다는 위 판례는 채무자회생법하에서도 유효하다.

단, 채무자회생법 제58조 제 5 항 본문 전단 및 후단에서 인용하고 있는 "동조 제 2 항"은 "동조 제 2 항 · 제 3 항"의 오기라고 보아야만 합리적인 해석이 가능하다. 만일 제 2 항만 적용되는 것으로 해석하면 징수우선순위가 일반회생채권보다 우선하지 아니한 것에 기한 체납처분에 대하여만 중지한 체납처분의 취소를 구할 수 있고, 조세채권과 같이 징수우선순위가 일반회생채권보다 우선한 공과금채권에 기한 체납처분에 대하여는 취소를 구할 수 없게 된다. 그렇게 되면 구법과 다른 해석이 되는데 그와 같이 달리 입법할 이유가 없기 때문이다.[28)]

한편 개시결정 후에는 채무자회생법 제58조 제 3 항에 기하여 회생채권인 조세채권에 기하여 새로이 체납처분을 할 수 없으므로 이에 위배하여 이루어진 체납치분은 무효이다. 회생법원은 제58조 제 5 힝을 준용하여 체납처분의 취소를 명할 수 있다. 왜냐하면 제58조 제 5 항이 개시결정 전에 적법하게 이루어졌다가 개시결정의 효력에 의하여 중지된 체납처분의 취소를 허용하고 있다면 균형상 회생법원이 위법한 체납처분의 취소를 명할 수 있음은 당연하기 때문이다.

27) 대법원 2004. 1. 12. 자 2001그45 결정 참조. 그 이유로는 회사정리를 위하여 체납처분에 의한 압류처분을 취소할 것인지의 여부의 문제는 집행절차에 관한 문제로서 신속 내지 긴급히 확정지어져야 할 것이 요구되기 때문이라고 한다. 그러나 대법원이 당해 특별항고 사건을 신속 내지 긴급히 확정짓느라 3년을 넘겼다는 점은 자기모순이다.

28) 同旨, 回生事件實務(上), 349면; 朱鎭岩, "회생절차와 조세법률관계," 고영한 · 강영호 편집대표, 도산관계소송, 한국사법행정학회(2009), 230면.

3. 조세채권과 채권조사절차

(1) 회생채권의 기준

정리회사에 대한 조세채권이 정리채권이 되는가 혹은 공익채권이 되는가? 그 기준은 회사정리절차 개시결정 전에 그 조세채권이 성립되었는가의 여부에 따른다. 법률에 정한 과세요건의 충족으로 회사에 대한 조세채권이 회사정리 절차개시 전에 성립되어 있는 이상 가사 그 내용이 구체적으로 확정되지 아니한 것이라 하더라도 이는 정리채권이다.[29] 따라서 개시결정 전에 조세채권이 성립되어 있으면 가사 그 부과처분이 정리절차 개시 후에 되었다 하더라도 그 조세채권은 정리채권이 된다.[30] 이 법리는 회생절차에서도 같다.

파산절차에서도 조세채권이 구 파산법 제38조 제2호 소정의 재단채권에 해당하는지 여부는 파산선고 전에 법률에 정한 과세요건이 충족되어 그 조세채권이 성립되었는가 여부를 기준으로 결정된다.[31]

(2) 조세채권의 성립시기

국세에 속하는 조세채권의 성립시기는 국세기본법 제21조 제1항, 지방세법에 속하는 조세채권의 성립시기는 지방세법 제29조 제1항의 규정에 따른다. 그 중 중요한 것을 언급하면 아래와 같다. 소득세 또는 법인세에 있어서는 과세기간이 종료하는 때. 다만 청산소득에 대한 법인세에 있어서는 당해 법인이 해산(분할 또는 분할합병으로 인한 해산을 포함한다) 또는 합병을 하는 때(국세기본법 제21조 제1항 제1호), 부가가치세에 대하여는 과세기간이 종료하는 때(제7호). 다만 원천징수하는 소득세 또는 법인세에 있어서는 소득금액 또는 수입금액을 지급하는 때(제2항 제1호), 중간예납하는 소득세·법인세 또는 예정신고기간에 대한 부가가치세에 있어서는 중간예납기간 또는 예정신고기간이 종료하는 때(제2항 제3호), 수시부과에 의하여 징수하는 국세에 있어서는 수시부과할 사유가 발생하는 때(제4호), 가산세는 이를 가산할 국세의 납세의무가 성립하는 때에 성립한다(제11호). 그 내용을 표로 정리하면 다음과 같다.

---

29) 대법원 1981.12.22. 선고 81누6 판결(공 1982, 222).

30) 대법원 2002.9.4. 선고 2001두7268 판결(공 2002, 2360); 1982.5.11. 선고 82누56 판결(공 1982, 580).

31) 대법원 2005.6.9. 선고 2004다71904 판결.

조세종류	납세의무 성립시기	납세의무 확정시기[32]	법정기일[33]	법정납부기한[34]
소득세	과세기간 종료시	신고확정방식[35]	신고일	다음 해 5. 1.~ 5. 31.
원천징수하는 소득세	소득금액 지급시	자동확정방식	납세고지서 발송일	징수일이 속하는 다음 달 10일[36]
중간예납하는 소득세	중간예납기간 종료시	없음(확정신고시 반영)	없음(확정신고시 반영)	11. 30.
법인세	과세기간 종료시	신고확정방식	신고일	신고서 제출기한 (각 사업연도 종료일부터 3월 이내)
법인세법 제69조 법인세[37]	휴업 또는 폐업	수시부과방식	납세고지서 발송일	고지서에 기재된 날

32) 국세기본법 제22조 ① 국세는 당해 세법에 의한 절차에 따라 그 세액이 확정된다.

② 다음 각호의 국세는 제1항의 규정에 불구하고 납세의무가 성립하는 때에 특별한 절차 없이 그 세액이 확정된다.

1. 삭 제
2. 인지세
3. 원천징수하는 소득세 또는 법인세
4. 납세조합이 징수하는 소득세
5. 중간예납하는 법인세(세법에 의하여 정부가 조사 결정하는 경우를 제외한다)

국세기본법시행령 제10조의2(납세의무의 확정) 법 제22조 제1항에 규정하는 당해 세법에 의한 절차에 따라 그 세액이 확정되는 때는 다음 각 호와 같다.

1. 소득세, 법인세, 부가가치세, 개별소비세, 주세, 증권거래세, 교육세 또는 교통·에너지·환경세에 있어서는 당해 국세의 과세표준과 세액을 정부에 신고하는 때. 다만, 제2호에 해당하는 경우에는 그러하지 아니하다.
2. 제1호의 국세의 과세표준과 세액을 정부가 결정하는 경우에는 그 결정하는 때

2의2. 종합부동산세에 있어서는 정부가 종합부동산세의 과세표준과 세액을 결정하는 때. 다만, 납세의무자가 「종합부동산세법」 제16조 제3항에 따라 종합부동산세의 과세표준과 세액을 정부에 신고하는 경우에는 그 신고하는 때로 한다.

3. 제1호 및 제2호의2 이외의 국세에 있어서는 당해 국세의 과세표준과 세액을 정부가 결정하는 때.

33) 국세우선권의 기준일 역할을 한다. 신고로 확정된 당해 세액은 신고일, 과체처분으로 확정된 당해 세액은 납세고지서 발송일, 원천징수의무자로부터 징수하는 세액은 납세의무 확정일을 말한다.

34) 조세채무의 이행기로서 조세징수권의 소멸시효기산일, 조세포탈범의 기수시기, 가산세의 기산점이 되는 것이고 그 기한은 각 세법에 규정되어 있다.

35) 신고납세방식이라도 납세의무자가 신고하지 않아 과세관청이 부과를 하는 경우에는 납세고지서의 발송일이 법정기일이 된다.

36) 소득세법 제128조.

37) 법인이 폐업상태에 있다가 파산이 선고된 후에 부과된 법인세에 대하여 이는 파산선고 전

원천징수하는 법인세	수입금액 지급시	자동확정방식	납세의무 확정일	징수일이 속하는 다음 달 10일[38]
청산법인세	해산 또는 합병시	신고확정방식	신고일	각 신고기한 (각 기산일로부터 3월 이내 신고)
부가가치세	과세기간 종료시	신고확정방식	신고일	과세기간 종료일 후 25일(매년 1. 25. 또는 7. 25)[39]
상속세	상속개시시	부과확징빙식	납세고지서 발송일	고지서에 기재된 날
증여세	재산취득시	부과확정방식	납세고지서 발송일	고지서에 기재된 날
취득세, 등록세	취득, 등록시	신고확정방식	신고일	취득세 - 취득 후 30일 내 등록세 - 등기, 등록 전
가산세	가산할 국세 의무 성립시	부과확정방식	납세고지서 발송일	고지서에 기재된 날
교통세	제조장 반출시 또는 수입신고시	신고확정방식	신고일	반출일 또는 수입 신고일의 다음달 말일

(3) 조세채권의 신고기한

조세채권은 일반 정리채권과 같이 구법 제125조 소정의 기간 내에 신고할 필요는 없고 다만 구법 제157조(채무자회생법 제156조)의 규정에 의하여 지체 없이 신고하면 실권되지 아니 한다. 지체 없이 신고하여야 한다는 뜻은 정리계획안 수립에 장애가 되지 아니하는 시기, 즉 늦어도 정리계획안 심리기일 이전 즉 제 2 회 관계인집회일 전까지 신고하여야 한다는 의미이다.[40] 만일 정리채권인 조세채권에 대하여 세무서가 위 기간까지 신고하지 아니하면 실권 소멸된다.[41] 조세채권에 대

에 납세의무가 성립한 것이므로 파산선고 전의 원인으로 인한 것으로서 재단채권에 해당한다(서울중앙지방법원 2006.12.8. 선고 2006가합72135 판결). 파산관재인인 원고가 서울고등법원 2007나4044호로 항소하였으나 2008.5.13. 항소기각되어 확정되었다.

38) 법인세법 제73조.

39) 부가가치세법 제18조.

40) 대법원 2002.9.4. 선고 2001두7268 판결(공 2002, 2360); 1981.12.22. 선고 81누6 판결(공 1981, 222); 1981.7.28 선고 80누231 판결(공 1981, 14268); 1980.9.9. 선고 80누232 판결. 80누231 및 80누232 판결에 대한 평석으로는 林采洪, "會社整理節次에 있어서 整理債權인 租稅債權의 申告期間," 判例硏究 1집(1988), 서울지방변호사회, 179면 이하(判旨에 찬동).

41) 대법원 2002.9.4. 선고 2001두7268 판결(공 2002, 2360); 1994.3.25. 선고 93누14417 판결

한 신고기한 및 조세채권에 대한 채권조사절차에 관하여는 채무자회생법과 구법간에 차이가 없으며 조문의 순서만 변동되었다.

⑷ 조세채권에 대한 조사절차 여부

신고한 조세채권에 대하여 관리인이 이의가 있는 경우 관리인은 어떠한 불복절차를 밟아야 하는가? 즉 회생채권확정의 재판을 신청하여야 하는지 아니면 조세부과처분의 무효, 취소를 구하여야 하는지에 관하여 의문이 있을 수 있다. 회생채권 중 조세채권은 우선 진정한 권리로 인정할 수 있으므로 채권조사절차의 대상이 되지 아니하지만 지체 없이 그 액 및 원인과 담보권의 내용을 법원에 신고하여야 한다(구법 제157조, 채무자회생법 제156조). 법원은 신고된 조세채권의 내용을 회생채권자표에 기재하여야 한다(구법 제144조 제1항, 채무자회생법 제167조) 이 경우 일반 회생채권과 같은 조사절차가 없으므로 관리인만이 회사가 할 수 있는 방법으로 불복을 할 수 있을 따름이고 이 불복의 방법에 의하여 변경이 되면 그 결과를 정리채권자표에 기재하여야 한다(구법 제158조 제2항, 채무자회생법 제157조).

조세채권이 원인이 되는 조세부과처분이 중대하고 명백한 하자가 있어서 당연히 무효라고 다투는 경우에 있어서 관리인은 그 과세처분의 무효확인을 받아 회사정리법을 떠나 구제를 받을 수 있을지언정 회사정리법에 의한 이의를 할 수 없으며 설사 이의를 하였다고 하여도 그 이의는 정리채권 확정에 아무런 영향을 줄 수 없는 것이므로 관리인은 구 회사정리법 제147조 제1항에 의한 소로써 그 확정을 구할 소의 이익이 없다.[42]

⑸ 조세채권이 정리채권자표에 기재된 경우 소멸시효기간

정리채권 중 이자채권과 같이 원래 3년의 단기소멸시효에 걸리는 것이라도 정리채권자표에 기재되면 회사정리법 제245조 제1항에 의하여 '確定判決과 同一한 효력'이 있어 그 시효기간이 10년으로 연장된다.[43] 정리채권인 조세채권에 대하여 정리채권자표에 기재된 경우 소멸시효는 원래대로 5년인가 아니면 확정판결이 있는 채권과 마찬가지로 10년으로 연장될 것인가? 다음의 판례에 비추어 보면

(공 1994, 1366).

42) 대법원 1967.12.5. 선고 67다2189 판결(집15(3)민352).

43) 林采洪 · 白昌勳, 會社整理法(下), 司法行政學會(2002) 317면; 金載亨, "회사정리절차가 보증채무의 소멸시효에 미치는 영향," 상사판례연구(Ⅰ), 박영사(1996), 719면.

부정적으로 해석된다.

"토지구획정리사업법 제62조 제5항, 제68조의2의 규정에 의하면 토지구획정리사업에 있어서 과부족분에 대한 청산금은 환지처분 공고일의 다음날에 확정되고, 이 청산금을 징수할 권리는 5년간 이를 행사하지 아니하면 시효로 소멸하도록 하고 있는데, 한편 회사정리법 제5조 본문은 정리절차참가는 시효중단의 효력이 있다고 규정하고 있으므로 청산금 납부의무자에 대하여 회사정리절차가 개시되어 사업시행자가 청산금 징수채권을 정리채권으로 신고하였다면 이로써 시효가 중단된다고 할 것이나, 회사정리법 제157조 제2항, 제158조 제1항에 의하면 청산금 징수채권과 같이 체납처분이 가능한 공법상의 채권에 대하여는 일반 정리채권과 같은 조사·확정절차를 거치지 아니한 채 정리채권자표에 기재하도록 하되 다만 그러한 기재가 있었다고 하더라도 그 청구권의 원인이 행정심판·소송 등 불복의 신청을 허용하는 처분인 때에는 관리인이 여전히 회사가 할 수 있는 방법으로 불복을 신청할 수 있도록 하고 있어서, 이 경우에는 정리채권으로 신고되어 정리채권자표에 기재되면 확정판결과 동일한 효력이 있다고 규정한 회사정리법 제245조는 적용될 여지가 없고, 따라서 청산금 징수채권이 정리채권으로 신고되어 정리채권자표에 기재되었다고 하더라도 그 시효기간이 민법 제165조에 의하여 10년으로 신장되는 것으로 볼 수도 없다."[44]

4. 공익채권인 조세채권

(1) 공익채권인 조세채권—구법 제208조 제9호의 입법 취지

공익채권에 해당하는 조세채권은 첫째, 절차 개시 후의 원인으로 발생한 조세채권,[45] 둘째, 절차 개시 전의 원인으로 발생하였지만 정책적 고려에서 공익채권으로 격상된 것이 있다(구법 제208조 제9호[46] 소정의 원천징수하는 조세). 즉 정리절차 개시 당시에 아직 납부기한이 도래하지 아니한 원천징수하는 조세, 부가가치세 등만이 공익채권이 되는 것이고 이미 납부기한이 도래하였다면 정리채권이 된다.

44) 대법원 2000.12.22. 선고 99두11349 판결(공 2001, 374).

45) 이러한 조세채권은 채무자회생법 제179조 제2호 소정의 회생절차개시 후의 채무자의 업무 및 재산의 관리와 처분에 관한 비용상환청구권에 해당한다.

46) 제9호 : 정리채권 중 원천징수하는 조세·부가가치세·특별소비세·주세·교통세 및 본세의 부과·징수의 예에 따라 부과·징수하는 교육세·농어촌특별세와 특별징수 의무자가 징수하여 납부하여야 할 지방세로서 정리절차개시 당시 아직 납부기한이 경과하거나 도래하지 아니한 것.

원칙적으로 회사정리절차 개시 전의 원인으로 생긴 조세채권은 정리채권이라 할 것이나 원천징수하는 조세, 부가가치세, 교통세 등 구법 제208조 제9호 소정의 조세는 납세자와 실질적인 담세자가 다른 것으로서 원천징수의무자 또는 특별징수의무자에 해당하는 정리회사가 국가 또는 지방자치단체의 세금징수기관 내지 세금경유기관으로서의 지위에서 실질적인 담세자들로부터 징수한 금전을 국가나 지방자치단체를 위하여 잠정적으로 보관하고 있는 것에 불과하고 따라서 징수된 세금은 일종의 예탁금적인 성질을 가지는 것으로서 원칙적으로 정리회사의 재산에 속하지 않는 것이다. 따라서 이러한 조세채권의 과세요건이 납세의무자에 대한 정리절차개시 이전에 충족되었다고 하여 이를 정리채권으로 취급하여 조세채권자의 권리행사를 제한하고 정리회사 또는 제3의 이해관계인들의 이익을 위해 사용하는 것은 국가나 지방자치단체에게 지나친 손해를 감수하게 하고 반대로 정리회사나 정리채권자 등에게 기대 이상의 이득을 주는 것이어서 부당하다는 이유에서 구법 제208조 제9호에서 열거하고 있는 조세는 원칙적으로 공익채권이지만 이를 모두 공익채권으로 한다면 정리채권자 등 이해관계인의 권익을 지나치게 침해할 우려가 있고 회사 갱생이라는 회사정리법의 목적으로 볼 때에도 적당하지 않으므로 정리절차개시 당시 납부기한이 도래하지 않은 조세채권만을 공익채권으로 인정하는 것으로 그 범위를 제한한 것이다.[47]

⑵ 원천징수하는 갑종근로소득세

1) 사 례

세무서장이 1999 사업연도의 법인세과세표준 및 세액을 결정고지함에 있어 귀속불명의 소득 일부를 익금에 산입함과 동시에 이를 정리회사의 대표이사에 대한 1999년 상여로 소득처분하고 2002. 8. 13. 소득금액변동통지를 하였다. 정리회사가 소득금액변동통지에 따른 근로소득세원천징수세액을 법정 납부기한이 경과하도록 납부하지 아니하자 세무서장은 정리회사의 관리인에게 2002. 10. 21. 1999년 귀속 근로소득세를 부과고지하였다. 정리절차는 2002. 8. 1. 개시되었다. 이때 정리회사에 부과된 갑종근로소득세의 조세채권은 정리채권인가?

---

47) 서울고등법원 2005. 4. 8. 선고 2003나71626 판결(대법원 2009. 2. 26. 선고 2005다32418 판결의 원심판결).

2) 세법의 규정 및 판례

소득세를 납부할 의무는 과세기간이 종료하는 때에 성립하되, 원천징수하는 소득세를 납부할 의무는 소득금액 또는 수입금액을 지급한 때에 성립하고 그 납세의무가 성립하는 때에 특별한 절차 없이 세액이 확정된다(국세기본법 제21조 제1, 2항, 제22조 제2항). 법인세법에 의하여 처분되는 상여는 대통령령이 정하는 날에 지급하는 것으로 보고, 당해 법인이 소득금액변동통지를 받은 날에 그 소득금액을 지급한 것으로 본다(소득세법 제135조 제4항, 시행령 제192조 제2항).[48] 따라서 설례의 경우 근로소득세의 납세의무는 소득금액변동통지를 받은 날에 성립하므로 회사정리절차 개시 후에 근로소득세에 대한 소득금액변동통지서가 송달되었다면 조세채권은 정리절차 개시 후에 납세의무가 성립하는 것이므로 정리채권에 해당하지 아니한다.

3) 구 파산법에서의 지위

만일 설례에서 채무자가 정리회사가 아니고 파산선고를 받았다면 결론이 달라진다. 구 파산법 제38조 제2호에 의하면 국세징수법 또는 국세징수의 예에 의하여 징수할 수 있는 청구권, 단 파산선고 후의 원인으로 인한 청구권은 파산재단에 관하여 생긴 것에 한하여 재단채권에 속한다고 규정하고 있다. 따라서 조세채권이 재단채권에 해당하기 위해서는 파산선고 전에 조세채권이 확정되거나 파산선고 후에 납세의무가 성립한 경우에는 파산재단에 관하여 생긴 경우이어야 한다. 따라서 설례의 경우에는 파산선고 후에 납세의무가 성립되었지만 파산재단에 관하여 생긴 것이 아니므로 재단채권에 해당하지 아니하고 파산선고 후의 원인으로 생긴 것이므로 파산채권에도 해당하지 아니한다.[49]

(3) 法定納付期限과 指定納付期限

구법 제208조 제9호 소정의 "납부기한이 도래하지 아니한 것"의 납부기한을 어떻게 해석할 것인가? 즉 납부기한이 법령에 정해진 납부기한(법정납부기한)과 과세관청이 징수절차의 일환으로 발부한 납세고지서 등에 의하여 지정된 납부기한(지정납부기한 또는 구체적 납부기한) 중 어느 것을 기준으로 할 것인가에 관하여 견

48) 대법원 2005.6.9. 선고 2004다71904 판결(미간행); 1991.2.26. 선고 90누4631 판결; 1981.12.22. 선고 81누6 판결(공 1981, 222) 등. 판례에 반대하는 견해로는 李宜瑛, "倒産節次에서 租稅債權의 地位(下)," 법조 2009년 7월호, 198면.

49) 대법원 2005.6.9. 선고 2004다71904 판결.

해의 대립이 있다.

1) 일본의 논의

일본에서는 당초 징세실무와 다수설은 지정납부기한설을 취하였으나 하급심 판결[50]이 법정납부기한설을 취함으로써 그에 관한 논의가 활발하게 되었다. 법정납부기한설의 논거는, 원천징수하는 조세 등이 회생절차개시 이후에 발생한 것인지를 판단하기 곤란하기 때문에 객관적으로 명백한 기준을 설정하고자 한 것이 그 입법취지이므로 객관적으로 명확한 법정납부기한이라고 해석함이 타당하고, 지정납부기한으로 해석하면 징수절차를 게을리한 과세권자에게 부당하게 유리한 결과가 된다는 것이다.

이에 반하여 최고재판소는 지정납부기한설을 취하였는데 그 논거는 아래와 같다. 원천징수하는 조세 등은 일종의 예금적 성질을 가지는 것으로서 환취권과 비슷하게 취급하는 것이 상당한데, 이를 철저히 하면 다른 이해관계인에게 미치는 영향이 크므로 이해관계를 조정한다는 정책적 견지에서 이를 제한하여 회생절차개시 당시 이미 납부기한이 도래하여 강제징수가 가능한 것은 회생채권으로 취급하여 환취권적 취급에서 제외하고, 아직 납부기한이 도래하지 아니한 것에 대하여만 공익채권으로 보호하여 환취권적 취급을 하고자 하는 것이 그 입법취지이다. 입법취지를 고려하면 과세권자가 강제징수할 수 있는 시점인 지정납부기한을 기준으로 하여, 회생절차개시 당시 이미 지정납부기한이 경과하여 강제징수절차를 취할 수 있었던 것은 회생채권으로 취급하고, 강제징수절차를 취할 수 없었던 것에 대하여는 그 세금 본래의 예금적 성질을 감안하여 이를 공익채권으로 취급을 하는 것이 타당하다. 또한 조세채권의 발생시점이 회생절차개시 전후의 어느 시점인지의 문제에 관하여는 원천징수하는 조세 등이 다른 조세에 비하여 특히 판단이 곤란하다고 볼 수 없다. 과세권자가 자의적으로 납세고지를 지연하는 등의 경우에는 신의칙 등에 의해 공익채권으로의 청구를 제한할 수 있으므로 문제될 것이 없다.[51]

2) 우리나라의 판례

판례는 법정납부기한설을 취하고 있다.[52] 즉 과세관청이 1995년부터 1997년 사

50) 東京高等裁判所 1971. 6. 30. 宣告 判決(高民集 24券 2号 283頁).

51) 最高裁判所 1974. 7. 22. 宣告 判決(民集 28券 5号 1008頁).

52) 대법원 2004. 12. 10. 선고 2003두8814 판결(공보불게재). 판결 원문상의 제3회 관계인 집

이에 납세의무가 성립한 같은 기간 귀속 근로소득세할 또는 이자소득세할 주민세를 정리절차개시결정 이후인 1998.12.15. 정리회사에 납세고지를 한 사안에서, 대법원은 조세채권은 정리채권에 해당하고 징수권자가 제3회 관계인 집회일까지 법원에 이를 신고하지 아니하였으므로 정리계획 인가결정시에 실권되어 소멸하였다는 원심의 판단을 정당하다고 수긍하면서, 지방세법 제179조의3 제2항, 제3항에 의하면 특별징수하는 주민세의 납부기한은 특별징수의무자가 특별징수세액을 소득세와 동시에 징수하였거나 징수할 날이 속하는 달의 다음달 10일이라고 해석되므로, 이 사건 주민세채권은 정리절차개시 당시 이미 납부기한이 경과한 것이어서 회사정리법 제208조 제9호 소정의 공익채권에도 해당하지 않는다고 판시하였다.

(4) 납부기한 연장과 공익채권

국세기본법 제6조 제1항[53]은 납부기한의 연장에 관하여 규정하고 있다. 과세관청이 국세기본법 제6조 제1항에 의하여 납부기한연장을 한 것이 법정납부기한이 연장되는 것인지 아니면 지정납부기한이 연장되는 것인지에 관하여 의문이 있다. 만일 법정납부기한이 연장된다고 보면 당초의 납부기한이 연장되므로 연장된 납부기한을 기준으로 공익채권인지 회생채권인지 여부가 결정된다. 문제가 되는 사안은 다음과 같다.

인천정유에 대하여 2001.9.27. 회사정리절차가 개시되었다. 인천정유는 정리절차 개시전에 국세기본법 제6조에 기하여 신고납부기한이 당초 2001.5.31.인 교통세의 납부기한 연장신청을 하여 세무서장이 2001.6.1. 납부기한을 2001.10.4.로 연장한다는 통보를 하였다. 이 사건 교통세는 당초의 납부기한인 2001.5.31.을 기준으로 하면 회사정리절차 개시 당시에 납부기한이 이미 도래하였으므로 정리채권에 해당하고 만일 연장된 납부기한인 2001.10.4.을 기준으로 하면 아직 납부기한이 도래하지 아니하였으므로 공익채권이 된다. 이 사건에서 정리회사는 교통세가 정리채권이라 주장하였고 보증보험회사는 국가에 체납세액을 보험금으로 지급한 후 공익채권으로 주장하면서 구상금의 지급을 구하는 소송을 제기하였다.

서울고등법원은 납부기한 연장승인통지가 애초의 법정납부기한인 2001.5.31.

회기일은 제2회 관계인 집회기일로 정정하여 해석하여야 한다. 이 글의 주 40 참조.

53) 제1항 : 천재·지변 기타 대통령령이 정하는 사유로 인하여 이 법 또는 세법에 규정하는 신고·신청·청구 기타 서류의 제출·통지·납부를 정하여진 기한까지 할 수 없다고 인정하거나 납세자의 신청이 있는 경우에는 관할세무서장은 대통령령이 정하는 바에 의하여 그 기한을 연장할 수 있다.

다음 날에 이루어졌더라도 그 납부기한 연장승인으로 법정납부기한이 2001.10.4.로 변경되었다고 보아 결국 교통세는 회사정리절차 개시당시 법정납부기한과 고지납부기한 모두 도래하지 아니하였으므로 공익채권으로 보았다.[54] 대법원은 납부기한 연장에 의하여 법정납부기한이 연장된 것으로 보아 원심의 견해를 지지하였다.[55]

그러나 판례를 따르더라도 일단 회사정리절차 개시결정 이전에 법정납부기한이 도래하고 정리절차가 개시된 이후에는 과세관청이 더 이상 납부기한을 연장할 수 없음은 공익채권의 법리상 당연하다. 만일 이를 허용하게 되면 과세관청의 자의에 의하여 회생채권이 공익채권으로 변경하게 된다. 위 판례의 법리는 정리절차 개시전에 이미 납부기한이 도래하고 납부기한 연장신청에 대하여 국가가 납부기한을 연장한다는 통지를 발한 후에 회사정리절차가 개시된 경우에 적용된다. 교통세에 관하여는 채무자회생법과 구법간에 차이가 없으므로 판례의 법리는 채무자회생법하에서도 그대로 적용된다.

⑸ 채무자회생법 제179조의 입법취지(공익채권인 조세채권의 범위)

과거 회사정리실무를 운용하다보면 성질상 회생채권임에도 법에서 공익채권으로 인정하는 범위가 광범위하여 재건절차에 걸림돌로 작용하였다. 이러한 실무의 문제점을 반영하여 채무자회생법은 다음과 같이 개정하여 공익채권인 조세채권의 범위를 축소하였다. 즉 법인세법 제67조(소득처분)에 의하여 대표자에게 귀속된 것으로 보는 상여도 원천징수의 대상이므로 그 금액도 원천징수하는 조세에 포함되지만 공익채권은 원천징수된 것으로 제한하였다.

절차 개시 전의 원인으로 발생하였지만 정책적 고려에서 공익채권으로 격상된 공익채권의 범위가 채무자회생법에서 축소되었다(제179조 제9호[56]). 즉 부가가치세, 특별소비세, 주세 및 교통세에 관하여는 변경된 바 없다. 그러나 원천징수하는 조세 중 법인세법 제67조(소득처분)의 규정에 의하여 대표자에게 귀속된 것으로

54) 서울고등법원 2005.4.8. 선고 2003나71626 판결.

55) 대법원 2009.2.26. 선고 2005다32418 판결.

56) 다음 각목의 조세로서 회생절차개시 당시 아직 납부기한이 도래하지 아니한 것을 말한다.
가. 원천징수하는 조세. 다만, 법인세법 제67조(소득처분)의 규정에 의하여 대표자에게 귀속된 것으로 보는 상여에 대한 조세는 원천징수된 것에 한한다.
나. 부가가치세, 특별소비세, 주세 및 교통세
다. 본세의 부과징수의 예에 따라 부과징수하는 교육세 및 농어촌특별세
라. 특별징수의무자가 징수하여 납부하여야 하는 지방세

로 보는 상여에 대한 조세는 원천징수된 것에 한한다. 구법하에서는 납부기한이 도래하지 않았다면 원천징수를 하지 않았더라도 공익채권으로서 취급되지만 채무자회생법에서는 회생절차 개시 당시 원천징수가 되지 아니한 조세는 납부기한이 도래하지 아니하더라도 공익채권이 아니라 회생채권이 된다. 이는 회생회사의 전 대표자가 회생절차 개시 전에 횡령함으로써 과세관청이 회생절차 개시 후 인정상여 처분을 하여 대표이사에게 소득세를 부과하고 회생회사에 대하여 소득금액변동통지서를 보내어 원천징수의무를 부과하는 사례가 빈번하여 이로 인하여 회사의 재건에 지장을 가져온 폐해를 없애기 위한 것이다. 따라서 회생절차 개시 후에 법인세법 제67조의 규정에 의하여 소득처분이 있으면 원천징수하는 소득세의 원천징수의무자(회생회사)의 원천징수의무는 소득금액을 지급하는 때에 성립하게 되므로 공익채권이 되지만 아직 원천징수를 완료하지 아니한 경우라면 회생채권이 되고 원천징수를 완료하여야 비로소 공익채권이 된다. 회생절차 개시 전에 소득처분이 있으면 회생채권이지만 역시 원천징수 여부에 따라 위와 같은 취급을 하게 된다.[57]

⑹ 공익채권인 조세채권과 체납처분

채무자의 재산이 공익채권의 총액을 변제하기에 부족한 것이 명백하게 된 때에 법령의 규정에 정하는 우선권에 불구하고 아직 변제하지 아니한 채권액의 비율에 따라 변제하여야 한다(구법 제210조, 채무자회생법 제180조 제7항). 그런데 공익채권자가 위와 같은 법문의 규정에도 불구하고 강제집행절차에 착수하는 것이 가능한가에 관하여 구법에서 논의가 있었다. 더 나아가 회생회사가 공익채권인 조세의 납부를 체납하는 경우에 징수권자는 채무자회생법 제180조 제3항의 제한 없이 체납처분을 하는 것이 가능한가? 이하 일본에서의 논의와 채무자회생법의 개정 취지에 관하여 살펴본다.

1) 일본의 논의

일본의 구 회사갱생법은 1967년 개정시에 제210조의2에서 공익채권에 기한 강제집행 또는 가압류가 회사의 갱생에 현저하게 지장을 초래하고 또한 회사가 타에 환가용이한 재산을 갖고 있는 때에는 강제집행 또는 가압류의 중지 또는 취소를 명할 수 있도록 규정하였다. 동 조항은 신 회사갱생법 제132조 제3항에 동

57) 回生事件實務(上), 379면.

일하게 규정되었다. 동 조항이 신설되기 이전에 공익채권에 기한 강제집행이 가능한지 여부에 대하여 통설은 강제집행 뿐 아니라 체납처분을 하여 회사재산으로부터 변제를 받을 수 있다고 해석하였고 법무성민사국의 선례는 이에 반대하였다.[58] 이러한 혼란을 해결하기 위한 것이 구 회사갱생법 제210조의2의 규정이다. 금전채권인 공익채권에 기한 강제집행을 하게 되면 갱생회사는 청구이의의 소를 제기하는 우회적인 방법이 아니라 바로 법원에 강제집행의 중지 또는 취소를 구할 수 있다는 점에 대하여는 이론이 없다. 그러나 비금전채권에 기한 강제집행 및 가처분에 대해서도 제210조의2 제 3 항이 적용되는지에 관하여는 해석론상 부정적이다. 금전채권인 공익채권에 기한 강제집행으로 한정하여 해석하는 근거는 제210조의2 제 1 항이 '회사가 타에 환가 용이한 재산을 갖고 있는 때'라는 문구로부터 재산의 존재를 요구하기 때문이다.[59] 그리하여 만일 비금전채권에 기한 강제집행 및 가처분에 대해서는 관재인은 종래와 같이 청구이의의 소에 의해서 그 취소를 구해야만 한다.

체납처분에 대해서도 제210조의2에 기한 중지 또는 취소를 구할 수 없고 다만 제210조 위반을 이유로 국세통칙법 제75조에 의한 이의신청에 의해서 체납처분의 취소를 구하고, 나아가 행정사건소송법 제 3 조에 의해 행정소송에 의해서 그 취소를 구할 수 있을 뿐이다.[60] 그리하여 입법론으로 조체채권에 기한 체납처분도 제210조의2의 중지 또는 취소의 대상으로 삼아야 한다고 주장하고 있다.[61]

2) 우리나라의 논의

채무자회생법 제58조는 회생채권 또는 회생담보권인 조세채권에 기한 채무자의 재산에 대한 중지를 규정한 것이고 공익채권인 조세에 기한 체납처분의 중지에 관한 규정이 아니다.[62] 구법에서 다수설은 공익채권자가 강제집행을 할 수 있다는 입장이었다.[63] 그러나 공익채권자가 구법 제210조의 규정에도 불구하고 강제집행절차에 나아간 경우에 이를 저지할 법률적인 근거가 없으므로 입법론적으로 재검토를 요한다

58) 자세한 논의는 兼子一・三ヶ月章, 條解會社更生法(下), 弘文堂(1998), 324-325면(이하 條解로 표기한다).

59) 條解(下), 352면; 宮脇行彥・井關 浩・山口和男 編, 注解會社更生法, 靑林書院(1986), 739면. 이하 注解로 표기한다.

60) 條解(下), 353면; 注解, 739면.

61) 條解(下), 353면; 注解, 739면.

62) 回生事件實務(上), 140면.

63) 林采洪・白昌勳, 앞의 책(주 43), 98면.

는 지적이 있었다. 채무자회생법은 이러한 논의와 일본의 개정법의 내용을 반영하여 채무자의 재산이 공익채권의 총액을 변제하기에 부족한 것이 명백하게 된 때에는 회생에 현저하게 지장을 초래하는 경우 등에 한하여 공익채권에 기한 강제집행 또는 가압류의 중지나 취소를 명할 수 있도록 명문의 규정을 두었다(제180조 제3항).[64]

채무자회생법 제180조는 공익채권에 기한 강제집행 또는 가압류를 중지 또는 취소의 대상으로 삼고 있을 뿐 체납처분을 금하는 명문의 규정이 없으므로 체납처분이 가능한지에 관하여 견해의 대립이 있다. 부정설은 조세채권도 공익채권인 이상 채무자회생법 제180조의 제한을 받으므로 만일 회사재산이 공익채권의 총액을 변제하기에 부족한 것이 명백한 때에는 체납처분에 의한 개별적인 권리행사는 금지된다는 입장이다.[65] 긍정설은 공익채권인 조세채권에 대하여는 그 중지·취소 명령의 대상에 포함되지 아니하므로, 회생법원이 간편하게 체납처분을 중지·취소할 수는 없고 국세징수법 또는 지방세법에 의한 체납처분유예 등의 제도를 이용할 수 있을 뿐이라는 견해이다.[66]

생각건대, 채무자회생법의 입법취지를 고려하고 회생절차에서는 공익채권인 조세채권은 국세우선권에 관계없이 다른 공익채권과 안분비례에 따라 변제받는다는 점[67]에 비추어, 부정설의 견해에 찬동한다. 다만 그 불복방법에 대하여는 만일 징수권자가 채무자회생법 제180조에 위배하여 체납처분을 하게 되면 회생회사는 제180조를 통한 체납처분의 중지 또는 취소의 방법이 아니라 행정소송을 통하여 징수권자의 체납처분을 취소시켜야 할 것이다.

앞으로 입법으로 공익채권인 조세채권도 다른 공익채권과 같이 체납처분의 제한을 받는 점과 이에 위배한 경우에 회생법원에 처분의 취소를 구할 수 있도록 해결함이 옳다.

(7) 공익채권과 회생계획

공익채권에 관하여는 회생계획에서 반드시 공익채권에 관하여 이미 변제한

64) 回生事件實務(上), 384면.

65) 崔完柱, "整理節次와 租稅," 會社整理法·和議法上의 諸問題, 法院圖書館(2000), 554면. 이는 구법하의 견해이다.

66) 朱鎭岩, 앞의 글(주 28), 226면. 앞의 대법원 2001그45 결정은 과세관청이 압류처분을 할 당시 압류처분의 원인이 된 조세채권에 정리채권이 아닌 공익채권이 포함되어 있다고 볼 자료가 없다고 설시하고 있는바, 判旨를 추론하면 공익채권에 기한 체납처분에 대하여는 구법 제67조 제6항에 의한 취소를 불허하는 입장으로 이해된다.

67) 林采洪·白昌勳, 앞의 책(주 43), 104면; 注解, 735면.

것을 명시하고 장래에 변제할 것에 관하여 규정하여야 하고(구법 제211조, 제216조, 채무자회생법 제193조, 제199조) 공익채권은 회생절차에 의하지 아니하고 수시로 변제할 수 있으므로(구법 제209조, 채무자회생법 제180조) 회생계획에 공익채권의 변제기의 유예 또는 채권의 감면 등 권리에 영향을 미치는 규정을 정할 수 없는 것이 원칙이다. 다만 채권자와의 합의하에 변제기를 연장하는 등 권리변동에 관한 사항을 정하고 그 취지를 정리계획에 기재한 때에는 채권자도 구속된다.[68)]

5. 회생계획안의 작성 및 결의 절차의 참가

조세채권에 대하여는 회생계획에서 권리변경을 정하기 위하여 개별적으로 징수권자의 의견을 듣거나 동의를 구하는 절차적인 보호조치가 별도로 마련되어 있으므로 일반 회생채권자와 같이 회생계획안의 심의를 하기 위하여 조를 분류할 필요도 없고(구법 제159조, 채무자회생법 제236조 제2항) 따라서 의결권도 부여되어 있지 않다(구법 제172조 제2호, 채무자회생법 제191조 제2호). 또한 일반회생채권과 다른 특별한 취급을 하고 있으므로 계획안에 공정하고 형평에 맞는 차등을 두어야 한다는 조항도 적용되지 아니한다(구법 제228조 제2항, 채무자회생법 제217조 제2항). 이상의 설명은 채무자회생법에서도 같다.

6. 회생계획에 의한 조세채권의 변경

(1) 구 법

1998.2.24. 구법 제122조 제1항[69)]의 개정 전에는 1년을 초과하는 기간의 징수의 유예 또는 체납처분에 의한 재산의 환가의 유예, 채무의 승계 기타 권리에 영향을 미칠 규정을 함에는 징수의 권한을 가진 자의 동의를 얻어야 하도록 되어

---

68) 대법원 1991.3.12. 선고 90누2833 판결. 공익채권인 조세의 변제에 관하여 정리계획에서 3년 거치 후 10년간 분할변제키로 하면서 정리채권인 조세채권에 대한 회사정리법 제122조 소정의 징수유예결정과 같은 구속력을 부여하고 그 상환기간 중 국세환급금이 생기더라도 위 상환계획에 의하여 위 공익채권의 1차년도 상환금액부터 충당하기로 정하였으며 세무서장이 동의하였다면 정리계획에 따른 효력이 발생한다고 판시하였다.

69) 제122조(조세등의 청구권) : 정리계획에서 국세징수법 또는 국세징수의 예에 의하여 징수할 수 있는 청구권에 관하여 2년 이하의 기간의 징수의 유예 또는 체납처분에 의한 재산의 환가의 유예의 규정을 함에는 징수의 권한을 가진 자의 의견을 들어야 하며 2년을 초과하는 기간의 징수의 유예 또는 체납처분에 의한 재산의 환가의 유예, 채무의 승계 기타 권리에 영향을 미칠 규정을 함에는 징수의 권한을 가진 자의 동의를 얻어야 한다. 〈개정 1998.2.24〉

있었다. 1년 이하의 경우에는 의견 청취로 가능하였다(구법 제122조 제1항). 개정 후에는 1년이 2년으로 연장되었다. 실무상 동의의 유무는 법원이 징수권한자에 대한 동의 여부를 확인하는 절차를 통하여 이루어진다. 만일 이러한 동의 없이 조세채권에 대하여 권리에 영향을 미치는 것을 내용으로 하는 정리계획을 인가하는 것은 구법 제233조 제1항 제1호 소정의 '정리절차 또는 계획이 법률의 규정에 합치되어 있을 것'이라는 정리계획 인가의 절대적 요건을 결하여 위법하다. 따라서 정리계획안 심리를 위한 관계인집회에 참석한 세무공무원이 조세채권에 관하여 권리를 변경한 이 사건 정리계획안의 내용을 잘 알고 있었고 원심법원 재판장이 그 집회에서 의견을 구하였으나 이에 대하여 아무런 이의를 제기하지 아니하였다는 사유만으로는 징수권한을 가진 자의 동의라고 할 수 없고, 동의를 받지 아니한 정리계획안에 대하여는 회사정리법 제233조 제2항의 규정에 의한 재량인가를 할 수 없다.70)

그러나 구법 제122조 제1항에 따라 징수권한자의 의견을 구하는 절차나 동의를 받아야 함에도 이를 누락한 채 중가산금을 면제하는 내용의 계획안이 확정되어 일단 가결되었다면 이러한 절차상의 하자를 들어 확정된 회사정리계획의 효력을 다툴 수 없다.71)

(2) 채무자회생법

채무자회생법 제140조 제3항은 구법 제122조의 징수유예기간 2년을 3년으로 연장하였기 때문에 3년을 초과하는 기간 동안 징수유예 등 기타 권리에 영향을 미칠 규정을 함에는 징수의 권한 있는 자의 동의를 얻되, 3년 이하의 기간 동안 징수유예의 경우에는 의견청취로 가능하다(제140조 제2항). 3년의 기산일은 회생계획인가일을 기준으로 한다.72) 그 외 채무자회생법은 구법에 명문의 규정이 없었으나 실무상 인정되던 조세의 감면을 명시적으로 규정하여 법적 근거를 명시하였다(제140조 제3항). 일반회생채권에 우선하지 않는 공과금채권(과태료 등)은 이러한 제한을 없애고 일반회생채권과 동일하게 권리변경을 할 수 있게 되었다.

---

70) 서울고등법원 1999.6.2. 자 99라112 결정.

71) 대법원 2005.6.10. 선고 2005다15482 판결(공 2005, 1143). 이 판결에 대한 해설로는 李尙佃, "이미 회사정리계획이 확정된 이상 회사정리법 제122조 제1항에서 정한 징수의 권한을 가진 자의 동의를 받지 아니한 절차상의 하자가 있다는 사정만으로는 회사정리계획의 효력을 다툴 수 있는지 여부," 대법원 판례해설 제55호, 법원도서관(2005), 149면 이하 참조.

72) 回生事件實務(上), 556면.

7. 부인권의 행사제한

조세채권에 관하여 채무자가 징수권자에 대하여 담보의 제공 및 채무의 소멸에 관한 행위는 관리인에 의한 부인권 행사의 대상이 되지 아니한다(구법 제78조 제2항, 채무자회생법 제100조 제2항).

Ⅳ. 각종 세법상의 특례

1. 국세징수법상의 가산세, 가산금, 중가산금

(1) 국세징수법상의 의의

가산세는 과세권의 행사와 조세채권의 실현을 용이하게 하기 위하여 세법에 규정된 의무를 정당한 이유 없이 위반한 납세자에게 부과하는 행정상 제재로서,[73] 본세의 부과처분과는 별개처분에 의하여 확정·부과되는 과세이다.[74] 가산세는 이를 가산할 국세의 납세의무가 성립하는 때에 성립하고(국세기본법 제21조 제1항 제11호), 그 과세표준과 세액은 정부가 결정하는 때에 확정된다(국세기본법시행령 제10조의2 제2호). 본세가 회생절차 개시 전에 성립되어 회생채권이지만 그 납기가 회생절차 개시 후인 경우에 발생한 가산세가 회생채권인지 공익채권인지 문제가 된다. 하급심은 부가가치세법에 따른 납부불성실기산세의 과세요건은 부가가치세의 납부기한을 도과함으로써 조세채권이 성립하는 것이므로 만일 부가가치세의 납부기한이 회생절차 개시 이전에 도래하였다면 부가가치세법의 관련 조항의 산식에 따라 회생절차 이후의 기간에 해당하는 납부불성실가산세 해당금액은 회생채권이 된다고 판시하였다.[75]

가산금은 국세를 납부기한까지 납부하지 아니한 때에 국세징수법에 의하여

---

73) 국세기본법 제2조 제4호. '가산세'라 함은 세법에 규정하는 의무의 성실한 이행을 확보하기 위하여 그 세법에 의하여 산출한 세액에 가산하여 징수하는 금액을 말한다.

74) 대법원 2005.9.30. 선고 2004두2356 판결; 1998.3.24. 선고 95누15704 판결 등.

75) 서울고등법원 2009.7.17. 선고 2008나115507 판결. 같은 견해로 오충현, "회사정리절차에 있어서 조세채권의 취급," 형평과 정의 제20집, 대구지방변호사회(2005), 168-169면. 위 판결은 더 나아가 파산선고 후의 기간경과로 성립, 발생한 가산금 및 중가산금은 파산선고후의 불이행으로 인한 손해배상액에 해당한다고 보아 구 파산법 제37조 제2호 소정의 후순위 파산채권으로 판시하였다.

고지세액에 의하여 산출한 세액에 가산하여 징수하는 금액과 납부기한 경과 후 일정기한까지 납부하지 아니한 때에 그 금액에 다시 가산하여 징수하는 금액을 말한다.[76] 가산금과 중가산금은 국세가 납부기한까지 납부되지 않은 경우 미납분에 관한 지연이자(지연배상금)의 성질로 부과되는 부대세의 일종으로서, 과세권자의 확정절차 없이 국세를 납부기한까지 납부하지 아니하면 국세징수법 제21조, 제22조에 의하여 당연히 성립, 발생하고, 그 액수도 확정된다.[77]

(2) 가산금, 중가산금의 회생절차상의 지위

1) 구 법

정리절차 개시 후의 이자는 정리채권으로서 다른 정리채권보다 후순위로 취급되는 후순위 정리채권이지만 가산금에 대하여는 후순위로 취급하지 아니한다는 규정이 있었다(구법 제121조 제2항).

2) 채무자회생법

채무자회생법은 후순위 회생채권의 개념을 폐지하였으므로 가산금, 중가산금을 회생채권으로 취급하고 있다. 그러나 실무상은 채무자회생법이나 구법하에서 가산금, 중가산금에 대하여 면제하거나 최종 연도에 변제 또는 분할변제하는 등 일반 회생채권보다 열후적인 취급을 하고 있다.[78]

3) 회생절차와 가산금의 발생 여부

(a) 변제금지 가처분과 가산세, 가산금

변제금지의 가처분이 있더라도 기한도래의 효과가 생기는 것을 막지 못하므로 이행지체의 책임을 면하지 못하고 채권자는 이행지체를 이유로 해제권을 행사할 수 있다.[79] 따라서 변제금지의 가처분이 발령되었다는 사유만으로는 가산세와 가산금의 발생을 막지 못한다.[80] 다만 실무의 보전처분의 주문에서는 법원의 허가를 얻으면 채무의 지급이 가능하므로 가산금을 면하기 위하여는 법원의 허가를

76) 국세기본법 제2조 제5호.

77) 대법원 2000.9.22. 선고 2000두2013 판결; 1991.3.12. 선고 90누2833 판결.

78) 回生事件實務(上), 556면.

79) 채무자회생법에 관한 서울중앙지법 파산부의 실무이다(2009.11.5. 자 2009회확497 결정). 화의법 제20조 제1항에 의한 보전처분에 관한 대법원 2007.5.10. 선고 2007다9856 판결(공보불게재). 回生事件實務(上), 74면. 반대로 해제할 수 없다는 견해로는 법원행정처, 화의사건실무(개정판)(1998), 52면; 일본 최고재판소 1982.3.30. 판결.

80) 崔完柱, 앞의 글(주 65), 545면.

얻어 조세를 납부하고 있기 때문에 가산세 등을 납부하는 사례는 거의 없다.

(b) 회생절차의 개시결정과 가산세, 가산금

정리채권인 조세채권은 정리절차에 의하지 아니하고는 이를 변제할 수 없으므로, 정리절차에 의하지 아니하고는 달리 임의 변제가 가능하다고 볼 수 없으므로 납부기한이 도과한 데에는 정당한 사유가 있었던 것으로 보아 가산금부과처분을 할 수 없는 것인가? 대법원은 부과처분이 적법하다고 판시하여 반대의 견해에 선 원심판결을 파기하였다. 판결 요지는 아래와 같다.

"정리채권인 조세채권은 정리절차에 의하지 아니하고도 관리인이 법원의 허가를 얻어 변제할 수 있는 것이고, 납세자가 납세의 고지를 받은 후 국세징수법 제15조 제1항 각호의 1에 해당하는 사유로 고지된 국세를 납부기간까지 납부할 수 없다고 인정되는 때에는 징수의 유예를 받을 수 있고(국세징수법 제17조), 징수를 유예한 국세에 대하여는 같은 법 21조 소정의 가산금을 징수할 수 없도록 되어 있으므로 정리채권인 조세채권에 관하여 납세의 고지를 받은 정리회사가 가산금의 징수를 면하려면 그 고지된 세액에 관하여 같은 법 제17조 소정의 징수유예를 받거나 법원의 허가를 얻어 이를 납부기한 내에 납부하여야 할 것이고, 정리회사가 정리채권인 조세채권에 대한 납세의 고지를 받고 위와 같은 징수유예를 받음이 없이 고지된 세액을 납부기한내에 납부하지 아니한 경우에는 같은 법 제21조 소정의 가산금의 징수를 면할 수 없다."[81] 따라서 정리회사가 중가산금의 부과를 면하기 위하여는 국세징수법 제17조에 따라 징수유예의 처분을 받거나,[82] 회생계획에서 3년 이하의 기간 동안 징수유예의 규정을 두면 가능하다. 그런데 후자의 경우 법원이 납부기한의 도과 유무를 묻지 않고 회생계획에서 징수유예를 둘 수 있는지에 관하여 견해의 대립이 있었다. 다음 항에서 살펴본다.

4) 회생계획과 가산금의 면제 여부

국세체납액의 납부기한이 지난 후에도 회생계획에서 징수유예의 조항을 두는 것이 가능한가? 지방세에 대하여는 지방세법 제43조 제2항에서 회사정리법 제122조의 규정에 의한 징수의 유예가 있는 때에는 가산금·중가산금의 징수를 할 수 없다고 규정하여 입법적으로 해결하였다. 2008.12.26. 법률 제9265호로 국세징

81) 대법원 1993.6.8. 선고 93누6744 판결(공 1993, 2049); 1982.5.11. 선고 82누56 판결(공 1982, 580).

82) 대법원 1991.3.12. 선고 90누2833 판결(공 1991, 1195).

수법이 개정되기 이전에는 법원의 실무와 조세실무가 대립하였다.[83] 일본의 신 회사갱생법은 제169조 제1항 제2호에서 갱생계획에서 납세의 유예 또는 체납처분에 의한 재산의 환가의 유예를 정한 경우에는 그 유예기간에 관계된 연체세 또는 연체금에 대하여 징수의 권한을 갖는 자의 의견을 들으면 족하다고 규정하여 이를 입법적으로 개정하였다.

개정 전의 구 국세징수법 제19조 제4항은 납세자가 납세의 고지 또는 독촉을 받은 후에 국세 또는 체납액의 납부기한 전에 채무자회생 및 파산에 관한 법률 제140조의 규정에 의한 징수의 유예가 있는 때에는 가산금을 징수하지 아니한다고 규정하고 있었다. 동 규정을 문리해석하면 징수유예를 받기 위하여는 반드시 체납액의 납부기한 전에 제140조 소정의 징수유예의 절차요건이 충족되어야 하는 것으로 해석될 가능성이 있다.

그러나 대법원은 회생계획에서 본세 및 회생계획안 인가결정 전일까지 발생한 가산금, 중가산금만 변제하고 인가 결정일 이후의 가산금 및 중가산금에 대하여 면제하는 내용의 회생계획은 적법하다고 판시함으로써 파산부의 실무를 확인하였다.[84] 그 이유로 첫째, 현실적으로 회생회사가 회생신청을 할 당시 이미 조세의 납부기한이 도과된 경우가 많고, 회생계획의 인가까지 절차적으로 상당한 기간이 필요하여 체납액의 납부기한이 도과하기 전에 징수유예를 정한 회생계획의 인가를 받기 어렵다. 둘째, 체납액의 납부기한이 도과된 후에는 회생계획에서 징수유예를 정할 수 없게 하면 회생계획이 수행되는 동안에도 조세에 대하여 중가산금이 계속 부과되어 채무자의 회생이 사실상 어렵게 된다. 셋째, 2008년 개정된 국세징수법 제19조 제4항은 '납세자가 납세의 고지 또는 독촉을 받은 후에 채무자회생법 제140조의 규정에 의한 징수의 유예가 있는 때'로 개정하여 국세 체납액의 납부기한이 지난 후의 징수유예에 대하여도 회생계획에서 정하면 효력이 있는 것으로 규정함으로써 입법적으로 해결하였다. 대법원 판결은 지방세법과 국세에 관한 회생절차에서의 가산금에 관한 법원과 세무당국간의 실무상의 혼란을 일소하고 양자를 통일시켰다는 점에서 실무상 의의가 크다.

83) 법원은 적극적인 입장이었다. 구체적인 사례는 回生事件實務(上), 557면. 반대로 과세당국은 체납액의 납부기한 경과전에 정리계획이 인가되는 경우에 한하여 가산금·중가산금을 징수하지 아니하는 것으로 실무운용을 하였다(국세징수사무처리규정 제119조 및 징세 46101-42 2003.2.6.자), 朱鎭岩, "도산절차에서 가산금·중가산금의 지위," 법조 2008년 10월호, 133면은 후자의 입장을 지지한다.

84) 대법원 2009.1.30. 자 2007마1584 결정(공 2009, 435).

실무상 정리계획안에 "정리절차 개시일부터 정리계획안에서 정한 변제기일까지의 이자는 전액 면제한다"라는 규정을 두는 경우가 있다. 이에 대하여 대법원은 가산금 및 중가산금은 미납분에 관한 지연이자의 의미로 부가되는 부대세의 일종으로서 정리절차 개시일부터 변제기일까지 발생하였거나 발생할 중가산금을 면제하는 것은 적법하므로 동 조항을 가산금 면제가 아니라 단지 가산금의 징수를 유예한 것으로 볼 것은 아니라고 판시하였다.[85]

5) 파산절차

파산선고 전에 발생한 조세채권에 대한 가산금, 중가산금에 대하여 이를 후순위 파산채권으로 취급할 것인가 아니면 재단채권으로 취급할 것인가에 대하여 다툼이 있다. 서울중앙지방법원의 파산부는 헌법재판소 2008.5.29. 선고 2006헌가6, 11, 17 결정이 선고되기 전에는 가산금을 후순위파산채권으로 취급하였다. 일부 하급심[86]도 이러한 입장을 지지하기도 하였고 다른 하급심은 재단채권으로 취급하였다. 그런데 헌법재판소는 위 결정에서 가산금, 중가산금을 구 파산법 제38조 제2호 단서의 '파산선고 후의 원인으로 인한 청구권'에 해당하지 않는다는 법률해석을 전제로 재단채권으로 보아 동 조항이 헌법에 위반되지 않는다고 판시하였다.

대법원도 위 헌재결정에 좇아 조세체납이 파산선고 후에 이루어졌다고 하여 그로 인한 가산금 중가산금을 우선하여 징수할 필요성이 없어졌다고 볼 수 없는 점 등을 이유로 지방세의 파산선고 후의 가산금 및 중가산금을 재단채권으로 인정하여 일반 파산채권에 대하여 우선적 지위를 갖도록 한 구 파산법 제38조 제2호가 헌법상 과잉금지의 원칙이나 평등의 원칙에 위반한다고 볼 수 없다고 판시하였다.[87]

그런데 2009년 서울고등법원의 판결은 헌법재판소와 대법원의 결론과 달리 파산선고 후의 기간경과로 성립, 발생한 가산금, 중가산금은 '파산선고 후의 원인으로 인한 청구권'으로서 구 파산법 제38조 제2호 단서에 의하여 '파산재단에 관하여 생긴 것'에 한하여 재단채권에 포함된다는 해석을 하여 주목을 받고 있다.[88]

---

85) 대법원 2005.6.10. 선고 2005다15482 판결.

86) 창원지방법원 2006.2.16. 자 2004카기1081호 결정은 파산법 제38조 제2호 본문 전단의 국세징수법에 의하여 징수할 수 있는 청구권 중 「구 지방세법 제82조에 의하여 국세징수법에 따라 징수할 수 있는 청구권으로서 파산선고 전의 원인에 의하여 생긴 채권에 기하여 파산선고 후에 발생한 중가산금청구권에 해당하는 부분」에 대하여 위헌심판 제청결정을 하였다. 위 사건에 대하여 헌법재판소가 2008.5.29. 선고 2006헌가6, 11, 17 결정을 내렸다.

87) 대법원 2008.6.26. 선고 2005다75705 판결(미공간).

88) 서울고등법원 2009.7.17. 선고 2008나115507 판결.

현재 서울중앙지방법원 파산부의 실무는 가산금을 후순위 파산채권으로 취급하고 있다고 한다.[89] 이러한 문제가 발생한 것은 헌법재판소의 위헌의견이 과반수를 넘었으나 법률의 위헌선고에 필요한 정족수 6인에 미달된 5 : 4의 표결이 나왔기 때문이다. 하급심처럼 해석하느니 정면으로 가산금은 파산선고 후의 이자, 지연손해금에 해당하는 후순위 파산채권의 성질임에도 이를 재단채권으로 격상하여 취급하는 구 파산법 제38조 제2호 본문이 위헌이라고 선언하거나,[90] 입법을 통하여 일본의 신 파산법 제99조 제1호, 제97조 제5호와 같이 가산세와 가산금을 후순위 파산채권에 속함을 명시할 필요가 있다.

2. 국세기본법상의 과점주주와 회생절차

국세기본법 제39조 제1항 제2호에 의하면, 법인의 재산으로 법인에게 부과되거나 그 법인이 납부할 국세, 가산금과 체납처분비에 충당하여도 부족한 경우에 그 국세의 납세의무의 성립일 현재 과점주주[91]에게 그 부족액에 대하여 제2차 납세의무를 부과하고 있다(취득세에 관한 지방세법 제105조도 같다).

정리절차 중인 회사의 주주가 과점주주에 해당하는 경우 위에서 본 제2차 납세의무 또는 취득세 납세의무를 지는가에 대하여 판례는 부정적으로 해석한다. 즉 회사정리절차 중이라는 특단의 사정이 있는 경우에는 과점주주에 해당하지 아니한다는 취지로 판시한 바 있다.[92] 취득세에 대하여는 다음과 같은 이유로 과점주주에 해당하지 아니한다고 판시하였다. "법인의 과점주주에 대하여 그 법인의 재산을 취득한 것으로 보아 취득세를 부과하는 것은 과점주주가 되면 당해 법인의 재산을 사실상 임의처분하거나 관리운용할 수 있는 지위에 서게 되어 실질적으로 그 재산을 직접 소유하는 것과 크게 다를 바 없으므로 바로 이 점에서 담세

89) 반대하는 견해로는 朱鎭岩, 앞의 글(주 83), 143면.

90) 헌법재판소(2005.12.22. 선고 2003헌가8 결정)가 국세징수의 예에 의하여 징수할 수 있는 청구권으로서 파산선고 전의 원인에 의하여 생긴 채권에 기하여 파산선고 후에 발생한 연체료 청구권에 해당하는 부분에 대하여는 위헌선고를 하였으면서도 정작 국세징수법에 기한 조세채권에 관하여는 합헌이라고 한 것은 균형에 어긋난 것으로 향후 헌법재판소의 판례가 변경되기를 기대한다.

91) 과점주주라 함은 당해 법인의 발행주식총수 또는 출자총액의 50/100을 초과하는 주식 또는 출자지분에 관한 권리를 실질적으로 행사하는 자를 지칭한다(국세기본법 제39조 제1항 제2호 가목 참조).

92) 대법원 1995.3.24. 선고 94누13077 판결(공 1995, 1768); 1994.8.12. 선고 94누6222 판결(공 1994, 2314); 1989.7.25. 선고 88누10961 판결(공 1989, 1309).

력이 나타난다고 보는 것으로서, 따라서 과점주주로 된 자에 대하여 취득세과세대상 물건을 취득한 것으로 보아 취득세의 납세의무를 지우기 위하여는 취득세법 제22조 제2호 소정의 형식적 요건을 갖추어야 할 뿐만 아니라 당해 과점주주가 법인의 운영을 실질적으로 지배할 수 있는 지위에 있음을 요한다 할 것이다(대법원 1979. 12. 26. 선고 78누333 판결 참조). 원심이 확정한 사실에 의하면, 소외 회사에 대하여는 1989. 7. 19. 회사정리법에 의하여 정리절차가 이미 개시되어 있었고 이후 원고들은 1989. 9. 11. 주식을 다른 주주들로부터 추가 취득함으로써 비로소 소외 회사의 과점주주가 되었다는 것인 바, 회사정리법에 의한 정리절차개시 후에 비로소 과점주주가 된 원고들로서는 과점주주로서의 주주권을 행사할 수 없게 되는 것이고, 따라서 소외 회사의 운영을 실질적으로 지배할 수 있는 지위에 있지 아니하는 셈이 되어 그 재산을 취득한 것으로 의제하는 과점주주의 요건에 해당되지 아니한다."[93]

이와 달리 과점주주인 회사가 회사정리절차에 들어가는 등 정상적인 회사 경영이 어려웠다는 사정은 당해 회사(甲)에 대한 지배력을 행사하는데 사실상의 장애사유가 될 뿐 법률상의 장애사유가 볼 수는 없으므로 정리회사가 이 사건 법인세 납세의무 성립일 현재 갑 회사의 발행주식총액의 51% 이상을 소유한 주주라면 특별한 사정이 없는 한 그가 소유 주식에 관한 권리를 실질적으로 행사할 수 있는 지위에 있는 것으로 보아야 한다.[94]

3. 소득세법과 회생절차

회생회사에 대하여 갖는 이자채권도 과세의 대상이 되는가? 소득세의 과세대상이 되는 소득이 발생하였다고 하기 위하여는 소득이 현실적으로 실현되었을 것까지는 없고, 적어도 소득이 발생할 권리가 그 실현의 가능성에 있어 상당히 높은 정도로 성숙 확정되면 족하다는 것이 확립된 판례이다.[95] 그런데 채무자인 회사에 대하여 회사정리절차가 개시되고 대여원리금이 정리채권에 포함되어 정리회사의 부채상환계획에 따라 4년간 상환 받도록 되어 있을 뿐이므로 이자채권은 아직 성

93) 대법원 1994. 5. 24. 선고 92누11138 판결(공 1994 1858).

94) 대법원 2003. 7. 8. 선고 2001두5354 판결(공 2003, 1725).

95) 대법원 1987. 5. 26. 선고 86누357 판결(공 1987, 1083); 1985. 6. 11. 선고 85누26 판결; 1980. 4. 22. 선고 79누296 판결 등 다수.

숙 확정되었다고 할 수 없으므로 귀속이자가 발생하였음을 전제로 한 처분은 위법하다. 그 근거로 경험칙상 정리회사가 정리계획안대로 상환되는 예가 드물어 이자는커녕 원금마저 받지 못하는 사례가 허다하다고 판시하였다.[96]

4. 법인세법과 회생절차

(1) 권리포기에 대한 법원의 허가와 과세관청의 손금산입

판례에 따르면, 회생회사가 제3자에 대하여 갖는 채권을 회수불능임을 이유로 법원의 허가를 얻어 권리포기를 하는 경우에 이를 법인세법상의 대손처리로 삼을 수 없다. "법인세법 시행령 제12조 제2항 제8호에 규정한 대손금은 시행령 제21조 각호에 해당하여야 하는 것이므로 정리회사는 이와 같은 대손처리사유(채권의 회수불능)에 해당하는 경우에는 법원의 허가를 얻어서 대손처리를 할 수가 있으나 그 사유에 해당함을 이유로 하지 아니하는 경우에는 설사 법원이 그 채권 포기를 허가하였다고 하더라도 이는 민사실체법상의 채권포기(채무면제)의 효력이 생기는 것은 별론으로 하고 과세관청이 손금산입을 부인하고 익금가산하여 과세처분을 하는데 장애가 되는 것은 아니라고 보아야 할 것이고 이와 같은 과세관청의 조치는 법원의 허가를 부인하는 것이 아니고 정리회사의 대손처리에 의한 손금산입을 부인하는 것이라고 할 것이며 이와 같은 채권포기－법원의 허가가 있어 이후에는 강제집행을 할 수 없게 된 것이라는 사정은 부당한 대손처리를 정당화하는 사유가 되는 것은 아니다."[97]

(2) 대손금과 회생절차

법인세법상의 대손금이란 법인의 채권 가운데 회수할 수 없게 된 채권으로서 청구권이 법적으로 소멸하였거나, 법적으로 소멸하지 아니하였더라도 채무자의 자산상황, 지급능력 등에 비추어 회수불가능하게 된 것을 의미하고 법인세법시행령 및 시행규칙에서 대손금의 범위를 채무자의 파산 등으로 회수할 수 없는 채권 등으로 한정하고 있다. 따라서 회사에 대하여 회사정리절차개시결정을 받을 당시 부외부채가 발견되자 은행의 요구에 따라 특수관계자에 대하여 그에 상응하는 가지급금 채권이 있는 것처럼 허위의 자산을 계상한 다음 개시결정 후 10년간 이에 대

96) 대법원 1987.5.26. 선고 86누357 판결(공 1987, 1083).

97) 대법원 1989.3.14. 선고 87누797 판결(공 1989, 612).

한 인정이자를 가산하여 왔다면 이는 절차개시 당시 정리손실로 정리하였어야 할 항목을 가공의 가지급금 채권으로 기재한 것임이 명백하므로 이와 같이 당초부터 존재하지 않았던 가공의 채권을 기업회계상 바로 잡는다고 하여 이를 법인세법상의 손금산입이 허용되는 대손금에 해당한다고 볼 수 없다.[98]

⑶ 법인세법상의 인정이자와 회생절차

법인이 출자자 등에 무상으로 금전을 대여한 경우 일정률의 이자상당액을 익금산입하고, 반대로 출자자등에 대한 가지급을 보유한 경우 지급이자에 대하여 손금산입을 제한하고 있다. 정리절차가 개시되어 사실상 대주주로서의 권한을 행사하지 못하고 있다는 사정을 이유로 주주가 익금산입을 다툴 수 있는가? 판례는 원칙적으로 이러한 주주에 대하여도 규정이 적용된다고 판시하고 있다.

「법인세법 제18조의3 제1항 제2호, 제20조와 그 시행령 제46조, 제47조 제1항 등 규정에 의하면 법인이 출자자 등에게 무상으로 금전을 대여한 경우에는 일정률에 의한 이자상당액을 익금에 산입하고 또 그 출자자 등에 대한 가지급금을 보유하는 법인의 지급이자는 손금산입을 제한하도록 하고 있으며, 위 규정에다가 같은법 시행령 제31조의2의 규정을 합하여 보면, 출자자라 함은 상장법인의 주주로서 발행 총 주식수의 100분의 1에 해당하는 주식수에 미달하는 주식을 소유한 소액주주를 제외한 출자자이거나, 당해 법인의 지배주주와 특수관계가 있는 소액주주를 가리키는 것이라고 해석된다. 원심이 확정한 바에 의하면, 이 사건 정리회사의 장부상 가지급금을 지급받은 것으로 되어 있는 소외 甲은 회사정리절차 개시전후를 통하여 위 회사의 주주라는 것이고 위에서 본 출자자에서 제외되는 소액주주는 아니라는 것이니, 그렇다면 甲은 회사정리절차 개시 후에도 법인의 출자자가 아니라고 할 수는 없고, 그렇다면 위에서 본 규정이 정한 관계에 있는 자에게 무상으로 금원을 사용케 방치하고 있는 것이라고 보아야 할 것이다. 원심이 다른 사정 없이, 출자자인 甲이 대주주로서의 주주권을 행사할 수 없게 되었다는 이유만으로 그로써 곧 회사의 출자자인 관계까지도 소멸되었다고 판단한 것은, 인정

98) 대법원 2004. 9. 23. 선고 2003두6870 판결. 원고가 1980년 발생한 부외부채를 갑, 을에 대한 가공의 가지급금채권을 계정한 것에 대해서는 1980년 사업연도의 손금에 산입하고, 가지급금채권에 대한 1980-1990년까지의 인정이자 상당액을 당해연도의 법인세 과세표준을 계산하는데 있어 익금불산입하여야 한다. 따라서 가공의 가지급금채권을 전기오류수정손실로 계산하여 1998년 사업연도의 법인세 과세표준을 계산하는데 손금으로 산입하여야 한다는 원고의 주장을 배척하였다.

이자의 익금가산이나 지급이자의 손금규제대상인 가지급금 내지 출자자의 범위를 오해한 것이다.」[99]

이 판결은 회사가 정리절차 개시 전에 특수관계자에게 금원을 무이자로 대여한 후, 정리절차개시 후에도 그대로 방치한 사안에 관한 것으로 정리회사가 이자를 받을 수 있었음에도 불구하고 지급받지 않은 것이므로 부당행위계산부인이 된다는 당연한 법리를 선언한 것이다.

한편 이와 달리 회사에 대하여 보전관리인이 선임된 이후에는 특수관계에 있는 회사의 주주는 더 이상 주주로서의 권리를 행사할 수 없고 따라서 회사와 특수관계에 있는 자에 해당하지 않게 되었다고 판시한 원심의 결론을 인정한 판례[100] 도 있다. 후자는 원심의 이유 설시의 잘못을 지적하고 결론을 유지한 것으로 적어도 법인세법 제20조에 의하여 회사의 부당행위계산을 부인하고 저가임대료 상당을 익금산입한 후 주주에 대한 처분소득을 종합소득에 합산한여 종합소득세를 부과한 것은 정당하다고 판시하고 있다. 따라서 대법원 93누20177 판결의 견해가 변경된 것은 아니다. 그러나 회생절차 중에는 회생절차에 의하지 아니하고는 이익 또는 배당을 할 수 없으므로(구법 제52조 제1항, 채무자회생법 제55조 제1항 제7호) 적어도 보전관리인이 선임된 경우에는 보전관리인 선임명령이 있은 때로부터, 만일 보전관리인이 선임되지 아니한 경우에는 회생절차 개시결정이 있은 때로부터 주주에 대한 인정배당은 할 수 없다.[101]

5. 대표자에 대한 인정상여와 회생절차

정리회사의 관리인은 법인세법상의 인정상여로 소득처분되는 법인의 대표자로 볼 수 없다. "법인세법시행령 제94조의2 제1항 제1호 소정의 법인세법상의 대표자에의 인정상여제도는 그 대표자에게 그러한 소득이 발생한 사실에 바탕을 두는 것이 아니라, 법인에 의한 세법상의 부당행위를 방지하기 위하여 그러한 행위로 인정될 수 있는 일정한 사실에 대해 그 실질에 관계없이 무조건 대표자에 대한 상여로 간주하도록 하는데 그 취지가 있는 것으로서, 이와 같은 경우 상여처분의 대상이 되는 법인의 대표자는 그 문면에 좇아 제한적으로 엄격히 해석하여야

99) 대법원 1994. 4. 15. 선고 93누20177 판결(공 1994, 1526).

100) 대법원 1992. 7. 28. 선고 92누4987 판결(공 1992, 2688).

101) 대법원 1992. 7. 28. 선고 92누4987 판결(공 1992, 2688).

할 것이다. 그런데 정리회사의 관리인은 정리회사의 대표자의 지위에 있다기보다는 정리회사, 채권자, 주주 등으로 구성되는 이해관계인 단체의 관리자로서 그러한 자들을 위하여 정리법원의 감독 아래 회사 경영 및 재산의 관리 처분을 하는 일종의 공적 수탁자의 지위에 있다 할 것이므로, 인정상여제도의 취지나 정리회사의 관리인의 법적 지위에 비추어 볼 때, 정리회사의 관리인은 특별한 사정이 없는 한 위와 같은 경우에 있어 인정상여로 소득처분되는 법인의 대표자로는 볼 수 없다."[102]

그러나 관리인이라 하더라도 실질적으로 회사를 장악하여 회사자금을 사외유출한 경우에는 인정상여로 소득처분되는 법인의 대표자가 될 수 있다. 즉 대표이사가 관리인으로 선임되어 종전의 회사 조직을 그대로 장악하여 스스로 공익적 수탁자의 지위에서 벗어나 적극적으로 매출의 은닉, 누락 및 원자재 매입의 가장을 지시하는 등으로 자금을 조성하여 그 상당액을 사외유출시켜 그 본연의 임무에 위배하여 부당행위를 저지른 것임이 분명하므로, 위와 같은 특별한 사정이 존재하는 경우에는 비록 甲이 관리인의 지위를 갖고 있다 하여도 그를 인정상여로 소득처분되는 법인의 대표자와 달리 취급하여야 할 아무런 이유가 없다.[103] 이러한 판례의 법리는 회생절차에서 종전의 대표자를 관리인으로 임명하는 경우에도 적용된다.

(1) 조기변제와 채무면제이익

회사정리계획인가결정에 따라 정리채무의 이자율과 변제기가 유리하게 변경된 법인이 그 채무를 현재가치로 할인하여 평가한 금액으로 조기상환하는 경우가 있다. 채무의 장부가액과 상환액과의 차액인 현재가치할인차금을 채무면제이익으로 보아 익금에 산입할 수 있는지가 문제가 된다. 사안은 다음과 같다. 정리회사인 원고는 1994. 서울은행에 대한 정리담보채권과 정리채권에 대하여 10년 및 13년에 걸쳐 분할변제하는 내용의 회사정리계획인가결정을 받았다. 원고는 인가결정에 따라 정리채무를 변제하여 오던 중 2001. 서울은행과 사이에 정리채무 일체에 관하여 상환일(2001. 1. 11)기준으로 11%의 현가율을 적용한 할인금액으로 서울은행에 상환하기로 약정하였다. 상환일 기준으로 정리채무는 451억 원이고, 현가율로 할인한 채무는 232억 원인바, 이를 2001년 지급완료하였다. 원고는 2001사업연

102) 대법원 1992. 7. 14. 선고 92누3120 판결(미공간).

103) 대법원 1995. 6. 30. 선고 94누149 판결(공 1995, 2645).

도 법인세과세표준 신고시 채무상환에 따른 상각액 123억 원을 채무면제이익으로 익금산입하였다가 2004.3.31. 잔여채무를 현재가치로 할인하여 변제한 것만으로는 부채를 실질적으로 감소시키는 것이 아니므로 이를 채무면제이익으로 볼 수 없다고 주장하면서 경정청구를 하였다.[104)]

피고는 채무를 일정시점의 현재가치로 할인한 금액으로 조기에 일시 상환하는 경우에 그 차액은 채무면제이익으로 익금에 산입하여야 한다는 이유로 경정청구를 거부하는 처분을 하였다. 제1심은 원고 패소, 제2심은 원고 승소하였으며 피고가 상고하였으나 대법원은 피고의 상고를 받아들여 파기환송하였다.

세무회계와 기업회계의 관계에 관하여 법인세법 제43조에 의하면 법인이 부채의 평가에 관하여 일반적으로 공정·타당하다고 인정되는 기업회계의 기준을 적용하거나 관행을 계속적으로 적용하여 온 경우에는 법인세법 및 조세제한특례법에서 달리 규정하고 있는 경우를 제외하고는 당해 기업회계의 기준 또는 관행에 따른다. 기업회계기준 제67조에 의하면, 회사정리절차에서 채권의 계약조건이 유리하게 변경되어 재조정된 채무의 장부가액과 현재가치의 차이가 중요한 경우에는 이를 현재가치로 평가하고 장부가액과 현재가치의 차액은 채무면제이익의 과목으로 처리한다.

그런데 법인세법 제42조 제1항 본문에 의하면 내국법인이 보유하는 부채의 장부가액을 감액한 경우에는 그 평가일이 속하는 사업연도 및 그 후의 각 사업연도의 소득금액계산에 있어서 당해 부채의 장부가액은 그 평가하기 전의 가액으로 한다. 따라서 채무의 장부가액을 감액함에 있어서는 기업회계기준을 따를 것이 아니라 법인세법 제42조 제1항 본문을 따라야 한다. 동조의 취지는 "자산 및 부채의 평가에 따른 미실현 손익은 당해 사업연도의 소득금액 계산에 반영하지 아니하고, 자산을 처분하거나 부채를 상환하는 등의 거래로 그 손익이 확정되어 실현되는 시점에서 이를 소득금액 계산에 반영하게 함으로써 과세소득을 획일적으로 파악하여 과세의 공평을 기함과 동시에 납세자의 자의를 배제하려는 데 있다.[105)]

따라서 기업회계기준에 의하면 채무를 현재가치로 평가하여 채무의 장부가액과 현재가치와의 차액을 현재가치할인금으로 계상하여 채무에서 차감하는 형식으로 표시함과 동시에 이를 채무평가이익으로 계상하지만, 법인세법은 채무를 미리

104) 대법원 2009.12.10. 선고 2007두19683 판결.

105) 대법원 2009.12.10. 선고 2007두19683 판결. 李昌熙, 稅法講義, 박영사(2005), 706면은 자산·부채의 가치가 변동하여 생긴 손익은 그런 손익의 실현시점 내지 자산이나 부채가 처분되는 시점에 가서야 비로소 소득에 반영한다는 뜻이며 이를 실현주의라고 한다.

현재가치로 평가하여 평가손익을 계상하는 것을 인정하지 아니한다. 따라서 조기 상환하는 경우 법인세법상의 채무상환에 따른 소득금액을 계산하기 위하여 기업회계기준상의 상환이익에 대하여 현재가치할인차금 상당액을 익금산입하게 된다.[106] 그러므로 "원고가 정리채무의 장부가액을 현재가치로 평가하여 그 차액인 현재가치할인차금을 장부가액에서 차감하면서 채무평가이익으로 계상하였다가 정리채무를 중도 상환하면서 그 채무를 유효이자율에 의하여 현재가치로 평가한 가액, 즉 장부가액에서 현재가치할인차금을 차감한 가액과 상환액과의 차액을 상환에 따른 손익으로 회계처리를 하였다 하더라도, 법인세법상으로는 채무를 상환하기 전에 그 채무를 현재가치로 평가하여 현재가치할인차금과 평가익을 계상하는 것이 인정되지 아니하는 이상, 그 채무를 중도 상환하는 경우에도 그 채무를 현재가치로 평가하기 전의 가액, 즉 현재가치할인차금을 차감하기 전의 장부가액을 기준으로 상환에 따른 소득금액을 계상하여야 할 것이므로, 원고가 서울은행에 대한 정리채무의 중도 상환에 따른 법인세법상 소득금액을 계산함에 있어 그 채무의 장부가액과 상환액과의 차액에 해당하는 현재가치할인차금 미상각잔액을 익금산입한 것은 그 가액만큼 원고의 순자산이 증가한 것을 소득금액 계산에 반영하기 위한 것으로서 적절한 조치이다." 그러나 근본으로 돌아가 채무자가 장래채무를 현재가치로 평가하여 조기변제하더라도 실질적인 이득이 없음에도 법인세법상 이익이 있다고 해석하는 것이 과연 국세기본법 제14조 소정의 실질과세의 원칙에 합치하는지에 대한 의문이 남는다.

6. 비업무용 토지와 회생절차

회사에 대하여 회사정리절차가 개시되었다는 사유는 회사 소유의 토지가 지방세법상의 비업무용 토지에서 제외되는 정당한 사유에 해당하지 아니한다.[107]

7. 상속세와 회생절차

상속인이 타인의 보증인이 된 경우 보증인으로서 채무를 부담한다고 하더라

106) 李昌熙, 앞의 책(주 105), 786-787면은 현재가치할인차금의 환입이란 실질이 이자소득이므로 익금에 들어가게 된다.

107) 대법원 1986.2.25. 선고 85누687 판결(공 1986, 551).

도 그 후 채무를 변제하게 되면 주채무자에 대하여 구상권을 행사할 수 있다. 따라서 상속개시 당시 보증채무를 부담한다는 사유만으로는 상속재산가액에서 공제할 채무에 속하지 아니한다.[108] 그런데 주채무자가 정리회사로서 상속 개시 후 수년 내에 정리절차가 개시되었더라도 상속개시 당시 이미 정리회사가 부채초과로서 순손실이 발생하였다면 상속개시 당시 구상금채권의 회수가 사실상 불가능하게 된 경우에도 상속재산가액에서 공제할 수 없다고 보는 것은 불합리하다. 그리하여 판례는 사실상 채권을 회수할 수 없는 상황에 있는 것이 객관적으로 인정될 수 있으면 상속재산가액에서 공제하되 그러한 사정은 특별한 사유이므로 그와 같은 사유의 존재에 대한 주장 입증책임은 상속세 과세가액을 다투는 납세의무자에 있다고 판시하고 있다.[109] "구 상속세법 제4조 제1항 제3호에 의하여 상속재산가액에서 공제할 피상속인의 채무는 상속개시 당시 피상속인이 종국적으로 부담하여 이행하여야 할 것이 확실하다고 인정되는 채무를 뜻하는 것이므로, 상속개시 당시 피상속인이 제3자를 위하여 연대보증채무를 부담하고 있거나 물상보증인으로서의 책임을 지고 있는 경우에, 주채무자가 변제불능의 무자력 상태에 있기 때문에 피상속인이 그 채무를 이행하지 않으면 안 될 뿐만 아니라 주채무자에게 구상권을 행사하더라도 변제를 받을 가능성이 없다고 인정되는 때에는 그 채무금액을 상속재산가액에서 공제할 수 있다면서 비록 피상속인이 사망(1989.12.25) 후인 1992.5.15. 회사정리절차가 개시되었지만 정리회사가 상속개시 당시 부채가 채무를 초과하였고, 순손실이 다액으로서 상속재산을 담보로 제공하였다면 구상권을 행사하더라도 변제받을 가능성이 없다고 인정되므로 부동산에 설정된 피담보채무액 전액이 상속재산가액에서 공제되어야 한다"고 판시하였다.[110]

8. 취득세와 관리인의 해제

부동산 취득세는 그 취득행위라는 과세요건 사실이 존재함으로써 당연히 발생하고, 일단 적법하게 취득한 이상 그 이후에 매매계약이 합의해제되거나, 해제조건의 성취 또는 해제권의 행사 등에 의하여 소급적으로 실효되었다고 하더라도

108) 대법원 2004.9.24. 선고 2003두9886 판결.

109) 대법원 1996.4.12. 선고 95누10976 판결(공 1996, 1614).

110) 대법원 2000.7.28. 선고 2000두1287 판결(공 2000, 1952); 1998.3.13. 선고 97누2719 판결; 1996.4.12. 선고 95누10976 판결; 1989.6.27. 선고 88누4294 판결 등.

이로써 이미 성립한 조세채권의 행사에 아무런 영향을 줄 수 없다는 것이 확립된 법리이다.[111] 따라서 매수인(원고)이 토지를 매수한 후 매도인에 대하여 회사정리 절차가 개시되어 관리인이 매매계약을 해제하고 매수인을 상대로 소유권이전등기 말소청구소송에서 승소하였다 하더라도 이미 성립한 조세채권의 행사에 영향을 줄 수 없다.[112] 이 사건은 관리인이 원고의 잔대금 미지급을 이유로 해제한 사안이지만 관리인이 미이행 쌍무계약에 기한 해제권에 기하여 해제를 한 경우에도 마찬가지의 법리가 적용될 것이다.

Ⅴ. 결　　론

채무자회생법은 회생절차에서 조세채권의 우선권을 축소하기 위하여 공익채권 중 원천징수하는 조세의 범위를 축소하고, 회생채권인 조세채권에 대한 각종 절차상의 특례를 완화하는 등 구 회사정리법보다 발전되었다고 평가할 수 있다. 그러나 회생절차에서도 여전히 조세채권에 대하여 정당한 이유 없이 우월적인 취급을 하는 규정이 적지 않다.[113] 성질상 회생채권임에도 공익채권에 속한 조세채권의 범위를 축소하고, 회생절차 개시 후의 가산금과 파산선고 후의 가산금에 대하여는 입법을 통하여 후순위로 정함으로써 실무상의 혼란을 없애야 할 것이다. 반면에 회생채권에 속하는 조세채권에 대하여 공무원의 잘못으로 신고하지 아니하였다는 이유로 실권시키는 것은 국고에 지나치게 불리하므로 이를 후순위의 회생채권으로 입법하는 것도 고려할 필요가 있다.[114] 앞으로 개정시 반영할 부분을 조문의 순서에 따라 열거하면 다음과 같다.

첫째, 제45조의 포괄적 중지명령의 대상을 확대하여 강제집행, 임의경매 뿐 아니라 일본과 같이 체납처분까지 확대한다.

둘째, 회생절차의 개시결정이 있으면 조세채권에 기한 체납처분은 일정기간

---

111) 대법원 1996.2.9. 선고 95누12750 판결; 1992.5.12. 선고 92누459 판결; 1988.10.11. 선고 87누377 판결(공 1988, 1412) 등 참조.

112) 대법원 2001.4.10. 선고 99두6651 판결(공보불게재).

113) 성질상 회생채권임에도 불구하고 아직 납부기한이 도래하지 아니하였다는 이유만으로 공익채권으로 취급하는 제179조 제9호가 대표적인 예이다. 이에 대한 비판적인 견해로는 李宜瑛, "會社倒産稅制의 改善方向에 關한 硏究," 서울大學校 法學博士學位論文(2008), 270-271면.

114) 관리인으로 하여금 채권자목록을 제출하는 제도가 도입되었으나(제147조), 상거래채권과 달리 관리인이 조세채권액을 정확히 파악하여 기재할 것을 기대하기 어렵다.

중지되고 법원은 이해관계인의 신청 또는 직권으로 중지한 절차 또는 체납처분의 취소를 할 수 있다고 해석되므로 이에 맞추어 제58조 제5항 본문 전단 및 후단에서 인용하고 있는 "동조 제2항"은 "동조 제2항·제3항"의 오기임이 명백하므로 수정하여야 한다.

셋째, 회생절차 중의 공익채권에 기한 강제집행 금지를 규정한 채무자회생법 제180조 제3항에 공익채권에 기한 체납처분도 금지됨과 아울러 그에 대한 불복방법을 명시하여야 한다.

넷째, 헌법재판소의 다수의견에 따라 가산금, 중가산금을 파산절차에서 후순위 파산채권으로 취급함을 명시하기 위하여 제473조 제2호 후단에 가산금 및 중가산금을 명기한다. 이로써 하루빨리 앞에서 본 실무의 혼란을 피하여야 한다.

다섯째, 회생절차가 중도에 실패하여 견련파산절차로 이행하는 경우에 회생채권인 조세채권이 다시 지위가 격상되어 재단채권으로 취급받는 것은 절차상의 통일성이 결여되었다는 약점으로 지적된다. 파산절차에서 모든 조세채권을 재단채권으로 취급하는 것은 외국의 입법례에서 발견하기 어려우므로 미국 및 일본과 같이 조세채권의 순위를 세분할 필요가 있다. 즉 성질상 파산채권인 조세채권에 대하여는 회생절차와 같이 파산채권으로 취급하되 일부에 대하여만 재단채권으로 취급할 필요가 있다. 미국의 경우는 조세채권에 대하여 4가지 순위를 부여하고 있다. 일본은 성질상 파산채권인 조세채권을 재단채권, 우선적 파산채권으로 구분하였다.[115]

조세법과 파산법은 각각 고유한 입법목적을 갖고 있으므로 양자가 충돌하는 경우에 합리적인 조화를 꾀할 필요가 있다. 앞으로 파산법과 조세법의 전문가들이 머리를 맞대고 연구하여 이 분야에 관한 좋은 결실을 맺기를 기대하며 글을 마친다.

(도산법연구 창간호, 사단법인 도산법연구회(2010), 85-124면 소재)

115) 파산절차 개시 당시 아직 구체적 납부기한이 도래하지 아니한 조세와 납부기한으로부터 1년을 경과하지 아니한 조세만을 재단채권으로 한정하였다(신 파산법 제148조 제1항 제3호). 신파산법상의 조세채권에 대한 설명으로는 岡 正晶, 山本克己·山本和彦·瀨戶英雄 編, "租稅等債權と破產," 新破產法の理論と實務, 判例 タイムズ社(2008), 185면.

DIP Financing— 한국과 미국의 비교

1. 필 요 성

일단 채무자인 기업이 회생절차에 들어가게 되면 제1금융권으로부터 금원을 차용하는 것은 쉽지 않다. 실무에서 채무자가 재정상황이 아직 악화되기 전에 회생신청 하는 일이 드물기 때문에 담보물의 여력(equity cushion)이 없고 추가로 담보물로 제공할 부동산도 없는 경우가 대부분이다. 따라서 채무자가 새로운 자금조달을 하는 방법으로는 유휴자산(목장 또는 운휴 중인 공장의 생산라인)이나 건설 중인 공사현장의 일부를 매각하는 정도이다. 그나마 이마저도 조달하기 어려운 채무자로서는 결국 인수합병을 통하여 구 사주의 주식을 제3사에게 매각하여 새로운 인수자가 투입하는 주식매매대금 또는 신주인수대금을 통하여 자금을 조달하게 된다. 인수합병의 방법을 거치게 되면 회사의 지배구조가 바뀌어 대주주의 변동이 일어난다. 따라서 미국처럼 Debtor-In-Possession(이하 DIP라 한다) Financing제도가 활성화되지 않은 우리나라의 법현실에서 회생회사에 대한 인수합병의 방법을 제외하고 회생회사가 새로운 자금을 조달하는 것은 어렵다. 금융기관은 워크아웃과 달리 회생신청기업을 퇴출대상으로 인식하여 융자지원에 소극적인 것이 현실이다. 한국과 일본에서 신규자금의 조달이 이루어지지 않고 있는 이유로는 도산기업에 대한 정보개시가 불충분하여 금융관행상 신속한 융자실행을 꺼리게 되므로 새로운 금융비지니스가 아직 확립되어 있지 않다는 점과, 신규자금의 대주가 도산

* 이 글은 "도산법선진화를 위한 비교법제 연구," 이화여자대학교 도산법연구센터(2008)에 수록된 내용에 2009.10.21. 개정된 채무자회생법 제179조 제2항과 제180조 제7항의 개정

기업에 대하여 갖는 공익채권에 대한 우선권이 도산절차에서 인정되지 않는 법제도의 미비점을 들 수 있다.[1] 그러나 일본에서는 과거 국내은행인 주거래은행을 중심으로 금융거래가 이루어질 당시에는 DIP Financing이 빈번하지 않았으나 최근에 외국계은행과 Fund에 의한 새로운 스폰서 시장이 형성되고 주거래은행의 지원 없이 갱생절차가 개시되면서 다양한 DIP Financing이 시도되고 있다.[2]

그런데 만일 미국과 같이 DIP Financing이 가능하다면 채무자가 회생하는 데에 매우 도움이 될 것이다. 특히 회생절차로 진입하기 이전에 금융기관이 주도하여 진행하는 워크아웃에서 투입되는 신규자금의 우선순위에 대하여 회생절차에서 가급적 우선순위를 인정하여 주는 방안이 필요하다.

아래에서는 미국의 DIP Financing에 관하여 살펴보고 개정작업에서 반영되어야 할 점과 2009년에 개정된 「채무자 회생 및 파산에 관한 법률」(이하 채무자회생법이라 한다)의 내용을 살펴보기로 한다.

2. 미국의 DIP Financing

가. DIP Financing의 의의

DIP Financing이라 함은 미국 연방 파산법 제11장 절차를 신청한 기업에 대하여 그 기업이 파산절차 중에도 계속하여 기업을 운용할 수 있도록 법원의 허가를 얻어 이루어지는 대출을 말한다. 미국에서 DIP Financing이 도입된 것은 1978년 파산법이 개정된 이후이다. 도입 당시에는 활용되지 아니하였다고 한다. 그러다가 1980년 당시의 케미컬 은행(현 체이스 맨하탄 은행)이 DIP Financing의 법적 보호에 착안하여 대출을 실행하여 성공한 후 다른 금융기관들도 이를 따라하면서 DIP Financing이 은행의 중요 사업의 하나가 되었다.[3] 미국에서는 대형 파산사건(mega case)의 경우에만 DIP Financing이 자주 이용된다고 한다. K-Mart, United

---

내용을 반영하여 수정한 것이다.

1) 經濟産業省經濟産業政策局産業組織課 編, 會社更生法改正の方向, 商事法務硏究會, 別冊NBL No. 64(2001), 33면 이하. 일본에 대하여는 우리나라와 상황이 비슷하므로 별도로 논의하지 않고 관련된 부분에서 다루기로 한다.

2) 坂井秀行, "更生會社と資金調達," 判例タイムズ No. 1132(2003. 12. 10), 212면.

3) 藤原總一郎, DIPファイナンスの實務, 金融財政事情硏究會(2002), 122면. 미국에서 1999년 제11장 사건을 신청한 기업 156건 중 DIP Financing을 받은 기업은 47개사로 누적액은 59억 불에 달한다. 2002년도 DIP Financing에 의한 자금규모는 100억 불 정도이다(Michael Singer, Pocket MBA, Practicing Law Institute, 2005, p. 35).

Airlines, U.S. Airways, Worldcom 등의 사건이 그 예이다. 미국에서 DIP Financing이 주로 기존 금융기관에 의하여 이루어지는 이유는 아래와 같은 문제점을 고려하기 때문이다. 첫째 새로운 DIP 대주가 신규자금을 대출함으로써 최우선권을 갖게 되면 기존의 은행이 갖는 구채권의 회수에 문제가 발생하게 된다. 둘째, DIP 대주에게 채무자에 대한 지배권을 빼앗기게 되면 채무자와 기존은행간의 관계가 소원하게 된다. 셋째, 만일 채무자가 회생하게 되면 우량한 기업을 거래선에서 빼앗기게 된다. 넷째, cross-collateralization(의미에 대하여는 후술함)을 이용함으로써 파산신청전의 무담보채권을 회수할 수 있는 利點이 있다.[4)]

나. 연방 파산법의 규정

미국 파산절차는 별도의 개시결정 없이 채무자 또는 채권자의 파산신청으로 시작하여 계획안의 인가로 종료된다. 따라서 DIP Financing도 위 기간 동안에 이루어지는 대출을 가리킨다. 이에 비하여 한국에서 DIP Financing이라 함은 그 외에 회생계획 인가 후 회생절차 종료시까지의 대출도 포함한다. 미국 파산법은 DIP Financing에 관하여 §364에서 규정하고 있다. 다음과 같은 네가지의 방법이 인정되고 있다. 그에 앞서 공익채권에 해당하는 일정 채권들의 우선순위에 관하여 살펴보는 것이 필요하다.

미국 파산법 §507(a)는 파산절차에서 배당순위를 규정하고 있다. 담보권이 최우선순위이고 그 다음이 우선권 있는 채권(priority claims),[5)] 일반파산채권(general unsecured claims), 벌과금(claims for fines 등), 이자채권(interest) 등의 순서이다. 이 점에서는 우리나라의 파산법의 우선순위와 유사하다. 그러나 미국 파산법은 우선권 있는 채권을 다시 10가지로 나누어 순서를 정하고 그 액수에 제한을 두고 있으며, 우선권 있는 채권에 대한 이자채권은 이에 포함하지 않고 후순위인 이자채권에 포함시키고 있다. §364에 대하여는 두 가지 문제점이 지적된다. 첫째, 연방파산법은 어떠한 근거에서 주법에서 허용되지 않는 신용공여를 채무자에게 부여하는가? 둘째, 법원은 어떠한 기준에 의하여 신규자금에 대한 신청을 허가할 것인가?[6)]

4) 藤原總一郎, 앞의 책(주 3), 125면.

5) 그 내용은 우리나라 파산법의 재단채권과 유사하다.

6) George G. Triantis, A Theory of Reguleation of Debtor－In－Possession Financing, Adler, Foundations of Bankruptcy Laws, Foundation Press, 2005, p. 159.

(1) § 364(a)

이 내용은 채무자회생법 제2편의 회생절차에서 관리인이 계약을 체결한 경우 상대방이 갖는 채권이 공익채권으로 취급되는 것과 같다. 동 조항에 의한 채권은 우선권이 있는 채권 중 관리비용채권(administrative expenses, 회생절차의 공익채권에 상응한다)[7]으로 취급된다.[8] 단 관리인 또는 DIP가 통상의 거래를 하는 동안 발생하는 채권을 말한다. 물품공급업자가 단기간의 외상으로 채무자에게 물건을 공급한 경우에 발생하는 대금채권이 좋은 예이다. 이 경우에는 법원의 허가를 받을 필요가 없다. 통상의 거래에서 발생하는 소규모의 단기간의 외상거래까지 법원이 간섭할 필요가 없기 때문이다. 법원의 허가를 요구하게 되면 사실상 채무자를 망하게 하는 것이기 때문이다. 만일 채무자가 이러한 권한을 남용하는 문제가 발생한다면 법원이 제3자를 관리인으로 교체하거나 절차를 폐지시킬 수 있다.[9] 한국에서는 관리인이 공익채권을 승인함에 있어 법원의 허가를 받아야 하지만(제61조 제1항 제8호) 미국의 경우에는 금액 제한과 법원의 허가 없이 거래를 할 수 있다.[10]

(2) § 364(b)

이 내용은 DIP가 법원의 허가하에 통상의 거래 이외에서 무담보부신용을 얻는 것이다. 우선순위는 (a)항과 같은 순위의 관리비용채권으로 취급된다. 파산재단을 보전함에 있어 실제적이고 필수적인 비용만이 관리비용으로 인정될 수 있다. (a)항과 다른 점은 통지와 심문절차를 거친 후 법원의 허가를 얻어야 한다는 점과 보통의 거래 이외에서 신용을 얻는다는 것이다. 실무상 채무자가 파산신청일에 법원으로 first day order를 받게 되는 경우에는 first day order에 DIP Financing이 포함되므로 통지와 신문은 생략된다. 단 법원의 허가는 반드시 필요하다. 동 조항의 관리비용상의 권리는 다음에서 보는 § 364(c)의 최우선변제권(superpriority)이나 § 507(b)의 적정보호청구권의 청구권보다 열후한 지위에 있다. 법원의 허가명령에 대하여는 불복할 수 있고 만일 허가명령의 집행이 중지되지 않는 동안

---

7) 관리비용이라 함은 파산재단의 유지비용, 일부 조세채권, 벌과금, 채권자의 파산신청비용, 관리인, 조사위원, 채권자조를 위한 변호사 비용 등이 법정되어 있다. 다음에서 설명하는 § 364(a) 및 § 364(b)에 기한 우선권이 여기에 속한다.

8) Michael J. Herbert, UNDERSTANDING BANKRUPTCY(1995), p. 151.

9) Id.

10) 김종석, "미국 파산법 제364조에 의한 채무자 구제금융에 관한 소고," 인권과정의 Vol. 313 (2002. 9), 64면 이하.

에 신규자금을 대여한 선의의 채권자는 그후 항소심에서 허가명령이 취소되더라도 여전히 관리비용채권으로 보호받는다(§364(e)).[11]

(3) §364(c)

신규대여자는 자신이 단순히 무담보채권자로 취급되는 것에 만족하지 않고 담보를 요구하는 것이 대부분이다. DIP가 §364(a)와 (b)의 방법에 의하더라도 신용을 얻을 수 없는 경우에 법원은 통지와 심문절차를 거친 후 허가를 통하여 최우선권을 부여하거나 담보권을 부여할 수 있다. 실무상 신규대여채권이 단지 관리비용채권으로 취급받는다고 하면 대여하지 않는 것이 보통이므로 채무자는 신규대여 채권에 대하여 §364(c)에 의한 우선권을 법원에 신청한다. §364(c)에 의하여 설정되는 담보권의 우선순위는 기존의 담보권자의 권리보다 후순위이다. 그러나 §364(c)(1)에 기한 우선권은 §503(b) 및 §507(b)[12]의 채권보다 우선한다.[13] 이를 일컬어 이른바 superpriority라고 한다.

(4) §364(d)

법원은 최후의 수단으로 신규대여자에게 기존의 담보권자와 같거나 기존담보권보다 우선순위의 담보권을 부여할 수 있다. 후자를 일컬어 priming lien이라고 설명한다. 동 조항에 의하여 채무자는 파산절차 밖에서는 얻을 수 없는 신용을 파산절차 안에서 얻게 된다.[14] 이 장면에서 제11장의 기능에 대한 판사의 인식 여하에 따라 기존의 권리자를 보호할 것인가 아니면 재건을 위하여 기존의 권리자의 권리를 희생시킬 것인가 하는 정책적인 결단이 판사에게 요구된다.[15] 세 가지 요건을 갖추어야 한다. 첫째, DIP가 다른 방법으로 신용을 얻을 수 없을 것, 둘째, DIP가 기존의 담보권자의 이익을 충분히 보호하여야 한다. 셋째, 법원의 통지와 심문을 거쳐야 한다.[16] 실무상 문제가 되는 것은 적정한 보호의 내용과 적정한 보

11) 채권자가 단지 허가명령에 대하여 불복이 있었다는 것을 알았다는 사유만으로 악의라고 할 수 없다. Arnold Quittner, Debtor In Possession Financing, 2001, 도산법연구회 세미나 발표자료(미공간). Herbert, supra note 8, at 154.

12) 자동중지, 현금등가물의 사용 등으로 인하여 적절한 보호를 받지 못하는 채권자들을 위하여 보호받지 못하는 부분에 해당하는 채권을 가리킨다.

13) 김종석, 앞의 글(주 10), 77면.

14) Triantis, supra note 6, at 159.

15) Herbert, supra note 8, at 153.

16) 만일 적법한 통지와 심문절차가 결여되면 비록 선의의 대주라고 하더라도 선순위 담보권의 지위를 상실하고 일반의 무담보채권자로 취급당할 위험이 있다(Herbert, supra note 8, at 152).

호의 대상이 무엇인가, 누가 적정한 보호를 받을 자격이 있는가를 둘러싸고 논란이 있다.[17] 적정한 보호 여부에 대하여는 법원의 재량권이 넓게 인정되는데 이 때문에 특히 담보의 여유가치(equity cushion)가 부족함에도 기존의 담보권을 후순위로 하고 신규자금공여자를 선순위로 하는 경우도 적지 않다고 한다.[18]

(5) cross collateralization

신규대여자가 파산절차 개시 후에 신규자금을 대여하면서 기존의 무담보채권에 대하여도 담보로 삼는(담보물이 매각되면 매각대금으로 구 채권을 변제하는 것을 포함한다) 약정을 cross-collateralization이라 한다.[19] 파산법원의 실무는 이를 인정하고 있었으나 법적으로 가능한 것인가에 대하여는 논란이 있다. 파산법원은 파산법원에게 부여된 형평법상의 권한에 관한 §105(a)에 기하여 cross collateralization을 허가하기도 하였다. 이에 대하여 Saybrook 판결은 다음과 같은 이유로 불허하고 있다. 첫째, cross-collateralization은 §364에 기하여 파산신청 이후에 공여되는 금융의 기법으로서 인정된 것이 아니다. 즉 §364는 파산신청 후의 신규자금에 대하여 최우선권 또는 담보권을 부여하는 것이지 파산신청 전의 무담보채권에 관한 조항이 아니다. 둘째, 파산법의 파산채권의 우선순위에 관한 체계에 반하는 것이므로 파산법원이 갖는 형평법상의 권한의 범위를 벗어나는 것이다. 파산법은 동일한 조에 속하는 채권자들을 같게 취급하는데 cross collateralization을 허용하게 되면 신규자금을 부여하는 무담보채권자를 다른 무담보채권자에 비하여 우대하여 형평에 반하기 때문이다.[20]

---

17) 이에 대하여는 김종석, 앞의 글(주 10), 81-83면.

18) 藤原總一郎, 앞의 책(주 3), 125면. 대표적인 예로는 채무자가 파산신청 다음날 물품공급계약에 기하여 원재료를 현금으로 결제하기로 하였는바, 원재료가 공급되지 않으면 공장문을 닫아야 하고 다른 신용조달이 어려운 경우에 원재료나 다른 소유물에 우선적인 담보권을 설정하는 경우이다(Herbert, supra note 8, at 154).

19) Black's Law Dictionary의 정의에 의하면 다음과 같다. Bargained-for security that protects a creditor's postpetition extension of credit in addition to the creditor's prepetition unsecured claims that, as a result of this security, obtain priority over other creditors' prepetition unsecured claims. 즉 파산신청 후의 새로운 담보물이 파산신청 전과 파산신청 후라는 경계선을 넘어서(cross) 파산신청 전의 채권까지 담보한다는 의미이다. 일본에서는 상호교차담보라고 표현하기도 한다.

20) Shapiro v. Saybrook Manufacturing Co., Inc. In re Saybrook Manufacturing Co., Inc., 963 F.2d 1490(11th Cir. 1992). 이 문제를 다룬 최초의 연방항소법원 판결이다. 같은 입장의 In re Tenney Village Co., 104 Bankr. 562, 570(D.N.H.1989)은 "Section 364(d) speaks only of the granting of liens as security for new credit authorized by the Court"라고 판시하여 파산신청 후의 신규자금에 대하여만 적용이 있음을 강조하고 있다. 유대인 Shapiro가 셔츠회사

3. 채무자회생법하에서 신규대출에 대한 우선권 부여의 문제점

가. super priority의 신설

신규자금대출에 대하여는 회생절차 개시신청 후에 이루어진 것도 공익채권에 포함된다(채무자 회생법 제179조 제12호, 이하 법률명칭 생략), 회생절차 개시 후에 관리인의 자금차입으로 인한 채권이 공익채권이 됨은 명백하다(제179조 제5호).

그러나 회생절차에서는 파산절차와 달리 공익채권자간에 우선순위를 두지 않고 안분배당에 의하여 변제하도록 되어 있다(제180조 제7호). 파산절차의 경우에는 회생절차와 달리 일부 재단채권자를 다른 재단채권자보다 우선하지만 나머지 재단채권자간에는 회생절차와 마찬가지로 안분변제하도록 규정되어 있다(제477조 제2항).[21] 따라서 회생절차의 경우 신규대여자가 갖는 채권에 대하여는 미국 파산법상의 super priority를 인정하여 관리인의 보수보다도 순위가 앞서는 최우선의 공익채권으로 취급하는 규정을 둘 필요가 있다. 단지 공익채권으로 취급하는 것만으로는 현재와 동일한 것이기 때문이다.

나. 공익담보권의 설정 및 효력

(1) 공익담보권과 회생담보권의 순위

공익채권에 기한 강제집행은 일정한 제약하에 가능한 것으로 규정함으로써 구 회사정리법에서의 논란을 입법적으로 해결하였다(제180조 제3항). 그러나 공익담보권에 기한 경매절차는 제한 없이 가능하다(제180조 제7항 단서). 따라서 선순위의 회생담보권이 설정된 경우에도 공익담보권의 담보권실행은 허용된다. 기존의 논의는 공익담보권이 실행된 경우에 선순위의 회생담보권과의 효력에 관하여 이루어졌다. 판례는 목적물에 경료된 등기 순위에 따라 결정된다는 입장이므로 당연

Sero와 자회사 Saybrook을 운영하다가 회사가 1988, 파산신청을 하게 되었다. 그런데 은행이 새로운 담보 대출을 제안하면서 파산신청 전의 무담보채권까지 담보로 잡아달라는 요청(cross collateralization)을 하게 되자 이러한 거래는 기존의 무담보채권자(Shapiro 포함)에게 해가 되는 것이라고 다투었다. 이 사건을 통하여 Debtor-in-Possession Financing의 연혁과 기능에 관하여 심도 깊은 논의가 이루어졌다. 이 판결이 갖는 의미와 사안에 관하여 흥미있게 분석한 글로는 David A. Skeel, Jr. The Story of Saybrook : Defining the Limits of Debtor−in−Possession Financing, Bankruptcy Law Stories, Foundation Press(2007), pp. 177-201.

21) 법문상으로는 제473조 제1호 내지 제7호 및 제10호에 열거된 채권이 제8, 9호(쌍무계약이 해지된 경우 그 때까지 생긴 청구권과 채무자의 부조료채권)보다 우선하여 변제받는 것으로 되어 있으나 학설은 다시 전자를 구분하여 제1, 3호의 재단채권이 나머지 재단채권보다 우선한다(林治龍, 파산법연구2, 박영사(2006), 249면).

히 공익담보권이 정리담보권보다 후순위가 된다.[22] 문제는 선순위 회생담보권자에 대한 배당을 어떻게 할 것인가에 있었다. 관리인이 보관한다는 견해와 경매법원이 배당금을 공탁하되 공탁금에 대하여 담보권의 효력이 미친다고 보는 견해[23]로 나뉘었다. 동아건설에 대한 회생계획안에서 사용되듯이 escrow 계좌를 설정하여 배당금을 관리인이 수령하여 위 계좌에 넣어 관리하면 일반재산과 혼합될 염려가 없으므로 필자는 관리인이 보관한다는 견해에 찬동한다.

관리인이 새로운 금원을 차용하는 것은 대부분 법원의 허가사항이므로 관리인이 법원의 허가를 얻어 공익담보권을 설정할 수 있다. 그러나 이론상 그렇다는 것이고 실무상 공익담보권이 설정된 사례는 드물다. 그리하여 공익담보권에 기하여 회생절차 중에 경매가 신청된 사례에 관한 선례는 드물며 일본과 한국에서 학설의 논의만 있을 뿐이다.

(2) 공익담보권의 설정절차

그런데 앞으로 DIP Financing에 대하여 공익담보권을 설정함에 있어서 어떠한 절차를 거칠 것인지를 검토하여야 한다. 공익담보권을 설정한다는 것은 만일 공익담보권이 설정되지 않았다면 담보여력이 일반 회생채권자의 몫으로 돌아갈 부분이 공익담보권자에게 귀속되는 것이기 때문에 일반 회생채권자의 절차 참여 없이 법원의 허가만으로 공익담보권을 설정하는 것은 재산권 침해의 문제가 발생할 소지가 있다.[24] 미국의 경우에도 § 364(a)를 제외한 나머지의 경우에는 반드시 통지와 청문절차를 거치도록 되어 있다.[25] 따라서 공익담보권을 설정함에 있어도 일반채권자들의 절차 참여(단지 서면의견진술로 족할 것인지, 관계인 집회를 소집할 것

22) 대법원 1993. 4. 9. 선고 92다56216 판결(공 1993, 1368). 공익채권의 우선변제를 규정한 구 회사정리법 제209조 제2항의 의미에 관한 판시이다. 정리담보권이 설정된 특정재산의 경매 매득금으로부터도 공익채권자가 우선변제를 받는다는 의미는 아니다. 따라서 정리담보권이 설정된 재산 위에 공익담보권이 설정된 경우에는 정리담보권이 우선한다고 판시하고 있다.

23) 林采洪 · 白昌勳, 회사정리법(하) 제2판, 한국사법행정학회, 1998, 106면; 兼子一 · 三ヶ月章, 條解會社更生法(下), 弘文堂(1998), 333면.

24) 물론 신규대출로 인하여 회사에 자금이 들어와 회생채권의 변제에 사용될 수도 있으나 그러한 보장이 없으므로 회생채권자들은 일반재산에 대한 집행가능성이 줄기 때문에 손해의 위험을 갖게 된다.

25) 미국 실무에서 notice and hearing에 참여하는 채권자가 누구인지를 확인할 필요가 있다. 김종석, 앞의 글(주 10), 83면에 의하면 법원이 대상자를 결정한다고 한다. 파산신청일로부터 15일 후 채권자를 소환하여 심문하기 전이라도 회생에 필요한 최소한도의 금액 범위 내에서 법원이 심문 없이 신규자금의 차입을 허가할 수 있다고 한다. 즉 실무상은 채무자가 파산신청을 하는 날 first day order의 형식으로 DIP Financing을 미리 청구하고 법원이 허가하기 때문에 채권자의 심문절차가 실제로 이루어지지 않는 경우가 많다.

인지는 추후 논의 대상이다)를 보장하여야 할 것이다.

다. 회생절차의 개시와 근저당권의 확정

담보목적물에 담보여력이 있는 경우에 담보여력을 공익채권의 담보로 활용할 수 있는가 하는 점에 대하여 논의가 있다. 이를 인정하게 되면 근저당권의 채권최고액의 범위내에서 공익채권인 신규차입금을 담보할 수 있으므로 신규자금의 유입을 돕는 이점이 있다.

판례는 회사정리절차의 개시결정이 근저당권의 확정사유로 보아 개시결정 이후 근저당권의 피담보채권으로 신규대출금을 삼는 것을 부정하고 있다.[26] 판례와 같은 입장을 취하는 학자도 있다.[27]

파산은 청산절차이므로 파산절차의 개시가 근저당권의 확정사유가 됨이 당연하지만,[28] 회생절차는 회사의 존속을 전제로 하는 것이므로 회생절차의 개시가 반드시 근저당권의 확정사유로 보는 것이 논리필연적이지 않다. 목적론으로 보더라도 회사가 회생절차에 진입하면 신규대출의 문이 닫힌 상황에 놓여 재건이 어렵게 되므로 이를 타개하기 위하여 법적으로 신규대출자의 지위를 당초의 순위인 근저당권자로 높여주게 되면 채권자나 회사에게 도움이 된다. 현행법하에서도 회생회사가 신규차입을 함에는 법원의 허가를 얻어야 하는 것이므로 공익담보권의 설정이 자의적일 가능성은 적다. 따라서 필자는 비확정설에 찬동한다.[29]

판례와 반대로 비확정설을 취하게 되면 공익채권자의 순위가 처음 근저당권을 설정한 당시로 소급하여 당해 근지당권과 동일한 지위를 인정받게 된다. 채권최고액의 범위내에서 공익담보권자로 취급받는 것이므로 후순위 근저당권자에게 불측의 손해를 가하였다고 보기 어렵다. 이론상으로는 회생절차 개시후에 이루어

---

26) 대법원 2001.6.1. 선고 99다66649 판결(공보불게재). 이 판결이 다른 쟁점에 대하여 학자와 실무가들간에 심포지움도 개최한 바 있으나 유감스럽게도 판례공보에는 판결문이 실리지 아니하였다.

27) 吳守根, "會社整理節次 開始와 根抵當權附 피담보채권의 확정," 判例實務硏究Ⅵ, 박영사(2003), 130면. "채권의 우선순위를 엄격한 법률규정이나 법원의 결정에 따르도록 하는 법률의 정신에 반한다는 점이다. … 비확정설에 따르면 근담보 범위 내에서 채권자와 채무자는 법원의 관여 없이 자유롭게 담보채권을 발생시키게 된다. 회사정리 절차 개시 후 채무의 증가가 법원의 허가 없이 이루어지는 것은 회사정리법의 취지와는 배치된다고 본다." 이 판결에 대한 해설로는 林采雄, "회사정리절차개시가 근저당권채무확정사유인지 여부," 대법원판례해설 2001년 상반기 통권 제36호, 365-373면.

28) 일본 민법 제398조의20 제4호. 회사갱생절차의 개시는 근저당권의 확정사유에서 제외되어 있다.

29) 兼子一・三ヶ月章, 條解會社更生法(下), 弘文堂(1998), 334면.

진 대출계약에 기한 채권이므로 공익채권이지만 기존의 근저당권의 채권최고액의 범위내에서 공익담보권자(공익근저당권자)의 지위를 인정받는 것이다. 즉 회생회사는 채권최고액의 범위 내에서 회생담보권의 액수를 공제한 담보 여력의 범위 내에서 근저당권을 사용할 수 있다. 공익담보권의 목적물 가액 중 피담보채권을 담보하는 부분은 공익담보권으로, 부족분은 공익채권으로 분리됨은 일반의 회생담보권의 경우와 마찬가지이다.

이와 반대로 새로이 자금을 대여하면서 신규대출 채권의 담보로 공익담보권을 설정받으면서 기존의 일반회생채권을 피담보채권으로 삼기로 약정하는 것은 회생절차 개시 당시에 회생채권으로 취급받은 채권을 공익채권 또는 회생담보권으로 격상하는 것으로 다른 채권자의 이익을 해하는 것으로서 미국의 cross collateral이 부정되는 것과 같은 이유로 허용될 수 없다.

라. 공익담보의 목적물

관리인이 부동산을 담보로 추가로 금원을 차용함에 있어서는 두 가지 문제가 발생한다.

첫째, 부동산에 대한 담보물권의 순위는 등기에 의하여 결정되는 점에서 DIP Financing의 한계가 있다. 이미 선순위의 근저당권이 설정되었음에도 이보다 우선하는 저당권을 설정하는 것은 부동산등기법상 불가능하다.[30] 선순위 저당권자의 동의하에 등기를 말소하고 새로이 신규대여자를 위한 저당권을 설정한다는 것은 사실상 불가능한 일이다. 미국에서도 부동산에 대한 저당권(mortgage)을 이용하여 DIP Financing을 하는 사례는 거의 없다고 한다.

둘째, 부동산에 대한 담보여력이 소진하거나 심지어 운영자금마저 거의 고갈된 상태에서 회생신청을 하는 현실에서 신규대여자를 위하여 후순위 담보권을 설정하는 것 역시 현실적으로 가능하지 않다.

이상을 종합하면 역시 DIP Financing을 위한 담보로는 장차 생산할 제품이나 제품의 매각을 예상한 장래의 매출채권이 적합할 것이다. 이것이 가능하기 위하여는 먼저 장래채권의 양도가 가능하여야 한다. 대법원 판례가 이를 좁게 해석하고 있으므로[31] 일본과 같이 입법으로 장래채권에 대한 양도와 담보를 가능하도록 하

30) 일본은 의사주의를 채택하여 민법 제573조 제2항에 의하여 이해관계인의 동의가 있는 경우 저당권의 순위변경이 가능하지만, 한국은 형식주의를 채택하기 때문에 부동산등기부의 기재내용을 다시 변경하기 전에는 이해관계인의 동의만으로 저당권의 순위를 변경할 수 없다.

31) 대법원 1997.7.25. 선고 95다21624 판결(1997, 2653); 1996.7.30. 선고 95다7932 판결

는 것이 선결되어야 한다. 현재 대법원이 그러한 방향으로 입법을 추진하고 있으므로 고무적이다.[32] 정수기의 렌탈채권, 이동전화가입자의 요금채권과 같이 장래에 반복적으로 발생하는 채권에 대하여 기간을 정하여 기간별로 담보를 설정할 수 있는지, 제 3 자에 대한 공시방법 등을 연구할 필요가 있다.

마. 기존 담보권자의 보호

다음으로 기존 담보권자의 권리를 보호하는 구제책에 대하여 살펴본다. 기존의 담보권자보다 앞서는 미국식의 priming lien과 같은 방식은 한국에서는 적합하지 않다.

첫째 부동산에 대하여는 앞에서 본 부동산등기법상의 제약이 있다. 일본은 민법상으로는 선순위권리자의 동의하에 순위 변경이 가능하다. 그러나 형식주의를 취하는 우리나라의 민법상으로는 일본의 방법도 불가능하다.

둘째, 동산 및 집합채권에 대하여도 만일 priming lien을 허용한다면 선순위 담보권자에게 적절한 보호가 이루어졌는지를 판단하여야 하는데 이로 인하여 복잡한 법률관계를 야기할 가능성이 있다. 따라서 현재로서는 공익채권 가운데 우선권을 부여하는 방식의 입법을 도모하는 것이 가장 바람직한 방법이다.[33]

셋째, 회생절차에 들어간 기업은 이미 담보물을 제공할 여력이 없는 것이 대부분이다. 따라서 신규자금에 대한 담보로 삼을 수 있는 것은 장래의 매출금채권 정도에 불과하다. 이를 담보물로 제공할 수 있도록 일본과 같이 장래의 집합채권을 대상으로 하는 집합체권양도에 관한 특례법을 제정할 필요가 있다.[34]

(1996, 2621); 1991. 6. 25. 선고 88다카6358 판결(공 1991, 1993) 등. 판례는 장래채권이 양도되기 위하여는 장래 채권의 특정성과 함께 발생개연성을 요구하고 있는바, 특히 발생개연성을 요구하는 것에 대하여 학자들이 비판하고 있다. 梁彰洙, "將來債權의 讓渡," 民法硏究 第 7 卷, 博英社(2003), 264면 참조.

32) 동산및채권양도등기제도 도입을 위한 입법자료, 법원행정처(2007).

33) 同旨, 南同熙, "회생기업의 자금조달방법," 법조 2009. 10(Vol. 637), 285면. 그러나 이 글은 신규자금 제공자에게 최우선권을 부여하게 되면 기존 채권자들의 권리가 침해될 소지가 있으므로 제도 도입 자체에 대하여 신중한 입장을 취하고 있다. 주 89 참조.

34) 일본에서도 장래채권을 담보로 삼는 「債權讓渡の對抗要件に關する民法の特例等に關する法律」(1998년)에 의하여 등기된 채권액의 합계가 신규대출금을 상회하더라도 실제로 제 3 채무자의 무자력, 채무의 부존재 등의 이유로 실제의 채권액은 그보다 하회할 가능성이 많다고 한다. 따라서 실무상 담보를 설정함에 있어 업종에 따라 장래채권의 성질도 다른 점을 유의하여야 한다. 木下玲子, "DIPファイナンスと金融實務," 金融法務事情 2003. 2. 5. No. 1665, 21면.

바. 실무의 변경

회생절차가 개시되면 은행예금에 대하여는 은행의 상계의사표시에 의하여 예금을 인출할 수 없게 되고, 은행으로부터 회사가 발행하는 어음할인, 신용장을 이용한 여신이 중단된다. 또한 거래처는 부도를 염려한 나머지 어음거래 대신 현금거래를 선호하게 된다.[35] 여기에다가 과거에 정리회사 논노가 발행한 어음이 부도가 나는 바람에 관리인이 자살한 사건[36]이 발생한 이후 법원실무는 정리회사의 결제를 현금으로 하는 것을 원칙으로 삼고 있다.

그러나 이러한 실무의 입장은 이제 바뀌어야 할 때가 왔다.[37] 회생절차 이전에 대다수의 기업이 신용거래를 하는 것이 현실이고 신용거래를 하였음에도 기업에 재정적인 위기가 발생하여 회생신청을 한 것이다. 회생절차 이후에 은행의 대출이 막힌 상태에서 모든 거래를 현금으로만 하라는 것은 기업의 재건에 걸림돌이 될 수밖에 없다. 법원은 관리인의 신용거래 신청에 대하여 허가를 하여 주었다가 나중에 결제가 이루어지지 않을 경우를 두려워하는 것으로 보인다. 그러나 신규자금의 도입과 외상거래의 필요성에 대하여 이해관계인이 납득하고 그에 대한 의견을 제출하는 등 절차에 참여할 기회를 준다면 설혹 결제가 이루어지지 않았다고 하여 법원이 비난을 받을 것은 아니다. 신규대여자에게 충분한 담보를 주고, 우선권을 부여하는 등의 제도적 장치를 마련하고 높은 이율을 보장한다면 신규대여자가 고수익과 고위험을 교량하여 스스로 판단하여 대출할 것이기 때문이다. 따라서 미국과 같이 공익채권의 발생 및 공익담보권의 설정에 관하여 이해관계인으로 하여금 적법절차에 따라 참여할 수 있는 기회를 부여하는 것이 긴요하다.

참고로 일본도 금융청이 2003년 금융검사메뉴얼을 변경하여 회사갱생절차를 신청한 기업이 계획안을 인가받고 그 계획에 의하여 5년 이내에 정상화될 가능성이 있는 경우에는 거래처의 분류를 과거 '파탄'에서 '요주의'로 완화하도록 하였다. 또한 日本政策投資銀行, 中小企業金融金庫, 信用保證協會 등이 2001년부터 공적인 DIP Financing을 취급하기 시작하였다.[38]

---

35) 이점은 일본의 경우도 마찬가지이다. 坂井秀行, 앞의 글(주 2), 212면.

36) 서울지방법원 1997. 2. 11. 선고 96가합11612, 56240 판결(하집 1997-1, 305).

37) 미국의 경우처럼 일단 통상의 외상거래에 대하여는 법원의 허가를 얻지 않도록 하고, 문제가 발생하면 관리인을 교체하는 방식으로 실무를 운영하는 것이 바람직하다. Herbert, supra note 8, at 151.

38) 坂井秀行, 앞의 글(주 2), 213면.

4. 채무자회생법의 개정안

가. 개정경위

국회는 2009년 10월 본회의에서 신규자금에 관한 개정안을 의결하였다. 이 법안은 장윤석 국회의원이 대표 발의하였다. 개정 이유는 아래와 같다. "종전에는 회생 절차 중에 있는 기업의 신규자금을 공익채권으로 취급하도록 하였으나 공익채권 사이에는 우선순위를 인정하지 않고 있어 기업 회생에 필요한 자금의 원활한 조달에는 한계가 있었으므로, 기업 회생에 필요한 운영자금을 원활하게 조달할 수 있도록 회생 절차 중에 있는 기업에게 필수적인 신규 자금을 지원하는 경우에는 공익채권 중에서도 우선적으로 회수할 수 있는 지위를 부여하려는 것임."[39] 신규자금에 관한 개정은 제179조 제2항의 신설과 공익채권의 변제에 관한 제180조 제7항의 개정을 포함한다. 신설된 제179조 제2항은 회생절차개시 후의 자금의 차입이나 회생절차개시신청 후 개시 전의 자금의 차입을 허가함에 있어 법원은 이해관계인의 의견을 듣도록 하는 내용이다. 개정된 제180조 제7항은 채무자의 사업을 계속하기 위하여 법원의 허가를 받아 차입한 자금에 관한 공익채권은 다른 공익채권보다 우선적으로 변제받을 수 있도록 하는 내용이다.

나. 내　　용

당초 개정안은 이해관계인의 의견청취조항 외에 필자의 견해와 같이 법원의 결정에 대한 불복절차를 마련하였으나, 국회법사위의 심의과정에서 불복절차 규정이 삭제되었다. 그 이유는 회생절차의 다른 규정에서 법원의 허가결정에 대하여 독립하여 불복하는 절차를 마련하고 있지 않다는 법체계상의 문제점을 법원이 지적하여 법사위에서 이를 받아들여 수정안을 마련하였다고 한다. 법원은 이해관계인의 범위가 불분명하므로 법률이 아닌 대통령령 또는 대법원규칙으로 정하는 바에 따라 한정하자는 의견을 국회에 제출하였으나 채택되지 아니하였다. 또한 국회에 제출된 개정초안은 제180조 제7항에서 우선권이 인정되는 공익채권의 범위를 제179조 제1항 제5호 및 제12호의 채권 전부를 포함하도록 규정하였다. 즉 자금차입 외에 자재의 구입 그밖에 채무자의 사업을 계속하는 데에 불가결한 행위로 인한 청구권에 대하여 우선순위를 인정하자는 내용이었다. 그러나 개정된 법률은 법원의 의견을 받아들여 그 중 차입한 자금에 관한 채권으로 한정하였다. 그 내용

39) 2009.10.21.자 관보 제17114호.

은 아래 표와 같다.

개정된 조항을 미국 파산법과 비교하면 다음과 같은 차이가 있다. 첫째, 통상의 거래에 수반하는 물품의 외상거래에 대하여도 법원의 허가를 받아야 하고, 둘째, 공익채권 중 변제의 우선순위가 인정되는 채권은 차금으로 인한 채권에 한정되며, 셋째, 법원의 자금차입 불허결정에 대하여 즉시항고로 불복할 수 없다.

현 행	개 정 안	개정법률
제179조(공익채권이 되는 청구권) 다음 각호의 어느 하나에 해당하는 청구권은 공익채권으로 한다. 1. ~ 14. (생 략) 〈신 설〉 〈신 설〉 〈신 설〉	제179조(공익채권이 되는 청구권) ① …………………. 1. ~ 14. (현행과 같음) ② 제1항 제5호 및 제12호에 의한 자금의 차입을 허가함에 있어 법원은 이해관계인의 의견을 들어야 한다. ③ 제2항의 허가에 대하여는 즉시항고 할 수 있다. ④ 제3항의 즉시항고에는 집행정지의 효력이 없다.	제179조(공익채권이 되는 청구권) ① ……………………. 1. ~ 14. (현행과 같음) ② 제1항 제5호 및 제12호에 의한 자금의 차입을 허가함에 있어 법원은 이해관계인의 의견을 들어야 한다. 〈삭 제〉 〈삭 제〉
제180조(공익채권의 변제 등) ① ~ ⑥ (생 략) ⑦ 채무자의 재산이 공익채권의 총액을 변제하기에 부족한 것이 명백하게 된 때에는 공익채권은 법령에 정하는 우선권에 불구하고 아직 변제하지 아니한 채권액의 비율에 따라 변제한다. 다만, 공익채권을 위한 유치권·질권·저당권·전세권 및 우선특권의 효력에는 영향을 미치지 아니한다.	제180조(공익채권의 변제 등) ① ~ ⑥ (현행과 같음) ⑦ ………………………………………………………………………………………공익채권 중 제179조 제1항 제5호 및 제12호의 채권을 우선적으로 변제하고 기타 채권은 …………………………………………………………………………………………………….	제180조(공익채권의 변제 등) ① ~ ⑥ (현행과 같음) ⑦ …………………………………………………………………………………………제179조 제1항 제5호 및 제12호의 청구권 중에서 채무자의 사업을 계속하기 위해 법원의 허가를 얻어 차입한 자금에 관한 채권을 우선적으로 변제하고 그 밖의 공익채권은 …………………….

그러나 비록 제한된 범위이지만 실질적으로 중요한 역할의 차지하는 신규자금 대출에 대하여 다른 공익채권보다 우선적인 변제권을 변제한 것은 일본과 비교하면 진일보한 입법이다. 앞으로 법원이 신규자금 차입에 관하여 어떻게 실무를 운영할 것인가 하는 점이 관건이 되었다.

5. 결 론

DIP Financing을 활성하는 것이 채무자로 하여금 워크아웃이 아닌 회생절차로 유인할 수 있는 가장 큰 이점의 하나이다. 신규대여자에 대한 주된 담보권자는 보통 기존의 은행이 대부분이고 은행은 담보목적물에 근저당권을 설정받은 경우가 대부분이므로 은행이 스스로 신규대여를 유도할 수 있도록 회생절차 이전에 설정된 근저당권을 이용하는 방향으로 실무를 운용하거나 보완입법을 하는 것이 타당하다. 또한 부동산 이외의 장차 원재료를 이용하여 생산될 완성품이나, 회생회사의 거래처에 대하여 장래에 반복적으로 발생예정인 집합채권에 대하여도 미리 담보목적물로 삼을 수 있는 추가 입법이 필요하다.

법원은 회생회사의 부도를 염려하여 현금거래만을 고집하는 현재의 실무를 변경할 필요가 있다. 채권자와 채무자들이 의견을 진술할 수 있는 절차를 마련하고 이해관계인이 원한다면 또는 재건에 긴요하다면 원칙적으로 외상거래나 신규차입을 허가하고 공익채권에 대한 담보를 제공하는 방향으로 실무를 운영할 필요가 있다.[40)]

또한 개정안에 의하여 DIP Financing에 대하여 공익채권 중 우선권이 보장되어 있으므로 일본과 같이 정부가 공적인 DIP Financing을 적극적으로 검토하여 운영할 필요가 있다. 채무자 역시 담보여력이 소진하여 운전자금마저 고갈된 상태에 가기 전에 가급적 조기에 회생신청을 하여야 한다. DIP Financing의 신규차입자금에 대하여 우선권을 부여하게 되면 EBITDA(償却 金利稅前利益)[41)]가 마이너스

---

40) 2008. 10.경 실시된 개정안에 대한 의견조회에서 중소기업청은 신규자금 차입허가 신청에 대해 법원이 일정한 동의율을 받거나 특별한 사정이 없으면 허가하도록 하는 내용의 규정을 신설하자는 의견을 제시한 바 있다. 한국금융연구원은 개정안이 DIP파이낸스를 활성화하여 법정관리기업의 재건을 돕고 경기를 회복시키는 데 기여할 수 있을 것으로 찬성하되, 신규채권자과 구채권자간의 부의 이전문제를 해소하기 위하여 절차적인 보완이 필요하다는 의견을 제시하였다. 기획재정부 역시 찬성하되 법원의 신규자금허가 결정에 대하여 회생담보권자에 대해 이의제기 권한을 부여하자는 의견을 제시하였다.

41) 기업이 영업활동을 통해 벌어들인 현금창출 능력을 나타내는 수익성 지표로서 '법인세 ·

이므로 회생의 가능성이 없는 기업에 대하여도 대출금을 회수할 가능성이 높아지게 되므로 신규대출이 확대될 것이다. 그러나 이로 인하여 퇴출되어야 할 기업이 회생절차에 남아 있는 기간이 늘어나게 되면서 파산선고시 파산재단의 규모가 줄어들어 일반채권자의 희생을 강요하는 면이 있음을 유의할 필요가 있다.[42]

(도산법선진화를 위한 비교법제 연구, 이화여자대학교 도산법연구센터(2008), 159면-170면 이하 소재)

이자 · 감가상각비 차감 전 영업이익'을 말한다. 즉, Earnings Before Interest, Tax, Depreciation and Amortization을 빼기 전 순이익을 뜻한다. EBITDA는 매출액에서 원가와 일반판매관리비를 공제한 금액으로서 기업의 실제가치를 평가하고 각 기업의 수익창출 능력을 비교하는 데 활용되고 있다.

42) 木下玲子, 앞의 글(주 34), 22면 참조.

GM의 파산보호 신청 '챕터 11'이란?

101년 전통의 세계 최대 자동차회사 제너럴 모터스(GM)는 요즘 산소호흡기를 단 중환자 신세다. 경제 위기의 직격탄을 맞고 숨이 끊어질 듯 헐떡이던 GM은 지난 1일 뉴욕 맨해튼 연방법원에 파산보호를 신청하며 일단 사망 선고는 피했다.

GM이 의존하고 있는 생명연장 장치는 '챕터 11(Chapter 11)'이다. 미국 연방 파산법의 한 조항으로 우리나라로 치면 기업회생(법정관리) 절차와 비슷하다. 법원 감독 아래 구조조정 절차를 진행하는 제도이다. GM과 함께 미국 자동차 빅3의 한 축을 담당했던 크라이슬러와 이번 금융위기의 기폭제 역할을 한 리먼브러더스도 챕터 11을 부여잡고 연명하는 신세다. 챕터 11은 경영 활동이 지속된다는 점에서 자산매각 후 곧바로 청산(淸算)에 들어가는 '챕터 7(Chapter)'과 차이가 있다.

미국에 파산법이 처음 도입된 것은 1800년이지만, 기업 회생에 대한 규정을 마련한 것은 1934년 개정된 파산법부터이다. 1930년대 들어 대공황 여파로 기업 도산이 경제뿐 아니라 사회적으로도 큰 문제가 됐다. 채권자 입장에서는 당장 기업을 청산해 회사 기계를 팔아 치워 채권을 회수하는 것보다 기업을 살려 존속시키는 것이 더 이익이 되는 상황이 생겨난 것이다. 채무사의 권리가 강화된 현재의 챕터 11은 1978년 파산법이 전면 개정되면서 현재의 모습을 갖추게 됐다.

챕터 11은 부실 기업(채무자)에겐 '달콤한 진통제'같다. 기업 청산이라는 고통을 덜면서, 부채 처리 등에서 이전보다 유리한 상황에 놓이기 때문이다.

챕터 11은 신청 절차부터가 간단하다. 채권자나 주주가 아닌 채무자의 경우, 채무 초과나 지급 불능 등의 특별한 상황이 아니더라도 챕터 11에 따라 파산보호를 신청할 수 있다. 법원의 결정을 받아야 할 필요도 없다. 기업이 신청만 하면 언제든 개시할 수 있는 일종의 '신고 절차'인 셈이다. 이에 반해 한국에서는 채무 초과 상태이거나 지급 불능 등의 요건을 충족시켜야 기업회생 절차 신청이 가능하다.

한국의 경우 기업회생 절차가 시작되면 법원이 새로운 경영진을 부실기업에

* 이 글은 필자와 조선일보 이성훈 기자가 공동작성 하였다. 이 글의 게재를 허락하여 준 조선일보 이성훈 기자에게 감사드린다.

파견하는 경우가 많다. 하지만 미국에서는 대부분 기존 경영진을 유지한다. GM의 프리츠 헨더슨(Henderson)이나 크라이슬러의 로버트 나델리(Nardelli)는 파산보호 신청 이후에도 CEO 자리를 유지하고 있다. 이를 '기존 관리인 유지제도(DIP · Debtor-In-Possession)'라고 부른다.

기존 경영진을 유지하는 것은, 기존 경영진보다 회사 상황을 더 잘 아는 사람이 없다는 생각 때문이다. 회사 상황을 잘 아는 기존 경영진에게 '원포인트 릴리프(one point relief : 1명의 타자만을 상대하기 위해 등판한 구원 투수)' 역할을 맡겨 회생 절차를 시작하는 것이 합리적이라는 판단이다. 기존 경영진 가운데 20% 정도는 파산보호 과정에서 주주들의 재신임을 받아 오랜 기간 재임하기도 한다. 결국 법정관리 기업의 경영진은 챕터 11 우산 아래에서 패자부활의 기회를 얻게 되는 셈이다.

파산보호 절차에 들어가면 부채에 대한 권한도 채무자에게 넘어간다. 챕터 11은 채권자가 더 이상 채무자(부실기업)에게 채무와 관련된 소송을 제기할 수 없고, 채무 이행을 강제할 수도 없도록 규정하고 있다. 심지어 전화를 걸어 빚 독촉을 하는 것도 금지된다. 만약 이를 무시하면 법정 모독죄로 민형사상의 제재를 받게 된다. 제재 대상은 내외국인을 가리지 않는다. 파산법원에 채권 신고를 하거나 미국에서 영업 활동을 하는 모든 사람이 해당된다. 한국 기업이라도 미국에서 영업 활동을 하는 경우라면, 대상 기업에게 함부로 빚 갚으라는 말을 할 수 없는 것이다.

한국에는 이런 장치가 법적으로 마련돼 있지 않다. 법원이 별도의 보전 처분을 결정하지 않는 한, 채권자는 우선 순위에 따라 채무자의 재산을 집행할 수 있다. (물론 한국에서도 대부분의 경우 법원이 보전처분을 내리고 있긴 하다) 또 한국에는 미국의 법정 모독죄 같은 것이 없기 때문에 채권자들이 외국에 소재한 채무자의 재산을 처분하는 것을 막을 실질적인 방법이 없다.

또한 미국의 파산보호 기업들은 구조조정 자금을 금융권으로부터 추가로 지원 받을 수 있다. 이를 'DIP 금융'이라 부르는데, 다른 채권보다 최우선적으로 상환 받을 수 있는 권한을 가진다. 따라서 금융기관들도 DIP 금융 제공에는 적극적인 편이다.

반면 한국에서는 기업회생 절차에 들어간 기업들이 금융권으로부터 추가 대출을 받는 것이 실질적으로 어렵다. 한국에도 우선권을 갖는 '공익(公益) 채권'이 있지만, 모든 채권에 대해 우선하는 것은 아니다. 더구나 금융기관들이 회생 절차에 들어간 기업의 신용도를 아주 낮게 평가하기 때문에 거의 대출을 하지 않는 게 현실이다.

미국 챕터 11에 의한 파산보호 신청

단위 : 건수

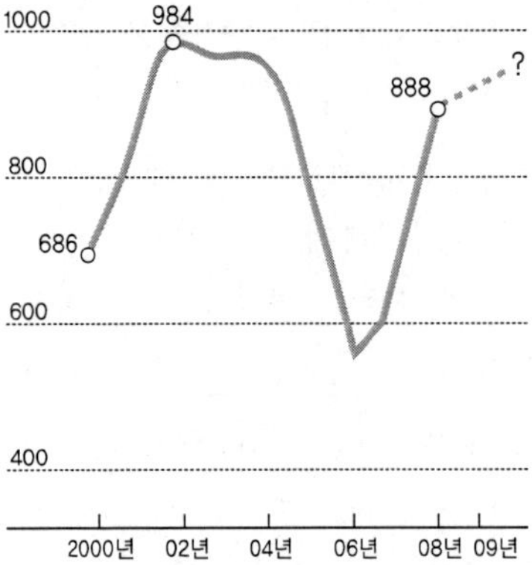

미국 대형 파산보호 신청 사례

회 사 명	파산보호 신청일시	총 자산(달러)
리먼브러더스 홀딩스	2008년 9월	6391억
워싱턴 뮤츄얼	2008년 9월	3279억
월드콤	2002년 7월	1039억
제너럴 모터스	2009년 6월	823억
엔론	2001년 2월	634억
콘세코	2002년 12월	614억
크라이슬러	2009년 4월	393억
텍사코	1987년 4월	359억

자료 : BankruptcyData.com

미국에서 기업이 일단 파산보호에 들어가면 회사에 부담을 주었던 종전의 단체협약을 파기할 수 있다. 노사(勞使)가 합의했던 기존 복지제도 등을 모두 무효로 할 수 있는 것이다. GM은 이번에 파산보호에 들어가면서 그 동안 골치 아팠던 은퇴자 의료보험 기금 문제를 깔끔하게 해결할 수 있게 됐다. GM 경영진은 은퇴자 의료보험 기금 200억 달러를 전액 출자 전환하거나 감액할 계획이다. 하지만 한국은 회생절차 중에 단체협약을 변경할 수 없다고 규정하고 있다(통합도산법 제119조 3항).

미국 기업들은 경영 개선을 위해 챕터 11을 적극 활용하고 있다. 몇 해 전 유나이티드항공 등 경영상 어려움을 겪던 미국 주요 항공사들은 각종 구조조정 계획들이 노조 반대로 무산되자 파산보호를 신청해 임금 삭감과 대규모 해고 등을 밀어 붙이기도 했다.

이런 여러 측면 때문에 챕터 11이 실패한 기업들에게 너무 관대하다는 비판도 제기된다. 실패한 기업의 무능한 경영진에게 계속해서 회사를 맡기는 것이 과연 옳은 방법인가 하는 비판이 가장 대표적이다. 1990년대 중반 법정관리 제도를 도입한 독일 등 유럽에서는 거의 경영진을 곧바로 교체하는 등 회생 절차를 밟는 기업을 엄격하게 관리하고 있다.

경쟁 기업에 비해 파산기업에게 너무 많은 이익을 줘 시장의 공정한 경쟁과 효율성을 헤친다는 지적도 있다. 기업들이 도산 대신 파산보호를 신청할 경우, 시장에 공급 과잉 문제를 초래할 수 있다.

챕터 11의 실효성에 대한 의문도 제기된다. 실제 미국에서 파산보호 신청을 한 기업 중 회생한 기업은 소수에 불과하다. 클린턴 행정부 시절 노동부 장관을 지낸 U.C.버클리대 로버트 라이시(Reich) 교수는 최근 파이낸셜타임스(FT)에 기고한 글에서 "(GM이 파산보호를 신청한) 실질적인 목적은 GM의 노동자와 협력업체, 딜러들이 최종적으로 파산이라는 상황에 적응할 수 있도록 시간을 버는 것"이라고 주장했다. 파산보호에도 불구하고 GM은 결국 청산될 수밖에 없다는 암울한 진단이다.

이런 이유들로 해서 사람들은 챕터 11을 한번 파산하면 되는 기업을 결국 두 번 파산하게 만든다는 의미로 '챕터 22'라고 비꼬아 부르기도 한다.

(조선일보 2009.6.6.자 소재)

회생회사의 인수합병(M&A)

Ⅰ. 머 리 말

한국의 파산법제는 크게 1997년 이전과 이후의 두 시기로 나눌 수 있다. 전자는 파산법이 법전에만 존재하고 경제현실에 미치는 영향이 적었던 시기이다. 후자는 파산법이 살아 있는 법으로 가계, 기업, 국가에 지대한 영향을 미치고 있는 시기이다. 후기는 다시 2006.4.1. 이전과 이후로 나눌 수 있다. 전자에는 회사정리법이 적용되던 시기로서 주식회사만 재건절차를 이용할 수 있었다. 후자는 「채무자의 회생 및 파산에 관한 법률」('채무자회생법')이 적용되는 시기로서 주식회사 뿐 아니라 모든 법인격체(개인, 법인, 합자회사 등 포함)가 회생절차를 이용할 수 있는 시기이다. 한국이 1997년 경제위기를 겪으면서 기업에 대한 퇴출제도가 미비하여 시장에서 퇴출이 신속하게 이루어지지 않아 국가경제에 부담을 준다는 비판을 국내외에서 받았다.[1] 이러한 비판에 대응하여 서울중앙지방법원은 기업의 조기회생과 채무변제의 극대화를 도모하기 위한 방편으로 2001.1.31. '정리회사 M&A에 관한 준칙'[2]을 만들어 회사정리절차내에서 M&A 절차의 원칙과 기틀을 만들어 이후 발전시켜왔다. 특히 1998년 회사정리법 개정시에 종전 계획안의 채무변제기한이 20년에서 10년으로 단축되면서 대규모의 자본구조의 변경 없이는 계획안의

1) 국내의 비판은 한국개발연구원, 기업퇴출관련 제도개선방안, 1997. 국제통화기금과 세계은행은 한국에 대한 구제금융의 조건으로 파산법제의 개정을 요구하였다. 1997년 이후 도산법제의 개정연혁에 대하여는 오수근, 도산법개혁 1998-2007, 두솔(2007) 참조.

2) 서울중앙지방법원의 준칙이지만 사실상 전국 법원의 준칙의 역할을 하였다.

수행가능성이 낮게 됨에 따라 M&A가 활용되기 시작하였다. 회사정리절차는 1997년 이후에 급속히 발전한 것이고 더구나 회사정리절차에서의 M&A에 관한 법리는 법원이 실무를 통하여 독자적으로 발전시킨 것으로 아직 형성 중에 있고 신법 시행 후에 어떻게 변화 발전할지는 두고 보아야 한다.

회생절차와 M&A에 관한 법률적 쟁점이나 실무의 운영상황에 대하여는 많은 글에서 이미 상세한 검토가 이루어졌다.[3] 이 글에서는 M&A의 진행순서를 一瞥하고(Ⅱ), 주요 회생기업에 대한 재판례(국제상사, 한일합섬, 대한통운, 충남방적)를 소재로 하여 M&A 절차 단계에서 실무상 문제되었던 쟁점—제3자 배정방식의 적법성, 강제인가시의 권리보호조항, LBO(Leveraged Buyout, 차입매수, 이하 LBO라 한다)와 배임죄의 성부 등을 검토하고(Ⅲ) 신법의 시행 이후 실무 변화(Ⅳ)를 예상하여 본다.

Ⅱ. 회생절차에서 이루어지는 M&A의 진행순서

1. M&A와 회생절차

M&A(Merger and Acquisition)라 함은 기업의 합병, 영업양수, 지배주식의 취득 등 기업의 지배권 내지 경영권을 취득하려는 여러 가지 형태의 행위를 포괄적으로 지칭한다. 도산절차에 들어가지 아니한 정상기업에 대하여도 적대적인 인수합병이 이루어지고 그로 인한 분쟁도 증가하고 있다.[4] 파산선고를 받은 기업에 대하여도 회생절차가 가능하고 실제로 파산자 동아건설에 대하여도 회생절차를 통하여 M&A가 이루어진 사례도 있으나 대부분의 사건은 회사정리절차 또는 채무자회생법상의 회생절차를 통한 것이다. 연도별 통계는 다음과 같다.[5] 2001년부터 2003년까지의 주요 정리회사에 대한 M&A의 내역은 별지와 같다. 제3자 배정 유상증자의 방식과 회사채 발행 방식을 병용하거나, 전자만을 이용하고, 50% 이

3) 실무가들이 발표한 최근의 글로는 朴炯俊, "법정관리기업 인수합병(M&A)의 실무와 전망," 사법논집 제44집(2007), 567-667면; 홍성준, "회사정리·회생절차와 M&A," BFL 제20호(2006.11), 55-92면 참조.

4) M&A에 관한 법률적 쟁점을 정리한 책으로는 김화진·송옥렬, 기업인수합병, 박영사(2007).

5) 회사 내역에 대하여는 서울중앙지방법원 파산실무연구회, 회생사건실무(하) 제2판, 박영사(2008), 158면. 이하 '회생사건실무'라 약칭한다.

상의 신주를 보호예수하고 있음을 알 수 있다.

M&A를 통한 채무변제의 극대화는 실증적 분석에 의하여 증명되었다. 즉 청산배당률을 기준으로 하여 평균 228%의 채권회수율을 보이고, 개시후 2년-4년 동안에 종결된 M&A의 성공배당률이 311%로 가장 높았다.[6]

연 도	2000	2001	2002	2003	2004	2005	2006	2007
성공 건수	2	14	19	8	14	6	6	8

2. M&A의 진행순서 및 단계별 쟁점

M&A의 추진 결정 → 기획준비과정 → 마케팅 → 예비실사 → 예비협상 → 최종실사 → 인수대금확정 → 거래마감의 순으로 진행된다.

(1) M&A의 추진 결정

기획준비과정에 들어가기 이전에 먼저 결정하여할 과제는 M&A의 실시 여부이다. 먼저 회생계획안에 M&A에 관한 조항을 두어야 함은 물론이다.[7] 이 조항을 두지 아니하여 발생한 사건이 국제상사 사건이다. M&A 절차에 참여하는 주요 역할자는 법원, 관리인, 채권자, 주주, 매각주간사, 인수인 등이다. 흔히 실무상 M&A의 당사자가 법원이냐 관리인이냐고 질의하는 경우가 적지 않다. 관리인이 M&A절차에서 회생회사를 대표하여 매각주간사의 선정부터 본계약체결의 당사자로서 가장 중요한 역할을 담당한다. 법원은 M&A의 감독기관인 동시에 실질적인 절차주관자이다. 법원이 관리인과 협의하여 M&A의 추진여부와 방향설정, 구

6) 회생사건실무(하), 175면.

7) 정리계획에 M&A에 관련된 조항은 다음과 같다.

1. 관리인은 정리회사의 조기 정상화를 위하여 신규자본의 유치 및 제3자 인수를 적극 추진하여야 한다.
2. 관리인은 신규자본의 유치 및 정리회사의 제3자 인수를 촉진하기 위하여 인터넷 홈페이지 내에 법원이 정하는 바에 따라 M&A와 관련된 자료를 공개하여야 하며, M&A와 관련된 추진상황과 실적을 정기적으로 법원에 보고하여야 한다.
3. 정리회사의 인수자는 본 정리계획안에 따라 정리회사가 변제하여야 할 정리담보권 및 정리채권에 대한 변제책임을 부담하며, 관리인 및 이해관계인은 필요한 경우 회사정리법 제270조에 따라 정리계획의 변경을 신청할 수 있다.

도 등을 결정한다. 최초 회생계획안에서 M&A가 이루어지는 경우와 변경된 회생계획안에서 M&A가 이루어지더라도 채권자들의 기존 권리가 감축되는 경우에는 반드시 정리채권자조, 정리담보권자조별로 법정 동의를 얻어야 한다. 국제상사 사건을 시발로 하여 회생회사의 자산이 부채를 초과하는 경우가 발생함으로써 기존 주주들이 의결권을 갖게 되자 M&A에 극력 반대하여 이를 둘러싸고 분쟁이 발생하고 있다.

관리인은 회생절차 개시 직후부터 적정한 시기에 인수자를 물색할 수 있도록 시장상황을 예의 주시하여야 한다. 즉 "회사의 도산으로 인하여 저하된 기업가치를 제고할 필요성, 최적의 인수자를 물색 선정하는 데 소요되는 기간, 정리회사의 정리계획 수행 상황과 경영정상화에 필요한 자금의 규모, 정리회사의 주가변동과 국내외의 경제상황 및 기업인수합병에 대한 시장의 수요 등을 고려하여 정리회사의 이해관계인에게 최대한 이익이 보장되는 방향으로 신축적으로 추진하여"야 한다.[8] 그러나 M&A가 실패하게 되면 기업의 이미지 실추, 인력의 이탈, 시장지배력 붕괴 등과 직결되어 다시 M&A를 시도하기 어렵거나 수년을 보내야 하므로 시기 선택이 매우 중요하다. 또한 기아자동차, 삼익악기, 진로쿠어스 경우처럼 인수기업이 정리회사를 인수하는 것이 공정거래법이 규제하는 기업결합에 해당하는지에 관하여 인수인의 책임하에 해소할 것을 주지시킬 필요가 있다.[9]

(2) 기획/준비과정

- M&A(매각)주간사 선정
- M&A주간사와 회생회사 T/F와의 Kick-off 미팅
- 주간사가 회생회사에 경영, 재무, 회계, 법률적 실사 질문목록을 제출
- 주간사 실사/투자자 실사 준비
- 주간사가 예상투자자들에게 보낼 teaser(간단한 회사소개, 투가가치의 홍보, 일정안내를 기재한 서면)와 Information Memorandum("IM"), 세부적인 기업가치평가, 구조조정 분석, 순영업손실에 대한 회계법인 기업가치평가 등을 준비
- 주간사가 회계 및 법률실사를 실행하고 최근 년도 재무제표에 대한 실사보고서 및 법률이슈 분석자료 작성

8) 대법원 2008.5.9. 자 2007그127 결정.

9) 자세한 내용에 대하여는 박형준, 앞의 글(주 3), 602면.

- 파악/해결해야 하는 기타 우발채무
- 주간사 실사 결과를 반영한 기업가치평가, 구조조정 및 거래 계획 제출
- 실사 프로세스를 위한 데이터 룸 정보를 준비
- 마케팅 자료(teaser 및 IM), 비밀유지협약서(Confidential Agreement), 인수의향서(LOI, Lettor of Intent), 양해각서(MOU, Memorandum of Understanding) 제출 지침 등 작성

○ 해 설 : 매각주간사는 관리인이 사전에 법원의 허가를 받은 후에 관리인의 위임에 따라 관리인에게 일정한 자문 및 용역을 제공하는 회사를 말한다. 보통은 법무법인, 회계법인 등이 공동으로 선임된다. 규모가 큰 회생회사에 대한 주간사는 투자은행이 포함되면 경쟁입찰을 통하여 결정한다. 주간사 선정의 평가기준으로는 ① 회사의 규모, ② M&A 수행실적, ③ 회사의 현황 및 회생계획의 내용 등에 대한 이해도, ④ M&A 추진계획의 적정성 및 성공가능성, ⑤ 법원 및 회사와의 업무협조능력, 제안서 내용의 충실도,[10] 대규모 M&A의 경우에는 후보주간사들로 하여금 프리젠테이션을 통하여 주간사의 선정평가에 반영한다. 회사내에 매각주간사선정 평가위원회를 설치하기도 하고 주심판사가 직접 프리젠테이션에 참석함으로서 주간사의 선정절차부터 공정성과 투명성을 강조한 사례도 있다.

주간사가 청산가치와 계속기업가치를 산정한다. 청산가치는 채권자들이 회사가 청산절차시에 분배받을 수 있는 최소한도의 몫으로서 인수대금을 통하여 채권자들에게 변제할 최저금액의 기준이 된다. 또한 M&A의 인수대금 역시 청산가치를 기초로 청산가치와 존속가치의 사이에서 세시되는 것이 보통이다. 법원은 가급적 높은 금액의 인수대금을 기대하기 때문에 원칙적으로 청산가치를 공개하지 않는다. 공익채무는 인수회사에게 승계하도록 하고 있으므로 청산가치에서 공익채무를 차감한 금액을 기준으로 예상인수대금을 산정한다. 주간사는 제 3 자배정 신주인수방식, 자산매각 및 회사분할 또는 영업양도의 방식 중 어느 방식을 택할 것인지를 결정하여야 한다. 대부분의 M&A는 정리계획이 인가된 후에 이루어지는 제 3 자 배정 신주인수방식이다.

(3) 마 케 팅

- 공략대상 투자자를 파악 및 선정
- 잠재적 투자자들에게 인수의향서(LOI) 작성 지침과 teaser를 배포

10) 매각주간사 선정시의 유의점에 대하여는 朴炯俊, 앞의 글(주 3), 584면 참조.

- 잠재적 투자자들이 인수의향서 제출
- 적격투자자를 선정

○ 해 설 : 인수의향서는 법적구속력이 없으며 인수의향서에 인수금액을 기재하지는 않는다. 별첨자료는 현재 회생절차 중에 있는 신성건설에 대한 매각공고문이다.

⑷ 예비실사

- 적격투자자들에게 IM 및 입찰 지침(CA, MOU초안)을 배포
- 적격투자자들의 예비적 실사를 Virtual Data Room 또는 Physical Data Room에서 실시
- 각 투자자들의 구속력 있는 입찰제안
- 우선협상대상자(들) 및 필요한 경우 차순위협상대상자(들) 선정

○ 해 설 : 규모가 크지 않은 거래에서는 회사에 데이터룸을 설치한 Physical Data Room 방식을 이용하지만 대한통운과 같은 대형거래에서는 온라인상에 설치한 Virtual Data Room을 이용하여 회사의 재무자료와 영업 관련 자료를 열람하기도 한다.

⑸ 예비협상

- 노조의 의견을 구함(노조가 없는 경우, 직원대표조직)
- MOU(s)협상
- MOU 확정안에 대한 법원 허가
- 입찰제안 가격의 5%로 이행보증금 납부(MOU 실행과 동시에)

○ 해 설 : 이행보증금에 대하여 질권설정자를 정리회사, 우선협상대상자를 질권자로 하여 예금채권을 목적물로 하는 질권을 설정하는 것이 보통이다.[11] 본계약 체결 이후에는 우선협상대상자의 구성원 변경을 허용하지 않고 있으나 대규모 거래에 있어서는 양해각서에 컨소시엄의 구성원이 변경되거나 투자비율을 변경하는 경우에는 법원허가를 얻도록 하는 경우도 있다(대한통운). 인수대금의 조정대상은 실사결과금액이 조정기준금액보다 부족한 금액 중 조정기준금액의 5%를 초과

---

11) 충남방적, 대한통운 등의 사례. 그 이유는 본계약이 체결되지 아니하여 우선협상자가 이행보증금의 반환을 구하였는데 담보권이 인정되지 아니하면 공익채권으로 취급되어 조세 등의 다른 공익채권과 안분하여 변제받게 되는 위험을 방지하기 위한 것이다. 질권설정자는 일정기간 예금채권을 타인에게 양도하는 등의 행위를 하여서는 아니 된다.

하지 않는 범위내에서 가능하도록 MOU에 기재하는 것이 실무이다. 양해각서를 체결한 후 우선협상대상자측의 귀책사유로 양해각서가 효력을 상실하는 경우에는 이행보증금을 몰취하도록 규정하고 있다. 우선협상대상자가 본계약을 포기하거나 강제적으로 지위를 상실당한 후에 계약금의 몰취를 다투는 소송을 제기한 적이 있으나 그러한 청구가 인용된 사례는 거의 없다.[12)]

(6) 최종실사

- 우선협상대상자(들)의 상세실사
- (필요한 경우)우선협상대상자(들)에게 입찰가 조정 요청
- 인수대금 조정요청(단수의 우선협상대상자) 또는 최종 인수제안(복수의 우선협상대상자)
- 최종 인수인 선정

(7) 인수대금 확정

- 필요한 경우 정리회사와 우선협상대상자 간의 최종 인수대금 협상
- 최종 인수대금과 최종 인수인 선정에 대한 법원 승인
- 투자계약에 대한 협상
- 투자계약 최종본에 대한 법원 허가

(8) 투자계약 체결

- 투자계약 체결과 동시에 최종 인수대금의 10%의 계약금 납입
- 정리계획 변경계획안 제출(필요시)
- 관계인집회의 추진(필요시)
  (a) 관계인집회 기일 지정
  (b) 관계인집회 기일 공고
  (c) 이해관계인들에게 기일통보
  (d) 법무부, 금감위, 기타 정부 당국("감독당국")에 공지
  (e) 이해관계자 및 감독당국에 회사정리절차 개정안 요약본을 배포
- 정리계획 변경계획의 수행을 위해 득해야 하는 인허가에 대해 관련 당국으로부터 의견서 획득(필요시)

---

12) 상세한 소송내역에 대하여는, 박형준, 앞의 글(주 3), 615면.

- 관계인집회 3일 전 인수대금 전액 예치(관계인집회 불요시 투자계약 체결일로부터 30일 내 인수대금 전액 예치)
- 관계인집회에서 정리계획 변경계획안 가결(필요시)
- 정리계획 변경계획안에 대한 법원 인가(필요시)
- 정리계획 변경계획안 또는 투자계약에 따른 신주발행, 회사채발행(필요시)
- 정리채무 완제
- 신주권 발행 및 신주의 50% 보호예수
- 정리절차 종결결정

○ 해 설 : 본계약체결시에도 인수대금의 10%를 계약금으로 예치하며 인수자의 귀책사유로 본 계약이 해제되는 경우 위약벌로 정리회사에게 귀속하는 조항을 두고 있다. 대법원 2008. 11. 13. 선고 2008다46906 판결(공보불게재)은 양해각서에는 위약벌이라는 용어를 사용하고 있지만 투자계약서상의 계약금 몰취조항에는 위약벌이라는 용어를 사용하지 않은 사안에서 원심이 정리절차의 인수합병절차에서 체결된 투자계약상의 계약금 몰취조항은 위약벌이 아닌 손해배상액의 예정으로 파악한 것을 타당하다고 인정하였다. 계약금 몰취조항은 일반적인 손해배상액의 예정에 있어서의 손해배상적인 기능과 이행확보적인 기능 중 정리회사 매각절차의 확실한 이행을 담보하고자 하는 이행확보적인 기능에 주목적이 있는 점, 정리회사의 M&A는 신속하고 확실하게 절차진행이 이루어져야 하는 점 등 제반사정을 고려하여 인수인의 인수대금 납입기한 연장요청을 들어주지 않고 관리인이 납입기한 경과 후 단 1회의 최고절차도 없이 투자계약을 해제하고 약 122억의 손해배상액이 부당히 과다하지 않다는 이유로 인수인의 감액청구를 기각하였다.

Ⅲ. 구체적인 사례와 쟁점

이하에서는 대표적인 사례를 중심으로 앞에서 언급한 M&A의 단계별 쟁점이 실제로 어떠한 형태로 문제가 되는지에 관하여 구체적으로 살펴본다.

1. 국제상사

국제상사 사건은 회사정리절차 개시 당시에는 대부분의 정리회사처럼 부채초과 상태였으나 정리계획 변경시에 자산이 부채를 초과하게 되어 주주조에 의결권이 부여되었고 회사정리절차에서 주주의 권리에 대하여 논의의 단초를 제공하였다는 점에서 이론적인 의미가 크다. 당초 정리계획에 의하면 용산 소재 국제빌딩을 2002년까지 1,100억 원에 매각하여 정리담보권 상환에 충당하기로 하였다. 그러나 관리인은 국제빌딩에서 경상이익이 줄곧 발생하고 있으므로 매각을 보류하고 대신 회사의 이익잉여금을 적립하여 2002. 12. 31. 현재 1,174억 원을 적립하였다. 항고인은 이랜드의 계열회사로서 정리회사의 지배주주의 입장에서 정리법원에 다음과 같은 이유로 정리회사의 M&A에 반대한다는 제안서를 제출하였다. 즉 정리회사에 대한 추가출자 없이 국제상사 빌딩을 매각하고 이익잉여금을 사용함으로써 정리절차를 종결할 수 있다. 관리인은 이랜드가 추가출자의 의사가 없다는 이유로 주주의 의사를 무시한 채 M&A 절차를 진행하였다. 이 사건은 M&A를 추진하려는 관리인과 이를 반대하는 지배주주(정리계획안 인가 후에 주식을 취득함) 간의 최초의 법률분쟁이다.

(1) 정리절차 일정표

— 1999. 01. 30. 회사정리절차개시결정(부채 7,103억 원이 자산 4,449억 원 초과한 상태)13)

— 2000. 03. 08. 정리계획인가. 대주주인 한일합섬의 지분(4,337,963주)을 전량 소각(기발행주식 총수는 23,441,901주이다)하고 나머지 주식은 10대 1병합, 출자전환 주식수 : 29,506,171주, 발행한 주식수 : 31,416,564주, 수권주식수 : 4천만 주. 발행가능 주식수 : 8,583,436주

— 2002. 06. 19. 이랜드(계열회사들)가 정리회사의 주식 51%를 취득(은행 공개입찰, 당시 자산이 부채를 초과한 상태이다)14)

— 2002. 09.~10. 이랜드가 M&A 절차에 대한 반대의견 제시

— 2002. 10. 31. 정리법원이 관리인의 정관변경허가신청에 대하여 허가결정(수권주식수를 8천만 주로 변경하기 위한 정관변경)

— 2002. 11. 20. 이랜드가 정관변경허가결정에 대하여 특별항고(2004. 6. 7. 취하)

— 2003. 01. 28. 기업매각공고

— 2003. 01. 31. 관리인이 동일한 내용의 정관변경 허가 대신에 정리계획변경

---

13) 따라서 주주조는 의결권이 없었다.

14) 2002. 12. 31. 현재 자산총액 3,994억 원, 부채총액 3,155억 원으로 자산이 부채를 초과하였다.

신청을 함

— 2003. 02. 15. 정리법원은 관계인 집회를 거치지 않고 정관변경을 허가결정

— 2003. 04. 09. 인수후보자(E1) 선정

— 2003. 04. 30. 부산고등법원이 정리계획안의 수행은 즉시항고 사건 결정시까지 중지하는 내용의 가처분 결정

— 2004. 06. 04. 부산고등법원이 정리계획변경계획인가결정을 취소(2003라37)

— 2005. 06. 15. 대법원이 관리인의 특별항고기각(2004그84)

— 2005. 11. 30. 이랜드가 정리계획변경신청(2,800억 원의 구 주주 유상증자, 1,200억 원 사채발행의 내용)

— 2006. 01. 26.정리법원이 이랜드가 제출한 정리계획변경신청 불허가결정(대법원 2006그24 특별항고하였다가 취하)

— 2006. 04. 14. 인수인 E1과 양해각서 체결

— 2006. 05. 26. 관리인과 인수인 E1 사이에 본계약 체결(유상증자 4,500억 원, 회사채 4,050억 원)

— 2006. 06. 16. 관리인이 제3자 M&A를 주요 내용으로 하는 변경계획안을 제출

— 2006. 06. 19. 이랜드가 유상증가 4000억 원을 조달하는 내용의 정리계획변경신청

— 2006. 06. 30. 법원이 이랜드가 제출한 신청을 불허(확정됨)

— 2006. 07. 03. 관계인집회(주주조만 반대)

— 2006. 07. 18. 정리법원 변경계획 강제인가 결정(주주조를 위한 권리보호조항: 주당 5,000원의 유상감자선택권).

— 2006. 12. 29. 부산고등법원 항고기각(2006라153)

— 2008. 01. 24. 대법원 특별항고기각(2007그18)

(2) 쟁 점

1) 이랜드의 주장

○ 주식회사의 본질상 회사의 소유권은 주주에게 있고, 정리절차가 종결되면 회사의 경영권을 행사할 수 있으므로 주주에게 신주인수권을 부여하여야 한다. 권리보호조항을 정하여 유상감자를 함에 있어서도 그 기준은 계속기업가치이어야 한다.

○ 회사의 수권자본을 변경하기 위하여는 법원의 허가결정으로 부족하고 정

리계획변경절차를 거쳐야 한다.

2) 관리인의 주장

○ 수권자본의 수를 늘리는 것과 M&A절차를 통하여 제3자에게 신주를 배정하는 내용의 정관변경은 주주들에게 불리한 영향을 미치지 아니한다(항고심 환송 전).

○ 회사정리법상 주주에게 신주인수권이 부여되지 아니하였고, 변경된 정리계획에 관리인에게 M&A 추진 의무를 부여하였으므로, 관리인은 제3자 M&A를 추진할 수 있다(항고심 환송 후).

3) 항고심(2003라37호)의 판단

○ 정리회사의 규모, 매출액 등을 감안할 때 용산사옥의 매각대금으로 정리채권을 변제하면 19억 원의 현금을 보유하게 되는데 위 금액으로는 정리회사가 용산사옥을 대신할 본사 사무실을 마련하고 정상적인 생산, 영업활동을 계속적으로 유지하는 것이 현저히 곤란해 보이므로 정리절차 종결을 위해서는 추가적인 자금조달이 필요하고 이를 목적으로 하는 M&A를 가능하게 하는 수권자본의 증가 등을 내용으로 정리계획을 변경할 부득이한 사유와 변경의 필요성은 인정된다.

○ 수권자본의 수를 늘리고, 주주의 신주인수권을 제한하는 내용의 정리계획 변경은 주주들에게 장래 회사의 경영권의 박탈이라는 불리한 영향을 미치는 것이므로 관계인 집회를 거쳐야 한다. 정리회사의 관리인으로서는 주식의 과반수를 넘게 보유하는 최대주주가 의결권까지 갖추어 새롭게 나타나, 회사의 정상화 내지 신규자금조달 등에 참여하기를 원하는 경우라면 회사정리절차의 원활한 수행을 위해서 그들에게 신주인수권을 우선 부여하는 등 적극적으로 그들의 협조를 이끌어 내면서 나아갈 수밖에 없다.

4) 대법원(2004그84)의 판단

○ 수권주식수를 늘리는 정관변경은 주주에게 실질적으로 불리한 영향을 미치는 것인데 관계인집회를 거치지 않은 것은 부적법하다.

○ 비록 원 정리계획에서는, 정관변경에 관하여 "정리절차기간 중 정관변경의 필요가 있을 때에는 관리인이 법원의 허가를 얻어 변경한다"고 규정하고 있지만, 다른 한편으로, 정리회사의 신주발행에 관하여 "상법에 정한 수권주식 범위 내에서 관리인이 법원의 허가를 얻어 발행한다"고 규정하였을 뿐, 정리채권의 출자전

환 등으로 보통주 수권자본의 절반이 넘는 규모의 출자전환을 예정하면서도 정작 수권자본 규모의 확충에 관하여는 아무런 조항도 둔 바 없고, 채무의 변제방법에 관하여도 정리회사의 영업수익금으로 변제자금을 조달하는 것을 원칙으로 한다고 정하는 한편, 정리회사의 용산 사옥 등 부동산을 매각하여 채무변제자금 및 운영자금에 충당할 것을 정하고 있는 점 등에 비추어 볼 때, 원 정리계획은 제3자에 의한 인수·합병에 의한 정리절차의 진행 및 종결을 고려하지 아니한 것이 명백하고, 이 사건 결정은 제3자의 인수·합병에 의한 정리절차의 종결을 염두에 두고서 이를 위한 정관변경을 그 내용으로 하고 있으므로, 결국 위 정관변경에 의하여 전체적인 정리계획의 기본적 구도가 변경되는 결과를 초래한다고 할 것인데, 이러한 정관변경을 정리계획변경절차에 의하지 아니하고 원 정리계획의 위 정관변경조항에 기한 법원의 정관변경허가결정만으로 하는 것은 허용될 수 없다.

5) 환송 후 정리법원의 판단

○ 회사정리절차 중 주주에게 권리가 인정된다고 하여 정리절차에 의하지 아니하고 정리회사에 대한 포괄적이고 전면적인 주주의 자익권이나 공익권을 인정하는 취지가 아니다.

○ 회사정리법 제255조 제2항에서 주주의 신주인수권을 보장하는 상법 제418조의 적용을 배제하고 있다.

○ 회사 전체 주식의 과반수 이상을 확보한 의결권 있는 최대주주라 하더라도 당연히 신주인수권이 인정된다고 할 수 없다.

○ 권리보호조항은 권리의 실질적 가치를 보장하기 위한 것으로서 회사재산에 대하여 청산가치가 보장되어야 하고 청산가치는 해당 기업이 파산적 청산을 통하여 해체, 소멸되는 경우에 기업을 구성하는 개별 재산을 분리하여 처분할 때를 가정한 처분금액이다. 기업계속가치를 기준으로 1주당 가치는 4,979원이고, 청산가치를 기준으로 한 1주당 가치는 4,608원이다. 우선협상대상자의 주주인수 가액을 액면가인 5,000원으로 정한 점에 비추어 권리보호조항으로 주주조에게 유상소각의 선택권을 부여하되, 유상소각을 선택한 주주들은 1주당 5천 원의 소각대금을 지급받도록 결정한다.

6) 부산고등법원(2006라153)의 판단

○ 항고인이 정리회사의 갱생도모에 걸맞는 역량 있는 지배주주라고 단정할 수 없다.

○ 회사정리법 제255조 제2항이 주주의 신주인수권을 규정한 상법 제418조의 적용을 배제하고 있고 출자전환된 주식이나 정리회사의 부실에 책임이 없는 주식이라고 하여 다른 주식에 비하여 특별히 보호받아야 할 근거가 없으므로 정리회사 전체 주식의 과반수를 확보한 의결권이 있는 최대주주라 하더라도 신주인수권이 부여되는 것은 아니다. 정리법원이 변경계획안을 인가한 것은 정리회사의 지배구조를 변경시키기 위해서가 아니라 정리회사의 영업이익의 축소, 정리채무의 변제불능 등 부득이한 사유로 원 정리계획에서 정한 사항을 변경하여야 할 필요성 때문이고 그 결과 지배주주의 변동이 초래되었다고 하더라도 이를 탓할 수 없다.

○ 정리법원이 항고인이 제출한 정리계획변경안을 기각한 것이 위법하다고 하더라도 그러한 위법은 기각결정에 대하여 특별항고로 다툴 수 있을 뿐 관리인이 제출한 정리계획변경인가결정에 대한 항고심에서 불복사유로 주장할 수 없다.

○ 정리법원이 현금흐름할인법에 의한 정리회사의 계속기업가치를 산정하여 주주에 대한 권리보호조항을 정하였으므로 청산가치를 기준으로 하였다는 항고인의 주장은 이유 없다.

7) 대법원(2007그18)의 판단

○ 특별항고는 법률상 불복할 수 없는 결정·명령에 재판에 영향을 미친 헌법 위반이 있거나, 재판의 전제가 된 명령·규칙·처분의 헌법 또는 법률의 위반여부에 대한 판단이 부당하다는 것을 이유로 한 때에는 한하여 허용되는 것이므로(민사소송법 제449조 제1항), 결정이 법률에 위반되었다는 사유만으로는 재판에 영향을 미친 헌법 위반이 있다고 할 수 없어 특별항고 사유가 되지 못한다. 즉 정리계획을 변경할 사유나 필요가 있는지의 여부는 정리법원이 정리회사의 유지·재건으로 인한 사회·경제적 이익과 이해관계인에 미치는 불이익의 정도 등을 비교형량한 후에 판단하는 것이므로 정리회사의 재무구조, 영업상황 및 기업가치 등에 관한 사실인정과 권리보호조항에 관한 구 회사정리법 제270조, 제234조의 해석 적용이 잘못되었다는 주장에 불과하여 특별항고 사유가 되지 않는다.

○ 정리법원이 이랜드의 정리계획변경신청에 대하여 불허가결정을 하는 한편, 관리인이 제출한 정리계획변경신청을 받아들여 그 변경계획안을 관계인집회의 심리 및 결의에 부친 절차가 과연 적절한 것인지에 관하여 의문의 여지가 없지 아니하나 이는 특별항고 사유에 해당하지 아니한다.

8) 평 가

국제상사 사건은 이랜드가 주식을 매집한 2002.6.19.부터 대법원이 이랜드의 특별항고를 기각한 2008.1.24.까지 약 5년 6개월 동안 주주와 관리인간에 치열한 법정공방을 벌였다. 1라운드에서는 이랜드가 승소하여 정리계획변경절차를 거치게 되었으며 항고심 결정문에 의하면 주주에 대하여 신주인수권을 부여하여야 한다는 취지로 해석되었다. 그러나 2라운드에서는 관리인이 승소하였고 정리법원이 항고심의 견해와 달리 주주에 대한 신주인수권을 부여함이 없이 제3자에게 신주를 배정하는 방식의 M&A를 진행하여 절차를 마쳤다.

원정리계획이 인가된 2000.3.8. 당시에는 신주발행에 관한 일반적인 조항과 정관변경이 필요가 있을 시에는 관리인이 법원의 허가를 얻어 변경한다는 내용만 있었고 구체적으로 M&A에 관한 조항이 없었다. 그리하여 정리절차 도중에 관리인이 M&A를 염두에 두고 수권자본을 2배로 늘리고 M&A에 관한 조항을 정관에 두는 내용의 계획안을 변경하려고 한 것이다. 따라서 원정리계획부터 M&A를 목표로 하고 있는 대한통운, 충남방적의 회사정리절차와는 다르다. 대법원이 이 점을 지적하여 관계인집회를 거치라고 판시한 것은 타당하다. 그러나 항고심(2003라37호)이 여기에서 더 나아가 일반론으로 주주가 충분한 신주인수 의사와 능력을 갖춘 경우에는 먼저 그에게 신주인수 여부를 결정케 한 뒤 타에 신주인수를 시키도록 하는 것이 법의 취지에 맞다고 판시한 것은 너무 성급하였다고 평가된다.[15] 왜냐하면 이는 당시 법원의 실무와도 어긋나는 것일 뿐 아니라 법원은 국제상사 사건 이후에 대한통운 사건이나 충남방적 사건에서 그와 반대의 입장을 표명하였기 때문이다.

국제상사 사건은 정리회사의 주주의 권리에 대하여 본격적인 논의를 불러일으켰다.[16] 대법원이 이 점을 명시적으로 다루지 않고 원심의 처리의 적절성에 의문을 제기하면서도 특별항고 사유가 되지 않는다고 어정쩡하게 판시함으로써 분쟁의 불씨를 남겼다. 그러나 뒤에서 보는 충남방적 사건에서 대법원은 제3자 배정 신주발행 방식이 적법하다고 확인함으로써 이랜드 사건에서 정리법원의 입장과 같이 서게 되었다.

---

15) 같은 견해로는 權純一, "整理會社의 財務構造 變更과 株主의 地位," 商事判例研究(Ⅶ), 박영사(2007), 410면.

16) 權純一, 앞의 글, 387-410면.

2. 한일합섬

한일합섬에 대한 사건에서는 두 가지 쟁점이 문제되었다. 첫째는 담보권자에 대한 변제조건에 관한 공정·형평이 문제되었다. 즉 마산부지에 대한 담보권자를 다른 담보권자보다 열후하게 취급하는 점과 정리담보권에 속하는 기발생이자를 면제한 점이 다투어졌다. 둘째, 관련 형사사건에서 인수인이 LBO방식으로 인수합병함에 있어 피인수회사인 한일합섬의 재산(현금)을 담보로 제공하여 이를 인수회사의 인수자금상환에 사용하기 위하여 인수회사와 합병시킨 행위에 대하여 한일합섬의 이사들이 배임죄의 죄책을 지는가 하는 점이다.

(1) 정리절차 일정표

— 1999.01.19. 회사정리절차 개시결정

— 2000.02.23. 원정리계획에 대한 인가결정

— 2004.02.23. 관리인의 정리계획변경계획안 제출

— 2004.06.18. 정리계획변경계획안에 대한 인가결정

— 2004.08.31. 마산부지가 2,850억 원에 매각됨(매각예상시기는 2004년, 매각예상가격은 1,700억 원으로 예상)

— 2005.10.31. 항고심이 권리보호조항을 두고 정리계획을 변경함(2004라77).

— 2006.09.28. 매각주간사 선정 공고

— 2006.12.13. 한일합섬을 인수할 목적으로 동양메이저산업(SPC, 자본금 5천만 원)을 설립

— 2006.12.26. 동양메이저산업이 우선협상대상자로 선정됨(한일합섬의 신주와 회사채를 약 5천억 원에 인수하는 조건임)

— 2007.01.30. 동양메이저산업은 공동대주(한국산업은행 등)로부터 4,725억 원을 대출받으면서 담보로 동양메이저가 보유하는 보통주 및 앞으로 인수하게 될 한일합섬의 신주에 대하여 근질권설정계약과 동양메이저가 자금제공의무를 부담하는 자금보충계약을 체결함

— 2007.01.31. 동양메이저산업이 신주인수 및 회사채 인수대금을 납입(주식지분 62%)

— 2007.02.06. 동양메이저산업의 대표이사(피고인 乙)이 한일합섬의 이사로 취임하여 경영권을 장악

— 2008. 02. 29. 동양메이저산업을 동양메이저에 합병시킴

— 2008. 05. 13. 한일합섬을 동양메이저에 합병시킴. 같은 날 한일합섬의 자금 1,800억 원을 인출하여 동양메이저의 대출채무에 사용함.

— 2008. 06. 17. 대법원 특별항고를 인용(2005그147)

— 2009. 02. 10. 부산지방법원 한일합섬의 이사에 대한 배임죄의 공소사실 무죄 선고(2008고합482)— 검사 항소

— 2009. 06. 25. 부산고법 검사의 항소기각(2009노184)

— 2010. 04. 15. 대법원 검사 상고기각(2009도6634)

1) 쟁 점

아래에서는 정리계획의 공정·형평성, 권리보호조항에 관하여 살펴보고 다음으로 LBO와 배임죄에 대하여 검토한다.

2) 마산공장부지 담보권자에 대한 정리계획의 공정 형평

변경된 정리계획안 중 관련 조항의 내용은 아래와 같다.

마산부지 담보권자 : 원금의 22%는 출자전환하고 나머지 원금을 마산부지 매각자금 중에서 다른 정리담보권자와 정리채권자의 변제금을 공제한 잔액으로 변제하며 잔여원금은 제 6 차년도부터 제10차년도까지 균등분할하여 변제

마산부지 담보권자 이외의 담보권자 : 원금 22%는 출자전환하고 나머지 원금의 10%는 마산부지 매각자금으로 변제하며 잔여원금은 마산부지 담보권자와 같이 5년간 분할변제

정리담보권자 조흥은행 등 : 담보물의 청산가치가 당해 담보물에 관한 정리담보권 시인금액을 초과하므로 원금 전액을 원정리계획에 의하여 변제

금융기관 정리채권자 : 원금의 59%는 출자전환하고 나머지 원금의 6%를 마산부지 매각자금으로 변제하며 잔여원금은 제 7 차년도부터 4년간 분할 변제[17]

마산부지의 매각 및 채무변제 : 정리회사는 마산부지를 2005. 6. 30.까지 매각하여야 한다.

마산부지를 매각한 경우에는 그 대금 중 매각자금(1,500억 원)으로 정리담보권 및 정리채권을 우선 변제하고 잔여대금은 구조조정자금으로 사용한다.

17) 결국 변경계획의 요지는 마산부지의 매각예상대금 중 1500억 원을 정리담보권 및 정리채권의 변제에 사용하기로 하되, 마산부지 담보권자를 제외한 기타 담보권자의 일부 출자전환 후의 원금 중 10%인 약 12억 원 및 정리채권자의 일부 출자전환 후의 채권원금 중 6%인

(a) 항고이유의 요지

첫째, 정리담보권자 조흥은행에게 원금을 전액변제하면서 같은 정리담보권자인 항고인에 대하여 원금 일부에 대하여 출자전환을 하는 것은 공정·형평에 어긋난다. 왜냐하면 예정 매각금액 1,700억 원은 마산부지에 대한 정리담보권 시인금액이나 원금을 초과하므로 항고인들 역시 조흥은행과 마찬가지로 담보목적물의 청산가치가 정리담보권액을 초과하기 때문이다.

둘째, 마산부지 이외의 담보물건에 관한 정리담보권에 대해서는 매각대금을 해당 정리담보권자에게 우선 변제하는 내용으로 되어 있으나 마산부지의 매각대금의 일부를 구조조정비용과 다른 정리담보권자 및 정리채권자에게 우선변제하는 것은 상호간의 차등을 두어 형평의 원칙에 어긋난다. 마산부지에 대한 정리담보권 시인금액의 총액은 약 1,454억 원이고, 해당 정리담보권 원금의 총액은 1,237억 원으로서 모두 마산부지 매각자금 1,500억 원으로 완제할 수 있는데도 마산부지에 대한 담보권이 없는 다른 정리담보권자와 정리채권자에게 일부 출자전환 후의 채권원금 중 10%(정리담보권자) 및 6%(정리채권자)에 해당하는 약 53억 원을 우선적으로 변제하는 한편, 항고인의 채권원금 중 22%를 출자전환하도록 하고, 또 마산부지 외의 기타 담보물건에 관한 정리담보권에 대하서는 그 담보물건의 매각대금을 해당 정리담보권에 우선적으로 변제하도록 되어 있는바, 이는 마산부지 담보권자의 담보권의 본질을 침해하고 합리적인 이유 없이 담보권 상호간의 차등을 규정한 것으로서 공정·형평의 원칙에 반한다. 또한 실제로 마산부지가 2,850억 원에 매도된 것에 비추어 보면 매각예상대금 1,700억 원을 기준으로 원금의 22%를 출자전환하도록 한 점 역시 부당하다.

셋째, 매각예정금액으로 마산부지 담보권자의 채권을 전액 변제하기에 충분함에도 원금 일부에 대하여 출자전환한 것은 부당하다.

(b) 항고심의 결정 이유(부산고법 2005. 10. 31. 자 2004라77 결정)

마산부지 담보권자의 마산부지에 관한 정리담보권 원금은 다른 정리담보권자 및 정리채권자에 우선하여 마산부지의 실제 매각대금의 범위 내에서 전액변제하는 내용의 권리보호조항을 정하였다. 항고인이 이자에 대한 변제를 주장하였으나 모든 채권자들에 대하여 유예이자는 전액 출자전환하고, 기발생이자는 전액 면제하기로 되어 있는 점에 비추어 보면 회사정리제도의 목적이나 다른 채권자들과의

약 40억 원 등 합계 약 53억 원을 먼저 변제하고 잔액 약 1446억 원만으로 마산부지 담보권자들의 채권원금 중 출자전환한 원금 22%를 공제한 나머지 원금에 대하여 배분하는 것이다.

형평에 반한다는 이유로 받아들이지 아니하였다.

(c) 대법원의 결정이유(대법원 2008. 6. 17. 자 2005그147 결정)

① 회사정리절차에서 정리계획을 통하여 정리채권자·정리담보권자의 권리를 변경함으로써 정리회사의 유지·재건을 도모할 필요가 있다 하더라도, 개별 정리채권자·정리담보권자에 대하여 그 권리가 본질적으로 침해되지 않고 그 피해를 최소화할 수 있도록 그 권리의 실질적 가치를 부여하여야 한다. 여기서 권리의 실질적 가치를 부여한다고 함은 가결된 정리계획안에 반대하는 정리채권자·정리담보권자 혹은 부결된 정리계획안에 부동의한 조의 권리자에게 최소한 정리회사를 청산하였을 경우 분배받을 수 있는 가치(청산가치) 이상을 분배하여야 한다는 것을 의미하므로, 정리계획안이 법정 다수의 동의에 의하여 가결되었다는 이유로 일부 정리채권자·정리담보권자의 반대에도 불구하고 정리법원이 청산가치에 미달하는 분배를 하는 내용의 정리계획을 인가하거나, 혹은 정리계획안에 부동의한 조의 반대에도 불구하고 정리법원이 부동의한 조의 권리자에게 청산가치에 미달하는 분배를 하는 내용의 권리보호조항을 정하고 부결된 정리계획을 인가하는 것은 개별 정리채권자·정리담보권자가 회사정리절차에서 보장받아야 할 재산권의 본질적인 부분을 훼손하는 것이다.

② 구 회사정리법 제234조 제1항 각 호의 규정에 비추어 볼 때, 정리담보권의 담보목적물을 매각한 후 정리담보권자에게 그 담보목적물의 청산가치 상당액을 분배하면서 그 전부 또는 일부를 매각대금이 아닌 정리회사의 주식으로 분배하는 것은, 당해 정리담보권자가 동의한다거나 정리회사의 주식이 현금과 실질적으로 동등한 가치를 지니고 있고 유동성 및 안정성 등의 측면에서도 현금에 준할 정도의 성질을 갖고 있다는 등의 특별한 사정이 없는 한, 정리담보권자로부터 정리회사의 파산시 담보목적물에 대한 담보권을 실행하여 그 환가대금으로부터 채권을 회수할 수 있는 최소한의 권리를 박탈하면서, 권리순위에서 최상위에 있던 정리담보권자의 지위를 파산의 위험 또는 추가적인 권리변경의 위험이 남아 있는 정리회사에서 가장 열등한 권리순위에 있는 주주의 지위로 전락시키는 것에 다름 아니어서 정리담보권의 실질적 가치를 훼손하는 것이므로 허용될 수 없다.

③ 정리계획에서 정리담보권자에게 원금을 분할변제하되 각 분할원금에 대하여 이자를 가산하여 변제하기로 정한 경우에는 원금뿐만 아니라 이자도 정리담보권으로 인정되는 채권의 범위 안에 포함되므로, 정리계획에 따른 정리담보권의 변제조건을 변경하는 정리계획변경계획을 작성함에 있어서 그 담보목적물의 청산가

치가 정리담보권의 원리금과 같거나 이를 상회하는 경우에는 정리담보권자에게 원금뿐만 아니라 이자에 대하여도 담보목적물의 청산가치 상당액을 분배하여야만 청산가치보장의 원칙에 위반되지 아니한다.

④ 특별항고인의 2004.5.31. 현재 마산부지 정리담보권의 잔존 채권원리금 합계액은 마산공장부지의 매각대금 중 청산가치에 상당하는 금액으로 전액 변제하는 것이 가능하고, 위 채권원리금은 당초 채권조사기일에서 시인되었던 정리담보권액의 범위 안에 있음이 명백하므로, 특별항고인에 대하여는 마산부지 정리담보권의 채권원금은 물론이고 유예이자 및 기발생이자에 대해서도 위 매각대금을 가지고 현금변제를 하거나 그에 준하는 분배를 하는 내용의 권리보호조항을 정하여야만 비로소 청산가치를 보장하게 된다.

(d) 평 가

① 청산가치보장의 원칙

구 회사정리법하에서 대법원은 아시아자동차의 회사정리사건에서 청산가치보장의 원칙이 인정되지 않는다고 판시한 바 있다. 즉 "회사정리절차에서 정리계획에 의하여 변제받을 금액은 최소한 정리회사가 회사정리절차를 거치지 아니하고 곧바로 청산되는 경우보다 많아야 한다는 주장은 독단적인 견해에 불과하여 채용할 수 없다."[18] 그러나 99그35 결정은 회사정리법의 존립근거로서 경제학적으로나 법리적으로 보나 자명한 법원칙인 청산가치보장의 원칙을 부정한 독단적인 견해일 뿐 아니라 파산부의 회사정리 실무와 어긋나는 것으로 학자들의 비난을 받았으며[19] 청산가치보장의 원칙을 선언한 신법 제243조 제1항 제4호[20]가 신설됨으로써 폐기되었다. 이 판결은 구 회사정리법에 관한 사건임에도 청산가치보장의 원칙을 선언한 것으로서 대법원이 이 결정으로써 앞서 본 대법원 99그35 결정을 사실상 폐기한 것이다.

---

18) 대법원 2000.1.5. 자 99그35 결정(공 2000, 539).

19) 강력하게 비판하는 글로는 南逸聰, 도산제도의 경제적 분석, 한국개발연구원(2001), 156면; 吳守根, "청산가치를 하회하는 정리계획안의 당부," 민사판례연구(23), 박영사(2001); 林治龍, 파산법연구, 박영사(2004), 447면; 金性龍, "美國 破産法上 否認權 概觀," 법조(1998.12); "회사정리법상의 강제인가 제도," 법조 2003년 2월호, 180면 참조. 한편 李鎭萬, "정리계획인가의 요건인 공정·형평의 의미와 청산가치의 보장," 대법원판례해설 통권 제60호, 2006, 544-546면도 위 결정의 이유에 의문을 제시하면서 당시 경제위기를 극복하기 위한 상황에서 정리계획인가의 효력을 부인하기 어려운 당시의 경제위기 극복상황에서 내려진 것으로 이해하고 그 후 대법원이 청산가치보장 원칙을 인정하고 있음을 지적하고 있다.

20) 제4호 : 회생계획에 의한 변제방법이 채무자의 사업을 청산할 때 각 채권자에게 변제하는 것보다 불리하지 아니하게 변제하는 내용일 것. 다만, 채권자가 동의한 경우에는 그러하지 아니하다.

② 권리보호조항의 내용

일부의 조가 계획안에 대하여 반대하는 경우 법원은 제244조에 의하여 권리보호조항을 두고 계획안을 인가할 수 있으며 실무에서는 정리계획의 변경을 통한 M&A 절차에서 대부분 강제인가하고 있다. 실무상 가장 자주 사용되는 방법은 제244조 제1항 제3호에서 정한 '법원이 정하는 그 권리의 공정한 거래가액을 권리자에게 지급하는 방법'이다. 문제는 '그 권리의 공정한 거래가액'의 의미이다. 학설은 그 산정기준을 기업재산의 청산가액에서 상위 권리자의 담보가액을 공제한 금액을 기준으로 한다.[21]

대법원 2007.10.11. 자 2007마919 결정은 이를 명시하고 있다. "법원이 같은 법 제244조 제1항 각 호에 의하여 권리보호조항을 정하는 경우에는 합리적인 절차와 방법에 따라 회생채무자의 기업가치를 평가한 자료를 토대로 하되, 부동의한 조의 권리자에게 그 권리가 본질적으로 침해되지 않고 그 피해를 최소화할 수 있도록 그 권리의 실질적 가치를 부여하여야 한다. 여기서 부동의한 조의 권리자에게 권리의 실질적 가치를 부여한다고 함은, 부동의한 조의 권리자에게 최소한 회생채무자를 청산하였을 경우 분배받을 수 있는 가치 이상을 분배하여야 한다는 것을 의미하고, 이때의 청산가치는 해당 기업이 파산적 청산을 통하여 해체·소멸되는 경우에 기업을 구성하는 개별 재산을 분리하여 처분할 때를 가정한 처분금액을 의미하는" 것으로 판시한 바 있다.[22]

그러나 서울중앙지방법원의 실무는 그 하한을 청산가치로 하여 구체적인 사안에 따라 청산가치와 계속기업가치 사이에서 권리자의 정당한 권리가 보장될 수 있도록 운영하고 있다. 이 사건 판결도 선례에 따라 강제인가에 관한 구 회사정리법 제234조를 설명하면서 담보목적물의 청산가치를 기준으로 하고 있다.

이에 대하여 반대설은 공정한 시장에서의 거래가격[23] 또는 정리계획안이 실현할 것으로 예정하고 있는 가치의 총액에서 정리채권자들보다 그 순위가 앞서는 청구권자들의 권리의 만족에 충당하고 남은 잔액과 정리채권자들의 권리의 명목액 중에서 적은 가액이라 한다.[24] 그러나 신법이 청산가치보장의 원칙에 관하여

21) 林采洪·白昌勳, 會社整理法(下), 司法行政學會(2002), 336면; 兼子一·三ヶ月章, 條解會社更生法(下), 弘文堂(1998), 647면.

22) 그 외 같은 입장으로 대법원 2005.11.14. 자 2004그31 결정; 2004.12.10. 자 2002그121 결정.

23) 남일총 외 5인, "시장원리에 부합하는 기업퇴출질서 확립을 위한 제도개선 방안 연구," 한국개발연구원(2000), 131-132면.

24) 金性龍, 앞의 글(주 19), 171면.

제234조 제1항 제4호를 두고 있고 강제인가에 관하여 제244조를 두고 있으므로 제244조에서 말하는 권리의 공정한 가액의 의미를 단순히 청산가치와 같이 해석하는 것은 입법연혁에 비추어 보더라도 타당하지 않다.[25] 현재 법원의 실무는 청산가치와 계속기업가치 사이에서 정하고 있다. 그러나 이는 결국 법원의 재량에 맡기게 되는 것으로서 옳지 않다. 일정한 기준을 정립하여 청산가치와 존속가치 사이의 어느 위치에 있어야 하는지에 관하여 앞으로 연구가 필요하다.

③ 당해 담보목적물의 매각과 정리담보권자의 지위

종전의 실무는 정리담보권자 가운데 당해 담보목적물이 매각되는 경우에 목적물의 매각대금으로 당해 정리담보권자의 정리담보권에 변제하는 것이었다.[26] 그런데 이 사건은 목적물인 공장부지가 매각되었음에도 불구하고 그 매각대금으로 일부는 다른 정리담보권자 및 정리채권자에 사용하고, 나머지 금액으로 당해 목적물을 담보물로 삼은 정리담보권자의 채권의 원금일부(출자전환 부분 제외)에 사용하도록 정리계획안에 규정된 것이다. 이는 당해 담보목적물을 보유한 정리담보권자를 다른 정리담보권자 및 정리채권자에 비하여 불리하게 취급한 것으로서 공정·형평에 어긋난다.

④ 지연이자에 대한 대법원 결정 검토

과거 회사정리실무는 기발생이자채권과 장래발생하는 이자채권에 대하여 정리담보권임에도 불구하고 모두 면제하는 경우가 적지 않았다.[27] 이 사건 원심도 이러한 실무를 좇아 정리담보권자라 하더라도 기발생이자채권을 면제하도록 한 것이다. 그 배후에는 정리채권자도 원금이 감액되는 마당에 정리담보권자가 기발생이자까지 받는 것은 두텁게 보호받는 게 아니냐는 다소 막연한 기준에 터잡은 것이다. 그러나 근저당권의 이자채권은 확정 전에 발생한 원본채권뿐 아니라 확정 후에 발생하는 이자채권도 근저당권에 의하여 담보되는 것이다.[28] 그리고 회사정

---

25) 같은 입장의 글로는 손원일, "권리보호조항에서의 담보권의 가치—미국 파산법을 통한 비교법적 고찰," 2009년 4월 도산법연구회 발표논문(미공간). 일본이 회사갱생법을 제정할 당시에는 청산가치보장의 원칙을 법정하지 아니하였으므로 강제인가시 권리의 공정한 가액을 청산가치 이상으로 정하면 된다는 학설이 가능하였다. 그러나 우리나라는 신법이 명문으로 청산가치보장의 원칙을 별도의 조항에서 선언하고 있으므로 권리의 공정한 가액에 관하여는 일본과 다른 설명이 필요하게 되었다.

26) 회생사건실무(상), 545면. 일본에서의 논의에 대하여는, 林治龍, 앞의 책(주 19), 421면.

27) 金仁滿, "倒産節次와 M&A," 南孝淳·金載亨 共編, 統合倒産法, 박영사(2006), 470면에 의하면 1991년부터 1995년까지 법원의 실무는 출자전환이나 대규모 원금변제가 없었고, 개시전이자 및 경과이자의 면제, 장래발생이자에 대한 이자율 감면과 원금의 장기유예가 일반적이었다고 한다.

28) 대법원 2007.4.26. 선고 2004다38300 판결; 2005.7.8. 선고 2005다6235 판결; 2001.6.1. 선

리절차 개시전의 이자도 정리채권이고 개시 후의 이자만이 후순위채권으로 법정되어 있으므로(구 회사정리법 제121조 제1항 제1호), 양자 모두 이자채권이라는 이유만으로 동등하게 취급하는 것은 옳지 않다. 최근 서울중앙지방법원의 파산부 실무는 법문에 충실하여 정리담보권자와 정리채권자의 기발생이자에 대하여 면제하지 않고 있다.

3) LBO와 배임죄

(a) LBO를 통한 M&A의 구도 및 사실관계

① LBO와 관련한 사실관계

○ 피고인 甲은 정리회사인 한일합섬의 이사(2006.10.18. 취임), 피고인 乙은 동양메이저산업의 대표이사 겸 2007.2.6.부터 2008.5.13.까지 한일합섬의 이사, 피고인 丙은 동양그룹의 회장이다(동양메이저가 동양그룹의 지주회사이다). 검찰은 피고인 甲에 대하여 배임수재죄, 피고인 乙, 丙에 대하여 배임증재 및 배임죄로 기소하였다. 제1심 법원이 부산지방법원(2008고합482호)은 피고인들에 대하여 무죄를 선고하였다.[29]

○ 당초 동양그룹은 한일합섬을 인수하기 위하여 SPC를 설립한 후 피인수기업인 한일합섬 내에 유보되어 있던 현금성 자산 1,700억 원을 담보로 제공하여 SPC 명의로 금융기관으로부터 대출받아 인수대금의 상당부분을 지급하는 방식(LBO방식)에 의하여 한일합섬을 인수하려고 하였다. 그러나 대법원 2006.11.9. 선고 2004도7027판결에 의하여 인수회사가 아무런 대가 없이 피인수회사의 자산을 담보로 제공하는 위와 같은 방식이 배임죄에 해당한다는 지적을 받았다. 그리하여 먼저 동양메이저 등의 자산을 담보로 대출받거나 계열사의 자금으로 인수자금을 조달하고 동양메이저산업과 한일합섬을 합병하는 방식으로 변경하였다. 즉 서류상의 회사인 동양메이저산업을 설립하고, 은행으로부터 한일합섬 합병을 통해 차입금을 변제하는 조건으로 동양메이저산업이 인수자금을 대출받거나 동양메이저가 회사채를 발행하여 모집한 자금 및 동양그룹 계열사의 출자금으로 인수자금을 조달한 다음, 그 돈을 이용하여 한일합섬의 유상증자에 참가함으로써 동양메이저산업을 통하여 한일합섬의 경영권 및 대주주 지위를 취득한 후 동양메이저가 한일합섬 인수를 위하여 차입한 자금을 동양메이저의 자기자본이나 자산을 이용하여

고 99다66649 판결.

29) 피고인 乙에 대한 횡령죄는 유죄로 인정되었다.

상환하는 것이 아니라 인수 후 한일합섬을 합병함으로써 한일합섬에 유보된 현금성자산을 이용해 즉시 상환하기로 계획하였다. 그러나 피고인 乙은 5년간 유상감자를 하지 않고 한일합섬을 계속기업으로 유지하는 내용의 협약서를 노조와 체결한 후 이를 법원에 제출하였다. 동양메이저산업 명의로 은행으로부터 대출받은 금원과 동양메이저가 발행한 회사채를 합한 약 3천억 원을 제 3 자 배정방식에 의한 한일합섬 신주인수대금으로 납입함으로써 약 62%의 대주주가 되었다.

○ 동양메이저산업의 대표이사인 피고인 乙이 한일합섬의 이사로 취임한 후 한일합섬의 재무구조가 동양메이저산업보다 양호함으로 한일합섬의 입장에서 경영상의 필요가 없음에도 불구하고 한일합섬 내에 유보된 현금성자산으로 동양메이저산업의 대출금을 변제할 목적으로 상법상의 절차를 거쳐 한일합섬을 동양메이저(직전에 동양메이저산업과 동양메이저가 합병하였다)와 합병시켰다. 피고인 乙은 그 후 동양메이저로 하여금 한일합섬이 보유하고 있던 자금 1,800억 원으로 동양메이저산업이 대출받은 대출금 채무를 상환하였다.

(b) 검찰의 기소요지

한일합섬의 이사인 피고인 乙로서는 회사와 주주를 위하여 직무를 성실하게 수행하여야 하고, 한일합섬이 타 회사와 합병되는 경우에 한일합섬의 자산건전성이 유지되도록 노력하여 회사와 주주의 이익을 보호할 선량한 관리자의 주의의무가 있음에도 불구하고 한일합섬을 인수하기 위하여 동양메이저가 차입한 대출금 채무를 변제하기 위하여 한일합섬과 비교하여 재무구조가 부실한 동양메이저를 합병시킴으로써 동양메이저에게 1,800억 원의 이익을 주고 한일합섬에게 동액 상당의 손해를 가하였다는 것이다.

(c) 제 1 심 법원의 판단

○ 동양메이저산업이 2007. 1. 30. 대출계약을 체결한 시점부터 2008. 5. 13. 한일합섬이 동양메이저에 합병되기까지 한일합섬의 재산이 대출금 채무에 담보로 제공한 적이 없다. 동양메이저산업은 자본금 5천만 원으로 설립되었지만 그 후 동양메이저의 사채발행 등 추가로 1천억 원의 자본을 투자받았다.

○ 동양메이저는 관계 법령이 정하는 방법과 절차를 거쳐 동양메이저산업과 한일합섬을 순차로 합병하였다. 정리회사가 발행한 회사채의 인수대금 2천억 원을 동양그룹이 인수직후 조기상환하는 것은 정리회사 M&A에 있어 관례이므로 조기상환하였다고 하여 한일합섬을 인수 경영할 목적이 없었다고 단정할 수 없다.

○ 노조와 체결한 협약서는 근로자의 고용을 5년간 보장하겠다는 의미이지

합병하지 않겠다는 약정은 아니다.

○ 합병에 관한 이사회결의에 검찰이 주장하는 내용의 하자가 있다 하더라도 합병무효의 소에 의하여 합병이 무효로 확정되지 아니한 상태에서 합병은 여전히 유효하다. 합병회사인 동양메이저는 동양그룹의 핵심기업으로 동양그룹은 재계서열 28위의 총자산 25조 원의 재벌로서 정리회사인 한일합섬과 비교할 수 없을 정도의 경제력을 가진 기업이므로 그러한 점에 비추어 한일합섬이 동양메이저와 합병하는 것이 경영상의 필요가 없다고 단정할 수 없다.

○ 기업의 인수·합병의 동기에 합병 이후에 피인수합병기업 내의 자산으로 인수차입금채무를 변제하겠다는 의도가 포함되어 있다고 하여, 합병의 법률적·경제적 효과를 전혀 무시한 채 이를 피인수합병기업에 대한 배임행위라고 단정하여 평가하기는 어렵다고 할 것이다. 합병으로 인해 인수기업과 피인수기업은 인격적으로 합일하여 일체가 되고, 그 효과에 의하여 합병 이후 인수기업과 피인수기업의 재산은 혼연일체가 되어 구분할 수 없게 되므로 합병 이후에 원래는 피인수기업이 보유했던 자산으로 존속하게 된 인수기업이 원래 부담하고 있던 채무의 변제에 사용하는 것은 합병의 주된 또는 다른 동기였던 경영상의 이유와 결합되어 기업의 내부적·자율적 자금운용행위와 특별히 구분되거나 다른 성질의 것이라 보기 어렵게 되기 때문이다. 합병의 효과로 인해 합병 이후에 원래 동양메이저 소유였던 재산으로 채무를 변제하는 것과 한일합섬 소유였던 재산으로 채무를 변제하는 것은 법률적, 경제적으로 완전히 동일한 것이다.[30)]

(d) 항소심의 판단

○ 동양메이저 등의 자산을 담보로 제공하여 마련한 대출금과 동양메이저를 비롯한 동양그룹의 일부 계열사들이 투자한 금액을 인수대금으로 사용하여 동양메이저산업이 한일합섬을 인수한 것으로서, 피인수회사의 자산을 담보로 기업을 인수하는 LBO 방식과 그 기본적인 전제가 다르다.

○ 합병에 관한 이사회 결의나 주주총회 결의에 무효의 사유를 발견할 수 없고, 합병의 실질이나 절차에 하자가 있다는 점을 찾아볼 수 없으므로 이 사건 합병으로 한일합섬이 1,800억 원 상당 내지 법인격 소멸에 따른 현금유동성 상실이라는 손해를 입었다고 볼 수 없다.

---

30) 판례평석으로는 鄭永哲, "LBO와 배임죄 성부 : redux," 법조 2009년 7월호, 348면은 판결의 결론을 지지하고 있다.

(e) 평 가

① **LBO와 회생절차의 관계**

LBO라 함은 M&A를 통하여 인수하고자 하는 인수대상 회사의 재산을 직·간접적인 방법으로 담보로 제공하여 인수자금을 조달하고 이를 통해 인수대상 회사의 M&A를 수행하는 방식을 의미한다. LBO라는 용어는 인수대금을 조달함에 있어서 자기자본은 조금만 투입하더라도 외부자본을 이용하여 피인수회사의 경영권을 인수함으로써 부채의 활용으로 자본의 수익률을 획기적으로 증가시키는 지렛대의 효과를 거둘 수 있다는 데에서 유래하였다. 미국에서는 1980년대에 왕성하게 이루어졌으며 LBO가 실패하는 경우에 제11장 사건을 신청하는 경우가 많았다. 그리하여 LBO와 파산법 제11장은 상호 밀접한 관계에 있다.[31] 그러나 미국은 한국형법과 달리 배임죄가 없기 때문에 형법보다는 연방파산법상의 사해부인이나 주법상의 통일사기양도법에 의하여 규율되는 점에 차이가 있다.

② **관련 대법원 판례의 평가**

정리회사 신한에 대한 M&A절차에서 LBO방식으로 회사를 인수하여 정리회사의 대표이사가 된 자가 회사정리절차가 종결된 후 회사재산을 그 인수회사(정리회사와 합병되지 아니하였다)의 인수자금대출을 위하여 담보로 제공한 행위에 대하여 기소가 되었다. 제1, 2심의 견해가 엇갈렸으나 대법원은 유죄취지의 판결을 내렸다. 환송후 서울고등법원은 일부 무죄판결을 하였으나 다시 대법원에서 유죄취지로 파기환송되었다. 「기업인수에 필요한 자금을 마련하기 위하여 그 인수자가 금융기관으로부터 대출을 받고 나중에 피인수회사의 자산을 담보로 제공하는 방식(이른바 LBO 방식)을 사용하는 경우, 피인수회사로서는 주채무가 변제되지 아니할 경우에는 담보로 제공되는 자산을 잃게 되는 위험을 부담하게 된다. 그러므로 위와 같이 인수자만을 위한 담보제공이 무제한 허용된다고 볼 수 없고, 인수자가 피인수회사의 위와 같은 담보제공으로 인한 위험부담에 상응하는 대가를 지급하는 등의 반대급부를 제공하는 경우에 한하여 허용될 수 있다 할 것이다. 만일 인수자가 피인수회사에 아무런 반대급부를 제공하지 않고 임의로 피인수회사의 재

31) 미국, 독일, 영국 등의 LBO에 관한 규제에 관한 최근의 글로는 朴烔俊, 앞의 글(주 3), 630면 이하; 설민수, "M&A의 한 방법으로서의 LBO에 대한 규제, 그 필요성과 방법, 그리고 문제점 : 대법원의 2004도7027 판결에 대한 또 다른 시각," 사법논집 제45집(2007), 1-112면은 대법원이 LBO에 대하여 광범위하게 배임죄를 인정하는 경향에 대하여 법경제학적인 관점에서 비판하고 있다. 미국에서도 모든 형태의 LBO가 허용되는 것은 아니고 LBO거래로 인하여 피인수회사의 부채가 자산을 초과하는 경우에는 사해행위취소 또는 부인권을 행사할 수 있다(전현정, "LBO와 배임죄 : 손해를 중심으로," BFL 제24호, 2007, 102면).

산을 담보로 제공하게 하였다면, 인수자 또는 제3자에게 담보가치에 상응한 재산상 이익을 취득하게 하고 피인수회사에게 그 재산상 손해를 가하였다고 봄이 상당하다. 부도로 인하여 회사정리절차가 진행 중인 주식회사의 경우에도 그 회사의 주주나 채권자들의 잠재적 이익은 여전히 보호되어야 할 것이므로, 피인수회사가 회사정리절차를 밟고 있는 기업이라고 하더라도 위와 같은 결론에는 아무런 영향이 없다.」[32)]「이는 인수자가 자신이 인수한 주식, 채권 등이 임의로 처분되지 못하도록 피인수회사 또는 금융기관에 담보로 제공됨으로써 피담보채무에 대한 별도의 담보를 제공한 경우라고 하더라도 마찬가지라고 할 것이다.」[33)]

③ 앞으로의 전망

정리절차에서의 LBO에 관한 최초의 대법원 판결(2004도7027 판결)에 대하여는 찬반의 견해가 대립되어 있다.[34)] 법원실무는 인수자가 인수대상 정리회사의 유상증자에 참여하되 그 인수대금 채무에 관하여 회사재산을 담보로 제공하는 형태를 허용하고 있지 않다.[35)] 그럼에도 불구하고 이를 숨긴채 정리회사를 인수한 후에 회사재산을 인수대금의 담보로 제공하는 사례가 있으며 정리회사 신한 사건이 그러한 경우에 관한 것이다. 그리하여 동양그룹도 앞에서 본 바와 같이 한일합섬의 재산을 담보로 제공하려던 방침을 바꾸어 일단 인수인의 재산을 담보로 제공하여 자금을 조성한 후 합병절차를 거쳐 합병 후의 회사재산으로 대출금을 변제한 것이다.

검사는 거래의 경제적인 관점에서 합병을 거치거나 거치지 않거나 배임죄가 성립한다고 주장하였다. 즉 「동양그룹이 처음부터 한일합섬의 현금성자산을 대출금채무의 변제에 사용하려는 의도에 따라 한일합섬이 인수, 합병된 이 사건의 경우 한일합섬의 자산을 담보로 제공하고 인수자금을 차입하였건 아니면 한일합섬의 자산을 담보로 제공하지 않더라도 한일합섬과 동양메이저산업(혹은 동양메이저)

---

32) 대법원 2006. 11. 9. 선고 2004도7027 판결(제1자 환송판결).

33) 대법원 2008. 2. 28. 선고 2007도5987 판결(공 2008, 471. 제2차 환송판결).

34) 찬성하는 견해로는 朴炯俊, 앞의 글(주 3), 648면; 전현정, 앞의 글(주 31), 100면. 반대하는 견해로는 진협섭, "借入引受(LBO)의 법적 문제에 관한 연구"(서울대학교 석사학위논문), 95-97면. 朴炯俊 앞의 글, 647면에서 재인용; 이정우, "LBO과정에서의 담보제공과 형사상 업무상 배임죄 성부," 법률신문 2007. 11. 15.자; 尹榮信, "借入買受(LBO)시 被引受會社의 資產을 擔保로 提供하는 行爲와 業務上 背任罪," 商事判例硏究Ⅶ, 박영사(2007), 386면은 역시 대상판결이 배임죄의 성립을 확대하는 것에 대하여 경계하고 있다.

35) 회생사건실무(하), 183면은 우선협상대상자가 LBO방식에 의한 기업인수하려는 경우에는 본계약 체결전에 발견된 경우 인수제안서를 무효 처리하고 우선협상대상자의 선정을 취소할 수 있다고 한다. 서울地方法院, 會社整理實務 改訂版(2002), 517면은 이를 허용한 예가 없다고 한다.

이 합병하여 그 후 한일합섬의 자산으로 동양메이저산업(혹은 동양메이저)의 인수 차입금채무를 변제하였건 간에 양자 모두 본질적으로는 한일합섬의 자산이 이용되어 동양메이저산업(혹은 동양메이저)이 이익을 얻었다는 점에서는 경제적인 실질과 그 효과 면에 있어 아무런 차이가 없고 또한 한일합섬의 자산을 담보로 제공하는 배임행위는 결국 합병에 의해 현실적으로 완성되는 사전단계에 불과하다고 할 것이므로, 동양메이저가 한일합섬을 합병함으로써 실질적으로 한일합섬의 현금성 자산이 유출되었고 동양메이저는 재산상 이익을 얻어 배임죄가 성립한다.」

그러나 한일합섬의 경우는 미국 대다수 LBO의 거래방식과 같이 합병절차를 이용한 점에 있어서 전게 대법원 2004도7027과 사안을 달리하고 상법상의 합병절차의 효과에 의하여 피인수회사의 재산이 합병회사에 속하게 된 이상 법률적으로는 합병회사의 재산을 담보로 제공한 셈이므로 더 이상 피인수회사에 재산상 손해를 입혔다고는 보기 어렵다.[36] 앞으로 상급심의 판단이 주목된다.[37]

3. 대한통운

정리계획안에 M&A와 관련하여 '제 9 장 정리회사를 인수할 자'라는 항목에서 관리인은 정리회사의 조기정상화를 위하여 제 3 자 배정방식의 유상증자 등을 통한 제 3 자 인수를 적극추진하여야 하며, 그 추진상황은 정기적으로 대표채권자에게 통지하고 법원에 보고하여야 한다는 규정을 두었다.

---

36) 같은 견해로는 이창원·이상현·박진석, "LBO의 기본구조 및 사례분석," BFL 제24호, 2007, 서울대학교 금융법센터, 20면.

37) 부산지방법원의 판결에 대한 시장의 반응을 보도한 기사는 다음과 같다. "LBO 방식 M&A 허용해야 '[연합인포맥스 2009-05-27]「송종준 충북대 교수는 27일 대한상공회의소 주최로 대한상의회관에서 열린 'LBO방식 M&A의 사법처리 현황과 개선방안' 세미나에서 발표자로 나서 "LBO는 부실기업 구조조정에 유용한 수단으로 활용될 수 있고 전문경영인에 의한 기업인수를 촉진하는등의 긍정적인 기능이 기대되는 만큼 활용방안을 마련할 필요가 있다"고 주장했다. 송 교수는 "앞으로 헤지펀드의 도입, 사모인수펀드에 대한 규제 완화 등 관련 법제 환경의 변화에 따라 LBO가 현저히 증가할 여지가 충분하다"며 "LBO의 긍정적인 효과를 증대하는 방향으로 법정책의 초점이 모아질 필요가 있다"고 지적했다. 그는 긍정적 효과를 극대화하기 위한 사회경제적 수요가 있다는 점에서 사법부가 LBO에 대한 사법처리에 유연성을 기하고 명확한 판단기준을 제시해야 한다고 설명했다. 그동안 한신코퍼레이션, 사이어스, 전은리스, 신한 LBO 등의 사례에서는 LBO를 추진한 기업인수자에게 배임죄를 인정한 반면 최근 동양메이저의 한일합성 LBO 사례에서 부산지방법원은 배임죄를 부정하는 판결을 내린 바 있어 상급심의 최종 판결과 향후 LBO에 대한 사법정책의 방향에 귀추가 주목되는 상황이다.」 그 후 대법원에서 검사의 상고가 기각되었다.

(1) 정리절차 일정표

— 2000. 11. 24. 회사정리절차가 개시(2000회7)[38]

— 2007. 11. 27 매각공고(제3자 배정방식 유상증자 매각/2,400만 주 신주발행)[39]

— 2007. 12. 11. 인수의향서 제출(10개 업체 제출)

— 2007. 01. 17. ~ 2008. 01. 09 자료 열람 및 예비실사

— 2008. 01. 16. 인수제안서 제출(금호아시아나, 한진, 현대중공업, STX 등 4개 컨소시엄)

— 2008. 01. 18. 우선협상대상자 선정(금호아시아나컨소시엄, 인수대금 4조 1,040억 원[40] 총 발행주식의 약 60%에 상당)

— 2008. 01. 25. 대한통운 인수 양해각서(MOU) 체결

— 2008. 01. 28. ~ 02. 15. 정밀 실사

— 2008. 02. 25. 임의적 사전신고에 의한 공정거래위원회 기업결합 승인

— 2008. 03. 03. 대한통운 M&A 투자계약(본계약) 체결. 법원은 대한통운의 매각조건으로 주주가치 제고를 위하여 인수자는 1년간 유상감자를 할 수 없다는 내용을 포함시켰다.

— 2008. 03. 07. 인수대금 잔금 납입. 이어 정리계획안에 따라 회사는 제3자 배정방식의 신주를 발행하여 4조 1,040억 원의 유상증자를 실시. 1주당 발행가액 17만 1천 원

— 2008. 03. 18. 정리채무 3,626억 4,500만 원을 변제하고, 제3자 배정 신주발행주식 2,400만 주에 대하여 증권예탁원에 보호예수[41]

— 2008. 03. 28. 회사정리절차 종결결정

— 2009. 02. 04. 주당 17만 1천 원의 유상감자하기로 결정하여 약 2조 2,600억 원의 현금을 주주에게 돌려줌.[42]

---

38) 정리계획에 의하면 정리회사의 자기주식을 전부 무상소각하고 주식병합에 의한 자본감소를 시행하여 1 : 6의 비율로 주식을 병합하였다. 관리인이 법원의 허가를 받아 신주를 발행할 수 있도록 규정하였다.

39) 기존 발행 주식의 약 1.5배가 되어 제3자가 대한통운의 최대주주가 된다.

40) 세정신문, 2008. 3. 3.자. 평가위원회는 가격부문 뿐 아니라 인수 후 경영능력, 사업계획, 물류증대 등 시너지 효과와 대한통운 임직원의 고용안정 등 비계량항목 등을 종합적으로 평가하여 금호아시아나컨소시엄을 우선협상대상자로 선정하였다.

41) 이데일리, 2003. 3. 21.자.

42) 머니투데이, 2009. 2. 4.자.

(2) 쟁 점

1) 기존 주주의 이의

회사정리절차가 개시된 후 STX와 골드만삭스(자회사)가 정리회사의 주식을 매수하여 일정한 지분을 갖게 되었다. 특히 골드만삭스는 주식을 매입하여 25%의 최대주주가 되었다. 정리회사가 제3자 배정의 신주발행의 방법으로 M&A을 시행하려 하자 최대주주인 골드만삭스가 정리계획변경절차에 대하여 이의를 제기하였다.[43] 이의 사유는 법적인 측면에서 제3자 배정 방식의 M&A는 기존 주주들이 회사의 기업가치에 대하여 가지고 있는 지분적 이해를 보호하지 아니하여 재산권을 침해하는 것이다. 둘째, 인수인들에게 과도한 자금조달을 주어 경제적으로 비합리적이다. 따라서 제3자 신주 배정을 하더라도 구 주식을 매입하는 방식을 병용할 것과 신주인수인이 50%+1주의 주식을 취득하도록 할 것을 요청하였다. 기존주주들은 대한통운의 M&A 시행공고가 나가자 바로 M&A의 거래구조에 대하여 이의를 제기하였다. 그러나 정리회사의 경영권을 기대하고 주식을 매집하는 방식은 위험한 행동이다. 대한통운처럼 인수대금으로 정리채권을 전액 변제할 수 있어 정리계획의 변경절차를 거치지 아니하였지만 만일 인수대금이 부족하여 정리채권의 일부 면제를 내용으로 하는 정리계획의 변경이 필요한 경우라면 최후순위인 주주에 대하여도 일정한 비율에 의한 무상감자가 수반되어야 하기 때문이다.

2) 대한통운 M&A의 특징

(a) 절차의 공정 · 투명성 확보

거래규모가 4조 원을 초과한 대형거래로서 채권자, 주주, 종업원, 인수인들의 이해관계가 첨예하여 M&A의 착수부터 종결에 이르기까지 공정성과 투명성을 확보하는 것이 긴요하였다. 정리채권의 잔액이 적어 인수대금으로 전액 변제하고

---

43) 머니투데이, 2007. 11. 6.자 기사는 다음과 같이 보도하였다.
"법정관리 기업인 대한통운의 기존 주식은 아무리 많이 가지고 있어도 경영권을 확보할 수 없지만 골드만삭스는 투자를 단행했다. 법원이 대한통운의 새 주인을 선정하면서 새로운 인수자가 구주주들의 주식을 매입하게 할 것이라는 일말의 가능성에 '올인'한 것이다. 새 인수자의 구주매입이 이뤄지면 매각과정에서 경영권 프리미엄을 받을 것으로 예상한 게 '베팅'의 배경이었다. … 구주주 반발 예상 = 구주매입을 바라던 골드만삭스 등 기존주주들은 확정된 매각구조가 달갑지 않다. 기존 유통주식(1599만주)과 같은 수의 신주가 발행되면 주가 희석이 불가피하기 때문이다. 여기에 구주매입 기대로 한껏 오른 주가(5일 기준 12만 5000원) 역시 하락할 가능성이 높아졌다. 실제로 유상증자 방식이 확정된 것으로 알려지자 6일 주가는 전일보다 8.8% 급락한 11만 4000원에 마감했다. 주가하락이 이어지면 구주주들이 손실을 보게 될 수도 있다."

도 회사에 유보되고 일정기간 이후에는 유상감자를 통하여 대부분 사외로 유출될 가능성이 크므로 인수인을 선정함에 있어 인수대금의 액수보다는 종업원의 고용승계 등 비계량적인 부문의 평가가 중요한 요소로 작용하였다. 따라서 비계량평가를 둘러싸고 우선협상대상자에서 탈락한 인수자가 절차를 중지를 구하는 분쟁발생을 미연에 방지하기 위하여 평가항목을 공정하게 작성하고 평가단의 구성, 평가의 공개여부 등에 관하여 세심한 배려를 법원이 강조하였다.

(b) 정리계획변경절차의 생략

일반적인 제3자 배정 유상증자의 방식은 M&A 공고→인수자 및 인수금액 확정→정리계획변경계획안 작성→정리계획 변경계획안에 대한 채권자 협상→관계인집회 기일 지정→변경계획안 인가→정리절차 종결의 순으로 시간이 약 22주 정도가 예상된다. 그러나 대한통운의 경우에는 위에서 본 절차 중에서 정리계획의 변경→채권단 협상→관계인집회 등이 불필요하므로 신속하게 본계약이 체결되었다. 즉 M&A 공고→인수자 및 인수금액 확정→정리절차 종결 순으로 진행되었다. 구 주주들이 M&A절차를 중지하는 가처분을 예상하였으나 실제로는 법적 분쟁 없이 3개월여만에 신속하게 종결되었다.[44] 이러한 점을 우려하여 관리인이 매각주간사를 선정함에 있어 법무법인, 회계법인, 투자은행 등의 컨소시엄을 구성하였으며 구 주주가 제기한 법률적 쟁점에 대하여 선례인 국제상사와 한일합섬의 사례를 들어 즉시 대응한 것이 신속한 거래종결에 주효한 것으로 평가되었다.

4. 충남방적

충남방적 사건에서는 법원의 확립된 제3자 신주 배정방식이 정면으로 문제되었다. 즉 주주들은 다음과 같은 질문으로 법원을 공격하였다. 정리계획 변경 당시를 기준으로 이미 회사가 보유하고 있는 자산만으로도 부채의 전부를 변제할 수 있어 정리절차의 종결요건을 갖추고 있음에도 법원이 책임 있는 경영주의 확보 및 기업의 계속성 보장을 추구한다는 이유로 제3자 신주 배정의 방식으로 M&A를 진행하는 것은 충남방적의 경영권 획득을 위하여 공개매수를 통하여 주식을 확보한 주주의 권리를 침해하는 것은 아닌가? 회사정리절차 전에 주식을 취득한 주주가 아니라 회사정리절차 개시 후에 경영권에 대한 기대를 갖고 주식을 공개매입한 주주에게는 순자산가치 분배권만 있고 경영권에 대한 기대권은 없는

44) 국제상사가 5년 6개월이 소요된 것에 비하면 매우 신속하게 종결되었다.

가? 대법원은 주주들의 주장을 배척하고 정리절차의 종결요건을 갖춘 경우라 하더라도 원 정리계획에 M&A를 추진하기로 한 이상 기존의 제3자 신주배정 방식에 의한 M&A 방식은 적법하다고 판시하였다.

(1) M&A 일정표

— 2002. 12. 12. 회사정리절차 개시결정
— 2003. 09. 19. 회사정리계획안 인가결정. 관리인은 정리회사의 조기 정상화를 위하여 제3자 인수를 적극 추진하여야 하며 그 추진상황을 정기적으로 보고하여야 한다(계획안 제9장)
— 2006. 06. 26 ~ 08. 15. 채권자들이 공개매수를 실시하여 발행주식의 40%를 취득(매수가격 주당 5,250원)하고 12%에 대한 의결권을 위임받음
— 2006. 06. 30. 총 자산은 1,620억 원이고 부채는 약 789억 원이다(자산 초과 831억 원)
— 2006. 07. 31. 관리인이 제3자 배정방식의 유상증자를 통한 M&A 발표 공시
— 2006. 09. 21. 매각주간사(법무법인과 회계법인)를 선정 공표
— 2007. 01. 08. 기업매각공고
— 2007. 03. 15. 주주들이 관리인을 상대로 기업매각절차속행중지가처분을 신청함(제1가처분)
— 2007. 04. 13. 우선협상대상자 결정(에스지위카스 컨소시엄, 주식회사 고려 외 2개 업체) 및 MOU 체결
— 2007. 04. 13. 주주들의 기업매각절차속행중지가처분(제1가처분)이 기각됨
— 2007. 06. 26. 본계약 체결. 컨소시엄이 제3자배정 유상증자의 방식으로 총 투자금액 988억 원을 납부하여 충남방적의 총 발행주식 중 62%를 보유함 1주당 발행가액 12,350원(액면가 5천 원). 인수금액의 10%를 계약금으로 납입. 투자계약서에 신주의 효력발생일로부터 기존발행주식에 대하여 공개매수절차를 개시한다고 기재
— 2007. 07. 03. 제3자 배정 유상증자 및 정리채권 출자전환에 대한 법원의 허가
— 2007. 07. 03. 주주들이 법원의 신주발행허가허가결정에 기한 보통주의 신주발행을 금지하는 가처분(제2가처분)을 관리인을 상대로 신청
— 2007. 07. 06. 제3자 배정 유상증자 및 정리채권 출자전환 실시(신주대금 납

입일). 인수자는 배정받는 신주 50%에 대하여는 1년간 처분할 수 없으며 주권을 1년간 보호예수하기로 함

— 2007. 07. 06. 주주들의 신주발행금지 가처분(제2가처분)이 기각됨

— 2007. 07. 06. 주주들이 인수자(주식회사 고려)를 상대로 공개매수의 중지가처분(제3가처분)을 신청함[45)]

— 2007. 08. 31. ~ 09. 19. 주식회사 고려가 공개매수실시(공개매수가격 7천 원/주, 기명식 보통주식 발행주식 총수의 27%, 공개매수자 주식회사 고려).[46)] 당시 충남방적의 주권에 대하여는 상장폐지가 결정되었고 상장폐지의 무효확인을 구하는 소가 계속 중이었다.

— 2007. 09. 18. 공개매수의 중지가처분이 기각됨[47)]

— 2008. 05. 09. 대법원이 제1가처분에 대하여 특별항고 기각(2007그127)[48)]

(2) 쟁 점

주주들은 정리회사의 대주주가 되어 경영권을 인수하는 것이 유리하다고 판단하여 정리절차 중에 공개매수를 실시하여 42%의 주식을 보유하게 되었다. 정리회사의 재무상황이 자산이 부채를 초과한 상태이므로 주주들은 제3자 배정의 신주발행의 M&A에 반대하였다. 충남방적 사건에서는 제3자 배정신주발행으로 인한 주주의 권리 침해의 문제에 관하여 근본적으로 다루어졌다. 항을 바꾸어 자세히 살펴본다.

1) M&A를 목적으로 한 회생절차의 진행의 위법 여부

① M&A의 적법성에 관한 판례

신법 시행 후 다른 회생사건에서도 M&A를 목적으로 한 회생절차의 진행이

45) 공개매수가 마쳐지면 고려측(특수관계인 포함)은 89%의 주식을 취득하게 된다.

46) 단 주권의 상장요건을 갖추기 위하여 지분율이 총발행주식의 90% 이상을 초과하면 아니되므로(유가증권상장 규정 제80조 제7호) 90%-1주를 차감하는 수가 되는 범위 내에서 매수하여야 하는 조건을 부가하였다.

47) 수원지방법원 2007. 9. 18. 자 2007카합428 결정의 요지는 아래와 같다. 「상장폐지 후에 장외거래를 통한 공개매수가 적법하며, 공개매수가격이 주당 청산가치보다 낮다고 하더라도 현행법상 공개매수의 가격을 규제하는 규정이 없으므로 공개매수를 하려는 자가 자유로이 공개매수의 가격을 정하여 공개매수를 시도할 수 있고 다른 주주들로서는 공개매수 가격의 적정 여부를 스스로 판단하면 되고, 정리회사에 대한 재건절차로 신주발행이 이루어지는 경우 정리회사의 주주는 경영권을 갖고 있지 아니하므로 공개매수 가격이 제3자신주배정시의 발행가액보다 낮다고 하여 경영권 프리미엄의 문제는 발생하지 아니한다.」

48) 공 2008, 839.

위법하다는 주장이 제기된 바 있다. 대법원은 일반론으로 다음과 같이 설시하여 이를 배척하였다. "재정적 어려움으로 인하여 파탄에 직면해 있는 채무자로 하여금 회생계획을 통하여 제3자에 대하여 신주 또는 회사채를 발행하도록 허용하고, 그 신주 또는 회사채 인수대금으로 사업의 유지·재건을 효율적으로 도모할 수 있도록 한 채무자 회생 및 파산에 관한 법률 제1조, 제193조 제2항 제5호, 제206조 제3항, 제209조, 제266조, 제268조, 제277조의 입법 취지에 비추어 보면, 재정적 어려움을 극복하고 사업을 회생시키기 위하여 회생절차개시의 신청 전이나 직후부터 공개경쟁입찰 등 적정하고 합리적인 방법으로 채무자가 발행하는 신주 또는 회사채를 인수할 제3자를 선정하고 그 제3자가 지급하는 신주 또는 회사채 인수대금으로 채무를 변제하는 내용의 회생계획안의 작성·제출을 추진하는 것은 법률이 규정하고 있는 효율적인 회생방안 중의 하나를 선택하여 이용하는 것이므로 적법하다."[49)]

② 이 사건의 특징

그러나 이 사건이 종전 사건과 다른 점은 정리계획변경시를 기준으로 보유자산이 충분하므로 굳이 제3자를 인수할 필요가 없다고 주장한 것이고, 투자자들이 정리절차가 종결되면 회사의 경영권을 취득할 것을 기대하고 주식을 공개매집까지 하여 지배주주가 되었음에도 법원이 제3자에게 경영권을 주는 M&A를 시도하는 것에 대하여 반대한 것이다.

이에 대하여 대법원은 정리계획변경절차를 거치지 않은 채 법원의 허가만으로 주주들에게 신주인수권을 부여하지 않고 제3자에게 신수를 배정한 조치는 적법하다고 판시하였다. "상법 제418조 제2항은 주식회사에 대하여 신기술의 도입, 재무구조의 개선 등 회사의 경영상 목적을 달성하기 위하여 필요한 경우에는 정관에 정하는 바에 따라 주주 외의 자에게 신주를 배정할 수 있도록 규정하고 있는바, 제3자 배정방식의 신주발행을 계획한 정리계획 조항의 취지는 위 상법의 규정 취지와 다르지 아니한 점, 제3자 배정방식의 신주발행을 계획한 정리계획 조항에 의하여 기존 주주의 지위에 불안이 존재할 수 있다 하더라도 향후 수권자본금 한도 내에서 제3자 배정방식의 신주발행이 이루어질 수 있다는 점이 이해관계인들의 결의와 정리법원의 인가를 거쳐 확정된 정리계획에 규정되어 있는 이상 이는 그 정리계획의 효력에 구속되는 정리회사의 기존 주주들이 감수하여야 할 성질의 것이라 할 것인 점 등 여러 사정을 종합하여 보면, 정관에 규정된 수권자

49) 대법원 2007.10.11. 자 2007마919 결정.

본금 한도 내에서 정리법원의 허가하에 향후 제3자 배정방식의 신주발행을 계획한 정리계획 조항이 무효라고 볼 수는 없다."

기존 주주들의 지분권이 희석되는 등 침해를 입었다는 주장에 대하여 대법원은 국제상사의 항고심의 입장과 달리 주주의 권리 침해 주장을 배척하였다. "정리회사의 관리인이 위와 같은 제3자 배정방식의 신주발행을 계획한 정리계획 조항에 따라 신규자금을 유치할 목적으로 수권자본금 범위 내에서 정리법원의 허가를 받아 신주를 발행하는 경우에는 정리회사의 기존 주주들이 정리계획에 의하여 감수하기로 예정한 불이익이 구체적으로 현실화되는 것에 불과하므로 특별한 사정이 없는 한 제3자 배정방식의 신주발행을 위하여 정리계획 변경절차를 거칠 필요가 없다고 할 것이다. 또한, 제3자 배정방식의 신주발행으로 인하여 기존 주주들의 지분권이 희석화됨으로써 만일 정리계획에서 계획한 제3자 배정방식의 신주발행이 이루어지지 아니한 상태에서 정리회사가 청산될 경우 기존 주주가 분배받을 수 있는 청산가치보다 더 적은 가치가 기존 주주들에게 귀속되는 결과가 발생하게 되었다 하더라도, 정리회사가 청산을 선택하지 아니하고 사업을 계속하기로 하는 내용의 정리계획이 확정된 이상, 정리회사의 관리인은 신주의 발행가액을 정함에 있어서 신주발행 당시의 장부상의 청산가치에 의한 제한을 받지 아니하고 통상적인 방법에 따라 신주발행가액을 정할 수 있다고 할 것이므로 정리법원의 허가를 받아 발행한 신주의 발행가액이 현저하게 불공정하다는 등의 특별한 사정이 없는 한 그와 같은 정리계획에 의한 신주발행에 어떠한 위법이 있다고 볼 수도 없다."

2) 신주발행이 신뢰보호 등에 위배된다는 이유와 특별항고

대법원은 특별항고의 사유를 엄격히 해석하여 신주발행을 통하여 신규자금을 조달할 필요성에 대한 정리법원의 판단이 부당하다는 주장은 결국 원심결정에 법률을 위반한 잘못이 있음을 탓하는 것에 불과하여 특별항고사유에 해당하지 않는다고 판시하였다.[50]

"정리회사의 관리인이 기업인수합병을 통한 회사의 경영정상화를 위하여 제3자 배정방식의 신주발행을 계획한 정리계획 조항에 의하여 정관에 규정된 수권자본금 한도 내에서 신주를 발행할 것을 신청한 경우 정리법원이 이를 허가할지 여부는, 정리법원이 정리계획과 대비하여 정리회사의 재무구조와 영업상황, 자금수지 상황, 정리채무의 원활한 변제가능성 등을 검토하고, 정리회사의 자금조달과

50) 대법원 2008.1.24. 자 2007그18 결정.

신규투자의 필요성 및 국내외 시장의 경제사정의 현황과 전망, 신주발행으로 인하여 영향을 받는 이해관계인의 의사 및 불이익의 정도 등을 종합·참작하여 신주발행으로 인하여 얻게 되는 사회·경제적 이익과 이해관계인에 미치는 불이익의 정도 등을 비교형량한 후 판단하여야 할 사항이므로, 구체적인 사안에서 정리회사가 정리계획에 따라 신주를 발행할 필요성을 갖추고 있는지 여부의 판단은 위와 같은 제반 사정에 관하여 정리법원이 어떻게 사실인정을 하고 평가를 할 것인지에 관한 문제라고 볼 수 있고, 따라서 정리법원의 신주발행 허가결정에 대하여 신주발행의 필요성이 없음을 다투는 것은 정리법원의 위와 같은 사실인정과 그에 기초한 판단의 당부를 다투는 것으로서 결국 그 결정이 법률을 위반하였다는 사유를 주장하는 것에 불과하므로, 특별한 사정이 없는 한 그와 같은 사유만으로 재판에 영향을 미친 헌법 위반이 있다고 할 수 없다."

이러한 대법원의 입장을 고려하면 회사정리계획인가결정에 대한 고등법원의 결정이 대법원에서 취소될 가능성은 어려울 것이다. 그러나 신법이 특별항고를 재항고로 변경하였으므로 재항고는 원심결정의 확정을 차단하는 효력이 있으므로 앞으로 회생절차의 종결시기가 늦추어지게 되었다. 현재 진행 중인 도산법 개정시에 특별항고로 삼을지 재항고로 삼을지에 대하여 재논의할 필요가 있다.

Ⅳ. 마 무 리

신법은 DIP형 관리인제도를 도입하여 종전 대표이사에게 법정 결격 사유가 없는 한 원칙적으로 대표이사를 관리인으로 임명하는 제도를 도입하였다. 그리하여 제3자를 관리인으로 선임하는 과거의 방식에서 발전한 M&A 실무는 변화를 맞게 되었다. 더구나 정리절차의 종결시점을 구 회사정리법에서는 변제가 시작된 이후 정리계획의 수행에 지장이 없다고 인정되는 때로 정하였으나(제271조 제1항) 신법은 이를 앞당겨 원칙으로 변제가 시작되면 회생절차를 종결할 수 있도록 규정하였다(제283조 제1항). 따라서 종전 대표이사가 관리인으로 선임되어 회생계획안에 정한 변제가 시작되면 바로 회생절차를 종결하게 되므로 M&A의 방식이 이루어질 필요성이 적게 되었다. 그러나 쌍용자동차와 같은 대규모 회사의 경우에는 제3자 관리인이 선임되고 있고 회생회사 신성건설, 케네텍의 경우 제3자 관리인과의 공동관리인 제도가 시행되고 있으므로 여전히 종전의 M&A 실무는 존속할 필요가 있다. 또한 DIP형 관리인 제도의 경우에도 관리인이 제3의 인수인을 물색하여 회생채권을 변제함으로써 자신의 보증책임을 소멸시키려는 경제적인 이유도 있어 M&A 절차는 여전히 이루어지고 있다. 그러나 경기변동에 따른 시장의 변화에 맞추어 M&A의 법리가 계속하여 발전하고 있으므로 법원 역시 과거의 M&A 절차를 묵수할 것이 아니라 새로운 법리를 개발할 필요가 있다. 법원간의 기준을 통일할 필요도 있다. 서울중앙지방법원은 2004년까지 원정리계획안에 대하여는 강제인가를 허용하지만 M&A에 의한 변경계획안의 강제인가에 대하여는 특별한 사정이 없는 한 원칙적으로 이를 허용하지 아니하는 입장을 취하여 왔고 앞으로도 입장에 변화가 없을 것이라 한다.[51] 그러나 창원지방법원은 2006년 국제상사 사건에서 변경계획안에 대하여 강제인가를 하고 있고 항고심은 원칙적으로 변경계획안에 대하여도 강제인가를 하고 있는 것이 현실이다.[52] 이러한 법원간의 실무관행의 차이는 M&A 절차의 예측가능성을 떨어뜨리고 시장에서 M&A를 주저하게 하는 불신요인으로 작용하고 있다.

이 글을 통하여 회생회사의 경영권을 기대하고 주식을 매집하였다가 예상과 달리 제3자 신주 배정방식의 M&A로 인하여 손해를 보는 주주들이 계속하여 M&A 절차의 속행을 막고 이로 인한 분쟁이 장기간 계속되었음을 목격하였다. 앞으로 회생회사의 관리인이 회생계획안 인가시에 이에 관한 분명한 입장을 밝힘으로써 소모적인 분쟁을 회피하도록 법원이 감독을 강화할 필요가 있다. 앞에서 본 바와 같이 회생회사의 M&A절차는 새롭게 발전하는 어려운 법률분야로서 이를 처리하여 본 법관이나 변호사의 숫자가 많지 않은 것이 현실이다. 따라서 회생법원이 아직 전문적인 노하우를 깨치기 전에 이러한 사건을 다루는 경우에는 가급적 관리인으로 하여금 변호사의 도움을 통하여 사전에 철저하게 M&A의 구도를 정립하여 진행하는 것이 바람직하다. 국제상사 사건에서 보듯이 법원이 잘못

51) 차한성, "서울중앙지방법원의 회사정리사건 처리 실무," 2004년도 도산실무법관연수자료, 사법연수원, 17면. 그 이유로는 비록 M&A 절차에서 회계법인 등을 선정하여 정리회사의 기업가치 등에 관하여 나름대로의 실사를 거친다 하여도, 그것 역시 주간사의 주관적인 추정치에 불과하기 때문에, 어느 누구도 정리회사의 기업가치 및 M&A 인수대금의 여부에 관하여는 확언할 수 없고, 따라서 정리회사의 채권단이 위와 같이 인수대금의 규모에 대하여 불만을 가지고 정리계획안 변경계획안에 대하여 부동의의 의사를 표시하였다면, 정리법원으로서는 당해 정리회사를 채권단의 책임재산으로 계속 확보하여 두려는 채권단의 의사를 존중해주는 것이 보다 적절하다고 판단하기 때문이다.

52) 서울고등법원 2007.9.20. 자 2007라715 결정은 정리회사 나산에 대한 변경계획안인가결정에 대한 항고심에서 강제인가결정을 하였다가 대법원 2009.4.1. 자 2007그176 결정에서 강제인가결정이 위법하다고 하여 특별항고가 인용되어 취소되었다.

판단하면 몇 년을 소송문제에 말려들게 되고 그 동안 기업의 가치가 급락하는 경우가 적지 않다.

(법인회생실무개선 워크숍, 광주지방법원(2009), 55-96면 소재)

회생회사 신성건설㈜ 및 회생회사 신성개발㈜ M&A 공고

I. 개요

1. 매각방법 : 제3자 배정방식의 유상증자 등 외부자본 유치
2. 입찰방법 : 신성건설 및 신성개발에 대해 각각 별도의 공개경쟁입찰
3. 회사영위업종 : 신성건설 - 일반건설업(종합건설업), 신성개발 - 부동산임대업

II. 진행일정

1. 인수의향서 접수
   - 접수기간 : 2009년 3월 11일(수) ~ 2009년 3월 27일(금) (17:00까지)
   - 접수장소 :삼일회계법인 TS-FAS5팀 (서울특별시 중구 남대문로 5가 631번지 STX남산 타워 12층)내 신성건설 및 신성개발 M&A 추진팀
   - 제출서류 : 인수의향서 및 관련 부속서류
   - 인수의향서 등 양식은 매각주간사인 삼일회계법인에서 배포함.

2. 예상 업무 진행 절차

   인수의향서 접수 및 심사 → 예비실사를 위한 Data Room 열람(3/16(월)~) → 입찰서류 접수 및 입찰자 평가(4/6(월)예정) → 우선협상대상자 선정 및 MOU 체결 → 정밀실사 → 본계약 체결

III. 기타

1. 본 공고문은 회사의 M&A를 위한 청약의 의사표시에 해당하지 않음.
2. 상기 일정 및 내용은 회사의 사정에 따라 변경 가능하며, 인수의향서 접수 이후의 절차 및 일정 등을 포함한 자세한 사항은 인수의향서 접수 후 통보 예정.
3. 인수의향서, 입찰서류 등 본 건과 관련한 모든 서류는 지정된 기일 내에 접수 장소에 직접 제출함(우편, 팩스, 전자메일 접수는 불가).
4. 적격투자자 및 우선협상대상자 등의 선정은 회사측의 고유권한이며 선정 결과에 대하여 일체의 이의 제기 불가함.
5. 접수된 제반 서류는 취소, 철회, 회수, 교환 또는 변경할 수 없음.
6. 인수의향서 접수기간 이후 추가접수 여부의 판단은 전적으로 주간사의 고유권한임.
7. 문의사항은 매각주간사인 삼일회계법인(Tel: 02-709-0664, 010-4048-0664)으로 연락바람.

2009년 3월 11일

회생회사 신성건설㈜ 및 회생회사 신성개발㈜
M&A주간사 삼일회계법인

〈정리회사 M&A 내역〉

정리회사	종결일자	유상증자	회사채 등	유상증자	보호예수
유레스	02.07.09.	350억	552억	38.8%	50%
두레에어메탈	영업양도	P&A방식 인수대금 385억			
세양선박	02.09.24.	232억	30억	88.5%	50%
신원종합개발	02.09.30.	350억	350억	50%	50%
쌍방울개발	02.10.15.	686억	849억	44.7%	50%
미도파	02.10.15.	3,201억	2,220억	59%	50%
삼양유지사료	02.11.01.	235억	235억	50%	50%
쌍방울	02.11.19.	1,195억	1,310억	47.7%	50%
한신공영	02.11.21.	450억	200억	69%	50%
신성통상	02.12.12.	462억	462억	50%	50%
세계물산	02.12.18.	550억	550억	50%	50%
일성건설	03.01.21.	210억	160억	57%	50%
통일중공업	03.04.10.	760억	650억	54%	50%
삼미	03.06.02	314억	506억	38.2%	50%
극동건설	03.06.19	1,476억	1,230억	54.5%	50%
한국티타늄공업	03.06.25	520억	334억	69%	50%
우성관광	01.01.15.	697억	×	100%	×(비상장)
유원건설	01.02.08.	285억	×	100%	×
삼미특수강	01.03.23.	1,187억	1,400억	46%	×
동성철강공업	01.04.16.	90억	20억	82%	×
크레송	01.05.31.	48억	×	100%	×(비상장)

신 한	01.06.08.	260억	×	100%	×
신호스틸	01.07.25.	130억	300억	30%	50%
광덕물산	01.07.27.	60억	40억	60%	×(사실상 전부 예수)
계몽사	01.10.05.	240억	×	100%	27.5%
신동방메딕스	01.10.10.	145억	×	100%	33%
예림인터내셔날	01.12.10.	30억	×	100%	×(비상장)
라보라	01.12.13.	120억	×	100%	50%
협진양행	01.12.14.	인수자 채권 출자전환			50%
대동조선	01.12.28.	1,000억	1,000억	50%	×(비상장)
프로칩스	02.01.10.	150억	198억	43%	50%
삼도물산	02.02.16.	206억	57억	78%	50%
현대금속	02.02.19.	155억	98억	61%	50%
남북수산	02.02.27.	60억	60억	50%	50%
상아제약	02.03.14.	233억	248억	48%	50%
모나리자	02.03.19.	170억	×	100%	50%
대경식품	02.05.10.	24억	×	100%	×(비상장)
삼호물산	02.05.10.	165억	25억	87%	61%

判例를 통하여 본 國際倒產法의 爭點

Ⅰ. 머 리 말

필자가 처음 국제도산법에 관한 글을 쓴 것은 2002년 사법논집에 발간된 "국제파산절차와 사법공조"였다.[1] 당시만 해도 아직 속지주의에 입각한 파산법과 회사정리법이 시행되던 때였으므로 주로 외국의 사례를 중심으로 설명하면서 앞으로 다가올 국제파산 사건을 준비하자는 취지에서 글을 작성하였다. 대부분의 독자들 역시 과연 한국에서 국제파산과 관련한 사건이 얼마나 발생할 것인지, 사법공조가 필요한 것인지에 대하여 의문을 갖고 있었다.

그러나 UNCITRAL이 1997. 5. 국제도산에 관한 모델법(Model Law on Cross-Border Insolvency)을 채택하였고, 일본은 모델법을 기초로 2001. 4. 1. "外國倒產處理手續の承認援助に關する法律"(이하 承認援助法이라 한다)을 시행하였고, 유럽연합은 2000. 5. 도산절차에 관한 이사회규정(2002. 5. 31. 발효, EU규정이라 한다)을 제정하였으며,[2] 독일 또한 EU규정과 별도로 2003년 도산법의 개정하여 제11장에서 국제도산에 관한 규정을 신설하였다. 미국은 2005년 파산법(The Bankruptcy Abuse Prevention and Consumer Protection Act, 보통 약칭하여 BAPCPA라 한다, 2005. 10. 17. 시행)을 개정하면서 제15장에 UNCITRAL 모델법을 대부분 수용한 국제도산법제를 신

---

* 필자의 질문에 상세한 답신을 보내준 펜실베니아주 파산법관 스티븐 라스라빌치(Stephen Raslavich)께 감사드린다.

1) 林治龍, 파산법연구, 박영사(2004), 485면 이하. 도산이라 함은 청산, 재건을 포함하는 의미로서 이 글에서는 파산과 혼용한다. 채무자회생법 제 5 편이 법전용어로 도산절차라는 용어를 사용하고 있으므로 이를 따르기로 한다.

2) EU규정에 관한 글로는 석광현, "유럽연합의 국제도산법제," 國際私法과 國際訴訟 제 3 권, 박영사(2004), 309-367면.

설하였다.[3)]

우리나라 역시 이러한 세계적인 추세에 발맞추어 도산법 개정작업에 착수하여 2006. 4. 1. 시행된 「채무자 회생 및 파산에 관한 법률」(이하 '채무자회생법'이라 한다)의 제 5 편(제628조-제642조의 총 15개조)에서 속지주의를 폐지하고 수정된 보편주의로 전환한 새로운 국제도산법제를 마련하였다. 채무자회생법이 시행된지 3년 반이 경과한 현재 적지 않은 국제파산사건이 각급 법원에 제소되었다. 그 중에는 외국면책재판의 국내적 효력이라는 어려운 문제가 포함된 사건도 있다. 특히 2008년 9월 미국의 리만브라더스사가 파산신청을 계기로 촉발된 미국발 금융위기 여파로 국제도산사건이 중요한 법적이슈로 부상되었다.[4)] 국제파산법제의 중요성을 함께 논의하고 국제적인 흐름에 동참하기 위하여 대법원은 2009. 9. 25.~26. 양일간에 걸쳐 기업도산절차의 국제적 동향이라는 주제로 미국, 독일, 일본, 영국의 도산법 전문가를 초청하여 국제심포지움을 개최하였다.[5)] 이하에서는 먼저 구 파산법 및 구 회사정리법하에서 국내에서 문제된 국제도산사건을 통하여 속지주의와 보편주의에 관하여 살펴본다(Ⅱ). 실제의 사건에 나타난 국제파산법의 여러 쟁점을 논의하고(Ⅲ), 끝으로 국제도산법의 발전을 위한 제언(Ⅳ)으로 글을 마무리한다.

Ⅱ. 구 파산법 및 구 회사정리법하에서의 국제도산 사건

1. 속지주의와 보편주의의 의의

국제파산의 입법주의를 정함에 있어 파산절차의 효력이 미치는 장소적 범위를 기준으로 보편주의와 속지주의의 대립이 있다. 보편주의는 어느 국가에서 개시된 파산절차는 채무자가 소유하는 국내외 모든 재산과 권리에 대하여 미친다는

3) 제15장의 최신 동향에 관한 글로는 Stephen Raslavich, "Current Trends in United States Insolvency Law," 국제법률심포지엄 2009. 라스라비치 판사의 설명에 의하면, BAPCPA에 의한 제11장에 관한 개정은 일부 회사(쇼핑몰 개발회사 등)에 대하여 재건을 어렵게 하여 제11장 신청 대신에 워크아웃을 신청하게 유도함으로써 구법 당시처럼 제11장의 신청사건이 가파르게 증가하지 않고 있다고 한다.

4) 법률신문 2008. 9. 25. 제3684호에 따르면 서울중앙지법 파산부도 국제도산사건을 신속히 진행할 수 있도록 법률상·실무상의 문제점을 대비하기 위하여 국제도산실무연구회를 발족하였다고 한다.

5) 대법원이 발간한 책자에는 외국의 최신 동향에 대한 각국 실무가들의 글이 발표되어 있어 국제도산에 관한 중요한 정보를 알 수 있는 유용한 자료이다. 특히 Raslavich 법관의 글은 미국 국제파산법제의 실무와 경향을 설명하고 있다.

원칙이고, 속지주의라 함은 파산절차의 효력을 절차개시국의 영토에만 미친다는 원칙이다. 미국의 파산법은 보편주의에 터잡고 있고 한국과 개정 전의 일본의 구 파산법은 속지주의에 터잡고 있었다. 한편 동일한 채무자에 대하여 병행파산을 인정하지 않고 전세계적으로 하나의 파산절차를 상정하는 것을 단일주의라 하고 병행파산을 인정하는 것을 복수주의라 할 수 있다. 이상론으로서는 보편주의와 단일주의를 결합하는 것이지만 현실적으로 그러한 입법을 택한 나라는 없으며 주절차와 종절차를 허용하고 주절차에 대하여는 보편주의를, 종절차에 대하여는 속지주의를 취하는 수정된 보편주의가 입법례의 추세이다.

2. 속지주의에 대한 논의

속지주의의 이론적 근거로는 파산절차의 성질이 기본적으로 파산자의 총재산에 대한 일반적 강제집행의 의미를 갖는 것으로 이는 국가권력의 발동이므로 그 국가의 영토내에서만 효력이 미친다는 것을 전제로 하고 있다. 이점은 국제사법상 자국법의 역외적 적용에 관한 기득권 이론과 맥을 같이 하는 것이다. 관리인이 해외소재 재산에 대하여 관리처분권을 행사하게 되면 그 의무가 과중하게 된다는 것을 실천적인 이유로 삼기도 한다.[6]

속지주의에 의하면 ① 파산재단의 범위는 국내소재 재산에 한하므로 파산자는 해외재산을 자유로이 관리처분할 수 있다.[7] ② 파산관재인은 파산자의 국내재산에 대하여만 관리처분권을 갖고 해외제산에 대하여는 관리처분권을 갖지 않는다. ③ 채권자는 파산자의 해외재산에 대하여 파산자를 상대로 소를 제기하거나 강제집행을 할 수 있다. ④ 파산자를 당사자로 하는 소송이라도 해외재산에 관한 것은 중단되지 아니한다. ⑤ 외국에서 파산선고가 있더라도 국내에 계속 중인 소송은 중단되지 아니하고,[8] 국내재산에 대하여 부인권도 행사할 수 없다. ⑥ 외국

---

6) 加藤正治, 破産法研究 1권(1912), 331면; 伊藤眞, "概說-屬地主義と普及主義," 高桑昭・道垣內正人 編, 國際民事訴訟法, 青林書院(2002), 463-464면에서 재인용.

7) 田炳西, 파산법, 법문사(2003), 147면; 東京高決 1961. 1. 12. 채권자가 1949년 당시 미군정의 영토에 속하였던 오끼나와에 침몰한 일본인 채무자 소유의 선박에 대하여 파산선고 전의 보전처분을 신청한 것에 대하여 법원은 강제집행의 대상이 될 수 있는 재산에 대하여만 파산재단을 구성하는 데 외국에 소재하는 재산에 대하여는 일본의 파산선고는 효력이 미치지 아니하므로 보전처분의 대상이 되지 아니한다고 판시하였다. 이 결정에 대한 평석으로는 渡辺惺之, "破産屬地主義," 新倒産判例百選 別册ジュリスト, No. 106, 有斐閣(1990), 246-247면 참조.

8) 大阪地判 1993. 9. 30(判例タイムズ 516호, 139면)은 소송 도중 피고가 홍콩에서 파산선고를 받았다고 하여 소송의 당사자 적격이 변경되는 것은 아니라고 판시하였다.

에서 파산선고가 있더라도 채권자는 국내에서 파산자에 대하여 소를 제기하거나 국내에 있는 파산자 소유 재산에 대하여 강제집행을 할 수 있다.

3. 구 파산법하에서의 사건

구 파산법, 구 화의법, 구 회사정리법은 모두 속지주의에 터잡아 국내에서 개시된 도산절차의 대외적 효력은 물론 외국에서 개시된 도산절차의 대내적 효력을 부정하였다.[9] 한편 파산절차가 개시되면 채무자의 재산에 대한 관리처분권이 채무자로부터 파산관재인에게 이전하는 효력이 발생한다. 이를 관리처분권 이전의 효력이라 부른다. 또한 채권자는 파산절차에 의하지 아니하고는 채무자의 재산에 대한 개별적인 강제집행을 할 수 없는 효력이 발생하며 이를 포괄집행적 효력 또는 개별집행금지의 효력이라 부른다. 따라서 속지주의에 의하면 외국도산절차의 관리처분권이전의 효력이나 포괄집행적 효력은 국내에 미치지 아니하고 반대의 경우도 마찬가지이다. 그러나 우리나라의 실무는 일본의 해석론[10]에 영향을 받아 채권자의 평등한 취급이라는 파산법의 원리와 채무자의 효율적인 재건이라는 회사정리절차의 이념을 고려하여 극단적인 속지주의를 완화하는 해석론을 전개하였다. 구법하에서는 미국 연방파산법 제7장의 파산사건과 일본 민사재생사건, 독일 도산절차의 국내적 효력에 관한 사건이 다루어졌다. 전자는 관리처분권이전의 효력이, 후자 2건은 포괄집행적 효력이 문제가 되었다.

(1) 파올로구찌사건[11]

대법원 2003.4.25. 선고 2000다64359 판결은 외국도산절차의 승인에 관한 최

9) 구 파산법 제3조 제1항, 제2항, 구 화의법 제11조 제1항, 구 회사정리법 제4조 제1항, 제2항.

10) 당시 일본에서의 논의에 대하여는 林治龍, 앞의 책(주 1), 549-558면 참조.

11) 이미 같은 쟁점으로 서울지방법원 1996.6.28. 선고 96가합27402 판결(하집1996-1, 329, 확정됨)이 있었다. 이 판결에 대한 평석으로는 石光現, "국제도산법의 몇 가지 문제점," 國際私法과 國際訴訟 제1권, 박영사(2001), 450-455면 참조. 이 글은 미국 파산법상 파산관재인의 법적 지위가 한국과 다르다는 점을 정확히 지적하였고, 파산관재인의 권한을 승인하는 근거를 외국재판의 승인에 준하여 그 구비요건을 심리하였어야 함에도 언급하지 아니한 점, 포괄집행적 효력도 한국에 인정되는지 여부를 언급하지 아니한 점, 포괄집행적 효력과 관리처분권이전의 효력을 달리 취급하기 어렵다는 점을 지적하고 있다. 같은 입장의 하급심 판결로는 서울지방법원 2002.9.4. 선고 2001가합79063 판결이 있다. 사안은 일본에서 설립된 회사에 대하여 일본법원이 파산선고를 하여 파산관재인이 선임되어, 파산관재인이 한국 회사(피고)에게 주식을 매각하였는바, 파산 전의 회사가 매매계약의 무효를 구하는 소송을 한국법원에 제기하였다. 법원은 파산관재인에게 소송수행권이 있고, 원고에게는 당사자적격이 없다고 하여 각하하였다. 판결원문은 林治龍 외 3인, 파산판례해설, 박영사(2007), 519-521면 참조.

초의 대법원 판결이다.

1) 사안의 개요

파올로구찌는 우리나라에서 파올로구찌 관련 상표들을 등록하였다. 국내회사인 피고는 파올로구찌로부터 이 사건 상표의 사용권을 부여받은 T회사와 이 사건 상표에 관하여 전용사용권 설정계약을 체결하고 상표를 국내에서 사용하였다. 한편 파올로구찌에 대하여 1994. 미국 파산법원에서 제7장 파산절차가 개시되었고 파산관재인으로 F가 선임되었으며 미국 파산법에 의하여 우리나라 특허청에 등록된 이 사건 상표권들이 그 파산재단에 속하게 되었다. 원고는 파산관재인으로부터 이 사건 상표권을 매수하였다. 원고가 상표의 사용기간이 도과하였음을 이유로 피고에게 상표의 부정사용을 이유로 손해배상 등의 청구를 한국 법원에 제기하였다.

피고는 비록 미국 법원의 파산절차에서 원고가 망 파올로구찌의 파산관재인으로부터 이 사건 상표권을 양수하였다 하더라도 파산법의 속지주의 원칙상 그 효력은 한국 내에 있는 재산인 이 사건 상표권에 관하여는 효력이 없는 것이고, 따라서 파산관재인이 한국의 관할법원에서 별도의 파산절차에 따라 파산관재인으로 선임되고 처분행위를 허락받지 않은 이상 그 처분행위는 효력이 없는 것이라고 다투었다. 제1, 2심은 원고의 청구를 인용하였으며 피고가 상고하였으나 대법원은 상고를 기각하였다.

2) 대법원 판결요지

① 파산법 제3조 제2항은 외국에서 선고한 파산은 한국 내에 있는 재산에 대하여는 그 효력이 없다고 규정하고 있는바, 이는 외국에서 선고된 파산은 한국 내에 있는 재산에 대하여 파산선고의 본래적 효력인 포괄집행적 효력이 미치지 않는다는 것을 선언함에 그치고, 나아가 외국에서 파산선고가 내려진 사실 또는 그에 따라 파산관재인이 선임되었다는 사실 자체를 무시한다거나, 그 선고의 결과 파산선고를 한 해당 국가에서 선임된 파산관재인이 그 국가의 법률에 따라 한국 내에 있는 파산자의 재산에 대한 관리처분권을 취득하는 것까지 부정하는 것은 아니다.

② 미국 파산법원의 파산선고에 따라 이 사건 상표권에 대한 관리처분권이 파산관재인에게 이전되는 것을 인정하는 것은 파산관재인의 선임에 관한 미국 파산법원의 재판의 효력을 승인하는 것을 의미하는 것인데, 기록과 미국 파산법의 관련규정 기타 제반 사정에 비추어 살펴보면, 위 미국 파산법원의 재판이 민사소

송법 소정의 외국판결 승인요건을 갖춘 것으로 못 볼 바 아니다.

3) 평　　가

서울지방법원 96가합27402 판결은 외국파산선고의 효력을 포괄집행적 효력과 관리처분권이전의 효력으로 나누어 속지주의의 범위를 전자에 한정하고 후자에 관하여는 속지주의의 효력이 미치지 아니하는 해석론을 전개하였다. 대법원은 이 판결의 이유를 통하여 종전 하급심의 입장을 지지하였다. 더 나아가 외국도산절차의 승인에 관한 별도의 입법이 마련되지 아니한 구 파산법하에서 외국도산절차를 승인하는 접근 방법으로 민사소송법상의 외국재판의 승인요건에 따르고 있는 점이 특기할 만하다.[12)]

⑵ 대우재팬사건

다음으로 인천지방법원 2003.7.24. 선고 2003가합1768 판결(미항소 확정)(각공 2003.9.10(1),80)이 다룬 대우자동차 사건은 일본의 민사재생절차의 국내적 효력에 관한 것이다.

1) 사안의 개요

피고(대우재팬 주식회사)는 대우자동차의 수출입업 등을 목적으로 설립된 일본국 현지법인이다. 대우그룹 전체의 재무상태가 악화되어 2002.7.4. 일본 동경지방재판소에서 민사재생절차가 개시되었다. 원고(정리회사 대우자동차의 관리인)는 민사재생절차에 재생채권자로 참가하여 피고에 대하여 갖는 부품선수금반환채권을 민사재생채권으로 신고하였다. 원고는 부품선수금반환채권의 지급을 구하는 이행소송을 인천지방법원에 제기하였다. 이에 대하여 피고가 재생채권은 이미 일본의 민사재생절차에서 신고되어 확정됨으로써 재생계획에 따라 변제가 예정되어 있는 이상, 통상의 소를 제기하여 그 지급을 구하는 것은 소의 이익이 없다고 다투었다.

2) 판결요지

일본국 민사재생법 제94조에 의하면 민사재생절차가 개시되면 재생채권자는 재생계획에 따른 변제를 받는 이외에 개별적인 권리 행사를 할 수 없으나, 우리나라의 현행 국제도산법제가 외국 도산절차의 국내적 효력과 관련하여 엄격한 속지

---

12) 이 판결에 대한 평석으로는 石光現, 國際私法과 國際訴訟 제4권, 박영사(2007), 363면 이하; 林治龍, 앞의 책(주 1), 544-571면은 판결 이유가 해석론의 범위를 넘은 것이라고 비판한다.

주의 원칙(파산법 제3조, 회사정리법 제4조, 화의법 제11조)을 채택하고 있으므로 일본국 동경지방재판소에서 개시된 피고에 대한 민사재생절차의 효력은 대한민국 내에 아무런 직접적인 효력을 미칠 수 없다. 원고의 청구를 인용하였다.

3) 평 가

이 판결은 파산선고의 효력 중 포괄집행적 효력은 한국에 소재한 재산에 대하여 미치지 아니한다는 대법원 2000다64539 판결의 법리를 실제의 사건에서 적용하였다는 점에서 의미가 있다.

(3) 대우독일법인 사건

대법원 2009.4.23. 선고 2006다28782 판결(공 2009, 720)은 채무자회생법이 시행된 후에 선고된 것이나 구 회사정리법 제4조에 관한 대법원의 입장을 분명히 하였다.

1) 사안의 개요

○ 원고는 한국자산관리공사이고 피고는 대우자동차이다. 소외 대우독일법인은 대우자동차의 독일 수입, 판매, 보증수리업을 영위하던 중 채권자들의 도산신청으로 2002. 독일에서 도산절차가 개시되어 관리인이 선임되었다. 원, 피고는 도산절차에 참가하여 채권신고를 하였다. 한편 피고에 대하여도 2000. 인천지방법원에서 회사정리절차가 개시되었다.

○ 대우독일법인의 관리인이 피고에게 자동차 판매수리대금 채권을 피보전권리로 하여 대우자동차가 보유한 독일은행에 예치된 L/C선적대금채권을 가압류하였다. 관리인은 피고와 법정화해와 강제집행으로 가압류한 채권을 양도받아 판매수리대금 채권에 충당하였다.

○ 대우독일법인에 대하여 2002.9.25. 도산정리계획안이 인가되었는데 계획에 의하면 원고의 채권은 제1순위로 총 약 2천만 유로를 변제하되, 대우독일법인이 피고에 대하여 취득하는 채권을 원고에게 양도할 것으로 규정하고, 피고의 수출대금채권은 최후순위 채권으로 분류하였다. 원고는 대우독일법인으로부터 채권을 양수하였다.

○ 원고가 양수금채권이 피고에 대한 공익채권이라 주장하면서 회생절차 중인 피고의 관리인을 상대로 그 이행을 구하는 소송을 제기하자 피고가 첫째, 원고의 양수금채권이 정리채권이고, 둘째, 피고의 관리인이 이 사건 소송 도중 원고에게

채권양도인인 대우독일법인에 대하여 갖는 수출대금채권을 자동채권으로 삼아 상계의 의사표시를 하였으므로 원고의 양수채권은 전액 소멸되었다고 주장하였다. 원심은 원고의 양수금 청구를 인용하였다. 피고가 상고를 제기하여 파기환송되었다.

2) 원심 판결 요지

피고가 독일 도산법에 의하여 도산절차가 개시된 대우독일법인에 대하여 상계를 주장하고 있으므로 그 상계의 허용여부는 독일 도산법에 의하여 판단해야 한다. 그런데 독일 도산법상 도산절차 개시 당시 존재하는 수출대금채권(정리채권)을 자동채권으로 하고, 도산절차 개시 후에 도산재단에 대하여 부담하는 채무를 수동채권으로 하는 상계는 허용되지 아니하므로 피고의 상계주장은 이유 없다.

피고는 구 회사정리법 제4조의 속지주의에 의하면 독일에서 개시된 도산절차의 개별집행금지의 효력은 국내에 소재한 대우독일법인의 재산(의무이행지가 대한민국인 채권)에 대하여 미치지 아니하므로 이를 수동채권으로 삼아 상계가 가능하다고 주장하지만, 이 사건은 대우독일법인이 국내에 가지고 있는 재산에 대하여 개별적으로 강제집행이 가능한지 여부가 문제된 것이 아니라 대우독일법인이 대우자동차에 대하여 부담하는 자동차 수입대금 지급채무 즉 대우자동차의 대우독일법인에 대한 수출대금채권이 자동채권이 될 수 있는가 하는 문제이므로 구 회사정리법 제4조의 적용대상이 아니다.

3) 대법원판결요지

구 회사정리법 제4조 제2항은 외국에서 개시된 정리절차의 효력에 관하여 이른바 '속지주의의 원칙'을 채택하고 있음을 명시하고 있으므로, 외국에서 정리절차가 개시되어 선임된 정리회사의 관리인이 그 국가의 법률에 따라 대한민국 내에 있는 정리회사의 재산에 대한 관리처분권을 취득할 수 있는지는 별론으로 하고, 개별 채권자의 권리행사 등을 금지 · 제한하고, 정리회사 혹은 도산재단의 재산을 보전 · 회복하기 위하여 도산절차상 특별한 조치를 취할 수 있도록 하며, 정리계획을 통하여 채권자와 주주의 권리를 변경할 수 있도록 하는 등 채권자, 주주 등의 이해를 조정하며 사업의 유지 · 재건을 도모하기 위하여 부여된 외국 정리절차의 본래적 효력은 대한민국 내에 있는 재산에 대하여 미칠 수 없고, 따라서 외국에서 정리절차가 개시된 회사가 대한민국 내에 갖고 있는 재산에 대하여, 그 회사의 채권자가 자신의 권리를 행사하거나 실현하는 데에는 외국 정리절차의 본래적 효력에 의한 금지 · 제한을 받지 아니한다.

외국의 도산법에 의한 상계의 금지·제한의 효력은 구 회사정리법 제4조 제2항에서 규정하는 외국에서 개시한 정리절차의 본래적 효력에 해당한다고 할 수 있다. 따라서 외국의 도산법이 외국에서 정리절차가 개시된 회사의 채권과 그 회사의 채권자가 그 회사에 갖고 있는 채권과의 상계를 금지·제한하고 있고, 나아가 그 회사의 채권자가 그 외국의 정리절차에 참가하고 있다 하더라도, 그 회사의 채권이 대한민국 법원에 재판상 청구할 수 있는 것이라면, 그 회사의 채권자가 그 회사의 자신에 대한 채권을 수동채권으로 상계하는 데에는 그 외국의 도산법이 규정하는 상계의 금지·제한의 효력을 받지 않는다.

대우독일법인이 독일도산절차 개시 후 정리회사에 대하여 취득한 이 사건 수리대금 채권은, 정리회사의 본점이 대한민국 내에 소재하고 있어 그 채권의 지급을 구하는 소의 국제재판관할권이 대한민국 법원에 있다고 볼 수 있는 이상, 대한민국 법원에 재판상 청구할 수 있는 채권이므로 구 회사정리법 제4조 제3항에 의하여 대한민국에 있는 재산으로 보게 되고, 구 회사정리법 제4조 제2항에 의하여 그 채권에 대하여는 독일도산절차의 본래적 효력이 미치지 아니한다.

4) 평 가

위 판결은 구법의 속지주의의 의미를 보다 자세히 설시한 점에서 의의가 있으나 기본적으로는 종전 판례와 마찬가지로 관리처분권 이전의 효력은 국내소재 재산에 미치지만, 개별집행금지의 효력(상계금지의 효력)은 미치지 아니한다는 인천지방법원의 입장과 같음을 대법원의 판결을 통하여 확인한 것이다.

Ⅲ. 국제도산법의 쟁점

국제도산사건에서 문제가 되는 쟁점은 크게 나누어 5가지이다. 즉 국제도산관할, 내국도산절차의 대외적 효력(outbound effect), 외국도산절차의 대내적 효력(inbound effect), 병행파산의 조정, 도산국제사법이다. 채무자회생법 제5편은 그 중 도산국제사법을 제외한 나머지 쟁점에 대하여 규정하고 있다.

다시 이를 세분하여 국제도산관할에 관한 문제점을 열거하면 아래와 같다. 외국에서 도산절차가 개시되거나 한국에서 외국도산절차가 승인된 후 한국에서 재산소재를 이유로 도산절차를 진행할 수 있는가? 반대로 재산소재를 이유로 개시된 외국 도산절차를 한국에서 승인할 수 있는가?

내국도산절차의 대외적 효력에 관한 구체적인 문제점을 열거하면 아래와 같다. 외국에 소재하는 재산이 내국파산절차의 파산재단을 구성하는가? 내국도산절차에서 임명된 관리인(파산관재인 포함. 이하 혼용하여 사용한다)이 외국에 소재하는 재산에 대하여 관리처분권을 갖는가? 국내 파산관재인은 외국에서 외국도산절차의 신청권한을 갖는가? 외국에 소재한 채무자(파산자) 소유의 재산에 대하여 설정된 담보권의 행사도 중지되는가?

다음으로 외국도산절차의 대내적 효력에 관한 구체적인 문제점을 열거하면 아래와 같다. 외국 도산절차가 개시된 후 한국 내에 소재하는 재산에 대한 강제집행, 임의경매신청행위가 허용되는가? 한국 내에 소재한 채무자의 재산에 대한 관리처분권을 외국관리인이 취득하는가? 한국 내에 소재한 재산에 관한 민사소송에서 당사자 적격이 외국관리인에게 있는가 아니면 채무자에게 있는가? 외국 면책재판의 효력을 국내에 미치기 위하여는 채무자회생법상의 승인재판을 받아야 하는가? 아니면 민사소송법상의 외국판결의 승인절차를 거치면 충분한가?

병행파산에 관한 구체적인 문제점을 열거하면 아래와 같다. 외국에서 주된 파산절차가 개시되거나 한국에서 승인된 후 한국에서 종된 파산절차를 신청할 수 있는가? 채권자가 외국 파산절차에서 배당을 받은 후 한국에서 개시된 파산절차에 참가한 경우에 외국에서 받은 배당액을 고려하여 다른 채권자들과 공평하게 배당할 것인가? 이른바 hotchpot rule의 적용문제이다. 아래에서는 이러한 쟁점 중 실제의 사건에서 문제된 부분에 한정하여 구체적인 사례를 통하여 살펴보기로 한다.

1. 채무자회생법의 적용대상

채무자회생법 부칙 제2조는 과거 회사정리법 등의 폐지에 따른 경과조치를 규정하고 있으나 외국도산절차에 관하여는 경과조치를 두고 있지 않다. 그리하여 2006.4.1. 이전에 이미 외국도산절차가 개시된 경우에도 채무자회생법을 적용할 것인가 하는 점이 실제의 사건에서 다투어졌다. 적용부정론은 채무자회생법의 관련 규정을 종합하면, 2006.4.1. 이전에는 한국의 파산법제가 속지주의였으므로 속지주의를 신뢰하고 외국도산절차에 참가하지 않고 국내 재산에 대하여 강제집행할 수 있다고 믿은 국내채권자의 신뢰를 보호하여야 한다고 주장한다. 이에 반하여 적용긍정론은 채무자회생법 시행 이후에 외국도산절차가 개시된 때부터 적용한다는 명문의 규정을 두지 아니한 이상 외국도산절차가 2006. 4. 1. 이전에 개시되어도 승인이 가능하다는 입장이다. 더구나 2006. 4. 1. 이전에 개시되었다가 2006. 4. 1. 현재 외국도산절차가 계속 중인 경우마저도 승인대상에서 제외한다면 속지주의를 폐지하고 국제적인 기준에 맞는 국제도산편을 속히 입법한 입법취지에 어긋난다고 주장한다. 이 점을 언급한 유일한 학설은 승인신청시를 기준으로 채무자회생법을 적용하여야 한다고 주장하고 있다.[13)]

서울중앙지방법원은 네덜란드에서 개시된 도산절차[14)]와 미국에서 개시된 연방파산법 제11장 사건의 절차가 2006. 4. 1. 이전에 개시된 사안에서 승인한 바 있다.[15)] 그 중 후자에 관한 서울고등법원 2009. 8. 31. 자 2008라592 결정은 "채무자에 대한 이 사건 외국도산절차는 채무자회생법이 시행되기 이전에 미국 연방파산법에 따라 개시되어 진행된 것으로서 당시 국내 도산절차를 규율하던 구 파산법, 회사정리법, 화의법은 모두 국내에서 개시된 도산절차의 대외적 효력은 물론 외국에서 개시된 도산절차의 대내적 효력을 모두 부정하는 이른바 속지주의의 규정을 두고 있었지만, 현행 채무자회생법은 외국도산절차의 승인결정절차를 도입하면서도 부칙 등에 아무런 경과규정을 마련하고 있지 않아 결과적으로 그 승인대상인 외국도산절차의 범위에 있어서는 어떠한 제한을 두고 있지 않다고 보아야 할 것이고, 국내 채권자들의 공평한 취급이나 지위의 보호 등은 별도의 규정에 의하도록 하고 있다고 해석하는 것이 입법자의 의사에 보다 부합되는 해석"이라는 이유로 적용긍정론을 채택하였다.

생각건대, 구 파산법의 속지주의하에서도 법원의 실무는 해석론을 통하여 극단적 속지주의의 폐해를 피하기 위한 노력을 한 점과 이미 미국이 구 회사정리법하에서 선임된 관리인이 미국에서 보조절차(미국 파산법 § 304, BAPCPA로 폐지되고 제15장을 신설함)를 신청할 권한이 있다고 해석하여 온 점과 국제파산법제를 보편주의로 전환한 입법목적에 비추어 보면 하급심의 입장이 타당하다고 생각된다.[16)]

---

13) 石光現, "채무자회생 및 파산에 관한 법률(이른바 統合倒産法)에 따른 國際倒産法," 국제거래법연구 제15집 제 2 호(2006), 379면.

14) 서울중앙지방법원 2007. 10. 18. 자 2007국승1 결정. 위 결정은 승인재판과 동시에 지원처분으로 가압류결정의 취소를 명하였다.

15) 서울중앙지방법원 2008. 2. 12. 자 2007국승2 결정. 위 결정은 승인결정만 하였고 신청인이 청구한 국제도산관리인의 선임신청에 대하여는 별도로 재판하지 아니하였다. 재판의 탈루인바 이 점에 대하여 항고심은 별도의 언급이 없었다.

16) *In re Kyu Byung Hwang* 사건, 이 글의 주 80 참조.

2. 승인결정의 효력

외국도산절차를 승인하면 발생하는 효력에 관하여 2가지의 입법례가 존재한다. 먼저 EU규정은 회원국 중 어느 국가에서 개시된 주된 도산절차의 효력은 원칙적으로 별도의 승인결정 없이 즉시 회원국에 미친다. 이를 자동승인제라 한다. 한편 모델법과 미국 파산법 제15장은 승인결정을 요하되 승인결정에 의하여 최소한의 효력(모델법 제20조에 의하면 소송의 중단, 강제집행의 금지, 채무자의 관리처분권의 정지 등의 효력이 발생함)이 발생하는 방식이다. 이를 결정승인제라 한다.[17] 일본의 승인원조법은 결정승인제를 취하면서도 승인결정 자체에 대하여 효력을 인정하는 것이 아니라 원조처분을 할 수 있는 전제가 될 뿐이고, 외국도산절차의 개시효력을 국내로 확장하는 것은 아니다.[18]

채무자회생법은 일본의 승인원조법과 같은 입장이다. 서울고등법원 2008라592 결정은 승인의 효력에 관하여 다음과 같이 설시하고 있으며 이는 정당한 해석이다. "외국도산절차를 자동적으로 승인하는 대신, 그 승인을 위한 법원의 결정이 필요하도록 하는 결정승인제를 채택하고, 이와 더불어 승인결정 자체에는 단순히 지원처분을 할 수 있는 기초로서의 의미만을 부여하는 체제이다. 즉 채무자회생법은 우리나라 법원의 승인결정에 의하여 외국도산절차의 효력이 우리나라에 미칠 수 있도록 하되, 승인결정만으로는 아무런 법률효과를 인정하지 않고 있는데, 이는 각국의 법체제와 파산 및 면책의 요건 절차 효과 등 서로 상이함으로 인하여 발생할 수 있는 혼란을 최소화하기 위하여 외국의 도산법이 정한 외국도산절차의 효력이 우리나라에 그대로 유입되는 것을 차단하고, 우리나라 법원이 재량으로 개별적인 지원결정을 하도록 하는 입장을 취하고 있는 것으로 보아야 할 것이다."

고합사건[19]에서는 승인신청 후에 지원처분으로 제636조 제1항 제4호에 기하여 국제도산관리인의 선임신청을 하였으나 제1심은 승인결정만 하고 별도의 지원처분 결정을 하지 않고 있다.[20]

---

17) 石光現, 앞의 글(주 13), 345면.

18) 深山卓也, 新しい國際倒産法制, 金融財政事情硏究會(2001), 281면.

19) 뒤에서 보는 5(5) 외국 면책 재판의 승인 항목 참조.

20) "국제도산승인과 지원처분간의 법률적 관계에 대한 연구가 이뤄지지 않고 있어 중앙지법은 고등법원의 판단을 기다린 후 지원처분을 해야 하는지 아니면 곧바로 지원처분을 해야 하는지 여부를 두고 깊은 고민에 빠져있는 것으로 전해졌다." 2007국승2호 사건에 관한 법

3. 채무자회생법상의 외국도산관재인의 법적지위

고합사건에서 신청인(채무자)은 지원처분의 하나로 외국도산관재인의 선임신청을 하였다. 법원은 이에 대하여 재판을 하고 있지 않다가 한국에서 파산선고가 되어 파산관재인이 선임됨으로써 선임의 법적 의의가 반감되었다. 만일 외국도산관재인이 선임되었다는 것을 가정하고 논의를 하기로 한다.

외국파산관재인이 파산재단에 속하는 한국에 소재한 채무자의 재산에 관하여 관리처분권을 갖기 위하여는 먼저 승인결정을 얻어야 한다(제632조). 그 전제로는 외국의 파산법이 보편주의에 터잡아 타국에 소재하는 재산도 파산재단에 속하여야 하고, 외국파산관재인이 타국에 소재하는 재산에 대하여도 관리처분권을 갖아야 한다. 더 나아가 외국파산관재인이 대한민국 법원에 의하여 국제도산관리인으로 선임되어야 한다(제636조 제1항 제4호). 국제도산관리인으로 선임되면 채무자의 업무의 수행 및 재산에 대한 관리·처분권한이 국제도산관리인에게 전속한다(제637조 제1항). 따라서 채무자회생법에 의하면 외국파산관재인으로서는 한국내에 소재하는 재산에 관하여 관리처분권을 행사하기 위하여는 먼저 승인결정을 얻고 자신이 국제도산관리인으로 선임되어야 한다. 구 파산법 하에서는 외국파산관재인으로 선임된 사실만 입증하면 족하지 별도로 승인재판과 국제도산관리인 선임재판이 필요 없었으므로 채무자회생법의 체제가 후퇴하였다는 비판을 할 수 있다.[21]

그러나 한국이 결정승인제를 채택한 이상 외국파산관재인이 국내 재산에 대하여 관리치분권을 읻기 위하여는 승인재판절차를 생략하는 것은 불가능하다. 결정자체만으로 어떠한 법률효과를 인정하고 있지 아니한 채무자회생법하에서는 별도로 국제도산관리인의 선임재판이 필요하다. 따라서 외국파산관재인이 한국내에 있는 재산을 처분하기 위하여는 채무자회생법상의 승인재판과 국제도산관리인 선임결정을 얻어야 하므로 이러한 절차 없이도 처분이 가능하다는 파올로구찌에 관한 대법원 판결은 더 이상 유지될 수 없다.

더 나아가 한국에 소재한 채무자의 재산에 관하여 계약을 체결하고자 하는 자는 국제도산관리인이 선임되기 전까지는 외국파산관재인이 아니라 종전의 채무자와 거래를 하여야 한다. 거래를 둘러싼 민사소송도 종전의 채무자를 피고로 삼아야 한다. 문제는 외국의 파산법이 보편주의를 채택하고 있고 외국파산관재인에

률신문 2008. 3. 26. 제3637호 기사 참조.

21) 石光現, 앞의 글(주 13), 351면.

게 한국내에 소재한 채무자의 재산에 대하여도 관리처분권을 인정하고 있는 경우에 외국파산관재인이 아니라 채무자와 거래하는 것이 외국에서도 인정받을 수 있는 것인가 하는 점이다. 만일 거래 상대방이 사전에 외국도산절차의 승인과 국제도산관리인의 선임을 신청할 수 있다면 그러한 절차를 거쳐 국제도산관리인과 거래하는 것이 가장 안전할 것이다. 그러나 채무자회생법은 승인재판의 신청권한을 오로지 외국도산절차의 대표자에게만 인정하고 있다(제631조 제1항). 또한 국제도산관리인의 선임은 외국도산절차의 승인신청 후 승인재판 전까지의 임시기간 동안에는 허용되지 않고 승인재판과 동시에 또는 승인재판이 있은 후에 선임이 가능하다(제636조 제4호). 따라서 국제도산관리인이 선임되기 전에 채무자와 거래하는 행위는 계약의 준거법에 의하여 효력을 잃을지도 모른다는 점에 유의할 필요가 있다.[22] 앞으로 법을 개정하여 승인신청권자의 범위를 확대할 필요가 있다.

채무자에 대하여 외국도산절차가 개시되더라도 그 즉시 국내에 계속 중인 채무자의 재산에 관한 소송은 중단되지 아니한다. 소송을 수계하기 위하여는 먼저 승인재판과 국제도산관리인이 선임되고 국제도산관리인이 소송을 수계하여야 한다. 일본의 승인원조법 제36조는 승인관재인에 대한 관리명령이 있은 후에 일본국내에 있는 재산에 관한 소송은 중단되며 승인관재인이 원고 또는 피고가 되어 중단된 소송을 수계함을 명시적으로 규정하고 있다.[23]

외국파산절차의 파산재단에 속하는 국내 소재 재산을 외국으로 반출하기 위하여는 국제도산관리인이 사전에 법원의 허가를 얻어야 한다(제637조 제2항). 만일 허가 없이 반출하면 형사처벌을 받게 된다(제648조).

4. 직접관할— 재산소재지를 이유로 관할

구 파산법은 재산소재를 이유로 파산신청이 가능하였지만(파산법 제98조),[24]

22) 채무자회생법 제330조, 제334조에 의하면 파산선고 사실을 알고서도 채무자와 거래하는 것은 파산관재인에 대하여 무효로 될 수 있는데 만일 외국의 준거법이 이와 같다면 무효가 될 염려가 있다.

23) 일본의 「外国倒産処理手続の承認援助に関する法律」도 외국 파산관재인이 내국에서 당연히 채무자의 재산에 관한 소송에서 당사자적격을 갖는 것은 아니고 먼저 법원에 승인신청을 하고(承認援助法 제17조 제1항), 요건을 구비하였다고 인정되는 경우에 법원이 승인결정을 한다. 외국관재인이 당사자적격을 취득하기 위하여는 별도로 관리명령(제32조)을 얻어 승인관재인으로 선임되어야 비로소 당사자적격을 취득한다.

24) 주로 국내에 소재하는 재산에 관하여 국지적인 청산 등을 가능하도록 하여 국내채권자의 보호를 도모하기 위한 취지이다.

구 회사정리법은 재산소재지 관할을 허용하지 아니하였다. 그러나 재산소재지 관할의 경우에도 재건절차를 인정할 필요가 있을 수 있다.[25] 예컨대 외국에서도 재건형의 파산절차가 개시되고, 국내의 채무자 재산도 그 재건에 필요한 재산이 되어 내국채권자에게도 국내의 청산절차보다 다액의 변제를 기대할 수 있는 경우이다.[26] 그리하여 채무자회생법은 일본과 달리 파산절차와 회생절차를 구별하지 않고 총칙 제3조 제3항에서 재산소재지에 대하여도 보충적인 관할을 인정하는 규정을 두었다.

서울중앙지방법원 2008하합20 사건에서 법원은 미국에 거주하는 개인채무자에 대하여 채권자가 신청한 파산신청을 받아들였다. 관할의 근거에 대하여는 명백히 설시하고 있지 아니하나 채무자가 미국에 거주하는 개인으로서 유일한 관할근거는 채무자가 소유하였던 한국 소재 부동산에 대한 가압류해방공탁금 반환채권이다.

서울중앙지방법원 2008하합8 사건에서 법원은 이탈리아인이 네덜란드에서 설립되고 주된 영업소가 네덜란드인 외국 법인에 대하여 파산선고를 하였다. 관할의 근거는 ABN AMRO 은행이 한국 회사가 채무자에게 발행한 사채를 서울지점에서 보관하고 있다는 점을 들고 있다.

그러나 채무자회생법에 의하면 재산소재지를 이유로 한 파산절차에 대외적 효력을 인정하고 있다.[27] 그러나 제631조 제1항이 외국파산절차가 국내에서 승인되기 위하여는 외국에 채무자의 영업소, 사무소 또는 주소가 있을 것이 요건으로 함으로써 재신소재지만을 근거로 한 외국노산절차는 승인대상에서 제외하고 있는 점에 유의할 필요가 있다.[28]

---

25) 미국의 경우 재산소재지 관할법원에 재건절차인 제11장을 신청할 수 있다(§109조). 이에 반하여 일본은 회사갱생절차에서는 재산소재지만을 이유로 한 재판관할을 부정하고 있다. 그 이유로는 재산소재만으로는 회사의 자본구성의 변경 등 조직법상의 변경을 정하는 계획을 작성할 수 없음을 들고 있다(松下淳一, "裁判官轄權" 新裁判實務大系3 國際民事訴訟(財産編), 青林書院(2002), 470면 참조).

26) BCCI 사건에서 일본의 국내채권자는 국내재산만으로 배당을 받게 되면 3%밖에 배당받지 못할 형편이었으나 주절차인 영국의 청산절차에 참가하여 60%를 초과하는 배당을 받게 되었다고 한다(桃尾重明, 新國際倒産法實務, 日本法令(2001), 99면).

27) 채무자회생 제3조 제3항의 신설과 종전 속지주의 조항의 삭제에 의한 해석이다.

28) 일본의 입법과정에서도 이러한 경우 대외적 효력을 부정하자는 견해도 있었으나 채택되지 아니하였다.

5. 도산국제사법

국제사법에서 논의되는 준거법의 원칙은 국제도산법에서도 그대로 적용된다. 즉 당해 법률관계와 가장 밀접한 관련이 있는 국가의 법이 준거법이 된다. 따라서 도산국제사법의 준거법을 결정함에 있어서도 국제사법의 영역과 마찬가지로 당사자의 이익, 거래이익과 질서이익 등 국제사법적 이익을 교량해서 연결원칙을 정하여야 한다.[29] 그러나 국제도산절차에서는 각국의 도산절차가 보편적으로 지향하는 채권자평등의 원칙과 채무자의 재건, 법적안정성 등이 강조된다. 절차는 법정지법에 따른다는 국제사법상의 법정지법 원칙이 국제도산절차에서도 타당하다. 따라서 도산절차의 개시와 종료, 파산관재인의 선임, 권한과 의무, 채권의 신고, 확정절차, 외국도산절차의 승인 등의 문제는 절차개시국법에 따라야 한다. 채무자회생법, UNCITRAL 모델법, 일본의 승인원조법은 도산절차에서 적용할 준거법에 관한 규정을 두지 않고 있음에 반하여 EU규정은 제 4 조 제 2 항에서 도산절차개시국법에 의하여 규율되어야 할 사항 13가지를 예시적으로 열거하고 있다. 국제도산법에서도 국제사법의 영역에서와 마찬가지로 절차법적 고찰방법이 우선적으로 고려된다.

(1) 상　계

1) 상계의 준거법

상계라 함은 양 당사자가 상대방에 대하여 갖는 동종의 채권을 일방적 의사표시에 의하여 서로 비겨 채무를 소멸시키는 행위를 말한다. 우리나라의 민법에서도 상계의 요건을 규정하고 있듯이 각국의 민법은 상계의 요건에 관하여 다른 입법을 하고 있다. 상계의 준거법에 대하여 영미법계에서는 소송법상의 제도로서 법정지법에 의하지만[30] 한국과 일본은 실체법상의 제도로서 채권의 준거법에 의하여 처리하고 있다. 채권의 준거법이 수동채권의 준거법에 의할 것인가 자동채권의 준거법에 의할 것인가에 관하여 견해가 나뉘어져 있다. 전자는 상계는 반대채권의 이용에 의한 채무자 즉 상계권자의 면책행위이므로 이행에 갈음하는 것이라는 점을 근거로 들고 있다.[31]

그러나 일본의 다수설은 상계는 서로 대립하는 채권을 상호간에 소멸시키는

29) 李好珽, 涉外私法, 한국방송통신대학(1990), 16-23면

30) 申昌善, 國際私法 제 6 판, fides(2007), 316면.

31) 스위스 국제사법 148조 제 2 항과 독일의 다수설 및 판례(BGHZ 38)의 입장이다.

제도이고 두 개의 채권이 한꺼번에 관여하는 것이라는 점을 근거로 자동채권과 수동채권의 준거법이 누적적으로 적용된다는 이른바 누적적 적용설이다.[32] 우리나라에서는 누적적 적용설과 수동채권의 준거법설로 나뉘어 있다.[33]

생각건대, 상계의 준거법에 관한 논의 가운데 수동채권 준거법설을 취하게 되면 자동채권 준거법에 의하면 상계가 불가능함에도 수동채권이 소멸하고 자동채권은 소멸하지 않는 결과가 발생하고 이 경우에는 부당이득의 문제로 처리한다고 하지만 채권채무관계를 둘러싼 법률관계가 복잡하게 되고, 자동채권 보유자에게 도산절차가 개시된 경우에 상계에 관한 도산절차의 규정과 무관하게 관리인이 법원의 허가 없이 임의로 상계하는 것이 가능하게 되는바 이는 부당하므로 누적적 적용설이 타당하다. 이때 준거법에는 실체법 뿐 아니라 도산법을 포함한다고 해석함이 타당하다. 따라서 우리나라에서 도산절차가 개시된 경우에 상계가 가능하기 위하여는 채무자회생법상 상계요건을 갖추어야 할 뿐 아니라 상계의 준거법(누적적 적용설)에 의하여 상계가 허용되어야 한다.[34]

2) 倒産節次와 相計

EU규정 제6조는 "도산절차의 개시는 지급불능인 채무자의 채권에 적용되는 법에 따라 상계가 허용되는 경우에는, 채무자의 채권에 대해 자기의 채권으로 상계하는 채권자들의 권리에 영향을 미치지 아니한다"고 규정하고 있다. 본조는 상계적상을 담보권과 동등하게 취급하여 상계권에 대하여 규칙 제5조의 물권에 유사한 원칙을 정한 것이다.[35] 수동채권의 준거법에 의하여 상계가 가능하다면 도산법정지법에 의하여 상계가 허용되지 않더라도 상계가 가능한 것으로 해석된다. 제6조의 근거는 상계의 준거법과 상계를 할 수 있는 지위에 대한 채권자의 신뢰를 보호하려는 데 있다.[36] 수동채권의 준거법에는 실체법 뿐 아니라 채무자 소재지의

32) 일본의 논의에 관하여는 木棚照一・松岡博・渡辺惺之, 國際私法概論 第3版, 有斐閣(1998), 156면.

33) 누적적 적용설로는 申昌善, 앞의 책, 316면; 김인・박정기・김인유, 국제사법, 법문사(2002), 307면. 수동채권의 준거법설은 李好珽, 涉外私法, 한국방송통신대학(1990), 283면. 이현묵, "국제적 상계에 대한 준거법," 법률신문 2009.3.19, 15면은 원칙적으로 수동채권의 준거법이 상계의 준거법이 되고 예외적으로 채무자가 채무의 존속에 대하여 이익을 갖고 있는 경우에는 중첩적으로 적용된다는 입장이다.

34) 同旨 : 石光現, "도산국제사법의 제 문제 : 우리법의 해석론 방향," 사법 제4호, 사법발전재단(2008), 145면; 한민, "국제금융과 국제도산법에 관한 소고1－실무상 문제점 분석을 중심으로," BFL 제27호(2008), 109면.

35) 貝瀨幸雄, 國際倒産法と比較法, 有斐閣(2003), 39면.

36) Virgos-Schmit Report on the Convention on Insolvency Proceeding, paragraphs 107.

도산법을 포함하는 것이 독일의 다수설이라 한다.[37)]

미국은 상계(setoff)와 공제(recoupment)를 구별하여 상계는 동일 당사자간에 별개의 계약에 기한 채권채무관계를 소멸시키는 것을 말하고, 공제라 함은 동일한 계약에 기하여 상대방에 대하여 갖는 채권을 소멸시키는 것이라 한다.[38)] 공제의 경우에는 채무자의 청구에 대한 채권자의 공제항변의 형태로 행사되며 상계가 아니므로 상계에 관한 도산법상의 제한이 적용되지 아니한다.[39)] 우리나라의 경우에도 임대차보증금의 반환채무와 연체 차임 및 관리비의 채무에 대하여 판례에 의하면 임대인의 상계의사표시를 기다리지 아니하고 당연히 보증금반환채무에서 연체차임이 공제되는 법리가 확립되었다.[40)]

대법원 2007. 9. 28. 선고 2005다15598 전원합의체 판결(공 2007, 1659)은 보험자(피고)가 해약환급금에서 약관대출원리금을 공제한 나머지만 보험계약자(원고)에게 해약환급금으로 지급하자 보험계약자가 생명보험계약이 해지되기 이전에 자신에 대하여 회사정리절차가 개시되어 정리채권신고기간이 만료되었으므로 그 후에 보험자가 한 상계의 의사표시는 효력이 없다고 다투는 사안에서 "… 약관에 따른 대출계약은 약관상의 의무의 이행으로 행하여지는 것으로서 보험계약과 별개의 독립된 계약이 아니라 보험계약과 일체를 이루는 하나의 계약이라고 보아야 하고, 보험약관대출금의 경제적 실질은 보험회사가 장차 지급하여야 할 보험금이나 해약환급금을 미리 지급하는 선급금과 같은 성격이라고 보아야 한다. … 결국, 생명보험계약의 해지로 인한 해약환급금과 보험약관대출금 사이에서는 상계의 법리가 적용되지 아니하고, 생명보험회사는 생명보험계약 해지 당시의 보험약관대출 원리금 상당의 선급금을 뺀 나머지 금액에 한하여 해약환급금으로서 반환할 의무가 있다고 할 것이므로, 생명보험계약이 해지되기 전에 보험계약자[41)]에 관하여 구 회

---

37) 石光現, 앞의 글(주 34), 144면.

38) *In re B & L OIL CO.* 782 F. 2D 155. Robert L. Jordan & William D. Warren, BANKRUPTCY(4th ed, 1995), pp. 510-512에서 재인용.

39) *In re B & L OIL CO.* 782 F.2D 155. 가장 대표적인 예로 들고 있는 것이 건설계약에서 채무불이행으로 인한 손해배상채권을 미지급 공사대금에서 공제하는 것이다.

40) 확립된 판례에 의하면, 임대차보증금을 반환받기 위하여는 먼저 연체차임의 지급 등 정산이 선행되어야 하고(대법원 1976. 8. 24. 선고 76다1032 판결), 자동채권인 연체임료채권의 존재를 임대인에게 부담시키지 아니하고 거꾸로 월세가 모두 지급되었다는 사실을 임차인에게 입증책임의 부담을 지우고(대법원 1978. 12. 26. 선고 78다2084 판결), 더 나아가 임대차보증금에 대한 전부명령이 확정되더라도 임대차관계 종료 후 그 목적물이 명도되기까지 사이에 발생한 임대인의 채권을 공제한 잔액에 관하여서만 전부명령이 유효하다(대법원 1998. 10. 20. 선고 98다31905 판결).

41) 판결원문에는 보험회사로 표기되어 있으나 회사정리절차가 개시된 자는 보험계약자이므로

사정리법에 의한 회사정리절차가 개시되어 정리채권신고기간이 만료하였다고 하더라도 같은 법 제162조 제1항의 상계제한 규정은 적용될 여지가 없다"라고 판시한 바 있다.

상계의 조건, 허용범위, 상계의 행사방법에 대하여는 도산절차개시지국법이 적용되고 상계의 효력에 대하여는 국제사법상의 상계의 준거법에 의하여야 한다.[42] 따라서 누적적 적용설을 적용하는 경우라도 도산절차에서 상계가 어느 범위까지 가능한지 여부에 대하여 각국의 파산법제가 다르므로 실체법 뿐 아니라 파산법을 검토할 필요가 있다.

(2) 未履行 雙務契約

채무자회생법은 파산절차와 회생절차에서 관재인 등으로 하여금 미이행 쌍무계약에 관하여 계약의 이행 또는 계약의 해제를 선택할 수 있는 권한을 부여하고 있다. 이는 일본, 미국, 독일의 파산법제도 동일하다. EU규정 역시 도산절차가 쌍방 미이행 쌍무계약에 미치는 영향은 원칙적으로 도산법정지법에 의한다고 규정하고 있다(제4조 제2항 e호).

계약의 해제로 인한 효과는 계약의 준거법에 의하지만 도산절차에서 미이행 쌍무계약임을 이유로 해제할 수 있는지 여부는 도산절차 개시국법에 따른다는 점에 대하여는 외국의 경우에도 마찬가지이다. 그 근거로는 쌍방미이행의 쌍무계약에 대하여 당사자간의 공평과 파산절차의 신속한 진행을 도모하기 위한 파산법의 목적이 갖는 공권력성이 강하므로 상행적 적용법규에 해당하여 기본적으로 국제사법에 의한 외국법의 적용 여하에 관계 없이 파산법이 적용되어야 한다는 점을 들고 있다.[43]

파산절차에 관한 대법원 2001.12.24. 선고 2001다30469 판결(공 2002, 341)은 신디케이티드 론 방식에 의하여 원고를 차주, 동남은행을 포함한 21개의 금융기관(원고는 외국금융기관이다)을 공동대주단으로 한 차관계약(영국법을 준거법으로 함)을 체결한 후 간사은행단의 일원인 동남은행이 파산하자 피고 파산관재인이 이행을 선택한 사안에서 파산관재인이 미이행 쌍무계약에 관한 선택권을 갖는 것을 전제로 이행선택 후의 해제의 효과에 대하여 판시하고 있다.

보험계약자의 오기로 보인다.

42) 横溝 大, "否認・雙務契約・相殺(上)," NBL No. 663(1999), 47면.

43) 横溝 大, 앞의 글, 47면. 일본의 통설이다.

회사정리절차에 관한 대법원 2003.5.16. 선고 2000다54659 판결(공 2003, 1297)은 외국금융기관과 미도파간에 체결된 주식옵션계약에 관하여 미도파에 대하여 회사정리절차가 개시되자 풋옵션의 행사에 의하여 체결된 주식매매계약이 쌍방미이행의 쌍무계약을 이유로 정리회사의 관리인이 회사정리법 제103조에 의하여 이를 해제한다는 의사표시를 하였으므로 주식매매계약은 적법하게 해제되었다고 판시하고 있다. 이 판결은 국제도산사건에 관한 준거법의 문제를 정면으로 다루지는 아니하였으나 미이행 쌍무계약의 이행 또는 해제의 선택은 도산법정지법에 의한 것을 당연한 전제로 하고 있다.

(3) 국제중재와 채권조사확정

1) 국제중재절차와 파산절차의 관계

채무자와 채권자간에 중재약정을 체결한 후 중재절차가 개시되기 전, 중재절차 계속 중, 또는 중재판정이 난 후에 채무자에 대하여 회생절차가 개시된 경우에 회생채권조사확정재판을 어떻게 진행할 것인지가 문제가 되었다.[44] 서울중앙지방법원에 계속 중인 회생회사 삼선로직스 사건의 경우에 외국채권자들이 회생채권조사절차에서 이의를 제기한 관리인을 상대로 여러 건의 회생채권조사확정재판을 신청하였다. 채권자와 회생회사간에 체결된 중재약정에 의하여 이미 중재절차가 진행 중인 사건도 있고, 아직 중재절차가 시작되지 아니한 사건도 있었다.

먼저 국제중재절차와 파산절차의 관계에 대하여는 각국의 입법례가 달라 국제적인 원칙이 확립된바 없다. 모델법 제20조에서 규정한 절차의 중지에 중재절차도 포함되는지에 관하여 총회에서의 다수설은 적극적으로 해석하고 있다.[45] 관리인은 먼저 영국법원에 한국도산절차의 승인신청을 하여 영국법원은 영국내의 제소금지와 소송의 중단 뿐 아니라 이미 계속 중인 중재절차의 중단을 명하였다. 파산부의 실무는 중재절차의 진행정도, 양 당사자의 의사 등 제반 사정을 고려하여

44) 외국중재절차와 파산절차의 관계에 관한 글로는 林治龍, 파산법연구 2, 박영사(2006), 82-130면 이하는 일본, 미국, 독일, 프랑스의 실무를 설명하고 있다. 또한 국내중재절차와 파산절차와의 관계에 관한 글로는 김경욱 "仲裁當事者의 破產이 仲裁節次에 미치는 影響," 한국민사소송법학회지 Vol.10-2, 한국민사소송법학회(2006), 291-325면. 이 점을 본격적으로 다룬 외국문헌으로는 Vesna Lazić, Insolvency Proceedings and Commercial Arbitration, Kluwer Law International(1998).

45) 山本和彥, 國際倒產法制, 商事法務(2002), 266면. Guide to Enactment of the UNCITRAL Model Law on Cross-Border Insolvency, n 145는 명시적으로 "Paragraph (1)(a), by not distinguishing between various kinds of individual actions, also covers actions before an arbitral tribunal"이라고 기재하여 중재절차도 중지됨을 기술하고 있다.

일부 중재절차에 대하여는 영국법원으로부터 중지의 해제신청을 하여 중재절차를 진행하기도 하고, 중재절차가 중지된 다른 사건들은 파산부에서 조사확정재판을 진행하고 있다.

2) 중재판정이 있은 후에 파산절차가 개시된 경우의 채권조사절차

중재판정으로 확정된 파산채권은 채권확정절차에서 집행권원 있는 채권으로 볼 것인가를 둘러싸고 일본에서는 견해가 나누어져 있다.

제 1 설 : 확정된 집행판결이 있는 경우에만 종국판결에 준하는 집행권원이 있는 채권으로 취급하는 견해이다. 그 이유로는 중재판정은 취소사유가 없을 때에만 파산법 제221조에서 말하는 판결에 준하는 것으로 인정되고 취소사유가 있으면 종국판결로 취급되지 아니하므로 집행권원이 없는 채권으로 취급된다.[46)]

제 2 설 : 중재판정 자체로는 종국판결에 준하여 취급할 수 없지만 일단 집행판결이 선고되면 중재판정과 집행판결이 일체가 되어 비록 집행판결이 확정되기 전이라도 종국판결에 준하여 취급한다는 입장이다.[47)]

제 3 설 : 중재판정만 있으면 아직 집행판결을 얻기 전이라도 종국판결에 준하여 집행권원 있는 채권으로 본다.[48)]

국내에서는 아직 이 문제가 본격적으로 논의된 바 없으나 제 3 설을 취한 견해가 있다. "파산법 제221조가 집행권원 있는 채권에 대하여 출소책임을 이의자에게 부담시키는 것은 비록 확정되지 않았지만 즉시 강제집행할 수 있는 지위를 파산절차에서도 존중하고, 권리의 존재와 범위에 관하여 고도의 개연성이 있음을 고려하였기 때문이다. 이런 입장에서 본다면 중재판정은 당사자간에 확정판결과 같은 효력이 있고, 또한 중재취소의 사유는 재심사유보다는 광범위하지만 속심인 항소심이 원심판결을 취소함에 아무런 사유제한이 없음에 반하여 중재판정의 취소사유가 법정되어 있으므로 미확정의 종국판결보다 확정될 가능성이 높다. 또한 중재판정이 반드시 이행을 명하는 것이 아니고 권리관계의 확인을 구하는 경우도 있으므로 후자의 경우에 집행권원인 집행판결이 없다고 하여 출소책임을 여전히 중재판정을 득한 채권자에게 지우는 것은 이행을 명하는 내용의 중재판정을 득한 채권자의 지위와 비교하여 형평에 어긋난다. 이러한 점에 비추어 중재판정이 있는

46) 三ヶ月章, 條解會社更生法(中), 弘文堂(1999), 784면.

47) 中野貞一郎・道下徹 編, 基本法 コンメンタ-ル 破産法, 日本評論社(1997), 248면.

48) 松下淳一, "倒産法制と仲裁(4)," JCAジャーナル 제41권 제 7 호(1994), 18면; 青山 외 3인, 破産法概說(1992), 133면.

경우에는 집행력 있는 집행권원 또는 종국판결과 같이 출소책임을 이의자에게 부담하도록 하는 것이 형평성이나 채권확정제도의 취지에 비추어 옳다."[49]

대법원 2009.5.28. 선고 2006다20290 판결(공 2009, 974)은 이 점에 관하여 분명한 판시를 한 것은 아니지만 법원의 실무를 알 수 있는 점에서 의미가 있다. 회사정리절차가 개시되기 전의 회사를 상대로 한 중재판정이 있은 후 회사정리절차가 개시되어 관리인이 채권자(중재판정의 일방 당사자)의 채권신고에 대하여 이의를 제기한 사안에서 원심이 정리채권자에게 출소책임을 인정하여 관리인을 상대로 한 금원의 지급을 명한 정리채권확정소송의 구조를 문제삼지 않고 있다. 다만 집행국 법원이 중재판정의 편취 여부를 심리한다는 명목으로 실질적으로 중재인의 사실인정과 법률적용 등 실체적 판단의 당부를 전면적으로 재심사하는 것은 허용될 수 없다고 판시하였다.[50] 이 판결은 외국중재판정은 기판력이 인정되지만 집행력이 인정되지 않는다는 점에서 집행권원이 있는 때에 해당하지 아니한다는 일본의 제1설의 입장을 전제로 한 것이다.

(4) 破産外人法

1) 구 破産法의 相互主義

파산외인법에서 논의되는 것은 외국인 및 외국법인의 파산능력의 문제이다. 구 회사정리법 제3조는 상호주의의 제한 없이 내외국인 평등의 원칙을 규정하고 있었다. 따라서 외국의 주식회사는 당연히 회사정리절차 신청자격이 인정되었다. 그러나 구 파산법은 제2조 단서에서 상호주의를 규정하고 있었으므로 외국인의 파산능력의 경우에도 상호주의가 적용되는지 여부에 대하여 학설상 다툼이 있었다. 실질적 상호주의에 의하면 가령 상인파산주의를 취하는 외국의 본국법에서 상인인 내국인에 대하여 파산능력이 인정되는 경우에 한하여 일반파산주의를 취하는 국내에서도 상인인 외국인의 파산능력이 인정된다고 한다.[51] 한편 형식적 상호주의에 의하면 본국법하에서 외국인과 내국인이 차별적 대우를 받지 않는 한 설령 본국 파산법에서 파산능력이 없는 외국인이라도 본국법하에서 내국인이 차별적 취급을 받지 아니하는 경우에는 내국법하에서 당해 외국인에게 파산능력을 인

49) 林治龍, 앞의 책(주 43), 123면.

50) 대법원 2009.5.28. 선고 2006다20290 판결(공 2009, 974).

51) 일반파산주의라 함은 상인·비상인을 묻지 아니하고 파산을 인정하는 입장으로서 영미법계와 독일법계가 이에 속하고, 상인파산주의란 상인에 대하여만 파산을 인정하는 입장으로서 불란서법계가 이에 속한다.

정하여도 무방하다고 설명한다.[52)]

구 회사정리절차에서 외국인이 보유하고 있는 채권이라는 이유만으로 내국채권자와 차별하는 것은 허용되지 아니한다. 대법원 1992.6.15.자 92그10 결정(공 1992, 2219)은 아래와 같은 이유로 그러한 계획안이 공정·형평에 반한다고 판시하였다.[53)]

[사안의 요지]

특별항고인은 외국인으로서 중재판정에 의하여 손해배상채권 약 34억 원의 정리채권을 신고하여 확정되었다. 정리계획에 의하면, 요트건조계약의 불이행으로 인한 손해배상채권은 6차년도부터 19차년도까지 무이자로 원금만 분할 변제함에 반하여, 위 채권과 함께 기타 일반정리채권으로 분류하고 있는 리스회사의 채권은 준비년도 말에 변제하고, 일반상거래채권은 준비년도부터 시작하여 2차년도까지 전액 변제하게 되어 있으며, 위 손해배상채권의 금액도 일반상거래채권자들 중에서 위 손해배상채권액보다 고액의 채권을 가진 자가 상당수가 있었다. 원심은 손해배상채권자인 특별항고인의 주장을 물리치고 계획안을 인가하였다.

[대법원의 결정요지]

정리계획에 의하면 특별항고인 등의 요트건조관련 정리채권은 요트건조계약의 불이행으로 인한 손해배상채권이라고 보여지는데 위 채권은 6차년도에서 시작하여 19차년도에 이르기까지 무이자로 원금만 분할 변제함에 반하여 위 채권과 함께 기타 일반정리채권으로 분류하고 있는 리스회사의 채권은 준비년도말에 전액 변제하고 일반 상거래 채권은 준비년도부터 시작하여 2차년도까지 전액 변제하게 되어 있으며 금액에 있어서도 일반상거래 채권자들 중에서 특별항고인 등의 요트건조관련 채권액보다 고액의 채권을 가진 자가 상당수 있음을 알 수 있는바, 그렇다면 정리계획의 조건은 같은 성질의 권리를 가진 자간에서는 원칙적으로 평등하여야 한다는 229조의 규정에 비추어 단지 그 채권의 성질이 일반상거래채권과는 달리 손해배상채권이라는 것만으로는 변제조건 등에 있어서 심하게 차등을 둔 합리적인 이유가 없다.[54)]

---

52) 田炳西, 파산법, 법문사(2003), 377면.

53) 이 판결에 대한 평석으로는 趙相熙, "整理計劃 認可決定에 대한 抗告에서의 認可決定取消의 效果," 서울지방변호사회 판례연구(1992), 391면 이하 참조.

54) 吳守根, "會社整理法에서의 平等·公正·衡平의 概念," 상사판례연구(Ⅴ), 박영사(2000), 273면은 이를 제233조 제1항 제2호의 공정 형평성보다는 제1호의 법규적합성으로 보아야

대법원이 내외국인의 차별 여부에 대하여 직접 언급하지 아니하였으나 간혹 실무상 외국인에 대한 채권을 유리 또는 불리하게 차별하는 경우가 있으나 이 사건에서 특별항고인이 외국인이었으며 단지 채권자가 외국인이라는 이유만으로 정리절차에서 차별을 하는 것은 헌법에 규정된 내외국인 평등의 원칙에 반한다는 법리를 유추할 수 있다고 생각한다.[55]

2) 채무자회생법

채무자회생법은 종전 상호주의에 관하여 파산법과 회사정리법의 불일치라는 법체계상의 모순점과 상호주의를 따르게 되면 비상인인 외국인에 대하여 국내에서 파산절차를 개시할 수 없게 되는 등 상호주의가 반드시 자국채권자를 보호하는 것이 아니라는 비판[56]을 수용하여 파산법 제2조 단서를 삭제함으로써 파산절차에서도 내외국인 완전평등주의로 전환하여 구 회사정리법과의 차이를 없앴다(제2조). 법원의 실무는 외국기업이 한국에 설립한 자회사에 대하여 모기업이 채권자로 신청한 파산신청 사건에 대하여도 내국 채권자가 신청한 경우와 차별 없이 동일한 기준에 따라 심리하여 파산선고를 하고 있다.[57]

(5) 외국 면책재판의 승인

1) 고합사건

사건의 경위는 아래와 같다.

○ 1996. 7. 22. 고합은 미국 캘리포니아주 소재 그랜드벨 회사와 사이에 판매대리점 계약을 체결하였다. 그랜드벨의 대표이사겸 대주주는 X(개인)였다. 계약에 기하여 고합이 그랜드벨에게 물품을 판매하였으나 그랜드벨이 잔대금을 지급하지 아니하였다.

○ 2000. 5. 12. 고합이 미국 법원에 법인격부인론에 기하여 그랜드벨과 X를

한다고 주장한다. 그러나 이러한 해석은 공정·형평의 문제를 별도로 규정하고 있는 법률체제에 반할 뿐 아니라 보통 제1호의 규정은 그 이외의 법률위반(예컨대 정리계획의 필요적 기재사항의 누락 등)을 다루는 것으로 해석하는 견해와도 배치된다.

55) 同旨, 邊在承 외 4인, "서울民事地方法院의 會社整理事件 處理實務," 사법논집 25집(1994), 347면.

56) 田炳西, 앞의 책, 377-378면; 朴基東, "破產節次 開始의 要件과 破產宣告의 效果," 파산법의 제문제(상), 법원도서관(1999), 68면은 과거 파산법의 해석론으로 형식적 상호주의를 옹호한다.

57) 미국의 와코비아 은행과 관련한 서울중앙지방법원 2009하합86 사건, 이탈리아 사람이 한국법원에 네덜란드 소재 법인(LG Philips Displays Holding B.V.)을 상대로 파산신청 한 2008하합8 사건 등 다수.

상대로 손해배상청구소송을 제기하였다.

○ 2000.7.19. 고합이 채무자 소유의 한국내 소재 부동산에 대하여 가압류를 하였다(제1차 가압류).

○ 2002.12.13. 한국 서울중앙지방법원은 채무불이행을 원인으로 한 청구는 중복제소라는 이유로 각하하고, 불법행위에 기한 청구는 기각하고 가압류결정을 취소하였다. 그러나 항소심은 제1심 판결을 취소하고, 제1차 가압류를 인가하는 판결이 선고되었다.

○ 2003.3.14. 고합이 채무자 소유의 한국내 소재 부동산에 대하여 가압류를 하였다(제2차 가압류).

○ 2003.11.5. 미국 법원은 그랜드벨과 X의 책임을 인정하는 판결을 하였으며 X가 항소하였다.

○ 2004.2.9. X가 미국 캘리포니아주 파산법원에 제11장 사건을 신청하였다.

○ 2004.2.24. X가 고합의 채권을 다툼 있는 채권으로 기재한 채권자목록을 법원에 제출하였으나 고합은 채권신고기간까지 채권을 신고하지 아니하였다.

○ 2005.5.18. 미국 파산법원은 계획안을 인가하였다. 계획안에 의하면 고합에 대하여 X의 한국내 재산에 관한 권리가 없다고 확정될 경우 이를 재원으로 하여 미변제 무담보채권의 원리금을 추가지급하고 남은 재산이 있다면 X에게 귀속하는 것으로 되어 있다.

○ 2006.1.19. 미국 파산법원은 제11장 사건 절차를 종결하였다.

○ 2006.12.14. X는 가압류결정의 취소를 받기 위해 서울중앙지방법원에 국제도산 승인신청을 하였다.

○ 2007.1.22. 서울중앙지방법원은 외국도산절차가 이미 종결되어 X의 사업 및 재산에 대한 관리처분권이 다시 X에게 환원되어 그 절차의 대표자가 아니라 단지 채무자의 지위에서 국제도산신청을 하였다는 이유를 들어 승인신청을 각하하였다(2006국승1).

○ 2007. 3. 7. 미국의 항소법원은 법인격 부인에 대한 판단은 정당하나 손해배상액 산정절차가 위법하다는 이유로 파기환송하였다.

○ 2007.3.20. 미국 파산법원은 채무자에 대한 미국 파산사건을 재개하면서 다음과 같은 명령을 발하였다. 한국법원에서 미국의 파산사건을 승인받도록 하기 위하여 채무자를 제11장 파산재단의 대표자로서 임명할 것, 미국 파산법원이 승인한 제4차 수정계획안의 조건에 따라 관리되기 위하여 고합이 가압류한 금액의

일부가 채무자에게 교부되어야 할 것.

○ 2007. 4. 12. 미국 제1심 법원은 X가 미국 내에서 파산절차를 거쳤다는 이유로 고합의 X에 대한 청구를 각하하였다.

○ 2008. 11. 12. X가 서울중앙지방법원에 다시 국제도산승인신청(2007국승2)을 하였다.

○ 2008. 2. 12. 서울중앙지방법원이 외국도산절차를 승인하는 결정을 하였다. 고합이 항고를 제기하였다.

○ 2008. 3. 11. X가 이 사건 외국도산절차의 국제도산관리인의 선임과 제1, 2차 가압류 취소 등을 구하는 국제도산승인신청을 하였다(22008국지1).[58]

○ 2008. 3. 28. 고합이 서울중앙지방법원에 자기파산신청을 하여 파산선고를 받았다(2008하합20).

○ 2008. 7. 9. 서울중앙지방법원이 고합이 X를 상대로 제기한 파산신청을 받아들여 X에 대하여 파산선고를 하였다(2008하합20). X는 파산사건에서 미국 제11장 사건의 절차에서 발생한 면책의 효력에 의하면 고합의 채권은 소멸하였으므로 고합은 적법한 신청권자가 아니라고 다투었다. 이 결정에 대하여 X가 항고를 제기하였다.

○ 2008. 9. 미국 제1심 법원은 고합이 파산선고 이후 소송진행을 결여하였다는 이유로 그랜드벨에 대한 소송도 종료하는(dismiss) 내용의 판결을 하였다.

○ 2009. 8. 28. 서울고등법원은 고합의 파산관재인이 제기한 승인결정에 대한 항고(2008라592)와 X가 제기한 파산선고 결정에 대한 항고(2008라1524)를 모두 기각하였다. X는 2008라1524 사건에 대하여 재항고를 하였으나 대법원에서 재항고가 기각되었다(2010. 3. 25. 자 2009마1600 결정).

이 사건은 다음과 같이 중요한 논점을 담고 있는 매우 어려운 사건이다. 첫째, 개인에 대한 미국 파산법 제11장 사건에서 발하여진 미국 파산법원의 면책재판의 효력을 한국법원이 인정할 것인지. 둘째, 외국도산절차의 승인신청 전에 이미 미국의 제11장 사건이 종료된 경우에도 승인신청의 대상이 되는지.[59] 셋째, 채무자가 미국도산절차에서 인정된 면책의 효력을 인정받기 위하여 한국에서 승인결정 또는 승인결정과 면책의 지원처분을 필요로 하는지, 아니면 민사소송법상의

58) 위 지원신청에 대하여 법원은 2009. 9. 현재 아직까지 결정을 하지 않고 있다.

59) 서울중앙지방법원 2007. 1. 22. 자 2006국승1 결정은 미국 제11장 절차가 종결되었으므로 더 이상 외국도산절차의 대표자는 존재하지 아니한다는 이유로 승인신청을 각하하였다.

승인절차를 거치면 족한지. 넷째, 미국에서 주절차가 개시된 이후에 한국에서 재산소재지를 이유로 한 파산절차가 가능한지.[60] 다섯째, 국제도산관리인은 파산절차상의 파산관재인이어야 하는지 아니면 변호사 자격이 없더라도 국제도산관리인이 될 수 있는지, 여섯째, 한국의 조세채권을 감경 또는 면제하는 미국의 회생계획안의 효력을 인정할 것인지 등이다. 이 점에 대한 답을 하기 전에 미국 파산법의 관련 이론을 살펴보기로 한다.

2) 미국 파산절차의 자동중지의 효력과 역외적용

미국 파산법원의 인적관할에 복속하는 자는 자동중지의 효력을 무시하고 미국 아닌 외국에 소재하는 파산재단에 속하는 재산에 관하여 강제집행(임의경매 포함)을 하여서는 아니 된다. 이를 위반하면 법정모독의 제재에 처하게 된다. 이를 가리켜 일반적으로 미국파산절차의 역외적 효력이라고 한다. 파산절차와 관련한 확립된 실무는 외국채권자의 채권신고는 미국 법원에 대한 인적관할권에 복속하는 것으로서 관할권 행사의 근거가 된다.[61] 소액의 채권을 변제받기 위하여 채권신고를 하였으나 이미 채무자로부터 위기시기에 변제를 받은 것이 밝혀지게 되면 부인권의 적용을 받을 수 있다. 따라서 미국 변호사는 부인권의 행사 대상이 될 염려가 있는 경우에는 외국채권자의 채권신고를 만류한다. 신고하지 아니한 외국채권자에 대한 인적관할권을 행사하기 위하여 민사소송법의 인적관할에 관한 일반 이론(minimum contacts)에 따른다.[62] 따라서 채권신고 외에도 미국에서 영업활동을 하는(doing business 이론) 채권자는 미국 파산법원의 인적관할권에 복속된다. 아래 사건은 이 점을 다루고 있다.

In re Simon[63] 사건에서 채무자 Simon은 英國領 Virgin Islands에서 설립되어 홍콩에서 영업을 하는 회사의 대주주이다. 채권자 상하이 은행('은행')이 회사에게 대출하여 주고 채무자가 보증하였다. 보증계약에 의하면 준거법을 홍콩법으로, 관할법원을 홍콩법원으로, 송달대리인으로 홍콩 법무법인을 지정하였다. 보증계약

60) 서울중앙지방법원 2008. 7. 9. 선고 2008하합20 결정은 채무자에 대하여 미국에서 제11장 사건이 개시된 이후에도 한국에서 재산소재를 이유로 동일 채무자에 대한 병행파산을 허용하였다.

61) *Langenkamp v. Culp*, 498 U.S. 42, 44(1990). 채권신고라 함은 채권의 존재, 채권의 성질, 채권의 액수에 관하여 채무자 또는 법원에 통지하는 것을 말하며 단지 채권자의 변호사가 채무자의 변호사에게 근무 중 입은 상해에 대하여 채권을 갖는다는 내용의 편지를 보낸 것만으로는 채권신고에 해당하지 아니한다(*In re American Classic Voyages Co.*(3rd Cir. 2005).

62) 인적관할권에 관한 고전적인 판례로는 *International Shoe Co. v. Washington*, 326 U.S. 310(1945).

63) 153 F.3d 991(9th Cir. 1998).

당시 채무자는 홍콩에서 거주하면서 회사를 경영하였으며 대출금도 홍콩에서 지급되었다. 채무자의 개인채무가 미화 2억 불에 달하고 은행으로부터의 추심 위협에 닥치자 채무자는 미국으로 가서 샌프란시스코 파산법원에 제 7 장 신청을 하였다. 당시 홍콩법원에 파산절차가 개시된 바 없으므로 보조절차나 병행파산의 문제는 발생하지 않았다. 은행은 법원에 채권 3,700만 불을 신고하였으나 그 후 면책절차에서 면책에 대한 이의 또는 특정채권에 대한 비면책 등의 주장을 하는 등의 조치를 취하였어야 함에도 불구하고 그냥 지나쳤다. 법원은 면책결정을 하였고 모든 채권자들로 하여금 면책과 관련하여 채무자를 상대로 하는 일체의 채무추심행위를 금하는 명령을 발하였다. 은행은 뒤늦게 법원으로 하여금 면책과 중지명령에 대한 선언판결(declaratory judgment)을 구하였다. 즉 면책결정은 미국 내에서만 효력이 있으므로 은행이 홍콩에서 채무자를 상대로 채권을 추심하는 행위가 금지되는 것은 아니고 또는 면책결정을 변경하여 은행이 홍콩에서 채무자를 상대로 하는 채권추심행위는 법정모독의 제재에 해당하지 아니한다는 내용을 선언해 달라는 것이었다.

법원은 파산재단이 국외 소재 재산도 포함된다는 조항을 근거로 입법자가 파산법이 역외적 효력이 있도록 입법하였음을 알 수 있고, 법원은 파산재단에 관하여 대물관할을 갖고 있으므로 외국에 있는 재산도 법원의 관할권에 속하며, 은행이 근거로 삼고 있는 Maxwell 사건에서는 영국과 미국에 병행파산이 진행되고 있었고, 부인권의 준거법에 대하여 진정한 저촉에 해당하며 신청 전의 사해행위가 오직 영국에서만 이루어졌으므로 영국법을 적용하였다. 하지만 이 사건에서는 홍콩에서는 아무런 파산사건이 진행되지 않고 있으며, 미국에서 은행이 채권신고를 하며 절차에 참가하였다. 법원의 금지 명령은 홍콩 법원에 대한 것이 아니라 미국 파산절차의 이익을 향유한 은행에 대하여 발하여진 것이다. 예양은 국내법과 외국법간에 진정한 저촉이 있는 경우에만 고려되는 것이므로 이 사건에서 예양을 고려하더라도 법원의 판결과 반대되는 결론에 이르지 않을 것이고, 따라서 채권자의 신청을 기각한 파산법원의 판결은 정당하다.

이 사건은 면책결정 자체가 역외적 효력이 있다는 것을 주장하는 것은 아니며 인적관할에 속하는 당사자에 대한 법정모독의 제재가 가하여진다는 접근방식에 터잡은 것이다.[64]

64) Judith Elkin, Scott Everett, Leading the Foreign Corporation to a Fresh Start in the United States, 891, 898, 26th Annual Current Developments in Bankruptcy & Reorganiza-

또한 *In re Chiles Power Supply Co.*[65] 판결도 외국채권자는 미국에서 개시된 파산절차에 채권신고한 바 없고, 계획안인가절차에 참여한 바 없지만, 채무자를 상대로 캐나다 법원에 제조물책임에 기한 소송을 제기하고 그 소송의 결과에 따라 미국 내의 파산재단에 심대한 영향을 미치는 경우라면 인적관할권에 복속된다고 판시하였다.

그러나 제15장 절차를 통하여 미국 파산법원이 외국도산절차를 승인함으로써 § 1520에 의하여 발생되는 자동중지의 효력은 미국내에 소재하는 재산에 대하여만 효력을 미친다. 이 점에서 미국내에서 신청된 제 7 장, 제11장 등의 본사건(full case)의 § 362의 자동중지의 효력과 다르다. 따라서 외국채무자로서는 제15장을 이용할지 제 7 장을 이용할지에 대하여 유념하여야 한다.

따라서 고합사건에서도 채권자 고합이 미국법원으로부터 자동중지에 대한 해제신청을 받지 아니하고 한국법원에 채무자를 상대로 파산신청을 한 행위는 법정모독죄의 제재를 받게 된다. 비록 미국 제11장 사건에서 파산채권신고를 하지 아니하였지만 미국에서 영업을 하고 있었고 더구나 채무자를 상대로 미국에서 소송을 제기하였기 때문이다.

3) 외국도산절차의 승인결정의 요부

(a) 공서양속의 위반

서울중앙지방법원 2008. 7. 9. 선고 2008하합20 결정(파산선고)은 2006. 4. 1. 채무자회생법 시행 이전에 미국에서 개시된 제11장 파산절차의 효력을 국내에 인정하는 것은 민사소송법 제217조 제 3 호의 공서에 반한다는 이유로 그 파산절차의 효력을 부정하였다. 항고심 역시 채무자회생법의 시행으로 속지주의에 관한 규정이 폐지되었다고 하여 이 사건 외국도산절차에서의 면책의 효력을 그대로 인정하는 것은 국내 사법질서에 반할 뿐 아니라 국내 채권자의 이익을 부당하게 침해하는 것으로서 허용될 수 없다고 판시하였다. 민사소송법 제217조 제 3 호를 명시하지 아니하였으나 공서에 반한다는 해석이다. 제 1 심은 면책의 효력을 인정할 수 없는 이유로, 승인절차가 확정되지 아니하였다거나 어떠한 지원결정도 내려지지 아니하였다는 점을 들고 있었으나 항고심은 이 점을 따로 언급하지 않고 있다.

한편 2007국승2호 사건에서 미국 제11장 사건절차를 승인하는 것이 공서에

---

tion Volume 3, Practicing Law Institute(2004) 917.

65) 264 B.R. 533(Bankr. W.D.Mo. 2001).

반한다는 고합의 주장에 대하여 항고심(2008라592)은 우리나라에서는 승인결정 자체는 법적인 효력을 발생하지 아니하므로 승인결정만으로 곧 면책의 효력이 발생될 것임을 전제로 승인결정 자체가 곧바로 공서양속에 위반된다고는 할 수 없다는 이유를 들어 주장을 배척하였다.

그러나 승인결정이 비록 그 자체로 효력이 발생하는 것이 아니라 하더라도 지원결정의 전제조건이고 제632조 제2항 제3호가 외국도산절차를 승인하는 것이 대한민국의 선량한 풍속 그밖에 사회질서에 반하는 경우를 승인신청기각의 사유로 삼고 있으므로 승인결정 자체에 대하여 공서에 반하는지 여부에 대하여 판단을 하였어야 한다. 이 점에 있어서 2008라590 결정은 외국도산절차의 승인제도를 오해하고 있다고 평가된다.

실무가의 다음의 견해는 경청할 필요가 있다. "미국의 법원이 적법한 관할권을 갖고 있으며, 한국도 소비자파산제도와 개인에 대한 재건절차를 인정하고 있는 이상 미국의 면책재판이 공서에 반한다고 할 수 없고, 채권자에게 미국의 파산절차에 참여할 충분한 기회가 부여되었다면 이를 승인하는 것으로 실무를 운용하는 것이 국익에도 부합한다."[66]

(b) 승인결정과 지원처분

승인결정에 따라 국내에서 외국도산절차의 효력을 발생하기 위하여는 별도의 지원처분을 신청하여 법원으로부터 지원처분의 결정을 받아야 한다. 지원처분의 내용에 관하여 채무자회생법 제636조 제1항 제1호부터 제5호에 열거되어 있다. 최초의 지원사건인 2007국승1호는 승인결정과 동시에 채권가압류결정의 취소를 명하였다. 제2호는 가압류 가처분 등 보전처분의 금지 또는 중지를 규정하고 있으나 제5호가 포괄적인 규정이므로 가압류의 취소를 명한 것은 적법하다.[67]

외국도산절차에서 발생한 면책의 효력을 국내에서 인정하기 위하여 어떠한 절차를 거쳐야 하는지에 관하여 확립된 견해는 없다. 3가지의 견해가 주장되고 있다. 제1설, 별도의 승인결정 없이 민사소송법상의 외국판결의 승인제도를 따르자는 입

66) 林采雄, "韓美國際倒産事件에 關한 研究," 법조 57권 6호(2008), 227면.

67) 일본의 예를 보면 승인결정 후 같은 날 발령한 강제집행금지를 명한 지원처분의 주문은 다음과 같다. 모든 채권자는 채무자의 재산에 대한 강제집행, 가압류 또는 가처분의 절차(당 법원이 2006.2.3 승인의 결정을 한 외국도산처리절차에 있어서 변제가 금지되지 아니한 채권에 기한 것을 제외)를 하여서는 아니된다(2006.2.16. 官報 제4278호). 최초의 국제도산승인사건(平成15(承) 제1호)은 홍콩에 소재한 진로홍콩인터내셔날 리미티드에 대한 것으로서 승인결정 당일에 주문 제1항에서 승인결정을 제2항에서 승인관재인에 의한 관리를 명하고 승인관재인을 선임하고 있다.

장[68] 제 2 설, 승인결정이 있어야 한다는 입장.[69] 제 3 설, 외국도산절차가 진행 중에는 승인결정과 면책의 효력을 승인하는 재판이라는 지원처분이 필요하고, 외국도산절차가 끝난 뒤에는 승인결정만 필요하고 지원처분은 불필요하다는 입장.[70]

생각건대, 제636조의 지원처분에 면책결정이라는 지원처분을 규정하고 있지 않으며, 외국도산절차가 종료되었는지 여부에 따라 지원처분을 달리할 이유가 없는 점, 채무자회생법이 외국도산절차의 계속을 논리적 전제로 하고 있으므로 외국도산절차가 종료된 경우에는 승인결정을 할 수 없으므로 외국도산절차의 종료 여부에 관계없이 동일한 접근방법을 취하여야 하는 점 등을 고려하면 제 1 설을 지지한다.[71]

(6) 조세채권의 감면과 공서

1) 조세채권의 성질

외국의 채무자가 부담하는 한국의 조세채권을 감액하는 내용이 계획안에 기재되고 외국도산법원이 이를 인가한 경우에 인가결정을 국내에서 승인할 것인지가 문제가 된다. 고합사건에서 미국의 파산법원은 한국정부가 채무자에 대하여 갖는 조세채권을 감액하는 내용의 계획안을 인가하였다. 한국법원이 미국의 제11장 사건 절차를 승인하는 것이 공서에 반하는 것이 쟁점이 되었다. 이 사건에서는 채무자가 승인신청을 한 후 자발적으로 체납국세를 전액 변제함으로써 서울중앙지방법원이 승인결정을 함에 있어 이 문제는 다루어지지 아니하였다.

조세채권은 사인의 청구권이 아니라 국가재정을 위한 것으로서 공법적인 성격을 갖는다. 헌법상 조세법률주의가 적용되므로 과세요건이 조세법률에 규정되어 있어야 하고 그에 대한 불복절차를 보장하고 있다. 따라서 국내재산을 외국의 조세채권에 제공하는 것은 외국의 사인의 채권과 평등하게 배당하는 것과는 헌법상의 차원을 달리하는 국제공법의 문제이다. 또한 채무자의 동일 소득에 대하여 국내와 국외에서 이중으로 과세되지 않도록 양자간의 조세조약을 체결함으로써 이를 조정하고 있다.[72]

---

68) 深山卓也, 新しい國際倒產法制, 金融財政事情研究會(2001), 289면

69) 伊藤眞, 破產法, 有斐閣(2006), 538면

70) 石光現, "외국도산절차에 따른 면책 효력의 승인," 법률신문 2009.7.20, 15면. 서울중앙지방법원 2008하합20 결정은 승인결정의 확정과 지원처분을 요구하고 있다.

71) 同旨 : 대법원 2010.3.25. 자 2009마1600 결정. 채무자회생법 시행 전의 파올로구찌 사건에서 대법원은 미국 파산법원의 파산관재인 선임의 재판이 외국판결의 승인요건을 갖춘 것으로 해석하고 있다.

72) 우리나라도 60여개 국가와 조세조약을 맺고 있다(李昌熙, 稅法講義, 박영사(2005), 654면.

2) 도산절차에서의 조세채권의 지위

다수의 국가에서도 조세채권의 우선권을 인정하고 있지만 이는 국내 집행절차에서 타당한 것일 뿐, 자국의 국경을 넘어 외국에 대하여 조세채권의 우선권을 주장할 수는 없다. 그리하여 각국은 이중과세방지를 위한 조세조약 뿐 아니라 조세징수를 위한 양자조약을 체결하기도 한다. 따라서 이러한 조약 없이 자국의 조세채권을 외국에서 집행하는 것은 외국과세권의 역외적 적용이라는 문제를 야기한다. 외국이 조세채권을 별도의 조약 없이 국내도산절차에 참가하여 우선권을 주장하는 것은 허용되지 아니한다. 왜냐하면 파산사건을 담당하는 재판부는 외국과세권의 행사에 동의할 권한을 갖고 있지 않기 때문이다. 외국의 과세권을 인정할 권한은 국회의 동의를 거쳐 행정부가 결정할 문제이다. 외국조세판결이 외국판결의 승인대상에서 제외되고 있듯이 외국조세채권에 대하여 우월적인 취급을 하는 외국도산절차는 그 한도에서 승인이 거절된다. 즉 조세채권에 기한 집행을 중지하는 외국도산절차의 효력은 국내의 집행관할권을 제약하는 것으로 공서에 저촉되어 그 한도에서 승인되지 않을 것이다.[73] 같은 맥락에서 국내재산을 외국도산절차를 위하여 외국관재인에게 인도를 명하는 경우에도 외국채권자들 중 대부분이 외국조세채권의 징수에 충당된다면 이를 허용하여서는 안 될 것이다.[74] EU도산규칙의 해석에 의하면 각 체약국의 과세당국이 파산자의 자국소재 재산에 대하여만 우선권을 행사할 하고 그에 의하더라도 만족을 얻을 수 없는 잔액에 대하여 타국에서 무담보채권자로서 청구할 수 있다(전문 제21항 및 본문 §39).[75]

3) 미국의 경우

어느 외국 회사가 미국에서 영업을 하는 동안 세금신고를 누락하였다. 룩셈부르크 회사가(Overseas) 이를 인수하였다. 미국의 조세법원이 미납조세액수를 확정하자 회사가 룩셈부르크 법원에 재건절차를 신청하였다. 계획안에 의하면 무담보채권자들은 채권액의 23%를 배당받도록 되어 있고 미국의 조세채권은 무담보채권으로 분류되었다. 미국의 국세청은 계획안을 수령하였으나 절차에 참가하지는 아니하였다. 국세청이 미국 내에 소재하는 회사의 재산에 대하여 압류하자 회사는 룩셈부

73) 貝瀨幸雄, 國際倒産法序說, 東京大學出版會(1989), 537면 주68..

74) 石黑一憲, "國際倒産と租税," ジュリスト 1991. 6. 15(No. 981), 78면 이하.

75) Ian F. Fletcher, European Union, Collier International Business Insolvency Guide Vol. 3, ¶43.06[3]; Gabriel Moss, Ian F. Fletcher & Stuart Issacs, The EC Regulation of Insolvency Proceedings, Oxford(2002), p. 230.

르크의 도산재판의 효력이 미국의 국세청에게도 효력이 인정되므로 미국 국세청의 채무자 소유의 재산 압류행위는 예양에 어긋난다고 주장하였다. 미국 법원은 다음과 같은 이유로 룩셈부르크의 판결은 공서에 반한다고 하여 승인을 거절하였다.[76) 「국제파산에 있어서 미국채권자가 불공평하게 외국도산절차에 강제적으로 참여하지 않도록 유의하여야 하며 특히 연방조세채권을 일반 파산채권보다 우위에 둔다는 원칙은 불가침의 공서로서 예양을 인정한다고 하여 어느 국가가 다른 나라의 조세채권을 불리하게 취급하는 것까지 허용할 수 없다. 또한 미국 연방파산법하에서 연방국세청은 담보권자의 지위에 있고 우선적인 지위를 갖는다」. 외국도산절차에서 인정된 면책의 효력에 대하여 부분적으로 승인한 사례도 있다.[77)]

4) 소 결

서울중앙지방법원은 우리나라에서 처음으로 미국의 제11장 사건에 관한 파산절차를 승인하였다. 인가된 계획에 의하면 한국의 채권자로서 조세채권과 주식회사 고합의 채권이 채권자 명부에 등재되었다. 미국 법원은 조세채권과 고합의 채권을 구분하지 아니하고 일률적으로 채권의 감액을 규정한 계획안을 승인하였다. 이러한 미국 법원의 승인결정에 대하여 한국 법원이 승인할 수 있을 것인가? 재판부가 이 점을 문제 삼았다. 그리하여 채무자는 돈을 빌려 조세채권을 완제하자 법원이 승인결정을 내렸다. 만일 채무자가 조세채권을 변제하지 아니하였다고 가정하면 승인이 거절될 가능성이 있었다.

한국의 회생절차에서는 조세채권도 조세채권의 성립시기에 따라 회생채권과 공익채권으로 구분되고 회생채권에 해당하는 조세채권을 신고하지 아니하면 조세채권도 실권된다. 그러나 일단 조세채권이 신고되면 조세채권을 감면하기 위하여 관계인집회의 결의에 의하는 것이 아니라 과세관청의 동의절차를 거쳐야 한다(채무자회생법 제140조 제3항). 따라서 이러한 절차를 거치지 아니한 채 채무자가 신고한 채권자 명부에 기재된 금액을 관계인집회에서의 가결만으로 감면하는 것은 공서에 반한다고 생각된다.

---

76) *Overseas Inns S.A.P.A. v. United States*, 911 F.2d 1146, 1149(5th Cir. 1990).

77) *Allstate Ins. Co. v. Hughes*, 174 B.R. 884(S.D.N.Y. 1994).

Ⅳ. 결　　어

이제 우리나라에서도 기업의 파산사건은 곧 국제파산사건을 의미하게 되었다. 국가경제 규모가 확대되고 2009년 우리나라도 G20에 가입함으로써 국제사회에서의 역할도 증대되었다. 2008년 9월 리만브라더스 회사가 미국에서 제11장의 개시신청을 필두로 전세계의 영업소가 파산신청을 하였다.[78] 리만브라더스의 자회사와 거래를 한 한국의 금융기관은 동시에 여러 나라의 파산절차에 참여하느라 주요 국가의 파산법에 대하여 문의를 하고 있다. 반대로 한국의 해운회사인 삼선로직스와 대우로지스틱스에 대하여 한국 법원이 회생절차개시결정을 하자 회생회사와 거래하는 다수의 외국기업이 한국의 회생절차와 관련된 법률관계에 대하여 자문을 구하고 있다.

국제도산절차에서 가장 긴요한 요소는 동시성(synchronization)이다.[79] 국제도산 사건이 발생하였을 때에 채무자의 재건 또는 재산가치의 극대화를 통한 채권자들에 대한 배당을 위하여도 법원간의 신속한 공조가 필요하다. 영국과 미국은 한국의 회생절차에 대하여 신속한 승인과 구제명령을 발하고 있다.

영국법원은 한국의 삼선로직스에 대하여 회생절차가 2009. 3. 6. 개시결정이 난지 7일만인 3. 12. 한국의 회생절차를 영국의 국제파산법에 기하여 승인결정을 하고 진행 중인 중재절차의 중지를 명하였다.[80] 호주 법원 역시 2009. 4. 17. 외국도산절차를 승인한 최초의 사건으로서 삼선로직스에 관한 한국의 회생절차를 승인하였다. 미국 파산법원은 2009. 4. 21. 삼선로직스에 관한 회생절차를 승인하였다.[81]

미국의 뉴욕주파산법원은 2009. 9. 24. 한국의 대우로지스틱스에 대한 회생절차의 승인 결정이 발하여 질 때까지 연방파산법 § 105(a)와 § 1519에 따라 미국내에서 채무자를 상대로 하는 모든 소송절차, 채무자의 재산에 대한 집행절차의 개

78) 미국에서는 재건절차인 제11장을 신청하였고 홍콩에서는 청산절차를 신청하였다. 영국에서도 파산절차를 신청하였다고 한다.

79) Look Chan Ho, Smoothing cross-border insolvency by synchronising the UNCITRAL Model Law: in re Samsun Logix Corporation, Butterworths Journal of International Banking and Financial Law, July/August 2009, 395-396.

80) The High Court of Justice Chancery Division Companies Court는 중재절차의 중지를 다음과 같이 명시하고 있다. "The consequence of my recognition decision under article 17 is that proceeding, namely that arbitration against the company, is now immediately stay."

81) Look Chan Ho, supra note 77, at 396.

시 또는 속행의 중지를 명하는 금지명령(preliminary injunction)을 발하였다.[82)]

그에 반하여 한국의 사정은 그렇지 못하다. 미국 제11장의 승인신청을 구한 사건은 2006.12.14. 서울중앙지방법원에 신청되었으나 미국 파산 사건이 종료되었다는 이유로 2007.1.22. 신청이 각하되었고 다시 미국 법원이 제11장 사건을 재개한 후(reopen) 신청인이 한국법원에 2007.11.12. 승인신청하여 2008.2.12. 승인결정을 받았으나 상대방이 항고하여 2009.8.28. 서울고등법원에서 항고가 기각되어 확정되었다. 처음 신청부터 항고기각까지 무려 2년 8개월이 걸렸다. 승인결정 자체만으로는 법적 효력이 발생하지 않는 법제하에서 승인결정을 하는 데에만 이렇게 느리게 된 것은 외국도산절차의 면책이라는 어려운 쟁점을 내포한 사건이라는 점을 감안하더라도 너무 늦은 것이다. 더구나 외국면책재판의 효력을 국내에서 승인하기 위하여는 승인결정이 확정되어야 한다는 서울중앙지방법원의 결정은 다른 나라의 현실과 너무 동떨어진 논리이다. 서울중앙지방법원은 3개월만에 승인결정을 내렸지만 항고심은 전문성의 부족으로 시일이 오래 걸렸다. 앞으로 국제파산법에 관한 사법부의 전문가 양성이 시급하다.

다른 법분야에 비하여 한국의 파산법제에 관한 홍보도 부족한 편이다. 다행히 미국에서는 대우자동차 사건에 관한 연방항소법원이 한국의 구 회사정리절차의 계획안인가결정을 승인한 바 있어서 미국에서는 승인신청이 쉬운 편이다.[83)] 앞으로 한국의 파산법제에 관한 영어논문의 발표와 각종 국제법률회의 등에 적극적으로 참여하여 다른 나라의 법관이나 변호사들을 상대로 한국의 파산법제를 정확하게 알려야 할 필요성이 크다.

---

82) 결정 이유의 요지는 아래와 같다. 첫째, 한국 법원의 회생절차가 주된 외국도산절차이고, 한국 법원이 임명한 관리인(채무자의 종전 대표이사)가 회사의 적법한 대표자이다. 둘째, 만일 금지명령이 발하여지지 아니하여 미국내에서 채무자를 상대로 하는 소송이 제기되면 한국에서의 회생절차가 불필요하게 혼란될 가능성이 있다. 참고로 담당판사는 온세통신이 관리인 황규병이 제기한 보조절차(*In re Kyu-Byung Hwang*, 309 B.R. 842(Bankr.S.D.N.Y. 2004))를 담당한 바 있는 Burton R. Lifland이다. 위 사건에 대한 평석으로는 林治龍, 앞의 책(주 43), 341-390면 참조.

83) *Daewoo Motor America, Inc. v. General Motors Corp., et al.*, 46 BCD 255(11th Cir. 2006).

Cross — Border Insolvency

1. Introduction

After the 1997 financial crisis, the Korean government reformed the nation's bankruptcy law by revising the Corporate Reorganisation Act, the Composition Act and the Bankruptcy Act.[1] Nevertheless, it was apparent that there was a need for a unified bankruptcy law. In 2000, the legislature prepared a comprehensive bankruptcy bill and a new bankruptcy statute —the Debtor Rehabilitation and Bankruptcy Act— was passed in 2005.[2] The act, which supersedes the Corporate Reorganisation Act, the Composition Act and the Bankruptcy Act, is divided into six chapters:

- Chapter 1 — General Provision(jurisdiction, notice, service, management committee, creditors' council, registration);
- Chapter 2 — Rehabilitation Proceeding(rehabilitation proceedings for all legal entities);
- Chapter 3 — Bankruptcy Proceeding(liquidation proceedings for legal persons and individuals);
- Chapter 4 — Rehabilitation Proceeding for Individuals with Regular Income;
- Chapter 5 — Cross-Border Insolvency; and
- Chapter 6 — Penalties.

Korea's cross-border insolvency regime is founded on Chapter 5 of the Debtor Rehabilitation and Bankruptcy Act, which adopts the UNCITRAL Model Law on Cross—Border Insolvency with few disparities. Chapter 5 shifted Korea's cross—border regime from strict territorialism to moderate universalism

1) See Chiyong Rim, "Korean Insolvency System," in *Norton Annual Survey of Bankruptcy Law* 2003 Edition(Thomson West, 2003).

2) The Debtor Rehabilitation and Bankruptcy Act became effective as of April 1 2006.

by abolishing the territoriality rules under the former Bankruptcy Act and Corporate Reorganisation Act and establishing new rules based on the principle of universality.

Chapter 5 of the Debtor Rehabilitation and Bankruptcy Act, titled "Cross-Border Insolvency," consists of 15 articles(Articles 628 to 642). Set out below is an article-by-article commentary on Chapter 5, preceded by a concise analysis of those articles in Chapter 1 that relate to cross-border insolvency. The following commentary identifies similarities and differences between provisions of the UNCITRAL Model Law and the Debtor Rehabilitation and Bankruptcy Act, and, where pertinent, describes the actual practices exhibited by Korean courts in cross-border insolvency cases that have been reported since 2006.

Certain provisions of the Model Law have not been adopted for local reasons. For instance, although not expressly adopted, Articles 3, 7 and 8 are generally recognised by Korean court rulings, local statutes and public international law theories. Article 14 has not been implemented because there are some differences between the Debtor Rehabilitation and Bankruptcy Act and the common law system with regard to the service of documents. Article 23 of the Model Law has not been adopted because the law on transaction avoidance is complicated and remains unsettled in Korea.

As used in this chapter, the term 'foreign proceeding' includes both foreign main proceedings and foreign non-main proceedings. 'Forcign representative' covers representatives of both foreign main bankruptcy proceedings and foreign non-main bankruptcy proceedings. 'Bankruptcy proceeding' under the Debtor Rehabilitation and Bankruptcy Act includes both liquidation proceedings and rehabilitation proceedings.

2. Chapter I of the Debtor Rehabilitation and Bankruptcy Act: General provisions

Article 2: Status of foreigners and foreign corporations

Foreigners and foreign corporations shall have the same status as that of the people of the Republic of Korea or corporations of the Republic of Korea.

Article 2 of the Debtor Rehabilitation and Bankruptcy Act does not require reciprocity as a precondition to obtaining recognition of a foreign proceeding by Korean courts. While the Corporate Reorganisation Act did not require reciprocity, Article 2 of the Bankruptcy Act did require that the country in which the foreign proceeding was taking place provide for non-discrimination in legal status between Koreans and local creditors in order for the foreign proceeding to be afforded legal recognition in Korea.

Article 3: Jurisdiction

(1) Every rehabilitation case and every bankruptcy case shall be placed under the exclusive jurisdiction of the district court where the debtor's principal office or establishment is located(when the debtor has its principal office or its establishment in a foreign country, the debtor's principal office or establishment in Korea shall determine the jurisdiction).

Under Article 3 of the Debtor Rehabilitation and Bankruptcy Act, if a foreign corporation whose main office is abroad has an establishment in Korea, rehabilitation proceedings or liquidation proceedings against the foreign corporation can be commenced in the local court where its Korean establishment is located.

Article 38: Ground for commencement

(1) Anyone who files a petition for commencement of rehabilitation proceedings shall prove that there is sufficient ground for commencement of such rehabilitation proceedings. When bankruptcy proceedings are in progress in respect of any debtor in a foreign court, it shall be presumed that there is sufficient ground for commencement of proceedings in the local court.

Article 38 of the Debtor Rehabilitation and Bankruptcy Act adopts Article 31 of the Model Law, which deals with requirements for instituting rehabilitation proceedings. The Debtor Rehabilitation and Bankruptcy Act requires that Korean courts determine whether a debtor is generally not paying its debts as they become due in both voluntary and involuntary cases.

Article 38 provides that where a bankruptcy proceeding is pending in a foreign court, the requirements for commencing local rehabilitation proceedings are presumed to be met. In other words, a valid foreign proceeding constitutes *prima facie* evidence of validity in local courts. Article 301 of the Debtor Rehabilitation and Bankruptcy Act allows the same presumption to be made in bankruptcy proceedings.

Article 137: Non-monetary claims etc

When a claim is unliquidated or contingent or set in foreign currency, the claim amount shall be ascertained by valuing the claim in Korean currency at the time the rehabilitation proceedings commence.

Article 137 states that every claim that is valued in a foreign currency must be converted into Korean currency at the time of the order for the commencement of rehabilitation proceedings. Article 426(1) provides the same contents of Article 137 in relation to bankruptcy proceedings.

3. Chapter 5 of the Debtor Rehabilitation and Bankruptcy Act: International insolvency proceedings

Article 628: Definitions

The definition of terms used in this chapter shall be as follows:

1. *The term "foreign bankruptcy proceedings" means rehabilitation proceedings, bankruptcy proceedings, individual rehabilitation proceedings and other similar proceedings for which petitions are filed with a foreign court (including the corresponding authorities) and interim insolvency proceedings;*
2. *The term "local bankruptcy proceedings" means rehabilitation proceedings, bankruptcy proceedings or individual rehabilitation proceedings for which petitions are filed with the courts of Korea;*
3. *The term "recognition of foreign bankruptcy proceedings" means recogni-*

tion of the grounds for commencing assistance proceedings in Korea regarding foreign bankruptcy proceedings pursuant to Chapter 5;

4. *The term "assistance proceedings" means proceedings for judgments on petitions filed for recognition of a foreign bankruptcy proceeding or for relief granted to assist foreign bankruptcy proceedings for the purpose of settling a debtor's business and assets in Korea;*
5. *The term "representative of foreign bankruptcy proceedings" means the entity that is authorized in a foreign bankruptcy proceeding to manage the debtor's assets or affairs or to act as a representative of the foreign bankruptcy proceeding; and*
6. *The term "international bankruptcy trustee" means the person who is given all or part of the authority by the local court to liquidate a debtor's assets, to distribute proceeds or to manage or dispose of a debtor's business and assets in assistance of a foreign bankruptcy proceeding.*

Article 628 of the Debtor Rehabilitation and Bankruptcy Act incorporates Article 2(a) of the Model Law. The types of proceeding included within the definition of 'foreign bankruptcy proceedings' are the same as in the Model Law, in that both definitions include interim insolvency proceedings. Since these proceedings are included in the definition of 'foreign bankruptcy proceeding,' a representative of a foreign interim bankruptcy proceeding has the right to file a petition in interim proceedings for certain limited relief such as suspension of a lawsuit, foreclosure or prohibition of a debtor's repayment.

Even though the characteristics of a foreign bankruptcy proceeding may not be exactly the same as those of a local rehabilitation proceeding, liquidation proceeding or individual rehabilitation proceeding, the foreign bankruptcy proceeding can be recognised if the substantive requirement set out in the Model Law is similar to one of the three types of Korean bankruptcy proceeding.

The terms 'foreign main proceedings' and 'foreign non-main proceedings' are not defined in Chapter 5. The concept of 'centre of main interests' is not as hotly debated a topic in Korea as in other countries. Instead, the Debtor Rehabilitation and Bankruptcy Act emphasises the location of a legal entity's establishment and the place of domicile for individual debtors.

The distinction between foreign main proceedings and foreign non—main proceedings is significant only in relation to the Debtor Rehabilitation and Bankruptcy Act rules on coordination of concurrent foreign proceedings.[3] While non—main proceedings in a foreign jurisdiction based on establishment can be recognised under the Debtor Rehabilitation and Bankruptcy Act, non—main proceedings in a foreign jurisdiction based on the location of a debtor's assets cannot be recognised in Korea. Under Article 631, in order to obtain an order for recognition of a foreign proceeding, the proceeding need not be in the jurisdiction of the legal entity's main establishment.

Consistent with the Model Law, the definition of 'foreign representative' includes a debtor in possession under US bankruptcy law.

Article 629: Scope of application

(1) The provisions of this Chapter shall apply to cases falling under any of the following items:

1. *Where a representative of a foreign bankruptcy proceeding seeks recognition or relief from a court of Korea in regards to the foreign bankruptcy proceeding;*
2. *Where a representative of a foreign bankruptcy proceeding files a petition with a court of Korea to institute local bankruptcy proceedings or participates in local bankruptcy proceedings that are in progress;*
3. *Where a trustee in local rehabilitation or bankruptcy proceedings, the debtor or any other person who obtains permission from the court participates in the proceedings of a foreign court and seeks recognition and assistance from the foreign court while carrying out activities abroad; and*
4. *Where local bankruptcy proceedings and foreign bankruptcy proceedings for the same debtor are jointly and simultaneously pending in a court of Korea and a foreign court and coordination between the two proceedings is required.*

(2) Matters not prescribed in this Chapter shall be governed by the provisions

3) See Article 639 of the Debtor Rehabilitation and Bankruptcy Act, given below.

of other Parts of this Act.

Article 629 of the Debtor Rehabilitation and Bankruptcy Act corresponds to Article 1(1) of the Model Law. Chapter 5 covers the inbound effect of foreign bankruptcy proceedings, the outbound effect of local bankruptcy proceedings and the coordination of concurrent proceedings. Prior to the enactment of the Debtor Rehabilitation and Bankruptcy Act, the Korean courts often authorised a local trustee to file an ancillary proceeding in the US court pursuant to Section 304 of the US Bankruptcy Code. The US bankruptcy court granted relief in the ancillary proceeding to a trustee appointed by the Korean court under the old Corporate Reorganisation Act.[4] The order entered by the US bankruptcy court was welcomed, but there was some argument over the legal grounds for the power of the trustee to file a petition in the United States for ancillary proceedings. Article 629 precludes this legal controversy by entrusting the local trustee with the right to participate in a foreign bankruptcy proceeding and seek recognition for Korean bankruptcy proceedings in the foreign country.

Article 630: Jurisdiction

Cases concerning recognition and assistance for foreign bankruptcy proceedings shall be placed under the exclusive jurisdiction of the Central District Court of Seoul, provided that when it is deemed necessary to ensure the efficient implementation of the proceedings and to protect the rights of interested parties, the Central District Court of Seoul may transfer such cases to the competent court provided for in the provisions of Article 3 at the time it decides to recognize the foreign bankruptcy proceeding or after it decides to recognize such foreign bankruptcy proceeding sua sponte, or on request of a party in interest.

Article 630 of the Debtor Rehabilitation and Bankruptcy Act implements Article 4 of the Model Law. The Korean approach aims to provide for expedient and specialised handling of cross-border insolvency cases. In order to achieve this goal, jurisdiction for recognition proceedings is vested exclusively in the

4) *In re Kyu－Byung Hwang*, 309 BR 842(Bankr SDNY 2004).

Central District Court of Seoul. Only after the Central District Court of Seoul has issued an order of recognition in a recognition proceeding can the assistance proceeding be transferred to another competent district court where appropriate relief can be granted.

Article 631: Petition for recognising foreign bankruptcy proceedings

(1) In cases where the debtor has its place of business, its office or its domicile in a foreign country in which a foreign bankruptcy proceeding is in progress, a representative of the foreign bankruptcy proceeding may file a petition with local courts to obtain recognition of the foreign proceedings. The petition must be accompanied by the following documents (with a Korean translation if the original is in a foreign language):

1. *A statement concerning the legal ground for commencing the foreign bankruptcy proceeding and an overview of the proceeding;*
2. *A document attesting to the commencement of the foreign bankruptcy proceedings;*
3. *A document attesting to the qualifications and powers of the representative of the foreign bankruptcy proceeding;*
4. *A statement describing the main points of the foreign bankruptcy proceeding(including descriptions of each creditor, the debtor and interested parties); and*
5. *A statement describing all other foreign bankruptcy proceedings over the same debtor which are known to the representative of the foreign bankruptcy proceeding.*

(2) If there is a change in the circumstances described in any of the items in paragraph (1), the petitioner shall promptly submit a statement with the local court describing the change.

(3) When the petition referred to in the provisions of paragraph (1) is filed, the court shall promptly publish a summary of the petition.

Article 15(1) of the Model Law is incorporated in Article 631 of the Debtor Rehabilitation and Bankruptcy Act. The foreign representatives of both the main proceedings and the non-main proceedings are entitled to file a petition for recognition. Only the foreign representative is entitled to apply to the court for recognition of a foreign proceeding; persons in interest, including creditors, are not granted that right.

Article 631 is designed to make the process of seeking recognition as simple as possible. Even though Article 16 of the Model Law is not incorporated in the Debtor Rehabilitation and Bankruptcy Act, Korean courts are likely to presume that documents submitted in support of a petition are authentic. In practice, it is not necessary for the documents and statements to be notarised.

Article 632: Order for recognition

(1) Upon receiving a petition for recognition of a foreign bankruptcy proceeding, the court shall issue an order granting or denying recognition within one month of the date on which the petition was filed.

(2) The court shall dismiss the petition in the event any of the following conditions are found:

1. *The petitioner has not prepaid fees;*
2. *The documents enumerated in the subparagraphs of Article 631(1) have not been submitted or each document has not been properly authenticated; or*
3. *Recognizing the foreign bankruptcy proceeding is contrary to the public policy of the Republic of Korea.*

(3) When the court renders an order recognizing a foreign bankruptcy proceeding, the court shall publish a summary of the order and serve a written decision to the petitioner.

(4) The court's order granting or denying recognition may be appealed.

(5) The appeal referred to in paragraph (4) shall not have the effect of suspending execution of the order.

Article 632(1) of the Debtor Rehabilitation and Bankruptcy Act is taken from Article 17(3) of the Model Law, which provides that an application for recognition of a foreign proceeding must be decided on as soon as possible. In practice, courts typically rule on the petition for recognition within one month, as long as it does not involve complex legal issues. An example of a case that took more than one month is a petition for recognition of a US Chapter 11 case that involved a question regarding the effect of discharge.[5)]

Under Article 632(2), a petition for recognition shall be dismissed if:

- recognition of the proceeding is contrary to Korean public policy;[6)]
- fees are not paid in advance; or
- the foreign representative fails to submit the appropriate documents or report required information to the local court.

Furthermore, the petition for recognition of a foreign proceeding must be dismissed if the proceeding is based on the territoriality rule.[7)]

Article 632(4) permits a party in interest, including the debtor or one of its creditors, to lodge an appeal against the recognition order. An appeal will not hinder the continuation of the assistance proceeding that follows the recognition proceeding. For example, even after an appeal is filed with the Court of Appeal of Seoul, an international bankruptcy trustee appointed by the Central District Court of Seoul under Article 636(1)(4) may sell the debtor's assets legitimately. The sale does not become void even if the Court of Appeal of Seoul vacates the order for recognition.

Courts will dismiss a petition if the foreign bankruptcy proceeding has already been resolved at the time of filing. For example, the Central District Court of Seoul dismissed a petition for recognition of a US Chapter 11 case on the grounds that the case had been closed by the time the petition was filed.[8)]

---

5) The Central District Court of Seoul 2008, February 14 2007 GOOKSEONG 2(unpublished). The petition for recognition was filed with the court on November 12 2007 and the decision was issued, so it took after three months.

6) Article 632(2) of the Debtor Rehabilitation and Bankruptcy Act implements Article 6 (public policy) of the Model Law. Public policy has been interpreted restrictively by the courts and its meaning is the same as that in private international law.

7) There is no statutory definition of the 'territoriality rule'. According to legal scholars, the effect of the territoriality rule is that a trustee may not manage and dispose of the debtor's assets located in a foreign country. Thus, the trustee is not entitled to file a petition for recognition of local proceedings in a foreign court.

8) The Central District Court of Seoul 2007, October 18 2007 GOOKSEONG 1(un-

The same petitioner, however, was granted an order for recognition when the US Chapter 11 case was reopened.[9]

Article 633: Effect of recognition

An order for recognition of a foreign bankruptcy proceeding shall not affect the commencement or the continuation of local proceedings pursuant to this Act.

The Debtor Rehabilitation and Bankruptcy Act does not place an automatic stay on local proceedings upon recognition as prescribed in Article 20 of the Model Law.[10] Article 633 of the act parallels the rule that applies to local bankruptcy proceedings. Under the Debtor Rehabilitation and Bankruptcy Act, local bankruptcy proceedings do not result in an automatic stay; any stay is brought about by the order for relief upon the commencement of bankruptcy proceedings.

Under the Debtor Rehabilitation and Bankruptcy Act, local creditors may continue to exercise their claims against the properties of the debtor even after the order for recognition is entered, so it is critical that relief is obtained under Article 635(provisional relief prior to recognition) and Article 636(relief that may be granted upon recognition).

A foreign proceeding should be recognised in advance in order to obtain relief from a local court. Recognition is the basis for granting legal relief in respect of a foreign proceeding, but recognition of a foreign bankruptcy proceeding does not provide the actual legal remedy. This system differs from that set forth in the Model Law and is more akin to the Japanese system. Accordingly, the foreign representative must file a petition for assistance proceedings under Article 635 after obtaining a recognition order.

In one exemplary case that was before the Central District Court of Seoul as at March 2009, a local creditor filed a petition for commencement of bankruptcy proceedings with the court where the debtor's assets were located

published).

9) The Central District Court of Seoul 2008, February 14 2007 GOOKSEONG 2(unpublished).

10) It is also for this reason that Article 22 of the Model Law also has not been implemented.

after an order was entered recognising the debtor's involvement in a US Chapter 11 case. The court commenced local proceedings while an appeal of the recognition order was filed and the case remains pending.[11]

Article 634: Participation and petition for commencement of a foreign representative

When a foreign bankruptcy proceeding is recognized, the representative of the foreign bankruptcy proceeding may file a petition for commencement of local bankruptcy proceedings or participate in local bankruptcy proceedings that are in progress.

Article 634 of the Debtor Rehabilitation and Bankruptcy Act reflects Articles 11 and 12 of the Model Law. However, unlike under Article 11 of the Model Law, a foreign proceeding must first be recognised in order for the foreign representative to file a petition for commencement of local bankruptcy or rehabilitation proceedings. In contrast, the Model Law allows a foreign representative to file for local bankruptcy proceedings even before obtaining recognition for a foreign proceeding. Article 634 is more similar to Section 1511 of the US Bankruptcy Code, which makes clear that the foreign representative can commence a fully fledged US bankruptcy case only upon obtaining recognition of the foreign proceeding under Chapter 15. After obtaining the recognition order, the foreign representative may commence a voluntary case on behalf of the debtor under Section 301 or 302 of the US Bankruptcy Code, as long as the foreign proceeding is a main proceeding. There is no such limitation on the commencement of an involuntary case under Section 303 of the US Bankruptcy Code. However, unlike under Section 1511 of the US Bankruptcy Code, even a foreign representative in a non-main proceeding may commence local bankruptcy proceedings under the Debtor Rehabilitation and Bankruptcy Act.

Recognition proceedings fall within the exclusive jurisdiction of the Central

11) The Central District Court of Seoul 2008, July 8 2008 HAHAP20(unpublished).

District Court of Seoul, while a foreign representative can file for a local bankruptcy proceeding in any district court with competent jurisdiction. This jurisdictional designation exists because recognition cases pose extremely complex international legal questions and other district courts may be unfamiliar with this procedure. In order to prevent district courts from spending too much time reviewing the legitimacy of a petition for recognition, the Central District Court of Seoul is required to rule on recognition of the foreign proceeding prior to commencement of local bankruptcy proceedings by a foreign representative. Once recognition of a foreign proceeding is granted, the foreign representative is entitled to file bankruptcy proceedings in Korea, attend the creditors' meeting and submit a plan to the court.

Under the Debtor Rehabilitation and Bankruptcy Act, foreign creditors enjoy the same rights as local creditors with regard to the commencement of and participation in local bankruptcy proceedings. Article 13(1) of the Model Law provides foreign creditors with the right to participate in local proceedings. This rule is based on the principles of non-discrimination that are set out in the non-reciprocity rule of Article 2. Even under the territoriality rule that existed prior to the passage of the Debtor Rehabilitation and Bankruptcy Act, Korean courts were not permitted to discriminate against foreign parties in interest. Before the Debtor Rehabilitation and Bankruptcy Act was enacted, the Supreme Court invalidated a repayment plan that favoured local creditors to foreign creditors and held that such unjust and unfair plans must not be confirmed by bankruptcy courts.[12] However, Article 13(2) of the Model Law has not been implemented.

Article 635: Provisional relief prior to recognition

(1) After a petition is filed for recognition of a foreign bankruptcy proceeding, the court may order injunctions, as provided for in the provisions of Article 636(1) 1 through 3, during the period between application for recognition and issuance of the order, sua sponte, or at the request of a representative of the foreign bankruptcy proceeding.

12) The Supreme Court 1992. June 15 1992 GUE10(Kong 1992. 2219).

(2) The provisions of paragraph (1) shall apply mutatis mutandis to cases where an appeal is filed from a decision made to dismiss a petition for commencing foreign bankruptcy proceedings.

(3) The court may alter or terminate the disposition referred to in the provisions of paragraphs (1) and (2).

Article 635 of the Debtor Rehabilitation and Bankruptcy Act, implementing Article 19 of the Model Law, allows the court or a foreign representative to institute assistance proceedings during the period between application for recognition and order of recognition. This right is not extended to parties in interest, which are entitled to file a petition only after entry of the order for recognition. Under this provision, the court may issue an injunction ordering:

- a prohibition on commencement or continuation of lawsuits against the debtor;
- an attachment upon the debtor's assets;
- enforcement of a judgment;
- foreclosure of a mortgage; or
- a prohibition on repayment or disposition of the debtor's assets by the debtor.

Articles 635(4) and (5) set out appeal procedures similar to those in Articles 632(4) and (5).

Article 636: Relief that may be granted upon recognition

(1) At the time that the court recognizes the foreign bankruptcy proceeding or thereafter, the court may, sua sponte or at an interested party's request, grant the following types of relief in order to protect the debtor's business and assets or the creditors' interests:

1. *Stay of a lawsuit involving the debtor's business and assets or of proceedings belonging to any administrative agency;*
2. *Stay or prohibition of compulsory execution, an auction for the exercise of security interests, provisional seizure, provisional disposition or preservation proceedings with respect to the debtor's business and assets;*
3. *Prohibition of the debtor's repayment or of the disposal of the assets of*

the debtor;

4. Appointment of an international bankruptcy trustee; and

5. Other relief necessary to preserve the debtor's business and assets and to protect the interests of the creditors.

(2) When the court enters the order referred to in the provisions of paragraph (1), it shall take into account the interests of the creditors, the debtor and other interested parties.

(3) If the petition for relief referred to in the provisions of paragraph (1) is contrary to the public policy of Korea, the court shall dismiss the petition.

(4) If the court decides to alter or terminate the prohibition order referred to in the provisions of paragraph (1) 2, it shall publish the main passage of such order and serve a copy of the order to the representative of the foreign bankruptcy proceeding and the petitioner.

(5) When the prohibition order referred to in the provisions of paragraph (1) is given, the statute of limitations on the claims to the debtor shall not expire until two months after the prohibition order expires.

(6) The court may, if it is deemed necessary, alter or terminate the order referred to in the provisions of paragraph (1) sua sponte or at the request of a party in interest.

(7) When it is deemed necessary, the court may terminate the proceedings that are suspended pursuant to the provisions of paragraph (1) 2 sua sponte or at the request of a party in interest.

Article 636 of the Debtor Rehabilitation and Bankruptcy Act implements Article 21 of the Model Law. Along with Articles 632 and 635, it constitutes the core of Chapter 5. Prior to the order for recognition of a foreign proceeding, only the foreign representative is permitted to file a petition for assistance proceedings listed in Article 636(1). After entry of a recognition order, however, any party in interest —including unsecured creditors, secured creditors and share/equity holders— may file a petition for relief listed in Article 636.

There are two distinctions between Article 635 and Article 636. First, the court cannot order the appointment of an international bankruptcy trustee or impose other measures necessary for the protection of the debtor's business and properties and the interests of creditors prior to recognition under Article 635. Second, a creditor cannot file a petition for relief prior to recognition; the creditor can file only after an order for recognition is entered pursuant to Article 636.

Articles 636(8) and (9) set out appeal procedures like those of Articles 632(4) and (5).

Article 637: International bankruptcy trustee

(1) In cases where an international bankruptcy trustee is appointed by the local court, the right to manage and dispose of the assets of the debtor shall be vested exclusively in the international bankruptcy trustee.

(2) In cases where an international bankruptcy trustee intends to dispose of the debtor's assets, to remit the debtor's assets abroad, to liquidate the debtor's assets, to distribute proceeds or to perform any act that is ordered by the court, the international bankruptcy trustee shall obtain permission from the court.

Under the old bankruptcy regime, there was controversy over the scope and range of a foreign trustee's power in Korea. The Supreme Court of Korea held that a trustee of foreign bankruptcy proceedings has a right to manage and dispose of the debtor's assets located in Korea, and the trustee can thus bc a party to a lawsuit filed with the Korean courts.[13] The court held that a Chapter 7 trustee appointed by a US bankruptcy court has standing in civil litigation in regard to the right of the debtor's assets located in Korea.

This rule, however, has been invalidated by Article 637, which gives the exclusive right to manage and dispose of the debtor's property located in Korea to the international bankruptcy trustee.

To provide necessary relief, the court may appoint an international bankruptcy trustee who has the power to manage and dispose of property of debtors under Article 637. The rights and duties of the international bankruptcy trustee are the same as those of a local trustee appointed by the court. In

13) The Supreme Court 2003, April 25 2000 DA64359(Kong 2003, 1242).

practice, only individuals who have a licence to practise law are appointed for bankruptcy (or liquidation) proceedings, except liquidation proceedings involving financial institutions such as banks and mutual savings banks. In a recent case in which recognition of a US Chapter 11 case was sought, the Korean lawyer of a debtor filed a petition appointing himself as the international bankruptcy trustee. As at March 2009, the court, however, has not yet ruled on the petition.

If an international bankruptcy trustee is to take assets or proceeds of assets abroad, he must obtain permission from the court. If he sends proceeds abroad without court permission, he will be punished with imprisonment pursuant to Article 648.

As the Debtor Rehabilitation and Bankruptcy Act set up this new international bankruptcy trustee system, it has not implemented Article 24 of Model Law.

Article 638: Coordination of local proceeding and foreign proceeding

(1) In cases where a local bankruptcy proceeding and a foreign bankruptcy proceeding are concurrently in progress for the same debtor, the court may grant, modify or terminate the relief provided in Articles 635 and 636. The court's actions must be consistent with the relief granted in the local proceedings.

Article 638 of the Debtor Rehabilitation and Bankruptcy Act follows Article 29 of the Model Law. Article 638 provides that if a foreign proceeding and a local proceeding are pending concurrently against the same debtor, the court shall seek cooperation with parties involved in the foreign proceeding and try to coordinate appropriately. However, the local court must give priority to the local proceeding and avoid granting relief that is inconsistent with the local proceeding. This principle is typically applied in practice as follows: when a Korean bankruptcy case is commenced by a foreign representative subsequent to the foreign case, any relief that the court has already granted to the foreign representative in the foreign proceeding —whether main or non–main— may be modified or terminated by the Korean court as long as this is consistent with the relief granted in the Korean bankruptcy case. Thus, an international bankruptcy trustee appointed under Article 636(1)4, for example, would be replaced by a trustee appointed under Article 355 in the local bankruptcy proceeding.

Articles 638(2) and (3) set forth appeal procedures like those in Articles 632(4) and (5).

Article 639: Coordination of foreign proceedings

(1) When more than one petition is filed for recognition of foreign proceedings regarding the debtor, the court shall conduct a consolidated hearing.

(2) When rendering an order for recognition for more than one foreign proceeding, the court may designate one of the proceedings to be the foreign main proceeding in order to ensure an efficient and expeditious administration of assistance proceedings. When designating the foreign main proceeding, the court may take into consideration the location of the debtor's principal place of business and the measures necessary to protect creditors.

(3) The court may grant, modify or terminate the relief provided in Article 636 in a manner that is consistent with the relief granted in the foreign main proceeding.

(4) If it is deemed necessary, the court may alter its designation of the foreign main proceeding referred to in the provisions of paragraph (2).

Article 639 of the Debtor Rehabilitation and Bankruptcy Act provides that in the event there is more than one foreign proceeding, the local court must grant priority to the foreign main proceeding and avoid granting relief that is inconsistent with the main proceeding. Although Article 639 does not follow Article 30 of the Model Law verbatim, Article 639 essentially adopts Article 30 of the Model Law, in that it also grants priority to the foreign main proceeding. In actuality, Korean courts rarely rule on petitions for more than one foreign proceeding. Taking this into consideration, Article 639 sets forth provisions that are less complex than Article 30 of the Model Law.

Articles 639(5) and (6) set forth appeal procedures like those in Articles 632(4) and (5).

Article 640: Authority for trustee to carry out activities abroad

Any trustee of a local rehabilitation as well as a bankruptcy proceeding and any other person who obtains permission from the court shall have authority to carry out activities abroad in furtherance of the local bankruptcy proceedings under conditions prescribed by the relevant foreign legislation.

With the enactment of Article 640 of the Debtor Rehabilitation and Bankruptcy Act, and thus the implementation of Article 5 of the Model Law, the territoriality rule as set forth in Article 3 of the old Bankruptcy Act and Article 4 of the old Reorganisation Act was clearly abolished. For example, any trustee appointed by the local court can file a Chapter 15 case in the United States and is entitled to manage and sell assets located abroad.

Article 641: Cooperation

(1) In order to ensure the economic and expeditious administration of local bankruptcy proceedings, foreign bankruptcy proceedings or between multiple foreign bankruptcy proceedings over the same debtor and other debtors related with the same debtor, the court shall cooperate with a foreign court or a representative of a foreign bankruptcy proceeding with respect to the following matters:

1. Exchange of information;

2. Management and disposition of the debtor's business and assets;

3. Coordination of concurrent proceedings; and

4. Other necessary matters.

(2) The court is entitled to communicate directly with or to request information or assistance directly from a foreign court or a representative of a foreign bankruptcy proceeding in furtherance of the cooperation referred to in the provisions of paragraph (1).

(3) A local trustee, authorized by the court and subject to its supervision, may communicate directly with or request information or assistance directly from a foreign court or a representative of a foreign bankruptcy proceeding.

(4) A local trustee may reach an agreement with a foreign court or a

representative of a foreign bankruptcy proceeding in coordination with local bankruptcy proceedings after obtaining permission from the local court.

Article 641 of the Debtor Rehabilitation and Bankruptcy Act is taken from Article 26 of the Model Law. It directs the bankruptcy trustee to cooperate with foreign courts and foreign representatives. Unlike under the Model Law, however, only the trustee has the power to communicate with the foreign courts and representatives; other authorised persons, such as an examiner, do not have power to communicate with a foreign court or foreign representative.

It is possible for the local court to establish a protocol with the foreign court under the Debtor Rehabilitation and Bankruptcy Act. Article 641(4) also opens the door to protocols initiated by the trustee by permitting the local trustee to communicate with the foreign court regarding the coordination of proceedings. For the time being, the Korean courts are more likely to exchange information through a trustee than by direct communication with a foreign court because of the difficulties in dealing with differences in the legal systems and languages of the foreign courts.

Article 642: 'Hotchpot' rule

In cases where local bankruptcy proceedings, foreign bankruptcy proceedings or other foreign bankruptcy proceedings for a common debtor are in progress, any creditor who receives repayment from the foreign bankruptcy proceedings or debtor's assets located abroad may not be entitled to receive repayment from the local bankruptcy proceeding so long as payment to the other creditors of the same class are not proportionate to the payment the creditor has already received.

Article 642 of the Debtor Rehabilitation and Bankruptcy Act incorporates the 'hotchpot' rule set out in Article 32 of the Model Law, thus ensuring equal treatment of creditors in concurrent proceedings. Article 642 differs from the Model Law in two respects. First, while the Model Law addresses only payments received in foreign bankruptcy proceedings, Article 642 also applies to creditors that receive payment in judgment execution proceedings as well as other foreclosure proceedings. Second, the application of Article 642 extends to secured creditors, since secured claims are subject to the rehabilitation proceeding. However, this extension of the hotchpot rule to secured creditors raises complex problems in practice. For example, under the Debtor Rehabilitation and Bankruptcy Act, even secured creditors must file their secured claims with the court; failure to file extinguishes their security interests. Where secured creditors which have security interests in assets located abroad fail to file their secured claims with the local court, the status of their security interests remains unclear.

Furthermore, the issue of whether Article 642 applies to payments received prior to the commencement of local proceedings has not yet been settled.

4. Conclusion

Korea's former bankruptcy regime was an inadequate counterpart to foreign bankruptcy laws. The enactment of the Debtor Rehabilitation and Bankruptcy Act represented an understanding on behalf of the Korean legislature of the need for a more efficient and practical insolvency system.[14] One of the most significant changes to Korea's bankruptcy regime brought about by the Debtor Rehabilitation and Bankruptcy Act was the introduction of globally accepted moderate universalism in cross-border insolvency cases. The fact that the legislature incorporated the Model Law provision permitting direct court–to–court communication is especially notable, given that some civil law countries such as Japan refused to adopt it.

Since the Debtor Rehabilitation and Bankruptcy Act was passed in 2005, the Central District Court of Seoul has recognised two foreign bankruptcy cases (one US Chapter 11 case and one Dutch bankruptcy case), and is in the process of reviewing two petitions for recognition. The fact that Korean judges have been participating regularly in international insolvency forums and paying close

14) Soogeun Oh, "An Overview of the New Korean Insolvency Law", 16 *Norton Journal of Bankruptcy Law and Practice* 782(2007).

attention to trends in cross-border insolvency law demonstrates their recognition of the importance of cross-border insolvency cases in the global era. In this regard, it is likely that Korean courts will begin to take a more positive attitude toward petitions for recognition than they have in years past.

(Cross－Border Insolvency, Globe Law and Business(2009), 249-264면 소재)

참고문헌

[국내문헌]

姜秉燮, "會社整理節次에 있어서 管理人의 雙務契約解除權," 대한변호사협회지 116호(1986.4)

姜宣明, "미국 파산절차 실무," 법조(2004.5.); "개인채무자회생해설"(미공간)(2003); "회사정리절차에서 공인회계사의 역할과 지위," 공인회계사 71호(2001)

姜永虎, "회사정리절차에 있어서 주채무에 관하여 채무를 면제하는 내용의 정리계획인가의 결정이 있는 경우에 시효중단되어 있던 보증채무의 소멸시효 재진행시기," 대법원판례해설 통권 23호(1995); "화의제도, 도산 기업의 구세주인가," 법률신문 2634호(1997.9.29.자); 회사정리와 파산의 모든 것, 청림출판(1998)

강율리, "신탁을 이용한 자산유동화에 관한 법적 문제점," BFL 제17호(2006.5)

高翔龍, 민법총칙(전정판), 법문사(2001)

高元錫, "할부계약에 있어서 매수인의 도산과 매도인의 권리," 리스와 신용거래에 관한 제문제(하), 법원행정처(1994)

공병호, 한국기업의 퇴출장벽, 한국경제연구원(1995)

郭京直, "和議節次에 있어서의 債權者의 地位," 상사판례연구(Ⅴ), 박영사(2000)

郭潤直, 물권법, 박영사(1999); 債權總論, 박영사(1999); 債權各論, 박영사(2000)

郭潤直 편, 民法注解(11), 박영사(1995); 民法注解(13, 15) 박영사(2001)

權光重, "파산법과 파산실무—동아건설산업주식회사의 파산관재업무 경험을 중심으로"(미공간, 도산법연구회 발표)

權南赫, "회사정리절차와 보증채무의 소멸시효," 대법원판례해설 1988년 상반기, 법원행정처(1989)

權純一, "整理會社의 財務構造 變更과 株主의 地位," 商事判例研究Ⅶ, 박영사(2007)

權澤秀, "파산법 제3조 제2항 소정의 '외국에서 선고한 파산은 한국 내에 있는 재산에 대하여는 그 효력이 없다'는 규정의 의미," 대법원판례해설 45號(2003 상반기), 法院行政處(2004)

구남수, "양도담보권자의 화의법상 지위와 양도담보권 실행에 따른 재화의 공급시기," 대법원 판례해설 제41호(2002)

김건식, 증권거래법 제3판, 두성사(2004); 스왑거래에 관한 법적 연구, 한국금융연구원(1997)

김건식·정순섭, ABS의 진정양도 요건에 관한 연구, 서울대학교금융법센터(2006.11.

30)(금융감독원에 대한 연구용역 보고서, 미공간)

김경욱, "독일의 소비자파산과 잔여채무면책에 관한 연구," 법조(1998.10)

김도경, "프로젝트 파이낸스의 자금조달문제 중 후순위대출과 담보확보에 관한 몇 가지 법적 문제점," 상사법연구 제24권 제 2 호(2005)

金東潤, "회사정리절차 및 화의절차에 있어서의 상계의 제한," 회사정리법 화의법상의 제문제, 법원도서관(2000)

金文洙, "淸算終結 登記가 經了된 法人의 當事者能力," 판례연구(부산판례연구회, 1993)

金性龍, "개정 도산법의 개략적 검토(상), 법률신문 2677호(1998.3.12.자); "美國 破産法上 否認權 槪觀," 법조(1998.12); "회사정리법상의 강제인가 제도," 법조(2003년 2월호)

金承範, "貸出債權의 出資轉換에 관한 法的硏究, 성균관대학교박사학위논문(2002)

金龍潭, "정리계획기간 중의 감독권행사 철저를 둘러싼 문제점," 민사판례연구(16), 박영사(1994)

金龍德, "회사정리절차와 다수당사자의 채권관계," 서울대학교 석사학위논문(1989); 미국법상 채무자의 강제집행면탈을 목적으로 한 재산도피 및 은닉 등을 방지하기 위한 제도, 외국사법연수론집(11), 법원행정처(1994); "회사정리절차와 채권자의 지위," 충북법률연구(1998); "會社整理節次와 和議節次의 比較를 통하여 본 會社倒産法制의 現況과 問題點," 법조(1998.11·12); "정리채권자표·담보권자표 기재의 효력," 상사판례연구(Ⅴ), 박영사(2000)

김용진, "國際倒産法의 現況과 問題點," 인권과정의 284호(2000.4)

김용호·이선지, "자산유동화거래와 법적 과제," BFL 제5호(2004.5)

김종대, "화의제도의 운영방법 개선(하)," 법률신문 2001.5.14.자.

김종석, "미국 파산법 제364조에 의한 채무자 구제금융에 관한 소고," 인권과정의 (2002.9.)

金鍾泌, "화의법에 의한 화의의 확정 후 그 이행완료 전에 화의결정의 취소 없이 새로 파산선고가 내려진 경우, 화의채권자의 종전 채권이 부활하는지 여부(적극)," 대법원판례해설 42호, 법원행정처(2003)

金炯科, "최근 서울지방법원의 회사정리 및 화의사건 실무, 인권과정의 제241호(1996.9); "한국 국제도산법의 발전방향," 국제사법연구 제 7 호(2001); "일본도산법의 개정방향과 주요내용," 2004년도 도산실무법관연수자료, 사법연수원(2004)

김정호·권오성, 법정관리이야기, 자유기업센타(1998)

金載亨, "회사정리절차가 보증채무의 소멸시효에 미치는 영향," 상사판례연구(Ⅰ), 박영사(1996); "會社整理計劃에서 經營責任에 기한 株式消却의 基準," 상사판례연구(Ⅴ), 박영사(2000); "資産流動化에 관한 法律의 現況과 問題點," 인권과정의 제293호(2001.1)

南斗熙, "회사정리계획에 의한 정리채권자의 보증인에 대한 권리의 변경," 판례와 이론

(1995), 대구지방법원, 회사정리사건처리실무(1998)

南逸聰, 도산제도의 경제적 분석, 한국개발연구원(2001)

도재형, "청산과정에서 근로자를 해고하는 것이 정리해고에 해당하는지 여부," 노동판례비평, 민주사회를 위한 변호사 모임(2002)

劉承男, "회사채의 지급보증인이 파산자에 대하여 가지는 회사채이자에 대한 사전구상금채권의 성질," 2001.5.7. 서울고등법원 민사재판연구회(미공간)

柳南榮, "破産節次와 賃金," 법조(2001.3)

柳英日, "최근 國際民事司法共助의 發展的 推移와 그 展望," 국제사법연구 제2호, 길안사(1997); "민사 및 상사에 있어서 국제재판관할 및 외국판결에 관한 협약이 가져올 변화와 우리의 대응," 국제사법연구 제5호, 지산(2000)

文一鋒, "選擇的 併合과 請求權競合," 법조(1999.3)

閔中基, "整理會社의 系列會社에 대한 連帶保證이 否認의 대상인 無償行爲에 해당하는지 여부," 대법원판례해설 1999년 상반기(통권32권)

裵玄太, "會社整理節次에 있어서 리스채권의 取扱," 법조(2000.2)

朴基東,"破産節次 開始의 要件과 破産宣告의 效果," 파산법의 제문제(상), 법원도서관(1999)

朴炳大, "파산절차와 쌍무계약," 파산법의 제문제(상) 法院圖書館(1999)

박상훈, "독일의 노동법원 제도의 도입에 관하여," 사법개혁과 세계의 사법제도, 한국사법행정학회(2004)

朴性哲, "파산법상의 부인권," 파산법의 제문제(하), 법원행정처(1999); 회사정리 및 화의절차에 있어서의 부인," 회사정리법 화의법의 제문제, 법원행정처(2000)

朴淳成, "合資會社 無限責任社員의 和議節次上 地位," 대법원판례해설 44호, 법원행정처(2004)

朴承斗, 韓國倒產法의 先進化方案, 법률SOS(2003)

박이락, "지급결제시스템 및 리스크유형별 관리대책과 정책과제," 한국은행 금융결제국 결제정책팀(2005.12)

朴仁鎬, "주채무자에 대한 판결 등이 확정된 경우 보증채무의 소멸시효기간," 대법원판례해설 통권 6호(1987)

박재완, "주채무자에 대한 회생절차와 보증채무의 소멸시효," 선진상사법률연구 2009.10. 통권 제48호

朴峻, "國際的 會社整理를 둘러싼 諸問題," 民事判例研究(16), 박영사(1994)

朴炯俊, "법정관리기업 인수 합병(M&A)의 실무와 전망," 사법논집 제44집 2007

朴洪佑, "整理債權 등의 신고·調査·確定에 있어서의 問題點," 회사정리법·화의법의 문제점, 법원도서관(2000)

법원행정처, 회사정리실무(1985); 개정판 화의사건실무(1998); 소비자파산사건실무(미

발간); 심포지움 IMF 체제와 효율적인 기업갱생방향(1998. 5. 12. 자).

邊在承 외 4인, "서울民事地方法院의 會社整理事件 處理實務," 사법논집 25집(1994)

徐慶桓, "整理會社의 新株發行," 實務論壇, 서울지방법원(1977); "會社整理節次가 契約關係에 미치는 영향," 會社整理法·和議法上의 諸問題, 법원도서관(2000); "개인채무자회생제도," 2004년도 도산법관실무연수자료, 사법연수원(2004).

徐燉珏·金泰柱, 註釋어음·手票法, 육법사(1981)

서성식, "법정관리인이 본 회사정리," 2002년도 도산실무법관연수 자료, 사법연수원(2002)

徐石虎, "정리회사에 대한 변제금지보전처분," 제14기 사법연수생논문집, 사법연수원(1984)

서울지방법원, 회사정리실무(2000); 파산사건실무(개정판)(2001); 회사정리사건실무(개정판)(2001)

서정환, 기업구조조정촉진법의 평가와 제언, 한국경제연구원(2001. 9. 20)

石光現, "도산국제사법의 제 문제 : 우리법의 해석론 방향," 사법 제 4 호, 사법발전재단(2008), 國際私法과 國際訴訟 제 4 권, 박영사(2007), "국제금융에서의 신탁과 국제사법," BFL 제17호(2006. 5); 國際私法과 國際訴訟 제 3 권, 박영사(2004); "스왑去來의 法的 問題點," 민사판례연구 23, 박영사(2001); "파생금융상품거래에 있어서의 일괄청산의 문제점과 도산법의 개정," 국제거래법연구(8), 국제거래법학회(1999)

선재성, "파산과 노동관계," 파산법의 제문제(상), 법원도서관(1999)

成樂松, "會社整理法上 株主의 議決權," 民事判例研究(15)(1993)

송각엽, "도산절차가 도급계약관계에 미치는 영향," 건설재판실무논단, 2006

宋鎭勳, "清算法人의 權利能力 및 清算終結登記의 效力," 법조(1980. 9)

신봉근, "유동집합채권의 양도담보," 인권과정의(2005. 4)

申弼鐘, "整理債權의 出資轉換과 保證債務의 消滅," 民事裁判의 諸問題(11)(2002. 12)

梁彰洙, "장래채권의 양도," 민법연구 제 7 권, 박영사(2003); "주채무자에 대한 판결의 확정과 보증채무의 소멸시효기간," 민법연구(2), 박영사(1991); 민법입문 제 4 판, 박영사(2006)

梁亨宇, "破產節次上의 連帶債務와 保證債務," 법조(2003. 11)

吳官錫, "은행의 사고신고담보금과 상계," 민사판례연구(17), 박영사(1995)

吳錫洛, "整理計劃樹立의 意義와 그 認可條件," 대한변호사협회지(1985. 3)

吳守根, "미국의 파산법이론에 관한 소고," 현대상법의 과제와 전망(양승규교수 화갑기념논문집), 삼지원(1994); "會社整理法의 歷史的 發展過程에 관한 小考," 민사판례연구(16), 박영사(1994); "회사정리제도에 관한 실증적 연구," 상사법연구 제16권 2호(1997); "會社整理法에서의 平等·公正·衡平의 개념," 상사판례연구(5), 박영사(2000); "청산가치를 하회하는 정리계획안의 당부," 민사판례연구(23), 박영사(2001)

오수근 · 김나영, "적격금융거래의 일괄정산에 관한 입법론," 이화여자대학교 법학논집 제8권 제2호(2004. 2)

吳泳俊, "集合債權讓渡擔保와 倒産節次의 開始, 사법논집 제43집(2006); "管理人의 否認權 行使와 未申告된 整理擔保權, 整理債權의 復活을 둘러싼 法律關係"(미공간)

오충현, "회사정리절차에 있어서 조세채권의 취급," 형평과 정의 제20집, 대구지방변호사회(2005)

元裕錫, "整理計劃案의 作成 認可상의 問題點," 민사판례연구(16), 박영사(1996)

윤강열, "화의인가결정 확정의 효력," 재판실무연구, 광주지방법원(2000)

윤남근, "파산관재인," 파산법의 제문제(상)(1999)

尹大成, "未登記傳貰와 破産關係," 저스티스 제34권 제4호(2001년 8월호)

尹榮信, "借入買受(LBO)시 被引受會社의 資産을 擔保로 提供하는 行爲와 業務上 背任罪," 商事判例研究Ⅶ, 박영사(2007); 美國의 倒産法, 한국법제연구원(1998); 英國의 倒産法, 한국법제연구원(1998)

尹雄傑, "國際倒産에 있어서 管轄權의 選擇과 國際的 協力," 해외연수검사 연구논문

尹眞秀, "회사정리법상의 보전처분과 부인권," 민사재판의 제문제(8)(1994)

윤창술, "국제도산제도의 동향," 인권과정의(2003.11); "파산절차에서의 단체협약과 근로계약," 인권과정의 제281호

이규홍, "회사정리와 화의절차 처리상의 문제점," 98회사정리절차실무법관연수자료, 사법연수원(1998)

李基秀, 어음법 · 수표법학, 박영사(1996)

李恭炫, "확정판결에 의한 주채무의 소멸시효기간의 연장과 보증채무의 시효기간," 민사판례연구(10), 박영사(1989)

이동원, "청산과정에서의 해고와 정리해고의 차이," 대법원판례해설 제38호(2002)

李美賢, "자산유동화에 관한 법률," 제42기 특별연수 금융거래법, 대한변호사협회(2006)

李敏杰, "화의인가결정 확정 후 화의채권자가 화의인가결정에 따라 변경된 채무를 다시 감면 내지 완화해 주는 경우, 보증채무에도 그 효력이 미치는지 여부(소극)," 대법원판례해설 52호, 법원행정처(2005); "회사정리절차상의 상계와 부인권," 민사판례연구(17), 박영사(1995)

이범균, "사용자가 파산한 경우의 근로관계 종료와 부당해고 등," 행정재판실무편람(3), 서울행정법원

이상영, "독일 일반집행법상 새로 채택된 파산계획에 관하여," 대전대학교 사회과학논문집 제16권 제1호(1997)

이영구, "서울중앙지방법원 화의 파산사건 처리실무," 2004년도 도산실무법관 연수자

료, 사법연수원(2004)

이은영, 채권총론, 박영사(1999)

이은재, "통합도산법에서의 결제완결성 보호조항," 도산법상 결제시스템의 보호, 이화여대 도산법센터(2004)

李在睦, "미국 연방파산법상의 소비자파산제도와 개혁논의의 경과," 인권과정의(2000.1)

李在性 감수, 문례주해 비송사건절차, 대원서적(1976)

李濟垣, "出資轉換의 法的性質," 증권법연구 제1권 제1호(2000)

李柱玄, "신탁법상의 신탁계약을 체결하면서 담보목적으로 채권자를 수익권자로 지정한 경우 그 수익권이 정리계획에 의하여 소멸되는 정리담보권인지 여부," 대법원판례해설 42권(2003)

李鎭萬, "整理債權인 약속어음금債權의 免責과 事故申告擔保金," 민사판례연구(25), 박영사(2003); "정리계획인가의 요건인 공정·형평의 의미와 청산가치의 보장," 대법원판례해설 통권 제60호(2006)

李亨夏, "서울지방법원 화의·파산사건 실무"(미공간)

李浩彰, "채무자 회생 및 파산에 관한 법률에 대한 의견," 법률신문 2004.9.30.자.

李厚東, "涉外倒産에 있어서의 國際協助와 節次의 竝行," 법실천의 제문제, 박영사(1996)

李亥雨·李在華, 파산법, 법률문화원(2001)

林時圭, "화의법 및 회사정리법상의 채권자협의회," 인권과정의 제261호(1998.5)

임종률, 노동법 제4판, 박영사(2004)

林鍾憲, "일본 파산법상의 부인권에 관한 연구," 外國司法硏修論集(12) 66輯(1994); "대표적 도산처리 절차인 도산 절차의 개관과 그 활용," 저스티스 제29권 제1호(1996); "破産節次가 未履行契約關係에 미치는 影響," 人權과正義 241號(1996.9); "破産節次의 開始要件에 관한 實務的 考察," 法曹(1999.2); "外國倒産節次가 國內에 미치는 影響에 관한 硏究," 파산법의 제문제(상), 법원도서관(1999); "會社整理와 勞動關係," 공인회계사 통권 93호(2001); "他人의 債務保證과 無償否認," 법조(2000.9·10)

林俊浩, "所有權移轉請求權 保全의 가등기와 쌍방미이행의 쌍무계약에 대한 解除," 상사판례연구(5), 박영사(2000)

林采雄, "倒産隔離의 硏究," 신탁법연구, 박영사(2009); "回生節次上의 리스료 債權의 地位에 關한 硏究," 인권과정의 제356호(2006.4); 소비자파산의 연구(서울대학교 석사학위논문, 1997); "외국도산절차가 국내에 미치는 영향에 관한 연구" 파산법의 제문제(상) 재판자료 82집(1999)

林采洪, "정리회사의 보증인의 地位," 大韓辯護士協會誌(1989.1); "會社整理節次에 있어서 整理債權인 租稅債權의 申告期間," 判例硏究 1집(1988), 서울지방변호사회

林采洪・白昌勳, 회사정리법(상, 하), 한국사법행정학회(1998); 會社整理法(上, 下), 司法行政學會(2002)

林治龍, "미국 국제사법(저촉법)의 현황—준거법의 결정을 중심으로—," 사법연구자료 24집(1997); "헤이그송달조약에 관한 연구," 저스티스 통권47호(1998. 3); "맞벌이와 파산," Business Finance Law 2008년 1월호; "세계화와 파산법," Business Finance Law 2007년 7월호; "미국에서 파산한 계주 강씨 아줌마 이야기," Business Finance Law, 2007년 3월호; "파산과 우주," Business Finance Law 2007년 1월호; "위대한 파산자들," 법조 2006년 11월호; 파산법연구, 박영사(2004); 파산법연구 2, 박영사(2006)

張太圭, "會社整理節次에 있어서 讓渡擔保權者의 地位," 수원변호사회지 제 2 호(1990)

田炳西, "破産法上 還取權 考察," 법조(1999. 3); "파산면책의 입법적 검토," 저스티스 제31권 제 1 호(1998); "파산법상의 상계권의 제한," 법률신문 제2683호; "파산자의 면책에 대한 고찰," 법조(1998. 1); 破產法, 司法行政學會(1999); "채무자회생및파산에관한법률안의 개인채무자파산 및 면책에 관한 부분 검토," 법률신문 2003. 6. 30.자; 파산법, 법문사(2003); "2004년 일본 신 파산법의 소개," 법조(2004. 12); 파산법, 법문사(2003)

全孝淑, "사고신고담보금의 법률관계," 민사재판의 제문제(8)(1994)

鄭大根, "整理債權者表와 整理擔保權者表의 確定力의 의미," 상사판례연구 5집(1992. 11)

鄭順燮, "통합도산법상 금융거래의 특칙에 관한 연구—채무자 회생 및 파산에 관한 법률 제120조 제 3 항의 해석론을 중심으로," 증권법연구(2005. 12); "私債元利金支給代行契約의 法的 性質論," 증권법연구 제 5 권 제 1 호(2004); "대한생명과 제이피 모건의 파생상품거래에 관한 뉴욕연방지방법원판결," BFL 제 1 호(2003. 9); "派生商品의 金融規制法상 問題點," 心堂 宋相 現先生華甲紀念論文集, 박영사(2002)

정재룡・홍은주, 금융산업의 뉴 프론티어 부실채권 정리, 삼성경제연구소(2003)

鄭晙永, "개인파산(회생)에 있어서 장래소득에 대한 전부명령 채권양도의 효력," 민사소송 Vol. 8-2(2004)

鄭燦亨, "어음所持人인 整理債權者의 事故申告擔保金의 支給請求權," 判例月報 310號(1996. 7); 英美어음・手票法, 고려대학교출판부(2001)

鄭熙喆, 판례교재 어음수표법, 법문사(1975)

趙炳顯, "파산절차상의 상계권행사," 파산법의 제문제(하), 법원행정처(1999)

趙相熙, "整理計劃 認可決定에 대한 抗告에서의 認可決定取消의 效果," 서울지방변호사회 판례연구(1992)

趙仁鎬, "民法上 清算法人의 殘餘財產歸屬과 代表權 制限," 대법원판례해설 35호(2001)

曺在巾, "和議節次와 別除權者," 會社整理法 和議法上의 諸問題, 법원도서관(2000); "도

산절차와 소송절차 · 강제집행 · 보전처분," 재판실무연구, 광주지방법원(2000)

朱鎭岩, "도산절차에서 가산금 · 중가산금의 지위," 법조 2008년 10월호; "회생절차와 조세," 2007년도 개인회생법관실무(미공간)

차한성, "서울중앙지방법원의 회사정리사건 처리 실무," 2004년도 도산실무법관연수자료, 사법연수원

崔基元, 어음 · 手票法, 박영사(1996)

최도성 · 지헌열, 회사정리제도, 서울대학교출판부(1998)

崔完柱, "整理節次와 租稅," 會社整理法 · 和議法上의 諸問題 法院圖書館, 2000, 554면

崔周永, "타인의 채무의 보증과 회사정리법 제78조 제1항 제4호의 무상부인," 상사판례연구(5), 박영사(2000)

崔埈璿, 商法事例演習(下), 三潮社(2004)

한국산업은행, 회사정리법해설(1982); 법정관리절차에 있어서의 정리계획 입안기준에 관한 연구 산업은행조사월보(1993.8)

한국개발연구원, 기업퇴출관련 제도개선방안(1997.12)

한국법학원보, 심포지움 기업 회생관계법의 개정과 제도운영, 제78호(1998.5.11.자)

韓宗遠, "회사정리법상 확정된 정리채권자표와 정리담보권자표의 기재의 효력," 대법원판례해설(제16호)(1992).

한민 · 박종현, "신탁과 도산," BFL 제17호(2006.5)

韓忠洙, "國際保全訴訟의 裁判管轄權," 國際私法硏究 제4호, 지산(1999); "外國倒産節次의 承認과 執行," 변호사 제31집(2001); "UNCITRAL의 국제도산절차와 Model Law 연구," 민사소송 제7권 제2호, 한국사법행정학회(2003)

홍성준, 회생절차(법인), 대한변호사협회 변호사연수원(2003), "회생절차상 부인권과 회생절차의 종결," 민사판례연구(29), 박영사(2007); "회사정리 · 회생절차와 M&A," BFL 제20호(2006.11)

洪裕碩, 信託法, 법문사(1999)

洪日杓, "회사정리법상의 변제금지의 보전처분과 이행지체," 회사법상의 제문제(下), 법원행정처(1987)

[영미문헌]

John. D. Ayer, Rethinking Absolute Priority After Ahlers, 87 Mich. L. Rev. 963 (1989)

Douglas G. Baird, THE ELEMENTS OF BANKRUPTCY(Revised ed. 1993)

G. Baird and Thomas H. Jackson, Bargaining after the fall and the contours of the absolute priority rule, in Bhandari and Weiss, CORPORATE BANKRUPTCY

(Cambridge 1996)

Lucian Arye Bebchuk et al., An Economic Analysis of Transnational Bankruptcies, 42 J.L. & Econ. 775 (1999); 金和鎭譯, "會社整理와 持分의 分配 : 提案," 국제거래법연구 2 집, 국제거래법학회(1993)

Thomas F. Blakemore/金秉俊(역), "미국에서의 外國 破産訴訟節次의 效力," 국제사법연구 제 2 호, 길안사(1997)

R. Blanpain, Employee Rights in Bankruptcy(Kluwer 2002)

Brian A. Blum, BANKRUPTCY AND DEBTOR/CREDITOR(2nd ed. 1999)

Charles Booth, Recognition of Foreign Bankruptcies: An Analysis and Critique of the Inconsistent Approaches of United States Courts, 66 Am. Bank. L. J. 135, 155(1992); The New Avoidance Powers under Hong Kong Insolvency Law: A Move from Territoriality to Extraterritoriality Int'l Lawyer 255, 256, 264 Vol. 34, No. 1(2000)

Ole Borcher & Mikkel Lyager, Ch. 20 Denmark, Collier's International Business Insolvency Guide(Mathew Bender, 2001)

David Broder, "A bipartisan outrage," Washington Post, May 19, 2002, B07

Eberhard Braun, Commentary on the German Insolvency Code, IDW Verlag, 2006

Ben B. Floyd, "국제도산에 있어서의 저촉법," 국제사법학회 · 국제거래법학회(2001), 198-199면.

Richard F. Broude, "Cramdown and Chapter 11 of the Bankruptcy Code": The Settlement Imperative, 39 Bus. Law. 441(1984)

Samuel L. Bufford et al., INTERNATIONAL INSOLVENCY(Federal Judicial Center 2001)

Bussel, 三木浩一 譯 アメリカ倒産法における近時の展開(下), 國際商事法務 Vol. 25. No 11(1997)

Hannah L. Buxbaum, Rethinking International Insolvency : The Neglected Role of Choice of Law Rules and Theory, 36 Stan. J. Int'l L. 23(2000)

Arnold B. Cohen, CONSUMER BANKRUPTCY MANUAL(Thomson West 2nd ed. 2002)

David G. Epstein ET AL, BANKRUPTCY(1993); Bankruptcy and Related Law in a Nutshell 7th Ed(West 2005)

Ian F. Fletcher ed, INSOLVENCY IN PRIVATE INTERNATIONAL LAW (Clarendon Press Oxford(1999)); THE EC REGULATION ON INSOLVENCY PROCEEDINGS A Commentary and Annotated Guide(Oxford 2002); European Union, Collier International Business Insolvency(2003)

Michael A. Gerber, BUSINESS REORGANIZATION(1997)

Jeffrey J. Haas, Corporate Finance in a Nutshell(West 2004)

Michael J. Herbert, UNDERSTANDING BANKRUPTCY(1995)

Thomas H. Jackson, THE LOGIC AND LIMITS OF BANKRUPTCY LAW (Harvard University Press 1986)

Robert L. Jordan & William D. Warren, BANKRUPTCY(4th ed, 1995)

Lawrence P. King, COLLIER INTERNATIONAL BUSINESS INSOLVENCY GUIDE(2001)

Kennethe N. Klee, Cram Down Ⅱ, 64 Am. Bkrtcy.L.J. 229, 244(1990)

Vesna Lazić, Insolvency Proceedings and Commercial Arbitration, Kluwer Law International(1998).

E. Bruce Leonard, Internaionalisation of Insolvency and Reorganization, International Business Lawyer(May 1996); Everfresh: A New Milestone in International Reorganizations, BCD News and Comment, Jan. 22, 1996; Managing Default by a Multinational Venture: Cooperation in Cross Border Insolvencies, 33 Tex. Int'l L.J. 543, 546(1998); The Way Ahead: Protocols in International Insolvency Cases, 17-Jan Am. Bankr. Inst. J. 12(1999)

Lynn M. LoPucki, Cooperation in International Bankruptcy: A Post-Universalism Approach, 84 Cornell L. Rev. 696(1999)

Norton, BANKRUPTCY LAW AND PRACTICE 2nd ed.

Note, Estimating Contingent Liabilities to Determine Insolvency in Bankruptcy Proceedings, 1989 B.Y.U.L. REV. 1315

Liza Perkins, A Defense of Pure Universalism in Cross-Border Corporate Insolvencies, 32 N.Y.U. J. Int'l L. & Pol. 787(2000)

Lawrence Ponoroff and F. Stephen Knippenberg, The Immovable Object Versus the Irresistible Force: Rethinking the Relationship Between Secured Credit and Bankruptcy Policy, 95 Mich L. REV. 2234(1997)

Arnold M. Quittner, EXECUTORY CONTRACTS AND LEASES, 27th Annual Current Developments in Bankruptcy & Reorganization, Vol. 2, Practicing Law Institute(2005)

Harry Rajak, INSOLVENCY LAW THEORY & PRACTICE; Jay Lawrence 'Westbrook, Chapter 11 Reorganization in the United States(1993)'

Robert K. Rasmussen, A New Approach to Transnational Insolvency, 19 Mich. J. Int'l L. 1.26(1997)

Dennis Rose, LEWIS'S AUSTRALIAN BANKRUPTCY LAW (11th ed LBC Information Services 1999)

Jeff A. Schnepper, THE NEW BANKRUPTCY(1981)

Steven L. Schwarcz, 박웅 외 4인 譯, 자산유동화 이론과 실제, 매일경제신문사(2003)

Steven L. Schwarcz, THE ALCHEM OF ASSET SECURITIZATION, Standford Journal of Law, Business and Finance, 1994. 2.

David A. Skeel, Jr. DEBT'S DOMINION(Princeton University Press 2001); The Story of Saybrook: Defining the Limits of Debtor-in-Possession Financing, Bankruptcy Law Stories, Foundation Press(2007), 177-201.

Sullivan, Warren & Westbrook, AS WE FORGIVE OUR DEBTORS: BANKRUPTCY AND CONSUMER CREDITS IN AMERICA(1989)

Charles Jordan Tabb, The Historical Evolution of the Bankruptcy Discharge, 65 Am. Bankr. L. J. 325 (1991); The History of the Bankruptcy Laws in the United States, 3 Am. Bankr. Inst. L. Rev. 5(1995)

George G. Triantis, A Theory of Reguleation of Debtor-In-Possession Financing, Adler, Foundations of Bankruptcy Laws, Foundation Press, 2005

Elizabeth Warren, BUSINESS BANKRUPTCY(Federal Judicial Center 1993); Elizabeth Warren & Amelia Warren Tyagi, THE TWO INCOME TRAP-WHY MIDDLE CLASS MOTHERES & FATEHRS ARE GOING BROKE (2003), 엘리자베스 워렌, 아멜리아 워렌 티야기 저, 주익종 역, 맞벌이의 함정(2004)

Ned W. Waxman, The Bankruptcy Reform Act of 1994, Bankruptcy Development Journal of Emory Law School

Benjamin Weintraub et al., PRACTICAL GUIDE TO BANKRUPTCY AND DEBTOR RELIEF(1964)

Jay Lawrence Westbrook, Multinational Enterprise in General Default: Chapter 15, The ALI Principles, and The EU Insolvency Regulation, 76 Am. BANKR. L.J. 1. 10(2002); International Judicial Negotiation, 38 Texas Int'l L.J, 567 (2003)

William C. Hillman, Margaret M. Crouch, Bankruuptcy Deskbook Fourth Edition Vol. 1, Practicing Law Institute, 2007

Teresa Wyszomiersky, A Way Forward Through Bankruptcy, Asian Wall Street Journal, 1998. 10. 5.

David B. Young, Alternative Dispute Resolution in Bankruptcy, 27th Annual Current Developments in Bankruptcy & Reorganization, Vol. 1(2005)

Recommendation from the National Bankruptcy Review Commission Final Report, http://www.abiworld.org/legis/review/agendas/AGENDA.html.

[일본문헌]

加藤和夫 "債權確定に關する若干の問題," 新實務民事訴訟講座(13), 日本評論社(1981)
岡庭幹司, "問屋の破產と委託者の取戻權," 倒產判例百選(第 3 版)(有斐閣, 2002)
岡 正晶, "租稅等債權と破產," 山本克己・山本和彥・瀨戶英雄 編, 新破產法の理論と實務, 判例 タイムズ社, 2008, 185면
管野雅之, "倒產ADRのあり方," 高木新二郎, 伊藤眞 編, 講座/倒產法, 日本評論社(2006)
兼子一, 條解會社更生法, 弘文堂(1953)
兼子一・三ヶ月章, 條解會社更生法(上, 中, 下), 弘文堂(1998)
經濟產業省經濟產業政策局產業組織課 編, 會社更生法改正の方向, 商事法務硏究會, 別冊 NBL No. 64
高橋康文・長崎幸太郞, 證劵取引法における淸算機關制度, 金融財政事情硏究會(2002)
高木新二郞, アメリカ連邦破產法, 商事法務硏究會(1996); "國際倒產法の次なる課題,"
國際倒產法制の新展開, 經濟法令硏究會(2001); 新倒產法制の課題と將來, 商事法務(2002)
高木新二郞 編, 倒產法實務事典, 金融財政事情硏究會(1999)
谷川久, "任意整理による主債務者免責と遡求義務者の責任," 別冊ジュリスト No. 108(1990. 5)
久保田 隆, "資金決濟システムの法的課題," 私法 제66호, 有斐閣(2004)
堀 龍兒, "集合債權讓渡擔保の變遷," 早稻田法學 제80권 제 3 호(2005)
宮川知法, "破產債務者の職業保障," 民事訴訟雜誌 36호(1990)
宮脇行彥・井關 浩・山口和男 編, 注解會社更生法, 靑林書院(1986)
吉野正三郞, 破產法 30講,成文堂(1991)
納谷廣美, "複數管財人による手形行爲," 新倒產判例百選 別冊 ジュリスト(1990)
大彬謙一, "いわゆる不良債權問題とデット・エクイティ・スワップ(債務の株式化)," ジュリスト(2003. 3. 1)
大西良孝, "更生計劃の效力と遂行," 金融商事判例 719호
大村雅彥, "整理計劃における免責と保證人の地位," 新倒產判例百選 別冊 ジュリスト(1990)
大阪個人再生手續運用硏究會, 事例解說 個人再生, 新日本法規(2004)
大下慶郞, "破產と勞動法制, 麻上正信 監修, 新版破產法 經濟法令硏究會(1990)
桃尾重明, 新國際倒產法實務, 日本法令(2001)
渡部晃, "手形の讓渡擔保," 裁判實務大系3會社訴訟 會社更生法(1985)
渡辺光誠, アメリカ倒產法の實務, 商事法硏究會(1996)
渡辺惺之, "破產屬地主義," 新倒產判例百選 別冊 ジュリスト(1990)
稻葉威雄, 判例批評, 民商法雜誌 81권 4호
道垣內弘人 編, 信託取引と民法法理(有斐閣, 2003)
道垣內正人, "國際倒產における債權者平等," 山本克己・山本和彥・坂井秀行編, 國際倒產法制の新展開, 金融商事判例 增刊號 1121호(2001); 免責裁判 涉外的 效力, ジュ

リスト No. 986(1991)
東京地裁破産再生實務硏究會, 破産・民事再生の實務(下), 金融財政事情硏究會(2002)
東西倒産實務會編, 會社更生・會社整理, 社團法人商事法硏究會(1989)
麻上正信 谷口安平 編, 注解和議法, 靑林書院(1993)
木棚照一・松岡博・渡辺惺之, 國際私法概論 第3版, 有斐閣(1999)
木川裕一郞, "雇傭者の倒産と賃金債權の保護," 新堂幸司先生古稀祝賀 民事訴訟法理論の新構築 下卷, 有斐閣(2001); "外國倒産手續の承認の考察," 倒産法學の軌跡と全開 櫻井孝一先生古稀祝賀, 成文堂(2001)
木村圭二朗, "米國倒産法上の外國倒産節次の承認(1)(2)," 民商法雜誌(1995)
木下玲子, "DIPファイナンスと金融實務," 金融法務事情 2003. 2. 5, No. 1665, 21면
弥永眞生, 倒産處理手續における一括淸算條項の取扱い, 金融商事判例 1060호, 182면
飯塚重男, "倒産節次における裁判官の忌避," 新倒産判例百選 別冊 ジュリスト(1990)
法務省民事局參事官室編, 倒産法制に關する改正檢討課題, 商事法務硏究會(1997)
福岡博之, "破産法第七三條第一項の適用範圍の問題と割引手形の買戾," 手形硏究 42号
福岡眞之介, アメリカ連邦倒産法概論, 商事法務(2008)
福永有利, 倒産法硏究, 信山社, 2004
本間靖規 외 2인, 國際民事手續法, 有斐閣(2005)
司法硏修所編, 破産事件の處理に關する實務上の諸問題, 法曹會(1985)
寺澤達也 外 編著 會社更生企業その後, 債權管理別冊 No.1, 金融財政事情硏究會(2002)
山口和男, "主債務を免除する整理計劃認可と保證債務の消滅時效の進行," 判例 タイムズ 411호
山內八郞, 實務會社更生法(제 3 판), 一粒社(1971); 會社更生計劃の諸問題, 一粒社(1979)
山本克己・山本和彦・瀨戶英雄 編, 新破産法の理論と實務, 判例 タイムズ社, 2008; 山本克己, "マイカル・グループの不動産證券化についての意見書の概要," 金融法務事情 No. 1646(2002. 6. 25)
山本克己, "新しい國際倒産法における「承認」概念と周邊," 河野正憲・中島弘雅 編, 倒産法大系, 弘文堂(2001); "當事者適格," 新裁判實務大系3 國際民事訴訟(財産編) 靑林書院(2002); "日本新會社更生法の概要等," 민사소송 제7권 제2호, 한국민사소송법학회(2003)
山本克己・山本和彦・坂井秀行 編, 國際倒産法制の新展開, 金融商事判例 增刊號 1121호(2001)
山本和彥, 國際倒産法制, 商事法務(2002); "證券化と倒産法," ジュリスト No. 1240(2003. 3. 1); "マイカル證券化スキーム更生手續における處遇について," 金融法務事情 No. 1653(2002. 9. 15)
山田文, "米國における夫婦共同手續の導入可能性," 倒産法大係 倒産法と市民保護の法理,

弘文堂(2001)

三ヶ月章, 會社更生法硏究, 有斐閣(1979)

三宅省三, "訴訟當事者の外國における破産と當事者適格の消長," 別冊ジュリスト No. 106(1990. 2)

三木浩一, "辨濟禁止保全處分の效力," 倒産判例百選, 有斐閣(2002)

森泉章, 新法人法入門, 有斐閣(2004)

三村藤明 외 2인, "會社更生手續における集合債權讓渡擔保とABL(1)(2)ー更生會社ティーシーエムの事例報告," NBL No. 820(2005. 11. 1) 및 No. 821(2005. 11. 15)

西村ときわ法律事務所 編, フアイナンス法大全, "證券化・セキユリタイゼーション," 商事法務(2006)

霜島甲一, 會社更生計劃の分析 10完 ジュリスト 399호(1968); "アメリカ合衆國連邦破産法改正の背景と草案について," 判例タイムズ No. 306(1978); "アメリカ合衆國一九七八年連邦破産法の成立, 民事節次法の革新(下)," 三ケ月章先生古稀祝賀, 有斐閣(1991)

上野久德, 倒産處理と勞動問題, 同文館(1977)

上原敏夫, "會社の倒産と內部債權の劣後的處遇(上, 中, 下)," 判例時報 1277호, 3면, 1280호, 1283호; "否認(詐害行爲取消し)の效果と受益者の債權者," 新堂幸司先生古稀祝賀 民事訴訟法理論の新たな構築 下卷, 有斐閣(2001)

商事法務硏究會, 更生會社 vs. 債權者, 商事法務硏究會(1978)

上村多平, "企業の整理・再建と淸算," 多數當事者の債權關係, 靑林書院新社(1980)

東京地裁會社更生實務硏究會, 會社更生の實務(上)(下), 金融財政事情硏究會(2005)

西尾信一, "破産法第104條2号但書の「前ニ生ジタル原因」と手形取立委任," 判例タイムズ 700호(1989. 9. 1)

西山芳喜, "任意整理による主債務者の免責と遡求義務者の責任," 別冊ジュリスト 手形小切手判例百選(1997)

西山俊彦, "會社更生計劃の條項について若干の考察" 會社と訴訟(下)(1968)

石渡哲, "會社更生における公正・衡平・遂行可能," 判例タイムズ 866호(1995)

石黑一憲, 國際私法と國際民事訴訟法の交錯, 有斐閣(1998)

小島武司. "倒産節次と憲法的保障" 新倒産判例百選 別冊 ジュリスト(1990)

小林秀之, "マイカル證券化と倒産隔離" NBL No. 768(2003. 9. 1); 破産から民法がみえる, 日本評論社(2003); アメリカ民事訴訟法, 弘文堂(1993); "カナダにおけるわが國の倒産手續の效力と屬地主義," 金融法務事情 No. 1284(1991. 4. 15)

小川善吉・三ヶ月章, "會社更生法をめくる諸問題(5)," 判例タイムズ

小川秀樹 외, "新破産法の槪要," 金融法務事情(2004. 8. 5); 一問一答 新しい破産法 商事法務(2004)

松岡博, 國際取引と國際私法, 晃洋書房(1993)

松久三四彦, "會社更生手續と時效," 判例タイムズ 제866호(1995)
松嶋隆弘, "債務の株式化に關する一考察," 21世紀の企業法制：酒巻俊雄先生古稀記念(商事法務, 2004), 806면
松田安正, "株式による代物辨濟條項およびその利害得失," 判例タイムズ 제866호(1995)
松田二郎, 會社更生法(舊版), 有斐閣(1960)；會社更生法(新版), 有斐閣(1976)
松浦馨 伊藤眞 編, 倒産手續 保全處分, 有斐閣(1999)
松下淳一, "更生計劃の條項と「平等, 公正, 衡平」の意味," ジュリスト No. 888(1987. 6. 15)；"內國倒産手續の對外的效力" 新裁判實務大系3 國際民事訴訟(財産編), 青林書院(2002)；"契約關係の處理," 別册NBL 倒産實體法(2002)；"國際倒産," 民事再生法の理論と實務(下)；"更生手續開始と證券化取人," 判例 タイムズ 1132호(2003)；松下淳一, "更生手續開始と證券化取人," 判例 タイムズ 1132호(2003)
須藤英章・宮川勝之・深山雅也 編, 新しい破産法解說, 三省堂(2004)
水元宏田, 倒産法における一般實體法の規制原理, 有斐閣(2002)
勝田信篤, "債權流動化の現状と展開," 日本評論社(2005)
植田智彦・岡本光弘, "破産異時廢地事案における管財手續の合理化," 判例 タイムズ1109호(2003. 3. 1)
新堂幸司, 金融派生商品取引の倒産法的檢討(上, 下), NBL 552(1994. 9. 1), 553(1994. 9. 15)；"更生擔保權額の確定手續について," 菊井先生獻呈論集 裁判と法, 有斐閣(1967)；"マイカル・グループの證券化に關する山本意見書に對する見解書の概要," 金融法務事情 No. 1649(2002. 7. 25)
神作裕之, 資産流動化 信託, ジュリスト No. 1164(1999. 10. 1)
新井 誠, 信託法, 有斐閣(2005)
深山卓也, 新しい國際倒産法制, 金融財政事情研究會(2001)
野崎辛雄, "更生計劃における權利の取扱いをめぐる諸問題," 新・實務民事訴訟講座 13, 日本評論社(1981)
鈴木忠一・三ヶ月章 編集, 注解民事執行法(4), 第一法規(1985)
永石一郎, Q &A 倒産實務における相殺の實務, 新日本法規(2005)
櫻井孝一 編, 演習 破産法(第 4 版), 法學書院(2005)
玉城 勳, "更生手續參加により中斷した時效の進行開始時期," 新倒産判例百選 別册ジュリスト(1990)
園尾隆司・小林秀之 編, 條解民事再生法, 弘文堂(2003)
園尾隆司・深澤茂之 編, 破産・民事再生の實務(上, 下), 金融財政事情研究會(2001)
園尾隆司・小林秀之・山本和彦 編, 解說 個人再生節次, 弘文堂(2001)
伊藤眞, 破産法, 有斐閣(2006)；高桑昭・道垣內正人 編, "槪說-屬地主義と普及主義," 國際民事訴訟法, 青林書院(2002)；"證券化と倒産法理(上)-倒産隔離と倒産法的再構

成の意義と限界," 金融法務事情 No. 1657(2002. 10. 25); "外國倒産の日本における效力," ジュリスト 970호(1990); "外國破産管財人の日本における 權限行使," 別冊ジュリスト No. 106(1990. 2); "親會社の有する株式 更生債權をより劣位に扱う更生計劃と公正衡平," 判例タイムズ No. 505(1983. 11. 10); "和議節次における擔保權者の地位(上, 中, 下)," 判例タイムズ No. 423-425(1980)

林良平・前田達明 編, 新版注釋民法 總則(2) [藤原弘道 집필], 有斐閣(1988)

林屋札二 編, 民事執行法(改訂版), 青林書院(1996)

日本辯護士連合會 消費者問題對策委員會, 2002年破産事件及び個人再生事件記錄調査

入谷正章・佐藤昌巳, "倒産手續 における抵當權," 金融法務事情 No. 1749(2005)

長谷部 외 3인, "會社更生手續・會社整理手續運用手引き," 判例時報 1692호, 1693호(2000)

長谷部茂吉, "更生手續と時效の中斷," 金融商事判例增刊号 No. 554

全國倒産處理辯護士ネットワーク 編, 論点解說, 新破産法(上, 下), 金融財政事情硏究會(2004)

田頭章一, "國際破産管轄과 倒産節次의 國際的 效力," 국제사법연구(2001); 河野正憲・中島弘雅, "消費者倒産處理手續の現狀と課題," 倒産法大系 倒産法と市民保護の法理, 弘文堂(2001); 靑山善充外 編, "倒産處理法における雙方未履行雙務契約の處理," 新堂幸司先生古稀祝賀論文集(下), 有斐閣(2002); "倒産法制について," 別冊ジュリスト 倒産判例百選 제 3 판(2002. 9)

前田 庸, "手形の買戾と否認," 別冊ジュリスト 銀行取引判例百選(新版)

田村諄之輔, "會社更生計劃における公正, 衡平と遂行可能性についての一考察," 裁判と法(下)(菊井先生獻呈論集)(1967); "更生擔保權の目的物の評價," 新倒産判例百選 別冊ジュリスト(1990)

齊藤秀夫・麻上正信・林屋礼二 編, 注解破産法 第三版(上, 下), 青林書院(1999)

鵜澤晋, "更生計劃による主債務變更と保證債務の時效中斷," 金融法務事情 689호

宗田親彦, 全訂破産法概說, 法學書院(1983); 破産法硏究, 慶應通信(1995)

座談會, "新たな國際倒産法制下の諸論点(5・完)," 金融法務事情 1614호(2001)

酒井 一, "日本の倒産法制と國際倒産," 渡辺惺之・野村美明 編 國際取引法, 法律文化社(2002)

竹內康二・加藤哲夫, 倒産判例ガイト, 有斐閣(1996)

竹內康二, "更生計劃における公正衡平(1)," 新倒産判例百選 別冊 ジュリスト(1990); "外國破産節次의 承認," 국제사법연구 제 7 권(2001)

竹下守夫, 國際倒産法, 商事法務硏究會(2000), "屬地主義と外國の破産管財人のわが國における權限," 判例タイムズ, 472호

竹下守夫・藤田耕三, 裁判實務大系3 會社訴訟・會社更生法, 青林書院(1985)

竹下守夫, 大コンメンタール 破産法, 青林書院, 2007

中島弘雅, "各種契約取扱い," ジュリスト(2002. 12. 15)

中島健仁, 山本克己・山本和彦・坂井秀行 編, "マルコ事件," 國際倒産法制の新展開, 金融商事判例 增刊號 1121호(2001)

中西 康, 山本克己・山本和彦・坂井秀行 編, "承認の理論的性格," 國際倒産法制の新展開, 金融商事判例 增刊號 1121호(2001)

中野貞一郎, 民事執行法, 青林書院(2000)

中野貞一郎・道下徹 編, 基本法コンメンタ-ール破産法 第二版(日本評論社, 1997)

中村清, "雙務契約の履行請求および解除権行使の實際," 判例ダイムズ No.866(1995)

志水義文, "認可更生計劃の效力," 會社と訴訟(下) 松田判事在職四十年記念, 有斐閣(1984)

池下 郎, "保全管理命令," 東京地裁會社更生實務研究會, 會社更生の實務(上), 金融財政事情研究會(2005)

青山善充, "會社更生の性格と構造(一, 二, 三, 四)," 法學協會雜誌 83권 2, 3호(1966), 84권 5호(1967), 86권 4호(1969); 法學協會雜誌 84권 3호; "裁判に現れる會社更生法の諸問題," 民訴雜誌 16호(1970); "支拂停止の意義および機能," 新實務民事訴訟講座13(日本評論社(1981)

清水直, 續・會社更生手續の實務, 商事法務研究會(1983); "100% 減資更生計劃の許否," 新倒産判例百選, 別冊 ジュリスト(1990)

塚原英治, "企業倒産と勞動者の權利," 講座 21世紀 勞動法, 有斐閣(2000)

最高裁判所 事務總局, 會社更生事件裁判例集(1966)

坂原正夫, 更生計劃における公正衡平(2), 新倒産判例百選, 別册 ジュリスト(1990); "上告審繫屬中における當事者の破産と訴えの變更," ジュリスト No.163, 有斐閣(2002.9)

坂井秀行, "會社更生手續と海外資産・海外業營所," 判例タイムズ 866호; "更生會社と資金調達," 判例タイムズ No.1132(2003.12.10)

坂井秀行・栗田口太郎, 高木新二郎・伊藤眞 編, "證券化と倒産," 講座/倒産の法システム 第4巻, 日本評論社(2006)

貝瀨幸雄, "國際倒産法と比較法," 有斐閣(2003); 石黑一憲 編, "比較國際倒産法," 國際金融倒産, 經濟法令研究會(1995); ヨーロツパ連合倒産條約の研究, 商事法研究會(2000); "EU規則との比較," 國際倒産法 序說, 東京大學出版會(1989)

片山英二, "國際倒産手續," 現代裁判法大係 20, 新日本法規出版(1998)

河野正憲・中島弘雅 編, 倒産法大系, 弘文堂(2001); 河野正憲, "雙務契約一般," 櫻井孝一 외 2인, 倒産處理法制の理論と實務, 別册金融商事判例, 經濟法令研究會(2006)

花村治郎, "上告審における被告の破産と破産債權確定訴訟への訴えの變更," ジュリスト臨時增刊:重要判例解說-887號, 有斐閣(1987.6)

海保寬, "保證人の求償權," 裁判實務大系 會社訴訟と會社更生法, 青林書院(1985)

現代財産法研究會 編, 譲渡擔保の法理 ジュリスト(1987.8)

橫溝 大, "否認・雙務契約・相殺(上)," NBL No.663(1999)

판례색인

[대법원 판례]

[고등법원 판례]

[지방법원 판례]

[행정법원 판례]

[헌법재판소 판례]

著者略歷

성균관대학교 법과대학 졸업
사법연수원 수료(제14기)
Duke Law School(LL.M. 96)
서울중앙지방법원 파산부 부장판사
現 법무법인 태평양 변호사
　채무자 회생 및 파산에 관한 법률 개정위원(법무부)
　대한변호사협회 기획이사
　공적자금관리위원(금융위원회)
　법학교육위원(교육과학기술부)

著書 및 主要論文

파산법연구(2004), 파산법연구2(2006), 파산판례해설(2007)
제 4 회 법학논문상(2000), 수상논문: 헤이그송달조약에 관한 연구

파산법연구 3

2010년 6월 30일 초판발행
2020년 4월 30일 중판발행

저 자 임 치 용
발행인 안종만 · 안상준
발행처 (주) 박영사
서울특별시 종로구 새문안로3길 36, 1601
전화 (733) 6771 FAX (736) 4818
등록 1959. 3. 11. 제300-1959-1호(倫)

www.pybook.co.kr e-mail: pys@pybook.co.kr

정 가 32,000원 ISBN 978-89-6454-582-9
978-89-6454-581-2(세트)